Lebens- und Lernfelder
eines Zeitzeugen

Horst Stukenberg

Lebens- und Lernfelder eines Zeitzeugen von 1933 - 2016

―――――――――

Geschichte und Geschichten eines Lebens im Wandel

S. Roderer Verlag, Regensburg, 2016

Bibliografische Information Der Deutschen Nationalbibliothek
Die Deutsche Nationalbibliothek verzeichnet diese Publikation in der
Deutschen Nationalbibliografie; detaillierte bibliografische Daten sind
im Internet über http://dnb.d-nb.de abrufbar.

ISBN 978-3-89783-840-6

2016 Roderer Verlag, Regensburg

Für meine Familie,

zu der auch ein großer Freundeskreis gehört

Inhalt

Einführendes - Es war einmal, so fangen doch viele der deutschen Märchen an

Das kleine Horstchen. Geboren am 28.12.1933 in dem Rot-Kreuz-Krankenhaus Hamburger Straße in Braunschweig. Also mal keine Hausgeburt, wie das damals wohl noch so üblich war. Der große Bruder Hans-Joachim, von ihm wird noch öfters die Rede sein, war acht Jahre älter und ein vorbildlich braves Kind. Horst-chen dagegen muß wohl sehr „ungezogen" und wild gewesen sein. Die Eltern fragten sich hin und wieder gegenseitig, wo kommt der bloß her, von mir kann der ja nicht sein? War es das schwarze Schaf der Familie, wie er es gern von sich selbst später immer wieder behauptete?

Wenn ich im späteren Leben gefragt werde, wo kommst Du eigentlich her, dann sage ich nicht ohne Stolz, aus Braunschweig. Ein Braunschweiger hat schließ-lich Lübeck gegründet und München, was die Bayern ja nicht gerne hören wol-len. Und der erste Omnibus der Welt wurde von Heinrich Büssing in Braun-schweig gebaut. Und wo wurde zum ersten Mal in der Welt auf dem Festlang Fußball gespielt: Natürlich in Braunschweig mit dem Gymnasial - Lehrer Koch-vom Martino-Katharineum, dessen festgelegte Fußballregeln noch heute in der ganzen Welt gelten sollen. Schließlich besitze ich die handschriftliche Kopie dieser Regeln. Aber mit Fußball habe ich nichts im Sinn, jeden Sonnabend, Sonntag hörte Vater Fritz Fußball und ich gezwungener Maßen auch, das reicht für mein Leben. Dennoch fühle ich mich meiner Vaterstadt noch verbunden.

Mutter Paula mit Horstchen

ein aus Wut von mir zerrissenes Foto

Nun soll nachfolgend etwas Biographisches aus einem Zeitraum folgen, in dem sich die Menschheit noch nie so rapide verändert hat wie in den letzten achtzig Jahren. Wird in einem Teil ein grober Überblick über den Lebensweg und Lernfelder gegeben, so enthalten sieben weitere Kapitel Geschichtliches und Geschichten aus den verschiedensten Lebensbreichen. Drei Impulse, von außen kommend, bewegen mich zum Schreiben dieses Buches.

Erstens: Vor vielen Jahren äußerte mein damaliger Soziologieprofessor, mein späterer Kollege und treuer Freund Hartmut M. Griese, du solltest einmal deine Biographie schreiben.

Zweitens: Es war nach einer der Konferenzen der Hochschullehrer der Erwachsenenbildung an der Universität Lodz 2010. Ich hatte damals wohl zur Ehrung von Frau Prof. Dr. Olga Cerniawska anlässlich ihres 80. Geburtstages den Einführungsführungsvortrag „Lernen fürs eigene Leben – Erwachsenenbildung im Spannungsfeld zwischen Gesellschaft und Individuum" gehalten. Es ging eigentlich auch um das Thema der „Entschleunigung".1 Danach schieb mir Frau Prof. Dr. Elzbieta Dubas, die ich schon als Studentin kennengelernt hatte.

am 30. Okt. 2010, 01:50 h

„Lieber Horst,
... Sehr freue Ich mich, dass Ich Dich in Lodz getroffen habe. Schoene Gruesse fur Dich und Marlis und viel Gesundheit für Euch Beide.
Lieber Horst,
Ich habe für Dich solche Bitte, solchen Vorschlag - wenn Du willst, kannst Du das machen, wenn nicht, Ich verstehe Dich. Ich denke, es waere sehr interessant Deine Lernbiographie lesen. Du koenntest diese Biographie schreiben - Mein Leben - Mein Lernen (was, in welcher Situationen, wann, warum das, hasst Du gelernt usw.). Diese Beschreibung kann relativ lang sein (max. 100 S.). Das wird bestimmt sehr interessantes archivmaterial für Andragogen. Ausserdem, werde Ich dieses Material auf dem Grund biographischer Methode in andragogischen Kontext bearbeiten (wenn Du willst). Es waere sehr wichtiges Buch für polnische Andragogik und für weitere Generationen unseren Andragogen. Es waere auch Materialisierung unseren Kontakte, welche wirklich sehr selten sind. Das Buch waare in Polnisch mit zwei Namen: Deinem und meinem publiziert. Was denkst Du über diese Idee?

---

1 Alle zwei Jahre fanden in Polen Internationale Konferenzen statt. 2005 hielt ich anlässlich des 25. jährigen Bestehens des Lehrstuhls der Erwachsenenbildung in Lodz einen Vortrag „Erwachsenenbildung im Wandel der Zeit - 25 Jahre Erwachsenenbildung an der Universität Lodz. Vortrag vom 17. – 18. November 2005 an der Universität Lodz im Rahmen des Themas „Universelle Probleme der Andragogik und der Gerontologie".

Grüsse Ela"

Drittens: Als mich mein uralter Freund Pascha nach meinem zweiten Herzinfarkt im Januar 2014 im Krankenhaus in Quedlinburg besuchte, wies er eindringlich darauf hin, ich solle bald beginnen, meine Lebensgeschichte für meine Kinder und die nachfolgende Generation aufzuschreiben. Das muss gewirkt haben, denn danach fasste ich den Entschluss, mich ernsthaft an die Arbeit zu machen.

Subjektiv wird geschildert, einiges kann von außen belegt werden, einige Begebenheiten kann ich mir aus heutiger Sicht überhaupt nicht mehr vorstellen, dass ich das war oder das wirklich selber getan habe. Es klingt so unglaublich, unwahrscheinlich und doch war es so.

Aufgewachsen noch in Friedenszeiten, die Kriegsjahre als zehnjähriger begeisterter Junge für „Führer, Volk und Vaterland" erlebt, nach den Krieg in den Trümmern von Braunschweig gespielt kam ich, von Schule kaum beleckt, zu den Pfadfindern. Zeitweise spielte in den späteren Jahren das Lernen und Arbeiten in den verschiedensten Institutionen und in der Wissenschaft eine gewisse Rolle. Das Leben selbst war Lernfeld in den unterschiedlichsten Bereichen.

Davon soll die Rede sein, von **Geschichte und Geschichten** in dem viel umfassenderen Rahmen eines Lebens, was weiterhin Anlass bietet zum Lernen, zum Verändern und zum weiteren Wandel. Nun, dieses Leben verlief eben nicht geradlinig, sondern schlängelte sich eher mäandermäßig dahin. Den Leser werden Lernprozesse, Stufen, Geschichten nicht immer chronologisch gegliedert erwarten. Geschichte wird sich in Geschichten zeigen. Wiederholungen und Überschneidungen lassen sich kaum vermeiden. Man möge verstehen und verzeihen, wenn entgegen allen Regeln der Schreibkunst das Geschriebene den eigenen Gesetzen folgt und sich manchmal recht eigenwillig und ungeschliffen darbietet. Manchmal geschrieben, wie der Schnabel gewachsen ist, gerade so, wie es kommt. Ich möchte mir selbst keinen Maulkorb anlegen, mich nicht mit der Schere im Kopf beschneiden, was nicht schicklich ist. Manchmal verfalle ich in einen gewissen Telegrammstil, besonders dann, wenn zu viele Erinnerungen auf mich einstürmten und festgehalten werden wollten. Da auch die deutsche Rechtschreibung in den letzten Jahren eine Veränderung erfahren hat, unterschiedliche Regeln gelten, kommen auch unterschiedliche Schreibweisen in diesem Buch vor. Auch einige ältere Texte sind eingefügt und entsprechen daher noch den alten Regeln. Außerdem wurde es mir bei meinen wissenschaftlichen Arbeiten zur Gewohnheit, Angaben über Verfasser, Titel etc durch Semikolon statt durch Komma zu trennen. Das kann man doch wohl so hinnehmen?

I. Kindheit

Erste Kindheitserinnerungen

Zur Familie Stukenberg

Väterlicherseits stammt die Familie aus Vahlbruch und Ottenstein an der Weser. Mütterlicherseits hat der Großvater Erich Rowold seine Frau auf der Wanderschaft aus Marburg/Lahn mitgebracht (Familie Oberbeck).. Mein Vater Fritz arbeitete als kleinerer Beamter erst in der Polizeiverwaltung, später in der Braunschweigschen Landesregierung. Mutter Paula ist Hausfrau, sorgt sich um die Familie und erwirbt ein Zubrot mit der Vermietung eines möblierten Zimmers.[2] Hans-Joachim, der acht Jahre ältere Bruder, sollte immer mein Vorbild sein. „Nimm dir mal ein Beispiel an Hans-Joachim!" Wir wohnten in einer Fünf-Zimmer-Wohnung in einem um die Jahrhundertwende erbauten Achtfamilienhaus am Rande der Braunschweiger Stadtmitte, Steinbrecherstraße 27. Später zog der Großvater Heinrich Stukenberg zu uns. Zu den vielen Nachbarn gab es immer ein gutes sehr vertrautes Verhältnis, man kannte fast alle Menschen, die auf einer Straße wohnten.

---

2 Siehe Dr. Horst Friedrich Wilhelm Stukenberg Ein Genealogiereport; My Heritage, 2006 – 2013, vom 20. August 2013. Ebenda auch Marlis Alice Ferdinandine geb. Pape, die Familie kommt in der 8. Generation aus Fümmelse.

Die Welt der Straße

Es war die Welt der Straße, sie war unser Spielplatz. Hier lebten wir Kinder, lernten, was es zu lernen galt. Oft wurde gekämpft, die eine Bande gegen die einer anderen Straße. Der große Bruder Hans Joachim ist dabei, selten ist er Beschützer, er hält zu seinesgleichen. War das Wetter schlecht, spielten wir auch mal drinnen. Mit den Erwachsenen hatten wir nichts zu tun, sie spielten in unserer Welt keine Rolle. Oft trieb man mit dem kleinen Horstchen seinen Schabernack, wer wusste das schon?

Die Großen ärgerten mich einmal besonders, da bin ich abgehauen. Drei Jahre alt muß ich gewesen sein, als ich mit meinem Dreirad etwa drei Kilometer durch die Stadt Braunschweig zur Dienststelle meines Vaters gefahren bin. Besuchen wollte ich ihn. Ohne jemanden zu fragen, bin ich losgefahren und angekommen. Wenn ich eine Straße überqueren musste, bat ich eine „Tante" oder einen „Onkel", bitte, bring mich mal über die Straße. Na Junge, wo willst Du denn hin, fragte man hin und wieder. Immer kam die Antwort „Zum Leonhardplatz, zu meinem Papi."

In seinem Büro angekommen fragte er mich, warum kommt denn deine Mutter nicht mit rauf? Mutter ist zu Hause, ich bin alleine hier. Mein Vater muß sehr erschrocken und verärgert gewesen sein. Dennoch, von seinem Frühstücksbrot bekomme ich die Hälfte ab. Dann wurde ein Polizist gerufen, der sich mit mir beschäftigen sollte. Es ging in die Reithalle zu den Polizeipferden, ich durfte streicheln, füttern, reiten, bekam wohl viel Aufmerksamkeit. Telefon gab es bei uns zu Hause nicht. Mit einer Taxe fuhr man nicht. Also musste man aushalten. Nach Dienstschluss/Feierabend ging ich mit Vati nach Hause. Es gab zwar keine Abreibung, aber eine gehörige Predigt, und bis heute ist dieser Tag mir immer noch als ein sehr schöner Tag in Erinnerung.

Einmal wurde ich an das Tischbein unseres großen Eichentischs in der Stube gebunden, der Tisch auf die Stirnseite gekippt, plumps, da hing ich schreiend in der Luft. Die Großen holten Salz, Senf und Pfeffer, stopften mir den Mund und es wurde stiller.

Ein anderes Mal war es die Aschentonne im Hauseingang. Die Geschichte wurde mir als Erwachsener noch einmal von Evchen Gillman erzählt. Die Großen packten mich, banden die Arme an den Körper und steckten mich in die Aschentonne. Die alte Frau Notdurft kam mit ihrem heißen Aschenkasten, wollte ihn entleeren, und zum Glück schrie ich so laut, dass sie vor Schreck alles fallengelassen hat.

Berndchen wohnte oben im Haus, er war katholisch, worauf später noch einzugehen sein wird, das war für das evangelische Braunschweig eine Seltenheit. Mit ihm spielte ich auch zusammen. Wenn dann das Fenster oben aufging und gerufen wurde, Berndchen, Essen kommen, ein anderes Fenster öffnete sich, Horstchen, Mittagessen, „Horstchen, Horstchen, wo steckst du bloß", das war richtig lästig. Spielen wollten wir, die Erwachsenen konnten uns Kinder mal gerne haben, Essen war in dieser Zeit noch Nebensache.

Meine Mutter hat wohl Zither und Gitarre gespielt, auf jeden Fall gab es die Musikinstrumente im Schrank. Sie erzählte Märchen und Geschichten, aber auch Gleichnisse von Jesus aus der Bibel. Vieles wurde wohl aufgeschnappt, es ist aber nicht festzumachen, wann und wie das passierte. Von der Partei, oder vom Führer habe ich sie nie reden gehört. Ich glaube, sie stand nicht ablehnend, aber distanziert dem Ganzen gegenüber. Da war die Geschichte von Jesus am Kreuz, als er Essig bekam. Immer wieder sprach sie davon. Und wenn jemand an der Haustür klingelt, „Junge dann mach die Türe auf und bitte ihn herein, es kann der Herr Jesus selber sein". Ja, ich glaube, meine Mutter war gläubig. Man schnappte als Kind sicherlich vieles einfach so nebenbei auf, verinnerlichte es und lernte wie Kinder zu lernen pflegen.
.

Ich sollte es wohl besser haben, als die anderen Kinder. Kasernenstraße Ecke Humboldtstraße im Lindenhof befand sich damals schon ein Kindergarten. Ich wurde angemeldet. Da mussten wir im Kreis sitzen, singen usw. Das hat mir nicht gefallen. Da bin ich durch das Klofenster geklettert und abgehauen. In dem Eckhaus uns gegenüber wohnte im vierten Stock die Familie Piepenstock. Der Mann konstruierte in Braunschweig Flugzeuge, die Tochter war aus dem Haus, die Frau war oft allein. Zu ihr bin ich dann raufgelaufen, und wir beide saßen am Fenster und schauten belustigt zu, wenn die Kindergärtnerin bei uns ins Haus ging, mit meiner Mutter herauskam und die Straße nach mir absuchte. Bewundert habe ich oft das Modell eines Sturzkampffliegers, genannt Stuka, es stand als Modell auf einem Tischchen.

Bei uns in der Wohnstube stand, gleich wenn man reinkommt hinter der Tür links ein bis an die Decke reichender Kamin. Manchmal saßen mein Eltern abends davor und Vater las der Mutter aus dem dicken Buch „Rasputin" vor. Wenn ich artig war, durfte ich ein Kapitel lang dabei sein. Das war für mich sehr heimelig und schön, heile Familie, und wenn ich dann ins Bett musste, war das immer zu früh.

Größer geworden waren wir auch nicht faul und spielten den Erwachsenen selber Streiche. Auf jeder Etage gab es zwei Wohnungen, die Wohnungstüren lagen sich gegenüber. Ein Strick wurde besorgt und fest an beide Türen gebunden.

Dann klingelten wir und verschwanden. Was haben die Nachbarn gezetert, keiner bekam seine Tür auf?

Der Fußweg bestand aus viereckigen Steinplatten mit Rillen darin. Hüpfen mit und ohne Band auf den Steinplatten, Brummkreisel schlagen, Murmeln, spielen immer wieder dachten wir uns neue Spiele aus. Kannten wir überhaupt Langeweile?

Aber die Erwachsenen ärgern, das machte auch Spaß. Wir legten auf den Fußweg ein Portmonee, angebunden an einen Bindfaden, der unsichtbar in den Rillen der Platten verlief. Wir hockten hinter der Hecke. Nun, die Leute in der Straße kannte man alle, auch ihre Eigenarten. Wenn dann jemand kam, sich vorsichtig nach allen Seiten umsah und dann die Geldbörse schnell aufheben wollte, ruck zuck, war sie weg und wir amüsierten uns köstlich. Natürlich galt es dann schnell das Weite zu suchen sonst hätte es Dresche gegeben.

Einkaufen – Anschreiben – Sparen, das war die Devise

Zwar war mir mein Dreirad ein und alles. Aber andere Kinder hatten inzwischen einen Tretroller. Den wollte ich auch haben. Ich fragte, es war Hochsommer, Mutti, kann ich auch einen Tretroller bekommen. Ja sagte sie, zu Weihnachten. Weihnachten, das war so wie nie. Bei anderen Wünschen kam der Spruch: Ich habe doch keinen Dukatenkacker im Keller oder, ich kann mir kein Geld aus den Ärmel schütteln. Sparen wurde groß geschrieben, ob beim Streichholz, beim Licht ausschalten, beim Essen, bei allem. Sicher war der Verdienst meines Vaters als kleiner Beamter nicht sonderlich groß, aber ging es den anderen Leuten nicht ebenso?

Wir hatten die Parterrewohnung im Eckhaus vom Kaufmann Willeke gleich nebenan. Sein Geschäft befand sich an der Ecke. Wenn Mutter was kochen wollte, musste ich oft einkaufen gehen. Oft musste man im Geschäft anstehen. Die Leute redeten

13

miteinander und es war nie langweilig. Herr Willeke, ich soll 100 gr. Grieß holen. Oder ein viertel Stück Butter. 150 gr. Zucker usw. Immer nur, was Mutter gerade brauchte. Nicht immer hatten wir Geld, dann wurde einfach in einer Kladde angeschrieben und basta.

Der Onkel von Eckhardts, ein feiner und geachteter Herr, der kam öfters dicht an mich heran, sprach freundliche Worte und rieb sich an mir. Heute denke ich, der war auf kleine Jungen aus. Damals achtete ich nicht darauf. Einmal fragte mich Herr Willeke, Horstchen, was willst Du denn mal werden? Prompt kam die Antwort: Weihnachtsmann.

Einmal schickten mich die Großen ins Geschäft. Kaufe doch mal für 10 Dpf. Haumichblau. Ein anderes Mal bat ich um 100 Gramm Gries, dann noch mal 100 Gramm und oben von der Leiter herunter fragte Herr Willkeke ärgerlich: Willst du noch einmal 100 gr. Gries? Nein. Da stieg er von der Leiter herunter, und ich sagte, ich möchte 200 gr. Gries.

Schräg gegenüber befand sich der Bäcker. Junge, gehe mal Brot kaufen, ein halbes, aber von gestern. Zu Festtagen noch in Friedenszeiten backte die Mutter manchmal ein oder zwei große Kuchenbleche voll Zuckerkuchen. In der Backstube wurde ausgerollt und gelegt. Wenn ich dann mal ein Blech nach Hause trug, naschte ich vom Rand. Es ging auch zum Schlachter. Da wurden meist nur Knochen gekauft. Dann war ich darauf bedacht, Markknochen zu bekommen. Die konnte man beim Essen so schön auslutschen. Es gab auch Knochen mit noch ein wenig Fleisch dran. Davon wurde eine Suppe gekocht. Überhaupt war die deutsche Küche eine fleischarme Küche. Wie oft gab es Griesbrei oder Milchreis mit brauner Butter, Zimt und Zucker, Milchsuppen aller Art, Puffer gab es, Eierkuchen oder Kartoffelsalat. Salate habe ich überhaupt nicht gemocht und gegessen. Gab es Kartoffelsalat, dann rief mich die Mutter vorher rein und ich bekam Pellkartoffeln mit Salz und Butter. War das lecker! Das war noch in Friedenszeiten, aber auch heute, wo es alles gibt, nasche ich Kartoffeln mit Salz und Butter.

Meine Kindheit im Krieg

Wundern muß ich mich, wie so viele Einzelheiten im Gedächtnis haften bleiben konnten, Worte, die ich längst vergessen oder jahrelang nicht mehr ausgesprochen habe, sind plötzlich wieder da. So wie mir die Erinnerungen kommen, werde ich die Geschichten festhalten und will auch nicht um Worte ringen, sondern einfach alles nur so aufschreiben, wie es gerade kommt.

1939 - 6 Jahre alt - vor unserem Haus in der Steinbrecherstraße 27 hüpfe ich ausnahmsweise mal allein auf den quadratisch mit kleinen Rillen gemusterten Fußwegplatten - aus dem offenen Fenster von Helmbrechts ist Radiomusik zu hören - dann eine Sondermeldung mit der Stimme des Führers: "Polen hat heute Nacht zum ersten mal mit .... " - die Sonne scheint und es ist ein schöner Tag - Krieg höre ich aus den Meldungen heraus und springe begeistert in die Luft - "Hurra, Krieg, Krieg, es ist Krieg" schreie ich lauthals und laufe ins Haus.

Mein Vater war stets darauf bedacht, dass man sich ordentlich verhält. Ein Spruch war: „Das macht man nicht, was sollen denn die Leute sagen". Mein Vater war in der NSDAP, in der Partei und hatte da sogar ein Amt als Blockwart und später als Zellenleiter. Für den Führer zu sein, war wohl das Normale. Auch ich war als kleiner Junge ganz in der Ideologie aufgewachsen, kannte auch gängige Lieder und Namen von bedeutenden Soldaten wie Kapitänleutnant zur See Prien oder später „Wüstenfuchs" Rommel. Hermann Göring hatte einmal gesagt: Wenn ein feindliches Flugzeug über Deutschland fliegt, dann heiße ich Meyer." Wir hatten einen Volksempfänger, und wenn der Führer sprach oder Goebbels, dann hingen wir alle wie gebannt am Radio. Lieder wie „Es zittern die morschen Knochen", und „Heute gehört uns Deutschland und morgen die ganze Welt" oder „Bomben, Bomben auf Engeland" erzeugten patriotische Gedanken.

Unsere Bodenkammer liegt direkt an der Ecke über dem Kaufmannsladen vom Kaufmann Willeke. Er war wohl schon modern, manchmal waren draußen Kisten mit Obst oder Gemüse aufgestellt. Ich stöberte auf unserem Boden herum und fand eine große Korbtruhe, angefüllt mit alten Schuhen. Man warf ja nichts weg. Da fing ich an zu singen, „Bomben, Bomben auf Engeland…" und warf einen Schuh aus dem Bodenfenster, noch einen und noch einen. Sie landeten unten bei den Leuten, die vor dem Geschäft stanhen, sie landen in den Kästen, die da waren. Da kommt doch mein Vater die Treppe hoch gerannt, mit einem Krückstock will er mich vertrimmen. Ich entwische, renne die Treppe runter und krieche unter das breite Ehebett. Ist er auf der einen Seite, bin ich auf der andern. Das war wohl ein Versuch meines Vaters, mich einmal zu verkloppen. Aber ich kann mich nicht entsinnen, jemals von meinen Eltern Prügel bekommen zu haben.

Mein Bruder verlässt die Mittelschule und geht mit 14 Jahren auf die Unteroffiziersvorschule nach Hannover, er will Soldat werden. Ostern 1940 werde ich eingeschult, in die ein paar Straßen weiter gelegene Volksschule Heinrichstraße wie das so üblich war - Schultüte - der Lehrer Beddies wohnt in der Heinrichstraße, er muß ein Held gewesen sein, er hatte nur noch einen Arm, den anderen verlor er im letzten Krieg und durfte, nein, musste so zu Hause bleiben – wir Kinder bewundern ihn. Ein paar Woche später wird die Schule Heinrichstraße Lazarett. Umschulung zur Comeniusstraße. Auf dem Schulhof in der Comeniusschule stehen drei große Jungen, na klar, die gehen ja auch schon in die dritte Klasse - "mein Gott, sind die groß". In der Schule habe ich wohl den Anschluss verpasst, habe durch die Umschulung auch keine Lust auf Schule, die Leistungen sind besorgniserregend, aber Kindererziehung ist ja Frauensache.

Polnische Kriegsgefangene bringen in unseren dunklen Kohlenkeller einige Zentner Briketts - "prosze cleb, bitte Brot" und eine ausgestreckte Hand reckt sich mir entgegen - Mutter gibt mir einige Stullen und sagt: "Das braucht aber kein anderer zu wissen, ist man verboten" - sie war wirklich eine milde Seele.

Fliegeralarm - ich werde aus dem Schlaf geholt - im Treppenhaus hört man schon andere in den Keller gehen - ein kleines Köfferchen gepackt mit Wertsachen steht jetzt schon immer bereit - auch wir nehmen den Koffer und gehen gemächlich in den Keller - die Hausgemeinschaft versammelt sich im Waschkeller, der liegt zum Nachbarhaus zur Heinrichstraße hin - Berndchen, mein Freund von ganz oben im Haus, ist auch schon da - ich komme oben auf dem Waschkessel zu sitzen - hin und wieder erzählen die Großen sich etwas - hin und wieder eine bedrückende Stille im Raum - plötzlich ein fürchterliches Rumsen und Donnern - Bomben fallen ganz in der Nähe und andere Geräusche von draußen mischen sich ein - nach einiger Zeit dann Entwarnung - wir können es gar nicht abwarten, der langgezogene Ton will kein Ende nehmen - Berndchen und ich, wir stürmen auf die Straße und sehen in Richtung Bültenweg einen riesigen Feuerschein - der erste Bombenabwurf auf Braunschweig - wir schreien voll Freude "Feuer" und sind begeistert – die Klavierfabrik Grotian Steinweg brennt in der Zimmerstraße - ziemlich aufgeregt muß ich dann ins Bett und darf nicht dahinlaufen und mir alles aus der Nähe ansehen.

Vater muß zu Hause bleiben. Er arbeitet in der Regierung und außerdem, betreut er von der Partei aus die Menschen; beacht das Haus beim Bombenangriffen.[3] Immer öfter kommt Fliegeralarm - an das Heulen der Sirenen gewöhnt man sich schnell - manchmal müssen wir auch, wenn wir gerade in der Stadt sind, einen Bunker aufsuchen und kommen mit fremden Menschen zusammen - irgendwann danach Kofferpacken - Mutter und ich sollen evakuiert werden, aufs Dorf nach Neuekrug Hahausen am Harz - warum fahren wir denn nicht zu Tante Friedel nach Winnigstedt? - wir sind alle eingeteilt worden, und da müssen wir nun auch hinfahren - aber Tante Edith kommt mit Brigitte und Rüdiger auch in das gleiche Dorf.

Zuweisung eines kleinen Zimmerchens beim Sattlermeister Preuß - er ist sehr nett und ich darf beim Arbeiten zuschauen - aber das Zimmer ist wohl ganz

---

3 Horst Stukenberg; Meine Kindheit im Krieg; in: Heinz Friedrich/Frieder Schöbel (Hrsg.); Braunschweig im Bombenkrieg - Dokumente von Zeitzeuginnen und Zeitzeugen; Braunschweig 1994.

klein und nur über eine Stiege vom Saal her zu erreichen - Umquartierung zu Ohms Landwirtschaft und Lohndreschbetrieb. Auch sie sind nicht auf uns vorbereitet und können nur eine Notunterkunft zur Verfügung stellen - für eine Mutter mit Kind wäre nicht genug Platz - ein Onkel der Ohms hatte epileptische Anfälle und muß nicht ganz richtig im Kopf sein, deshalb waren wir im Hause störend - man einigt sich gütig und es erfolgt die Umquartierung zum Frisör Süßschlaf am Pulvergalgen.

Wir bekommen zwei kleine Zimmer und haben sogar einen Herd dabei - dort bleiben wir fast vier Jahre - uns wird auch ein kleines Stück Land zum Anbauen von Kartoffeln und Gemüse zugewiesen - ob Tag oder Nacht, die Bombergeschwader fliegen über uns hinweg - das Dröhnen der Motoren verklingt nur langsam - manchmal ist der Himmel voll Lametta, voller Silberstreifen, die werden von den Flugzeugen zum Schutz gegen Radarortung abgeworfen – „aber das wird ihnen nicht helfen, unsere Flak erwischt sie schon noch alle".

Achtklassige Dorfschule, erste Reihe erste Klasse, zweite Reihe zweite Klasse usw. Ernteeinsätze, Kartoffelkäfersammeln und Spielen im Walde bereiten mir mehr Spaß, als in der Schule herumzusitzen. Dann wird der Lehrer eingezogen, eine kurze Zeit vertritt die Ehefrau. Zuletzt geht es auch ganz gut ohne Schule. Spannend sind die Nachrichten aus dem Volksempfänger. Vom Endsieg ist die Rede, vom Feind, vom Durchhalten und der Wunderwaffe.

Hin und wieder kommen wir zu Besuch nach Braunschweig - im Nachbarhaus ist eine Luftmine eingeschlagen und hat größere Teile unserer Wohnung beschädigt - viele Möbel und die Fenster zu Helmbrechts Wohnung hin sind zertrümmert - im Ausguss in der Küche hat ein Bombensplitter ein Loch gerissen, immer nur wenig Wasser darf hinein, sonst fließt es gleich über - übrigens war das Loch bei unserem Auszug 1966 immer noch vorhanden - auch einige Grundstücke gegenüber liegen bis zum Parterre in Schutt und Asche - Tante Marthas Haus in der Hamburger Straße an der Oker ist von einer Luftmine getroffen worden und völlig zerstört - nur der unterste von zwei Kellern hat standgehalten - zurück nach Hahausen, da sind wir sicher.

Zum Einkaufen wird uns ein Kaufmann acht Kilometer weiter am Ortseingang von Seesen zugewiesen - wenn größere Einkäufe zu tätigen sind, acht Kilometer zu Fuß auf der Landstraße hin und acht Kilometer wieder zurück - das war normal - Mutter konnte gut mit dem Kaufmann Hoffmeister im Dorf, sie bekam hin und wieder einen halben Liter Milch ohne Karte - einmal kommt meine Mutter aufgeregt nach Hause - aus dem offenstehenden Fenster müssen wohl Qualmwolken herausgekommen sein - von einer anderen Frau hatte ich ein Rezept zum Backen von Puffer bekommen - anstatt Fett kann man auch Malzkaffee nehmen - so bereite ich an diesem Tag das Mittagessen vor, dichte Rauchschwaden quellen aus dem offenen Fenster, mich stört das nicht im geringsten.

Mit Herbert und einem Handwagen fahren wir über den Bulvergalgen Richtung Neuekrug zu einem Lager, um Zucker zu organisieren – da kommen zwei Jabos (Jagdbomber) im Tiefflug auf uns zu – ich sehe das Gesicht des einen feindlichen Piloten - wir schmeißen uns auf den Acker - eine ganze Salve von Geschossen prasselt etwa 10 m vor uns in die Ackerfurchen - Dreck spritzt auf - die Flugzeuge drehen bei und fliegen wieder fort - wir springen auf, schreien "Hurrah", er hat uns nicht getroffen - mit dem Handwagen ziehen wir weiter und kommen abends mit einem halben Sack Zucker nach Hause.

Der Bahnhof Neuekrug Hahausen liegt außerhalb des Ortes –ein großes Plakat hat die Aufschrift: „Räder müssen rollen für den Sieg" – auf dem Bahnhof steht ein Lazarettzug, dieser wie auch der dahinter stehende Munitionszug wird angegriffen - nachts hören wir immer noch das Geknatter der explodierenden Munition und ab und zu einen lauten Knall, wenn ein Güterwagen in die Luft fliegt.

Ein feindliches Flugzeug wird hinter Neuekrug abgeschossen - die Bauern laufen mit Heugabeln hin und wollen die Piloten lynchen - wir immer hinterher - es kommt jedoch nicht dazu, einige Soldaten nehmen die Männer gefangen und führen sie ab. Wir haben MG-Munition gesammelt, die Geschoßspitzen abgezogen und diese mit Gummischleudern verschossen.

Oft stromern wir im Wald herum, bauen Unterstände und spielen Krieg - wir könnten doch den Soldaten an der Front helfen - Gräben könnten wir ausheben und Material heranschleppen, die Soldaten könnten dafür dann mehr kämpfen -

wenn der Führer doch bloß auch seine Pimpfe und Hitlerjungen an die Front lassen würde.

Wie gebannt hänge ich oft vor dem kleinen Volksempfänger, der in dem vorderen Zimmer auf dem kleinen Tischchen an der Wand steht - die Stimme von Josef Goebels ist zu hören - er macht uns Mut und spricht von der Wunderwaffe, die zum Einsatz kommen wird - andere munkeln, die Amis seien bereits über den Rhein gegangen und schon im Anmarsch auf Norddeutschland - wir sagen, es ist doch streng verboten, den Feindsender zu hören, oh diese alten Waschweiber und Volksverräter.

Lotti Süßschlaf, die Tochter unserer Gastgeber, sie ist schon größer und im BDM, sie arbeitet direkt beim Bannführer in Bad Gandersheim - "wir werden siegen," sagt sie - sie muß es doch besser wissen. Frühjahr 1945 - in Bad Gandersheim kommen alle Hitlerjungen und Pimpfe zu einem großen Lager zusammen - Vorbeimarsch vor dem Bannführer höchst persönlich - ein Fähnleinführer tritt mich in den Hintern und schreit, ich solle nicht immer hinterherhinken - das Marschieren mochte ich nicht sonderlich gern - aber schlafen in Zelten, Heimabende bei den Pimpfen, Geländespiele, Geschichten über den Führer oder Krieg hören, Lernen der „Ersten Hilfe“, da mache ich gerne mit. Drei Tage vor dem Einmarsch der Amerikaner fahren wir in einem Personenzug mit vielen Türen nebeneinander wieder nach Hause.

Irgendwann werden hunderte von Kriegsgefangenen in großen Zehnerblöcken und in Zehnerreihen auf der Landstraße nach Lutter vorbeigeführt - es heißt, in der großen Scheune vor Lutter sollen sie übernachten - ein Pole wollte fliehen und wird angeschossen - zu Priens in den Schweinestall wird er gebracht - ich bin inzwischen elf Jahre alt und schon Pimpf - die Soldaten haben anderes zu tun, wir müssen die Überwachung übernehmen - mein Freund Herbert und ich, wir schleichen uns leise an und gehen dann vorsichtig in den Stall.

Da liegt er nun auf einem Kartoffelsack und kann keiner Fliege etwas zu leide tun - die Einschusswunde am Oberschenkel ist klein, aber auf der anderen Seite, wo das Geschoß wieder rausging, da klafft ein riesiges Loch - "die Ausschusswunde ist immer viel größer als das Einschussloch", erklärt mir mein Freund Herbert sachkundig – jetzt werden wir unsere gelernten Erste-Hilfekenntnisse anwenden. Verbandszeug holen, verbinden. Dann höre ich wieder: Prsosze Cleb. Schnell nach Hause laufen, Mutter, bitte gib mir Brot und Wasser für den Verwundeten. Junge, es ist strengstens verboten, Kriegsgefangenen Essen zu geben. Hier hast Du ein paar Brote, Du darfst es aber keinem sagen.

Auch Herbert brachte etwas herbei und plötzlich war es kein Kriegsgefangener, kein Pole mehr, es war ein hilfsbedürftiger Mensch, dem zur Seite gestanden werden muss, so wird es gewesen sein. Die dankbaren Augen des armen Kerls habe ich nie vergessen - zum zweiten Male höre ich nun bittende polnische Worte - wenn das der Führer wüsste, wie hier ein Verwundeter allein gelassen wird - so oft wir können, stehen wir nun bei dem auf dem Stallboden zusammengekauerten Haufen Mensch - übrigens hatte mich der Anblick des auf dem Boden liegenden, mit Blut verschmierten Menschen viele Jahre danach nicht losgelassen - irgendwann kommt dann am nächsten Tag ein LKW, er wird von zwei Soldaten an Händen und Füßen gepackt und wie ein Sack auf den Wagen geschmissen, abgefahren – sicher jetzt in ein Lazarett, da waren wir uns sicher.

Ein Wehrmachtstross hat alle Fahrzeuge und Geräte auf einem einsamen Waldweg unterhalb der Lageswarte abgestellt. Die Soldaten sind verschwunden In der Festung Harz wird noch gekämpft.[4] Wir Jungen laufen hin und holen Brauchbares für uns. So ist es uns auch gelungen, an Panzerfäuste heranzukommen - bei Mulls hinter der Scheune stellen wir uns im Halbkreis auf - die Mädchen sind weiter weg und bewundern uns - vor und hinter der Panzerfaust darf keiner stehen, da kommt der Feuerstoß heraus - und dann schieße auch ich eine ab - der Ruck ist sehr stark, es ist, als ob man eine gewaltige Ohrfeige bekommen hat - das macht aber einem deutschen Jungen nichts aus.

Drei Tage vor dem Einmarsch der Amerikaner ein erstes größeres Lager mit einem Vorbeimarsch vor dem Bannführer in Bad Gandersheim – plötzlich der Befehl, in den Zug steigen, wir werden nach Haus geschickt - später sieht man oben an den Osterköpfen und Langenberg tatsächlich einzelne Gestalten mit Gewehren im Anschlag aus dem Wald herauskommen - die Amerikaner sind im Anmarsch mit jeder Menge Autos und Panzer – wir Jungen erleben, wie deutsche Frauen den Führer und das deutsche Volk verraten – sie hängen weiße Bettlaken aus den Fenstern - wir Pimpfe laufen von Haus zu Haus und reißen die Tücher herunter - das ist doch Verrat. Ungebrochen erlebe ich Welt aus der Sicht von „Führer, Volk und Vaterland", und wir Kinder wollen „kämpfen", für das Gute, gegen den Feind, als Elfjährige.

Die Amerikaner haben Kabeltrommeln für ihre Fernsprechleitungen ausgerollt - mit einer Schere (oder war es eine Zange) bewaffnet, gehen wir auf Beutefeldzug - die Telefonleitung besteht aus einem Stahldraht mit einer schwarzen Isolierung drum herum - die rollen ihre Kabeltrommeln aus und verlegen ihre Leitungen, wir schneiden, wenn wir nicht gesehen werden, diese wieder ab und "erbeuten" so hunderte von Metern vom Feind. Da es damals nichts gab, heben wir alles auf, wer weiß, wofür es noch einmal gut ist - noch heute liegen in unserem

---

4 Gefangene und Fremdarbeiter werden aus den Lagern der unterirdischen V 2-Hallen gen Norden abtransportiert. Es beginnt der Kampf in der Festung Harz. Vgl. auch Manfred Bornemann; Schicksalstage im Harz – Das Geschehen im April 1945; Piepersche Verlagsanstalt, Clausthal-Zellerfeld, 4. Aufl. 1980.

Keller ca. 15 m von eben diesem Telefonkabel, sie haben die Umzüge von Hahausen nach Braunschweig, von Braunschweig nach Bad Harzburg mitgemacht.

Es gibt auch Schokolade und Weißbrot - natürlich nehmen wir alles an und versuchen dabei, zu erbeuten, was es zu erbeuten gibt. Ausgangssperre - wir Kinder huschen dennoch durch das Dorf - in der Scheune von Priens in Neuekrug liegen noch bewaffnete SS-Soldaten - eine Postenkette von Pimpfen und Hitlerjungen von Gandersheim bis Berlin ist intakt - auch im Wald sind noch Soldaten versteckt - wir versorgen sie mit Essen und Trinken - Tage später fliegt ein amerikanischer Panzer fliegt in die Luft - der ist auf eine Tellermine gefahren - heimlich freuen wir uns.

Ein Mann, der nicht in der Partei war und sich immer nur so herumdrückte, ist von den Amis als Hilfspolizist eingesetzt worden - man munkelt eines Morgens, er habe seine Strafe erhalten - sehr früh machen wir uns auf den Weg - unterhalb der Lageswarte auf einer Wiese am Graben soll er liegen - es ist wirklich noch sehr früh und feine Nebelschwaden liegen über der Wiese - da liegt der Verräter, unter dem Arm, wo er seine Binde hat, da liegt sein Kopf - er liegt da mit durchschnittener Kehle – Fleischbrocken sind zu sehen und viel Blut – „das hat er nun davon".

Noch bin ich keine 12 Jahre alt – meine Mutter hat ein schlimmes Bein und kann nicht weit laufen - um zu sehen, wie es mit unserem Vater steht und um zu erfahren, was mit der Wohnung ist, mache ich mich von Hahausen nach Braunschweig zu Fuß auf den Weg - es sind 50 km hin und auch 50 km wieder zurück – manchmal kann ich von einem Dorf bis zum nächsten ein kleines Stückchen auf einem Pferdewagen mitfahren –- heute glaube ich es bald nicht mehr, dass es so war – zurückgekommen sage ich Mutti, wir müssen noch eine Weile bleiben, Vater lebt, aber unsere Wohnung ist von der Luftmine, die in Hembrechts Haus nebenan einschlug, teilweise kaputt - dann, eines Tages sehen wir den Dampf einer Lokomotive, es ist unglaublich, eine Eisenbahn fährt - verwundert stehen wir da und können es gar nicht fassen - warum machen die Amerikaner denn das?

Die Lage muß sich normalisiert haben - Vater ist in den letzten Tagen im Volkssturm gewesen – man hatte ihn niedergeschlagen, alle sind weggelaufen – als er wieder zu Bewusstsein kam, konnte er aus dem auf dem Güterbahnhof abgestellten Waggon entkommen - natürlich ist er aus dem Beamtenverhältnis entlassen - mein Bruder Hans Joachim ist auf Schleichwegen über Thüringen nach Hause gekommen – er arbeitet beim Engländer in einem Lagerhaus - zu essen und zum Heizen gibt es recht wenig - Vater ist ein gebrochener Mann, er ist ein guter und weichherziger Mensch und vertraute dem Führer - auch für ihn ist eine Welt, seine Welt, zusammengebrochen.

Dann doch Monate später Einzug in die teilzerbombte Wohnung, eine Fünf-
zimmerwohnung - Einquartierung von drei weiteren Familien - in jedem Zimmer wohnt jetzt eine Familie - die Schmidts aus Schlesien sind mit drei Kindern
in das Schlafzimmer eingezogen - Herr Schmidt hatte mitten im Zimmer einen
Herd aus Backsteinen gemauert - auch Onkel Heino ist aus der Gefangenschaft
zurückgekommen - er, Tante Hete und Brunhilde leben in dem kleinen Zimmerchen neben der Küche - die Berliner wohnen noch immer im Balkonzimmer -
auf dem Korridor hat man zwei große Kleiderschränke zum Winkel gestellt, dahinter steht mein Bett - direkt unter dem Treppenhauslichtkasten - immer wenn
jemand ins Haus kommt und das Licht anknipst, macht es im Schalterkasten
"Knacks, knacks"; geht das Licht dann nach einer Weile aus, wieder "Knacks,
knacks" - daran konnte ich mich nicht so recht gewöhnen.

Hin und wieder kommen Leute von der Feuerwehr und fordern vom Vater, weil
er ja in der Partei war, er solle einen kompletten Anzug herausgeben, so mit
Strümpfen, Schlips und allen, was dazugehört - dann werden auf einmal Möbel
abgeholt - viel ist ja sowieso nicht heil geblieben und nun holen sie den Rest
noch weg.

Mein Vater wird entnazifiziert - der Rechtsanwalt Macke, Nachbar und nun der
stellvertretende Bürgermeister oder so ähnlich, kannte Vater sehr gut und be-
scheinigte ihm, dass er eine milde Seele war und keinem etwas zu leide getan
hätte - einmal hätte der Fritz Stukenberg von der Parteileitung einen Rüffel bekommen, weil er nicht alle Fahrräder aus seinem Block eingesammelt hätte –
dennoch: Kriegsverbrecher Kategorie III - soviel habe ich wohl doch mitbekommen.[5]

Hunger, Kälte, Kohlenklau. Nachstoppeln auf den Feldern - Mutter bringt die
Familie eigentlich durch, der kleine Sohn stützt an vielen Ecken und Enden –
neben dem Kino Kapitol in und vor der Bruchstraße wird gekungelt und „ge-
schoben" - manchmal gehe ich mit ein paar Zigaretten, die Hans Joachim beim
Engländer „organisieren" konnte, und tausche Essbares auf dem Schwarzmarkt
ein – wenn eine Razzia kommt, laufen alle weg, nur die Großen werden ge-
schnappt, uns Kindern sieht man vieles nach - hin und wieder fahren wir auch
über Land und gehen stoppeln - Nachlese auf einem Kartoffelacker, aber viel ist

---

[5] **Niedersächsisches Landesarchiv- Staatsarchiv Wolfenbüttel:** „ … vielen Dank für
Ihre Anfrage. … Im Staatsarchiv Wolfenbüttel befindet sich unter der Signatur 3 Nds.
92/1 Nr. 40549 die Entnazifizierungsakte für Ihren Vater im Umfang von ca. 105 Seiten mit mehreren Fragebögen, Zeugnissen von Bekannten, anwaltlichen Schreiben,
Schreiben der Militärregierung. …"

da nicht mehr zu holen - dennoch, Mutter weiß oft Rat und als letztes versetzt sie ihre Armbanduhr - dafür bekommt sie Mehl usw. für meine Konfirmationsfeier – aber das ist eine andere Geschichte, die später erzählt wird.

Mit den Untermietern von Bökers gehe ich oft zum Ostbahnhof auf Kohlenklau - in einer Kurve am Signal muß der Zug langsam fahren - ein Größerer springt auf und schmeißt Kohlen runter - wir sammeln ein - einmal komme ich freudestrahlend zurück, den Rucksack voller Steinkohle, so glaubte ich - nur, das Zeuge brennt nicht in unserem Kachelofen - es ist irgend etwas anders, womit habe ich mich da abgeschleppt? - Glas oder schwarze Steine müssen es sein und zu nichts zu gebrauchen.

Kurt und Dieters Eltern haben einen Lebensmittelgroßhandel und die Sauerkrautfabrik am Westbahnhof - W. Paulsen und Witwe - hin und wieder dürfen wir da hin - mit großen Brettern unter den Füßen stampften wir den Weißkohl fest, damit es Sauerkraut werden kann - stolz kommen wir dann nach Hause - jedes Kind bekommt einen Kopf Weißkohl als Lohn für die Tagesarbeit - durch ehrliche Arbeit erworben, das war schon etwas Nützliches und für die ganze Familie gab es was zum Essen.

Einmal läuft mir ein Hund zu - immer schon wollte ich "Herrchen" sein - stolz komme ich mit dem schönen und großen Tier nach Hause - Vater ist entsetzt – der Hauswirt Herr Willecke duldet keine Tiere - eine Nacht darf er bei mir bleiben, dann muß er wieder fort - in der Humboldtkaserne liegen noch Gefangene, ehemalige Soldaten - sie hätten Platz und wollten für das Tier sorgen – Walter Imbs, mein späterer Lehrgeselle in der Tischlerlehre, und Frank Kecker aus Danzig waren auch dabei - als ich am nächsten Tag wieder vorbeikomme, hängt an der Teppichstange ein Hundefell zum Trocknen.

1946 wieder ein Schulbeginn und kurze Zeit später wieder eine Umschulung. Wieder wird die eben begonnene Schule zur Nebensache. Trumpf ist das Spiel mit den Freunden auf Hinterhöfen und in Trümmergrundstücken. Dennoch, 1948 erfolgt die reguläre Ausschulung aus der Volksschule, ohne Sitzenbleiben, jedoch mit mehr als mangelhaften Kenntnissen.

Trümmerkinder und „Unser Dorf" – Schaffen sich Kinder intuitiv selber ein Stück heile Welt?

Kurt, Dieter und noch einige Kinder aus der Nachbarschaft, wir spielen in den Ruinen. Mit Joachim Bembeneck sammeln wir Bleirohre oder Edelmetall und können das beim Altwarenhändler verscheuern. So brachte er sich und seine

Mutter durch. Später wurde Joachim eine der Führungspersönlichkeiten bei Büssing - MAN.

Einmal machen wir uns daran, Wände, die noch innerhalb eines Hauses bis zur vierten Etage hoch oben stehen, einzureißen. Ein Drahtseil wird aufgetrieben und zwischen zwei Öffnungen, wo einmal die Türen waren, zusammengebracht. Wir packen alle kräftig an und ziehen, Hau Ruck und wieder loslassen und noch einmal Hau Ruck und noch einmal und noch einmal, die Schwingungen werden immer stärker und dann kracht die vier Etagen hohe Mauer in sich laut donnernd zusammen. Viele Steine fliegen auf die Steinbrecherstraße, sie ist nicht mehr befahrbar.

Manchmal spielen wir auch Goldgräber oder Schatzsucher. Vorsichtig tragen wir mit den bloßen Händen Schicht für Schicht von dem Trümmerschutt ab, buddeln tiefer und tiefer, manchmal sind es nur Bruchstücke, aber oft bringen wir heiles Geschirr und vielerlei Gegenstände zum Vorschein. Einmal waren es Suppenteller mit einem blauen Rand, die müssen von Piepenstocks aus der vierten Etage sein, wir wundern uns, dass sie heil geblieben sind. Ein anderes Mal machen wir uns nützlich und klopfen den Putz von hunderten von Backsteinen ab, für den Wiederaufbau unserer Stadt Braunschweig.

Hinter einem der Trümmergrundstücke in der Infantriestraße ist der Garten hinter dem Haus ziemlich frei von Trümmern geblieben. Hier bauen wir uns eine richtige kleine Stadt auf, „unser Dorf". Backsteine werden behauen, Dachpfannen als Dächer benutzt, eine richtige Kanalisation wird gelegt, Straßen werden gepflastert, Geschäfte eingerichtet, wo es Baumaterial und vieles andere zu kaufen gibt. Eine eigene Währung wird geschaffen und wir zahlen für alles, was wir brauchen. Es finden sich hölzerne Wäscheklammern mit einem kleinen Kopf, unten geteilt, zum Festklammern der Wäsche, das sind die Menschen mit Kopf und zwei Beinen. Wir schneidern Kleider, Hosen und Röcke, es gibt feinere und einfachere Kleidung. So gibt es eine Schneiderei, einen Kaufmannsladen, ein Fuhrunternehmen etc.

Ein schmaler Gang führt zwischen den Trümmergrundstücken zu „unserem Stückchen Erde". Hinter dem erhaltenen Zaun auf der Rückseite lag die Konservenfabrik Daubert. Dort war mein Vater zeitweise als Hilfsarbeiter beschäftigt. Erwachsene haben zu unserem Reich keinen Zugang, nur an einem Sonntag, da durften die Eltern auch einmal unser Dorf besichtigen. Hier spielen, bauen und leben wir. Wie ich mich erinnere, waren dabei vor allem Kurt und Dieter Eckhardt, die Kaufmannssöhne, dann die Dackelmamma (Ursel), der spätere Frisör Gottschalk, Heinz Friehe, der Tischler wurde, Burckhard Dohms und natürlich das Horstchen. Alle in einem Alter von 13 – 14 Jahren. Kam da die Sehnsucht nach einer heilen Welt zum Ausdruck, versuchten wir Kinder sie uns selbst zu schaffen?

Das Eckhaus in der Hagenstraße, jetzt Steinbrecherstraße, rechts neben dem vom Rechtsanwalt Macke, wo Piepenstocks im vierten Stock und Eckhardts Parterre wohnten, war wie alle Häuser dort bis auf die Kellerdecke zusammengekracht. Während des Krieges kamen Mutter Eckhardt mit Kurt und Dieter aus Hahnenklee kurz übers Wochenende nach Braunschweig. Gerade in dieser

Nacht ein fürchterlicher Bombenangriff. Das Haus wurde getroffen, stürzt zusammen und die Familie war für zwei Tage in ihrem Keller verschüttet.[6]

Offenbar haben wir aber damals wenig Angst gehabt. Ja, wir konnten uns austoben, konnten viel unternehmen, mußten ja auch teilweise helfen, die Familie zu versorgen und sind sicherlich mit den Gefahren groß geworden, vielleicht auch an den Anforderungen gewachsen. Sicherlich war uns trotz alledem ein enormer "Spielraum" gegeben. Aber, wenn ich jetzt so im Nachhinein die Geschichten aufschreibend hier am Schreibtisch sitze, dann kommt mir alles so unwirklich und fast unmöglich vor. Und doch muß es so gewesen sein.

Haben wir wirklich weniger Angst gehabt oder kommt es mir nur so vor? Vielleicht sind viele der Erlebnisse auch ganz tief in uns eingegraben und erzeugen noch immer eine gewisse Wirkung? Vielleicht gilt es heute auch als Erwachsener noch so manches zu verarbeiten? Aber was auch alles erlebt wurde, gehört es nicht zu uns und machte uns erst zu dem, der oder die wir heute sind?

Inzwischen sind unsere drei Kinder groß und verdienen sich ihren Unterhalt selbst. Auch sie mögen sich am Harzrand und im Wald herumgetrieben und sicherlich manch gefährliche Geschichte erlebt haben. Aber wenn ich mir vorstellen soll, meine Kinder toben in Trümmergrundstücken herum und sollen den Gefahren von damals ausgesetzt sein, dann erscheint mir das als unmöglich. Und wenn ich mir vorstelle, was wir alles getrieben haben, dann wird mir jetzt noch angst und bange.

Zwei Nachkriegs-Erfahrungen mit Gewalt

Nach der Trümmerzeit und vor der Pfadfinderwelt war Schwimmen angesagt, jeden Sonnabend im Stadtbad in Braunschweig. Freundschaften ergaben sich, man ging verabredet zusammen ins Stadtbad oder brachte sich gegenseitig nach Hause. Mit einem Freund ging ich eines Abends plaudernd auf dem kürzesten Weg durch die Friesenstraße nach Haus. In einem Hauseingang, eine Trittstufe höher, stand ein anderer Junge und sah uns beide kommen. Als wir in seiner Höhe sind, holt er plötzlich und unvermittelt aus, versetzt mir einen mächtigen Faustschlag mitten unter das Kinn. Ich falle zu Boden, richte mich nach kurzer

---

[6] Wie mir mein Freund Dieter kürzlich erzählte, kann er bis heute keinen Fahrstuhl benutzen oder sich in engen Räumen aufhalten. Die Erlebnisse verbunden mit Ängsten sitzen tief in ihm verborgen, bis heute. Siehe Horst Stukenberg; Meine Kindheit im Krieg; In: Heinz Friedrich/Frieder Schöbel (Hersg.); Braunschweig im Bombenkrieg, Friedenszentrum Braunschweig, 1994.

Zeit wieder auf, aber der Bengel ist verschwunden. Was war das und warum? Nachdem ich mich wieder erholt habe, gehen wir weiter, als wäre nichts geschehen.

Ein andermal begleite ich einen Freund zu seinem Mehrfamilienhaus am Altstadtring. Es ging fast durch die ganze Stadt. Vor der Haustür bleiben wir stehen und unterhalten uns noch eine ganze Weile. Das Gespräch handelte auch davon, dass er mit seinen Eltern oder Großeltern zusammen wohnt. Alles recht normal. Dann wollte er mich nach Hause bringen und wieder zu sich zurückkehren. Wir verabschiedeten uns ganz ungetrübt. Am Montag steht in der Braunschweiger Zeitung, ein junger Bengel hat seine Eltern oder die Großeltern mit einer Axt erschlagen. Den Vornamen habe ich vergessen, aber der Familienname Grabowski ist mir heute noch wie eingebrannt im Gedächtnis geblieben.

Wie ich das Rauchen verlernte – eine dankbare Erinnerung an Mutter Paula und Onkel Heino

Das ist jetzt 70 Jahre her, und wenn mich meine Erinnerung nicht trügt, war das so: Mutter war wohl eine gläubige Christin, die mir oft biblische Gleichnisse erzählte. Für sie war es ganz selbstverständlich, dass ich konfirmiert werde. Sie meldete mich an und schickte mich jede Woche zum Konfirmationsunterricht in die von Bomben beschädigte Paulikirche. Pünktlich ging ich hin, pünktlich kam ich zurück. Aber an dem Unterricht habe ich nie teilgenommen. Ich saß draußen vor der Tür oder ging um die Kirche herum, bis die Zeit um war. Mutter fragte, wie es denn gewesen sei, und immer wusste ich eine Geschichte zu erzählen.

1948. Noch vor der Währungsreform: Uns ging es dreckig. Nichts zu essen, zu heizen, anzuziehen. Vater hatte keine Arbeit und ich schnorrte, wo es ging. Mutter hatte all ihren Schmuck inzwischen verkauft. Ich sollte nun doch in der noch heilen Kirche in Gliesmarode konfirmiert werden.

Mutter verscheuerte ihre kleine schöne Armbanduhr und tauschte dafür etwas Mehl, Ei und Kirschen ein, vielleicht auch Zucker? Ja, sie backte für ihr Horstchen eine Kirschtorte, die er aber nie zu essen bekam (vermutlich heut immer noch die lakonische Antwort, wenn uns jemand fragt, wann kommt ihr uns denn endlich mal besuchen? Dann die Antwort: Wenn ihr eine Kirschtorte gebacken habt, dann kommen wir sofort). Aber der Reihe nach.

Wie bereits beschrieben, schädigten wir die Amerikaner 1945, wo wir nur konnten.. Das waren ja unsere Feinde. So wurden auch Zigaretten ergattert. Und so saßen wir so manches Mal auf einem Baum und rauchten unsere erbeutete Ware.

Vielleicht habe ich auch in Braunschweig auf dem Klo mal geraucht. Onkel Heino muß jedenfalls einiges mitbekommen haben.

Nach der Konfirmation sitzen wir alle an einem langen Tisch im Seitenzimmer zum Nachbarhaus zusammen. Onkel Heino hält eine Rede: Horst, nicht Horst-chen, du bist heute konfirmiert worden. Du gehörst ab jetzt zu den Männern und darfst vieles mehr, was dir vorher nicht erlaubt war. Du darfst jetzt mal ein Glas Bier trinken, darfst rauchen. Dann sagte er zu Tochter Brunhilde, meiner Lieb-lingscousine: Gib ihm die Brasil. Sie holt die dicke Zigarre her, Onkel Heino gibt mir Feuer. Stolz wie Oscar sitze ich am Ende der Tafel und ziehe durch, auf Lunge. Ich soll sogar ein kleines bisschen größer geworden sein. Da schreit meine Mutter, huch, der Junge wird ja ganz weiß. Ich renne raus, aufs Klo und muß mich fürchterlich übergeben. Von der Kirschtorte hab ich wirklich nichts mehr bekommen und gewollt. Die Feier ging zu Ende, ohne meine Beteiligung. Mir war fürchterlich schlecht und ich war geheilt. Bis heute bin ich Nichtrau-cher, dank der Ochsentour. Hat es sich nicht dennoch gelohnt?

Meine Tischlerlehre und auf Wanderschaft

1948 Beginn meiner Tischlerlehre und zum ersten Mal kontinuierlich das Erfah-ren von Schule, Berufsschule, einen Tag in der Woche. Mein Freund Walter Imbs bei uns im Haus war Tischler in der Fa. Härder in Braunschweig, Salzdahl-umerstraße, gleich hinter den Büssing-Werken.[7] Walter verschafft mir die Lehrstelle, und Lehrjahre sind keine Herrenjahre, so sagte man. Jeden Morgen früh mit dem Fahrrad durch die Stadt, am Lenker baumelt die Milchkanne mit Suppe. Diese wird auf den Leimofen gestellt, mittags eine halbe Stunde Pause. Suppe löffeln und dann 15 Minuten auf die Hobelbank zum Schlafen.

Ob Lehrling oder Geselle, arbeiten mussten wir alle. Da die Bude, so nannte man die Werkstatt, noch nicht ganz fertig war, galt es auch zu mauern, elektri-sche Leitungen zu legen und vieles mehr zu tun, was mit Holz überhaupt nichts zu tun hatte. Als Lehrling, also als Stift[8], musste man zusätzlich laufen und für

---

[7] Hier wurde von Heinrich Büssing der erste Omnibus der Welt erdacht, gebaut und die erste Buslinie von Braunschweig nach Wendehof eingerichtet.

[8] Damals muß es Usus gewesen sein, Lehrlinge als solche auch in die Lehre einzuführen. Ich erinnere mich noch heute, dass man mich zu einer anderen Tischlerei schickte. Den „Bö-schungshobel" sollte ich für unsere Fa. ausleihen. Man packte mir einen großen Block in ei-nen Sack, den hatte ich zu schleppen. In der Werkstatt angekommen, Schimpfe, nein, nicht den Kleinen, den Großen solltest Du ausleihen. Wieder hin und mit einem noch größeren Sack und einem noch größeren Stück, wer weiß was das war, wieder zurück. Spaß gehörte zum täglichen Leben, wer den Schaden hat, braucht für den Spott nicht zu sorgen, sagte man.

die Gesellen das Bier kaufen. Kurze Zeit später war ich wie die anderen auch im Maschinenraum tätig, Hobeln, Fräsen, Schleifen, Sägen usw. Es dauerte vielleicht ein Jahr, dann habe ich im benachbarten Hochbunker die Fenster fertiggestellt und eingebaut. Besonders schön war es, wenn man zuerst mit einem Gesellen und später allein zu Kunden (auf Kundschaft) gehen durfte, Schlösser reparieren oder anderen Kleinkram richten. Oft gab es ein Trinkgeld oder ein Stück Kuchen und wenn man es geschickt einrichtete, ein paar Minuten Ruhe auf dem Hin- oder Rückweg.

Bei einem Altgesellen zuschauen oder mithelfen, das war eine besonders angenehme Sache. „Mit den Augen darfst du stehlen, ungestraft, so viel du kannst", sagte der Altgeselle. Bei ihm konnte ich auch noch was anderes lernen, als massenweise Fenster, Türen oder Schultische in der Maschinenwerkstatt zu produzieren. Der baute Treppen, furnierte tolle Möbel, konnte wunderbar polieren. Er lehrte mich auch mein Gesellenstück planen und anzufertigen, einen Teewagen mit einem Tablett obendrauf, in Intarsieneinlegearbeit mit Nussbaum und Linde gefertigt.[9] Ja, und was nicht zu glauben war, geschah. In der Berufsschule bestand ich die Prüfung der Theorie und später auch meine praktische Prüfung. Ich war Geselle und durfte ab nun „Du" zu den anderen sagen. Das war etwas ganz Besonderes.

Noch ein paar Monate durfte ich arbeiten, dann kamen neue Lehrlinge, die waren billiger. Monatsgehalt im ersten Lehrjahr, 25 DM. Danach wie viele damals, arbeitslos. Zu meinen Eltern sagte ich, ich gehe auf Wanderschaft und suche mir Arbeit im Westen. Norbert Ostrowski, ein sehr guter Handwerker hat in Ölde bei Stromberg eine Stelle als Tischler gefunden und mir angeboten, bei der Arbeitssuche zu helfen. In Pfadfinderkluft stand ich an der Frankfurter Straße und ab ging es in Richtung Westfalen. Bei seinem Bauern durfte auch ich wohnen, sollte hin und wieder den Stall misten, dafür gab es Unterkunft und Verpflegung. Jeden Abend gab es Eierkuchen, das wäre da das Nationalgericht. Mir ging es gut und als Norbert nach zwei Wochen verkündete, am Montag kannst du in der Möbelfabrik anfangen, da zog ich weiter, gen Westen. Die Welt wollte ich kennenlernen. „Wo der Wind uns hinweht, wo keiner mehr mitgeht, der Bruder uns ist ….", wollte unterwegs sein. Auch in Stuttgart beim Bundesfeldmeister der Pfadfinder Kajus Roller war das so. „Schniebel, warte noch ein paar Tage, dann finde ich etwas für dich". Als es so weit war, zog ich weiter. Vielleicht ein halbes Jahr muß es gewesen sein. Wenn keine Scheune oder keine andere Unterkunft zur Verfügung stand, dann schlief ich auch einmal in der Jugendherberge für 40 Dpf. die Nacht. In der Küche konnte ich mich dann nützlich machen, Kar-

---

9 2016, beim Stöbern im Keller finde ich tatsächlich noch das wunderschöne Tablett mit der Intarsieneinlegearbeit. Ich kann mich gar nicht von dem Anblick trennen, schaue und staune. Nehme ich heute ein Stück Holz in die Hand, habe ich gleich einen Holzspan im Finger. Ungeschickt lässt grüßen.

toffeln schälen oder Gemüse putzen, dann gab es auch was zu essen. Das Trampen war eine stinknormale Sache, kaum ein Auto fuhr einfach so vorbei.[10]

Eine kleine Geschichte ist erwähnenswert. Hin und wieder schrieb ich meinen Eltern nach Haus, berichtete von meinen Erlebnissen und Eindrücken und bat, wenn sie mir schreiben wollten, z. B. einen Brief, diesen hauptpostlagernd nach München zu schicken. In Garmisch-Partenkirchen gingen meine letzten Pfennige für die Jugendherberge und eine Briefmarke drauf. Ein alter Spruch grassierte damals: „Willst Du Deinen Sohn erretten, schick ihm Geld und Zigaretten", der Brief wurde an den vier Ecken angekokelt (ein Brandbrief also) und abgeschickt. So bat ich meine Eltern noch einmal um Hilfe. Man möge mir hauptpostlagernd einen Brief mit etwas Geld nach München schicken.

Ein feiner Herr nahm mich in seinem Wagen mit, Junge, ich bringe dich direkt zum Bahnhof, da ist die Post. Dort angekommen fragte ich höflich, haben Sie Post für Horst Stukenberg, er blättert seinen Kasten durch, zweimal, nein. Ärgerlich stoße ich aus: Dabei habe ich doch dringend gebeten, mir einen Brief zur Hauptpost zu schicken. Nein mein Junge, sagte er, das ist hier wohl die größte Post Münchens, aber die Hauptpost befindet sich zwei Straßen weiter. Dort bekam ich meinen Brief, Inhalt liebe Wort meiner Mutter, Junge, komm nach Haus, wir machen uns Sorgen, und 15 DM.

Hurra, ich bin gerettet. Ich nahm meinen Affen, stellte mich an die Ausfahrstraße nach Salzburg/Berchdesgaden. Diese Ecke kannte ich auch noch nicht. Ein herrliche Landschaft, Königsstein, St. Bartholome, Salzbergwerk, Obersalzberg usw. In der Jugendherberge ging es mir die Tage recht gut. Ein hübsches Mädel mit langen dicken schwarzen Zöpfen war wohl in mich verschossen. Beim Gemüseputzen oder so schaute sie mich immer so freundlich an. Dann fragte ich sie, warum gaffst du mich denn so an? Sie sagte, es sei wunderbar, wie ich spreche: Du sprichst so, wie wir in der Schule schreiben sollen.

Nun hatte ich wieder Geld und setzte meine Wanderschaft über Würzburg, die Rhön, Hammelburg usw. nach Bad Harzburg fort. Als ich dann zwei Wochen später wieder zu Hause ankam, waren wir alle glücklich und zufrieden.

---

[10] Trampen, damals für Jungen wie für Mädel eine sichere Art der schnellen Fortbewegung. Man steht am Straßenrand und hält die gekrümmten Daumen in die Luft und schwups, da hält schon ein Auto, man wird gefragt, Junge, wo willste hin und los geht es. Ein einfaches Pfadfinderlied beschrieb das: so: „Trämpen wir durchs Land, und ziehen durch die Wälder hin, wer fragt dennoch, wer fragt dennoch, nach des Lebens Sinn ...."

II. Die Welt der Pfadfinder

Pfadfinderleben als Kinderstube – Mehrere kleine Geschichtchen und doch ein Ganzes -

Eigentlich war ich schon bei den Pfadfindern, als meine Tischlerlehre 1948 begann. Neu eingeführt war damals die 9. Klasse in der Grundschule. Es muß im Winter 1947/1948 gewesen sein. Kalt war es. Morgens auf dem Schulweg zur Comenius Schule in Braunschweig haut mich mein Klassenkamerad Günther Wulfes an, „Keilen" wird es bei den Pfadfindern genannt: „Kommst du mit zu den Pfadfindern?" Was ist denn das? „Wir ziehen raubend und brandschatzend durch die Wälder, sitzen am Lagerfeuer, singen, spielen, kochen selber schlafen in Zelten und gehen auf Fahrt." Gut, da mache ich mit. „Heute Abend ist Heimabend, bringe ein Brikett mit und komm einfach, ich hole dich ab". In einem Klassenzimmer unserer Schule treffen wir auf die anderen. Die Gruppe unter dem Stammesführer Bodo Papendorf gefällt mir. Das erste Lied: „Was müssen da für Bäume stehen, wo die großen Elefanten spazieren gehen, ohne sich zu stoßen". Erst alle, dann als Kanon. Danach: „Trämpen wir durchs Land, ziehen durch die Wälder hin, wer fragt dennoch, wer fragt dennoch, nach des Lebens Sinn, Tirallah ..." .Knötchenpulen, spielen, erzählen, sich für das nächste Wochenende verabreden und vorbereiten. So begann 1947/48 für mich ein neuer Lebensabschnitt, kam ich doch zum "Jugendlandbund" (die Pfadfinder waren von der Besatzungsmacht noch offiziell verboten)[11] und wurde nun mit Leib und Seele Pfadfinder.

Ostern 1948 - der erste Sippenführerlehrgang in der Jugendherberge Örlinghausen am Teutoburger Wald mit dem Bundesführer Sepp Zenzinger. Während meiner Pfadfinderprüfung fragt mich ein Junge etwas, ich antworte verärgert: „Halt den Schnabel!" Schnabel, Schnabel tönt es hämisch. Abends dann Schniebel, Schniebel. Oh, wie verhasst war mir der Spitzname, aber je mehr ich mich wehrte, desto stärker wurde ich geneckt. Die Lehrgangsteilnehmer kamen alle aus anderen Städten und Stämmen Niedersachsens. Ein paar Wochen später zum großen Pfingstlager der Nidersachsen, kamen wir alle wieder zusammen.

---

[11] Die Pfadfinder sollten unter der Federführung von Feldmarschall Mont Gomery groß rauskommen. In England wechselte jedoch die Regierung, so dass über den neuen politischen Kurs daraus nichts wurde. Die Pfadfinder blieben in der Britischen Zone weiterhin verboten. Dennoch gab es deutsche Jugendgruppen, die sich dann bündische Namen gaben. Im Frühjahr 1948 tagte im Jugendhof Bassbüttel eine Konferenz, wo beschlossen wurde, auch in der Britischen Zone die Pfadfinder zuzulassen. Viele der Gruppen schlossen sich dann zum Bund Deutscher Pfadfinder zusammen. Nach: Hannes Moyzes, Archiv der deutschen Jugendbewegung, Burg Ludwigstein.

Man sah sich wieder, begeistert erzählten die Jungen wenn sie mich sahen, den da, den kenne ich, der heißt Schniebel. Da war nichts mehr zu machen, der Pfadfindername saß – und was komisch ist, heute bin ich stolz darauf. Wer mich mit Schniebel anredet, den weiß ich zuzuordnen, der gehört zu mir, zu meiner Pfadfinderzeit.

Das Zusammenleben mit Gleichaltrigen, die Erziehung und Bildung aus einer ganz anderen Sicht, das Teilen und gemeinsame Gestalten der Zeit in Selbstbestimmung, das war gehaltvolles Leben. Alles andere wurde zur Nebensache. Auch der Pfadfinder ist - wie damals zur Zeit der Pimpfe und Hitlerjugend - tapfer, aber „jeden Tag eine gute Tat". Der Pfadfinder ist Freund und Bruder aller Pfadfinder, er schützt Pflanzen und Tiere. Werden hier neue Werte und Normen vermittelt? „Learning by doing", internationale Verbundenheit. In kleinen Sippen mit fünf, sechs Jungen und in Trupps zu zwei oder drei Sippen gilt, es eigenverantwortlich und selbständig das abenteuerliche Leben zu gestalten. Ist der eine Sippenführer, ist der andere Kassenwart. Einer ist zuständig für das Logbuchschreiben, einer für das Kochen, einer für das Singen usw. Jeder hat also eine eigene Aufgabe. Groß geschrieben wird Improvisieren, Organisieren, sich immer wieder auf Fahrt zu begeben um Neues zu erfahren, vor allem mit anderen zusammen und gemeinsam.[12]

Einmal in der Woche hatten wir damals in Braunschweig in der Holzbaracke am Leonhardtplatz Heimabend, dort, wo heute die Stadthalle mit den Parkgaragen steht. Singen, Kimspiele, Knötchenpulen, Geländespiele, Sippenwettkämpfe nach einem ausgeklügelten Punktesystem, Morsen, neue Lieder lernen und vieles andere stand auf dem Programm. Mit Morsen tat ich mich schwer, aber Flaggen, das brachte Spaß, das Alphabet war mir sehr vertraut. Die Fahrten und

---

[12] Die Pfadfinderei ist eine pädagogische Erfindung des 20. Jahrhunderts, die in Deutschland von erziehungswissenschaftlicher Seite eine auffällige Vernachlässigung erfahren hat. Folgt man dem Selbsturteil, dann ist das Pfadfindertum „das größte pädagogische Werk dieses Jahrhunderts" (Walter Hansen; Das große Pfadfinderbuch; Wien/Heidelberg 1979; Seite 33). Außerdem hat das Pfadfindertum in Deutschland auch nie die Bedeutung erlangt, wie das international z. B. in den USA der Fall ist, wo jeder vierte Junge den Boy Scouts of Amerika angehört (Vgl. die erhobene Umfrage zum Bekanntheitsgrad und der Beliebtheit der Pfadfinder in Deutschland, Jürgen Zinnecker; Jugendkultur 1940 - 1985; Opladen 1987, Seite 157 - 159). Das Erziehungsmodell des Pfadfindertums entwickelte sich im Laufe seiner Geschichte rasch zu der weltumspannenden größten und unabhängigen Jugendorganisation der Welt. Ihr gehörten 1990 ca. 22 Millionen anerkannte Mitglieder an, 14 Millionen Pfadfinder in 112 Ländern, 7,7 Millionen Pfadfinderinnen in 104 Ländern (Michael Schmidt, Seite 3). Zur besonderen Situation des Bundes Deutscher Pfadfinder in Niedersachsen vgl. die Magisterarbeit von Michael Schmidt; Jugend und Demokratie - Die Pfadfinderei in Niedersachsen nach 1945; Göttingen im Dezember 1996. Aus sozialisationstheoretischer Sicht ist es im Prozess der Enkulturation nach Berger/Luckmann das Einführen in eine Subwelt von Gesellschaft mit der Erfahrung von Kontrastidentitäten.

Lager bereiteten wir auf den Heimabenden sehr intensiv vor, alles zusammen wurde zum bewegenden Lebensinhalt.

Mir und meiner Familie ging es damals noch recht schlecht – Vater war nationalsozialistischer Parteigenosse gewesen und demzufolge aus der Braunschweigischen Landesregierung geflogen – Mutter hatte ihren letzten Schmuck versetzt und ich bekam als Tischlerlehrling 25 DM im Monat. Schmalhans war bei uns Küchenmeister. Da verkündet eines Abends unser Truppführer Dieter Kiehne, wir hätten eine Einladung nach Schweden zum großen Pfadfinderlager am Sommenlagret bekommen. Hurra, das war was. In Schweden hatte es keinen Krieg gegeben, dort wird man gut und reichlich zu essen bekommen. Dann die herbe Enttäuschung: „Schniebel, du kommst nicht mit". Großes Gezeter, gemein, ungerecht, „war doch auf jedem Heimabend, habe alle Fahrten mitgemacht" usw. Eine Woche später stellten wir den Truppführer zur Rede: Das wollen wir ja mal sehen, auch die anderen standen auf meiner Seite. Später kam Diki mit der Sprache heraus (und heute bin ich mir sicher, das war nur ein vorgeschobenes Argument, er wollte mich zum Lernen bewegen): „Schniebel, du kannst doch kein Englisch." Ich war natürlich sauer, schimpfte über die Benachteiligung. „Schniebel, du kannst doch Englisch lernen, es ist ja noch Zeit". Ich konterte, hätte kein Geld, hatte in Wahrheit weder Lust noch Zeit. Gehörte ich doch zu den wenigen, die bereits eine Freundin hatten: Edith Leuthold, sie holte mich manchmal abends vom Heimabend ab. Wutschnaubend ging ich nach Hause, lernte bald aber doch und gezwungener Maßen im Volkshochschulkurs das „Yes and No" – und durfte 1952 mit nach Schweden fahren.

1952 - Schweden – Meine erste Großfahrt

Im Sommer 1952 macht sich unsere siebenköpfige Sippe auf den Weg. Wir trampen zu zweit oder zu dritt. Abends treffen wir uns in einem vorher verabredeten Ort, meist am Briefkasten der jeweiligen Hauptpost. Die ersten hinter

lassen hinter dem Briefkasten eine Nachricht, wo das Lager für die Nacht aufgeschlagen wird. Unglaublich, nie gab es eine Panne.

Tage später treffen wir auf den zweiten Teil unseres Trupps. Im Lager bekommen wir eine sehr mäßige Kartoffelration zugeteilt – sie sollte für unsere ganze Gruppe von zwölf Leuten und noch dazu eine ganze Woche reichen. Dem Diki war das recht, Kartoffeln gehören für ihn in den Keller. „Da muss Abhilfe geschaffen werden", hieß es gleich: Eines Abends schleichen wir aus dem Lager, erstehen bei einem Bauer einen Zentner Kartoffeln, natürlich auf eigene Rechnung. Die Beute wird heimlich in unser Lager geschmuggelt. Aber die schwedische Lagerleitung muss das irgendwie erfahren haben. Bei der großen gemeinsamen Abschlußfeier zu Ende des Lagers hatte Diki als Führer unserer Gruppe vorzutreten. Und ausgerechnet ihm wurde, stellvertretend für die Deutschen, der „Kartoffelorden am Lederbande" verliehen.

In Schweden wurden wir zu dritt, ein Schwede, ein Engländer, ein Deutscher zusammen für drei Tage auf einen Heik[13] geschickt. Ein Brot, eine Decke, ein Messer, ein Kompass, eine Schachtel Streichhölzer, eine Koten- oder Zeltplan. Zuerst liefen wir nach einer Marschzahl, unsere erste war 46, also quer durch den schwedischen Wald. Sicher gab es auch Mücken, aber, haben wir uns davon stören lassen? Aufgaben galt es zu erfüllen und sich zu ernähren, von den Früchten des Waldes. Hin und wieder gab es Stützpunkte mit neuen Nachrichten, neuen Informationen, neuen Aufgaben. Wir mussten einen Bogen zum Schießen und sechs Pfeile herstellen, 50 Beeren pflücken, so etwas. Drei Tage später endete das unbeschreiblich tolle Erlebnis, was mich nachhaltig beeindruckt hatte: Doch mit meinem „Yes and No" war ich nicht sonderlich weit gekommen, war ein tiefer gehender Austausch unmöglich. Wir drei sind Freunde geworden. Wir tauschten noch Adressen aus, denn wir wollten uns unbedingt schreiben. Zu Haus wieder angekommen, ging ich erneut zur Abendschule, zur Berlitz School und lernte Englisch, jetzt ohne Zwang, aus freien Stücken.

---

13 Der Heik ist eine Methode vor allem der schwedischen Pfadfinder. Pfadfinder aus unterschiedlichen Gruppen oder Nationen werden zu dritt oder viert in kleinen Gruppen zusammengebracht. Sie bekommen eine Aufgabe, die in einem bestimmten Zeitraum zu bewältigen ist. Mit einer minimaler Ausrüstung (eine Decke, eine Zeltplane, ein Brot, Streichhölzer, Kompaß etc.) sollen sie lernen, auf sich gestellt mit widrigen Situationen fertig zu werden.
In diesem Fall galt es drei Tage zuerst nach Marschzahl (46) quer durch den schwedischen Wald auf ein Ziel hinzusteuern. Hin und wieder gab es Stützpunkte mit neuen Nachrichten, neuen Informationen, neuen Aufgaben, die es zu erfüllen galt. (z. B. einen Bogen zum Schießen und sechs Pfeile herstellen, 50 Beeren pflücken etc.). Am 19.7.1952 endete das unbeschreiblich tolle Erlebnis.

Dem Heik verwandt ist die „Kundschaft". Sie ist eine Methode, um etwas besser oder überhaupt kennenzulernen.[14] Man soll an die „Quelle" gehen, „Filter" wie Informationen aus zweiter Hand etc. möglichst ausschalten. Es gilt, Vorurteile zu überwinden, neue Informationen zuzulassen, sich sein eigenes übergeordnetes Bild zu machen, um zum eigenen Urteil kommen zu können. Und so gehen Pfadfinder auf Fahrt und ins Lager, setzen sich nicht nur dem Wind und Regen, sondern immer wieder auch neuen Erfahrungen aus.[15] „Jeden Tag eine gute Tat" ist nicht nur eine Floskel, Helfen ist angesagt, aber auch Lernen.

Wie es sich denken lässt, sind wir jedes Wochenende auf Fahrt. So natürlich auch spätestens am zweiten Weihnachtstag. Ich erinnere mich an zwei Winterlager oben im Harz. Das erste fand an der Spitze des Oderteichs statt. Eineinhalb Meter Schnee. Den Schnee wegschaufeln, Zweige und Äste der Fichten abschneiden und eine dicke Schichte als Unterlage bereiten, dann die Kote darauf aufbauent. Tag und Nacht brannte dann das Feuer. So macher Socken ist verschmorgelt, manch Schlafsack angesengt. Morgens das Eis aufhacken, einen Spritzer Wasser ins Gesicht und das war das morgendliche Bad. Skifahrer, die vorbeikamen, gafften, machten ihr Sprüche und wir waren stolz.

Das zweite Winterlager sollte komfortabler werden. Oben in der Köthe am Rehbergergraben. Da, wo der Karl Heinz Salz anstatt Zucker in den Tschai schüttete. Mir wurde die Aufgabe erteilt, fünf kleine Ballen Stroh in Harzburg zu organisieren. Der Bauer Ede brachte das Stroh zum Bahnhof und dann oben auf den Omnibus. Es regnete leider und windete recht schön. Ein Ballen blieb gleich in Harzburg, ein zweiter zerfledderte und versaute die Fensterscheiben des Busses.

---

14 Horst Stukenberg (Schniebel); Die Berlin-Kundschaft; in: Der Lotse - Schrift des Bundes Deutscher Pfadfinder - Landesmark Niedersachsen, Herbst 1961.

15. Die Jugendbewegung war vielleicht das, was man als die vierte Sozialisationsinstanz neben Familie, Schule und Beruf bezeichnen kann. Was früher die „Straße" war, scheint heute die Medienwelt darzustellen. Für mich bedeutete jedenfalls die Welt der Pfadfinder in ihrer Dynamik und des Erlebens bis 1956 Ort der sozialen Geborgenheit und Impulsgeber für Entwicklung. Zunächst habe ich eine konkrete Eingebundenheit des Verbandes in größere Zusammenhänge kaum erkannt. So war mir auch die Welt der Entscheidungsprozesse über den eigenen Stamm hinaus, oder der Zugang zu den bürokratischen Strukturen bis dahin verstellt. Bezeichnend für ein Aufwachsen und Gestalten in demokratischen Strukturen war, daß wir keinesfalls ausführten, was die Verbandsspitze beschloss, sondern wir waren stets bemüht, im Rahmen der Gruppenarbeit unser eigenes Leben zu gestalten. Ohne nun auf eine eigene Verlaufsanalyse zurückgreifen zu können ist dennoch festzuhalten, daß der sozialisierende Einfluß des BDP vergleichbar einer Phase der Enkulturation sehr tiefgreifend gewesen sein muß und auch heute noch bestimmte Einstellungen und Verhaltensweisen darauf zurückzuführen sind. Vgl. dazu u.a. Karl Seidelmann; Die Pfadfinder in der deutschen Jugendgeschichte, Bd. 1: Darstellung, Hannover 1977; Bd. 2.1 Quellen und Dokumente aus der Zeit bis 1945, Hannover 1980; Bd. 2.2, Quellen und Dokumente aus der Zeit nach 1945 bis in die Gegenwart; Halle/Saale 1991.

Der Busfahrer hat tüchtig geschimpft. Ein weiterer Ballen kam im Schnee zu Schanden, so dass schließlich ein halber Ballen auf Skiern festgeschnallt oben ankam. Komisch, heute schimpfen wir schon über das kleinste Bisschen, was nicht klappt, damals hat uns das alles nichts ausgemacht. „Voran und drauf und dran … „ war dazu eines der passenden Lieder, es meint, was uns nicht umwirft, macht uns nur noch stärker.

Es kam auch die Zeit, wo ich Verantwortung übernehmen sollte und konnte, wo ich selber versuchte, das weiterzugeben, was ich einmal bekommen hatte, wo es galt, erzieherischen Einfluss auf andere junge Menschen auszuüben. Fahrt und Lager, Lehrgänge und Begegnungen mit Menschen in aller Welt müssen mich stark geprägt haben. Parallel dazu gestaltete sich eine 18 Jahre lange Dienstzeit als Schutzmann bei der Polizei im Lande Niedersachsen. Oft konnte der Dienstwagen benutzt werden, um dem Eigentlichen, der Jugendgruppenarbeit, nachgehen zu können. Davon jedoch später mehr.

1956 ist Karl Heinz nach Kanada ausgewandert. Sein letzter Ausspruch war, kümmere Dich um meine Familie. Das taten wir auch ganz selbstverständlich. Die Eltern wurden hilfsbedürftiger, stets waren wir auch von Bad Harzburg aus zur Stelle. Weihnachten fuhren meist unsere Kinder hin und überbrachten einen bunten Teller.

Als er wieder einmal zu Besuch kam, äußerte er den Wunsch, lasst uns doch an einem Wochenende nach Stüde oder in den Harz fahren. Unsere Frauen brachten uns, ihn, Wolfgang, Hasso und mich zum Torfhausberg und wir zogen los. Kaffeepause im Forellenteich, da bestellt der Bengel ein Glas lauwarmes Wasser. Das soll gut für die Gesundheit sein. Braunlage, Brunnenbachsmühle, Anklopfen bei Reiner Hackelberg. Als Förster hat er einige schöne Jagdhütten. Klingeln, die Tür geht auf, er sieht den Karl Heinz und ruft, Mensch, du bist doch der, der im Winterlager oben in der Köthe am Rehberger Graben Salz anstatt Zucker in den Tschai geschüttet hat! Nach gut 20 Jahren. Ja, er war es und wir bekamen eine wunderschöne ganz einsam gelegene Jagdhütte. Abends sollte gekocht werden, ein Gericht, was der Karl Heinz noch gar nicht kannte. Pellkartoffeln mit Butter, Salz und Käse. Der Riesenpott mit Kartoffeln wurde ratz fatz alle und wir waren voll wie die Haubitzen. Ein wunderschöner Abend, wir saßen vor der Hütte, blickten in den Wald, alte Erinnerungen kamen auf und wir waren wieder in der alten Pfadfinderzeit.

1955 – Zwischen Hamburg und Haiti – Die Jugoslawienfahrt

Einer aus unserer Gruppe die all sonntägliche Morgensendung „Zwischen Hamburg und Haiti" gehört. In diesen Sendungen wird über den Gartenzaun geschaut, sehr anschaulich werden fremde Länder, Sitten und Gebräuche mit Musik, Sprache und anschaulichen Bildern dargebracht. Mit dem Ergebnis: Jugoslawien, lasst uns doch einmal eine Großfahrt nach Jugoslawien unternehmen!

Wie bei diesen Fahrten ins Ausland üblich, gehört das Lernen einiger Brocken der Landessprache dazu, das Sichvorbereiten, Erkunden, wie die Leute leben, was es Besonderes gibt usw. In Braunschweig leben in einer Kaserne ehemalige jugoslawische Soldaten, denen die Rückkehr in das jetzt sozialistische Land verwehrt blieb. In mehren Abenden bekommen wir eine Einführung, müssen aber versprechen, wenn wir zurückkommen, von ihrer Heimat zu berichten. Das wurde übrigens mein erster Lichtbildervortrag, der Anfang meiner Erwachsenenbildung.

Fünf junge Burschen waren wir. Ein Vater brachte drei von uns in seinem Auto bis zur jugoslawischen Grenze. Zwei fuhren mit meiner neuen 250er BMW ebenfalls bis zum verabredeten Punkt. Los ging es, zuerst mit der Bahn bis zur Küste, per Schiff an der jugoslawischen Küste entlang bis Dubrovnik.

Das Schiff läuft in den Hafen von Dubrovnik ein, tausende von jungen Menschen stehen am Kai in ihren wunderbaren Trachten. Einer fragt, woher wissen die denn, dass wir jetzt ankommen? Gleichzeitig läuft aber ein anderes Schiff ein, mit Pandit Nehru, ihn zu begrüßen hat Tito wohl ein so großes Aufgebot organisieren lassen. Drei Tage Volksfest, wir mitten drunter. Mato lernen wir mit seiner Gruppe kennen, aus Chilippi, etwa 15 km weiter entfernt. Natürlich werden wir eingeladen, fragt im Dorf nur nach Mato, man wird euch zu mir bringen. Drei Tage später auf nach Chilippi. Es ist heiß, die Straße aus heißen Steinen ist staubig, wir sind durstig. In einwandfreiem Serbo-Kroatisch gelingt es, unseren Wunsch zu äußern: Bitte, gib uns Wasser! Seine Frau kommt mit einer großen Kanne. Wir stehen wie üblich im Kreis, jeder bekommt ein Glas, jedem wird eingeschenkt und nach einem deftigen Spruch, gemeinsam runtergeschluckt. Einige schreien laut auf, nicht Wasser, Raki ist es.

Wieder nach drei Tagen ziehen wir weiter. Staubige ungepflasterte Straßen. Jeder trägt seinen Affen (Rucksack) mit einer Zeltplane, Schlafsack und persönlichem Klimbim. Der eine trägt den Kochtopf, ein anderer das Beil und was man so alles auf Fahrt braucht, um unabhängig zu sein. Nach ein paar Kilometern stöhnt der Jüngste, Struppi, ich kann nicht mehr. Man nimmt ihm sein Gepäck ab, weiter geht es. Wieder etwas später, ich kann nicht mehr. Mato gab eine Feldflasche voll Raki mit, hier, nimm einen Schluck. Nein, es geht schon wieder.

Fünf Wochen zu Fuß unterwegs. Die Leute hatten kurz nach dem Krieg selbst wenig zu beißen. Aber die Gastfreundschaft ist unbeschreiblich. Kamen wir in ein Dorf einmarschiert, es war Hochzeit oder eine andere Feierlichkeit, wir mußten mitfeiern. Unsere Kote haben wir meistens bei einem Bauern auf dem Grundstück aufbauen dürfen, oft waren wir dann auch dort zu Gast. Eines Abends kam der Herr des Hauses und bat um Hilfe, sein kleines Kind war krank, hatte Fieber. Nun, eine viertel Aspirin muß gewirkt haben. Am Morgen kam er mit einer großen Zange, seine Tochter hätte Zahnweh, ich sollte ihr den Zahn ziehen. Umsatteln vom Kinderarzt zum Zahnarzt, sagten wir spöttisch. Eine alte Methode half: Einen kleinen Faden um den Zahn binden, das andere Ende an die Türklinke und die Tür zuschmeißen, der Zahn war draußen und die ganze Familie war glücklich.

In Sarajewo gab es deutsche Kriegsgefangene, sie hatten sich für eine gewisse Zeit verpflichtet zu arbeiten und waren deswegen relativ frei. Ein paar waren Musiker, veranstalteten abends in einem Kino einen Tanzabend. Wir Deutsche in unseren kurzen Lederhosen sind aufgefallen und bei der Damenwahl wurde es ernst. Alles Zögern und sich drücken half nichts, wir mussten tanzen, wir tanzten für Deutschland. Ein wunderbarer Abend, sitzend mit dem Mädel zur Seite oberhalb der Lichterglänzenden Stadt, eine laue Luft und ohne Sprachschwierigkeiten muß ich es wohl bis zum Morgengrauen ausgehalten haben.

Viele Sehenswürdigkeiten, die Menschen, die Kultur, wir waren von dem Land begeistert. Dem versprochenen Abend mit dem Lichtbildervortrag folgte ein zweiter, auch die Jugoslawen, die uns auf unser Abenteuer vorbereite haben, waren zufrieden, Neues aus der ihnen verschlossenen Heimat zu erfahren.

Allerdings hatte diese Großfahrt Folgen. Am 28.12.1955, also zwischen den Jahren waren wir alle wieder in Braunschweig. In dem Jahr trafen wir uns erstmalig zu unserem Freundestreffen. In der Folge wurde es Tradition, sich am 28.12. eines jeden Jahres bei uns- zuerst in Braunschweig, und dann später in Bad Harzburg - zu treffen, bis auf den heutigen Tag mit Ausnahme des 28.12.2015, wo ich kränkelte. Natürlich hat der Kreis sich erweitert, neue Freunde und Freundinnen kamen dazu. Haben wir diese Treffen erst allein bzw. mit meiner Mutter gestaltet, so hat meine Frau Marlis fast selbstverständlich, so schien es, diese Treffen weiter vorbereitet und organisiert. Uneingeladen, unaufgefordert kamen die Menschen zusammen, die sich erinnerten, mit uns verbunden fühlten. Mal waren es dreißig, mal vierzig bis fünfzig Personen, einmal waren es mit der polnischen Musikerfamilie Stechkowski, die eigens aus Polen angereist kam, immerhin rund 60 Personen.

Der internationale Pfadfinderpfiff und Italien

Vater Börker war Schuhmachermeister und hatte seine Werkstatt in der Kasernenstraße. „Was, nach Italien wollt ihr, so weit, alleine mit deinem Motorrad"? Nach langem Hin und Her durfte schließlich Klaus mitfahren. Italien also. Unsere Zeltplanen hatten wir mit und ein wenig Verpflegung auch. In Mailand auf dem Bahnhof schauten wir uns um. Nur so zum Spaß probierte Klaus den internationalen Pfadfinderpfiff. Schwub die Wubs kommen zwei Pfadfinder auf uns zugerannt und fragen nach dem Woher, Wohin usw. Sie hätten ein tolles Pfadfinderheim, da könnten wir doch schlafen. Sie zeigen uns noch ein wenig von Mailand, die Scala etc. Wir nahmen das Angebot dankend an und weiter ging es an der Riviera entlang nach Pisa. Eine kurvenreiche Straße direkt am steilen Abhang entlang. Plötzlich bin ich wie gelähmt, wenige Zentimeter am Abgrund vorbei fährt die Maschine, lenken geht nicht, aber in letzter Sekunde kriegen wir doch noch die Kurve. Anhalten, uns betasten, trösten, noch mal Glück gehabt. Vier Wochen sind wir unterwegs, La Spezia, Rom, Napoli, Sorent, Capri, über die Abruzzen und auf der anderen Seite über Rimini, Ravenna, Venedig wieder zurück.

Klaus Börker und ein Detail unserer frühen Italienfahrt

Betreff: Grüße aus Kornwestheim

Es war mir eine große Freude, als die Stimme meines Pfadfinder-Kameraden " Schniebel" (mit bürgerlichen Namen Dr. Horst Stukenberg), an mein Ohr drang, eine Stimme, die überaus jugendlich klang und keineswegs mit dem tatsächlichen Jahrgang dieses einstigen Draufgängers in Zusammenhang zu bringen war. Inzwischen sind über fünfzig Jahre vergangen, in denen wir uns aus dem Auge verloren haben.
Die prächtigen Menschen, die die Pfadfinderei im Sinne Sir Baden-Powells auf den Schild hoben und die sich unter den argwöhnischen

Blicken unserer Erziehungsberechtigten nach dem Zweiten Weltkrieg zu etablieren versuchten, mussten erst einmal Überzeugungsarbeit leisten, um das Image, das die Erfahrung mit der Hitlerjugend und ihren Führern in den Köpfen unserer Eltern angerichtet hatte, glaubwürdig auszuräumen. Bei mir begann es, als wir auf der Straße mit selbstgefertigten Bällen aus Lumpen, die mit Gummibändern von Einweckgläsern zusammengehalten wurden, Fußball spielten. Ein Mann sprach uns an, begeisterte uns mit den Inhalten seiner Ausführungen über Pfadfinder, über die Gemeinschaft, die tägliche gute Tat, die gemeinsamen Heimabende, die mit Spielen und Lernen angefüllt sein würden, mit gemeinsamen Fahrten, Zeltlagern und Welt-Pfadfinder-Treffen, so genannten Jamborees. Und falls wir Interesse hätten, läge es nur noch an der Beschaffung einer Glühbirne, den Raum für die Heimabende habe er bereits in der Comenius Schule besorgt.

So kam ich zur Pfadfinderei und lernte dort unter vielen anderen Gleichgesinnten Schniebel kennen, der mit seiner Mutter ganz in unserer Nähe wohnte. 1952 waren wir zusammen in Schweden. In meinem Leben das erste große Event. 1954, ich war in der Schuhmacherlehre bei meinem Vater tätig, stand eines Tages Schniebel in unserer Werkstatt und erzählte mir, er habe ein Motorrad gekauft, und sei im Begriff eine dreiwöchentliche Reise nach Italien zu unternehmen und ob ich nicht Lust hätte mitzukommen. Die Zustimmung meines Vaters und Lehrherrn habe ich schließlich bekommen und das war der Beginn einer eindrucksvollen Reise, die meine Liebe zu Italien geprägt und bis heute nicht verlassen hat.

Warum schreibe ich das? Weil eine gemeinsame Reise mit vielen Unbekannten, vielen kleinen und größeren Begebenheiten, die Stärken und die Schwächen des Einzelnen aufdeckt (wenn man es denn erkennen will). An der Seite Schniebels

habe ich mich in keiner Zeit unsicher gefühlt. Durch seine Größe und kräftige Figur, sein selbstsicheres Auftreten fühlte ich mich beschützt, sein Optimismus schien unbegrenzt. Seine fahrerische Leistung beachtlich ebenso meine beifahrerische Leistung. Hatte ich doch nie vorher ähnliches vollzogen. Koordination und Harmonie waren hier gefragt und nach einer erheblichen Brandblase meines rechten Beines vom heißen Auspuff und ein paar Umfallern hatten wir das im Griff.

In der Blüte seiner Jahre verstand er mit seinem jungenhaften Grinsen und seiner ausgesprochenen italienischen Sprachbegabung (mit Händen und Gesten), die italienische Weiblichkeit für sich einzunehmen (Belegfoto Milano). Ob am Lido von Milano oder in den Hafenkneipen Genuas verstand er es immer - auf Grund unserer Finanzkraft - zu organisieren, so kam es zu meiner denkwürdigsten Situation dieser Reise und zu der Möglichkeit, Kenntnis davon zu erhalten, dass er ganz schön wütend werden - und fluchen konnte. Und das kam so: Vor der Grenze Chiasso haben wir uns beim Bäcker ein süßes Stück Gebäck gekauft und gegessen und fortan an diesem Tage nichts mehr. Die neuen Eindrücke von der Stadt Mailand, die Besichtigungen und so wurde es schon dunkel, als wir kurz vor Carrera auf einem Campingplatz kamen. Unsere Nachbarn hatten sich zusammengefunden, scherzten, tranken Vino und sangen zur Gitarre. Schniebel machte ihnen klar, dass auch ich des Instrumentes mächtig sei und nach: "Spaghetti, Ravioli, Tomato"... - ein Song aus dem Anfang der fünfziger Jahre - floss der Wein in die Becher. Als wir aus dem Zelt, in welchem das ganze stattfand, ins Freie traten, bekam ich einen Schlag, wie mit einer Keule, flog über das nächste Spannseil eines benachbarten Zeltes und nahm im Unterbewusstsein wahr, dass ich besoffen sei. Kein Wunder, nichts im Magen außer vino rosso.

Als ich in unser aus Dreiecksbahnen geknöpftes Zelt kroch, hatte sich mein Freund Schniebel bereits in den Bereich der Träume begeben. Da wurde mir schlecht, so schlecht! Ich versuchte mit aller Kraft die Knöpfe des Zeltes zu öffnen, um wieder ins Freie zu gelangen, bemerkte aber nicht, dass ich am Fensterschlitz versuchte ins Freie zu gelangen. Als es mir dann gelang, zwei Knöpfe der richtigen Öffnung aufzumachen, reichte die Zeit nicht mehr, als nur den Kopf hinauszustrecken. Und dann brach alles aus mir heraus......! Danach wurde mir besser, ich legte mich hin und schlief ein.

Aufgewacht bin ich am anderen Morgen durch ein Schimpfen und Fluchen: "Wenn ich die Sau erwische die uns hier aufs Zelt gekotzt hat....! Na, der kann was erleben"! In Genua habe ich ihm dann gebeichtet, dass ich es gewesen sei. (Ende).

Vor der Touristenwelle - Spanien im VW Käfer

1956 muss es gewesen sein. Nun hatte ich schon einen gebrauchten VW Käfer gekauft. Mit Wolfgang also nach Spanien. Die große Tourismuswelle hat noch nicht eingesetzt. Vier Wochen durch das ganze Land, von Barcelona, nach Madrid, Valencia. Der Campingplatz in Valencia war noch nicht offiziell eröffnet. Wir durften schon zelten. Bis heute habe ich die Erinnerung, wie toll mir ein frisches Weißbrot, Butter, Salz und frische Tomaten darauf schmeckten. An der Costa Brava zurück, eine hügelige Landstraße, rauf und runter, immer nahe am Meer entlang. Wieder ein steiler Hügel hinauf, die Straße ist frei, nichts ist zu sehen. Da trete ich kurz vor der Kuppe auf die Bremse, der Wagen steht, Wolfgang knallt mit seinem Kopf gegen den Holmen und schreit, du Idiot. Hinter dem Hügel überquerte ein kleines Mädchen die Straße. Das Mädchen war ja vorher nicht zu sehen, aus der Intuition heraus muß die Vollbremsung erfolgt sein. Wie kann das sein? Es ist mir bis heute unerklärlich geblieben.

Eine kleine Episode ist noch in meiner Erinnerung. Auf einem Campingplatz schon in Frankreich musste ich dringend auf die Toilette. Zwei Fußtritte, darauf stellen und dann ins Loch zielen war eins. Eine Kette zum Ziehen und, es war die Dusche. Natürlich sagte ich dem Wolfgang nichts, auch er rannte hinein und kam pudelnass wieder heraus. „Du Schwein!" Spaß durfte sein, immer wieder.

Dänemark und Schweden mit Fouad, dem Feuerfresser

Fouad war Syrer und hatte noch keinen deutschen Pass, aber den Syrischen. Also Stopp in Hamburg, zu den Konsulaten und Visa für Dänemark und Schweden erheischen. Zwei Tage Wartezeit und wir hatten die Visa. Wieder mit meinem VW Käfer, kommen wir an die dänische Grenze, winkt der Beamte uns durch, so auch an der schwedischen Grenze. Was war Fouad ärgerlich, nun habe ich keinen Stempel in meinem Reisepass und alles Warten in Hamburg war umsonst, und die Kosten für die Visa hätten wir uns doch auch sparen können.

Stig Jung, ein schwedischer Pfadfinder der in Braunschweig eine Ausbildung zum Fotografen machte, war auf Urlaub zu Hause, den galt es in Ringschöpping zu besuchen. Auch in Schweden schliefen wir oft auf Campingplätzen. Einmal stand unser Zelt direkt neben dem von schwedischen Touristen. Bei den Schweden ist auch die Wurst süß, alles süß. Fouad kochte gut, an diesem Abend bereitete er wieder seinen berühmten Salat. Natürlich bekamen die Schweden etwas zu probieren. Ein lautes Schreien verbunden mit dem Ruf „Feuerfresser" schallte zu uns herüber.

An einem Abend wollten wir, direkt am See liegend, uns ein Festessen gönnen. Fouad aß kein Schweinefleisch, in einem kleinen Städtchen gelang es uns, Pferdefleisch zu kaufen. Es soll ja ein Festessen werden, also man hin, nicht zuwenig kaufen. Gegrillt, gegessen, vollgestopft, so dass wir als wir uns noch vor dem Zelt liegend gerade nach hinten rüberlegen konnten, mit beiden Händen aufstützten und ganz langsam in die Wagerechte kamen. Die Sonne ging über dem See unter, dieses Motiv hat den Bengel nicht losgelassen und später dann zu Papier gebracht.

Roverarbeit und die Großfahrt in die Camargue

Inzwischen sind wir älteren Pfadfinder „Rover" (über 18). Neben Fahrt- und Lagervorbereitungen, Singen zu sozialen Zwecken in Altenheimen, beschäftigen wir uns mit vielen neuen Gebieten, z. B. Philosophie, Psychologie, allgemeiner Literatur; was gewünscht wird, wird geplant oder gemacht. Wenn wir etwas Hilfe brauchen, kommt auch mal jemand von außen dazu, ein Referent etc. Jeden Mittwoch Heimabend, es wird nicht langweilig. Jetzt auch schon einmal bei den Familien oder auf den Buden der einzelnen. „Rover und Mädchen" wird ein neues Thema, Organisieren eines Balls, jeweils unter einem Thema stehend.

Für 150 DM kauft sich unser Roverkreis einen ausgedienten VW-Bus in Bündheim – in mühevoller Kleinarbeit wird er fahrtüchtig gemacht. Ein VW-Bus der Firma Heimbs Kaffee wird durch einen Unfall beschädigt. Man fragt uns, wollt ihr den fast neuen Wagen haben, nur den Motor bauen wir vorher noch aus? – dankend angenommen und gut zurechtgemacht, rot weiß gestrichen und der „Flamingo" ist fertig. Wer von den 15 Rovern den Bus für sich oder seine Freundin braucht, trägt sich in ein Heftchen ein und hat so einen fahrbaren Untersatz.

1960 fahren wir mit unserem „Flamingo" zu fünft gen Süden – Cevennen – zu Fuß durch die Schluchten der Ardèche – Arles - Camargue auf der Vogelstation von Dr. Hoffmann Vögel beobachten und beringen – schließlich landen wir nach 3 Wochen in Aigues-Mortes – in der Markthalle wurden Thunfischsteaks gekauft, abends wollte Willi seinen berühmten Kartoffelsalat machen - auf dem großen mittelalterlichen Marktplatz stehen verführerisch viele Bänke – da sitzen wir nun und harren der Dinge, die da kommen werden – eine Zigeunerin (Sinti) kommt auf uns mit bittender ausgestreckter Hand zu – Peter steht auf und hält seinerseits bittend seine ausgestreckte Hand hin – wütend stemmt sie die Hände in ihre Hüften und singt uns ein Lied vor – die ausgestreckte Hand kommt erneut auf uns zu – jetzt stehen wir alle auf und schmettern unsererseits ein Lied – erbost klatscht sie in die Hände, ruft Akie oder ähnlich – es erscheinen fünf weitere Zigeuner (Sintis) mit Gitarre - jetzt geht es richtig los – sie singen, wir singen – der Marktplatz füllt sich – Hunderte von Einheimischen werden es sein, die wechselseitig Applaus spenden – spät ist es geworden – nun stimmen wir ein Lied in der Sprache der Provence in Languedoc an – die Menge tobt, liebevoll mit ausgestreckten Händen kommen die Zigeuner auf uns zu, Tränen in den Augen – weit nach Mitternacht erreichen wir unsere Kote vor den Toren der Stadt – nichtsdesto Trotz: Willi bereitet seinen Kartoffelsalat und die gebratenen Thunfischsteaks munden vorzüglich als spätes Nachtmahl.

Logbucheintrag von Maus aus Celle – Schniebel als Schutzmann

Abschrift. Eine Teilnehmerin unserer Mongolenfahrten fand im Logbuch der Celler Pfadfinder einen Eintrag über Schniebel, schrieb ihn ab und schickte ihn mir per Post. Hier also eine authentische Außensicht über das Lagerleben und Schniebels Extratouren als Schutzmann.

Abschrift:
„1962, Wölflingslager in Brunnenbachsmühle … wir hatten vom dritten Tag an nur Regenwetter und hatten beschlossen, das Lager abzubrechen. Doch da besuchte uns, zwei Tage bevor wir abreisen wollten, Horst Stukenberg, ein Braunschweiger Rover und Hauptwachtmeister. Er war gerade auf Streife in und um Braunlage und wollte, da er von unserem Lager wusste, einmal schauen, was die Wölflinge bei so einem Regenwetter wohl treiben. Und er sah, daß man beinahe die Freischwimmerprüfung auf dem tiefer gelegenen Kochplatz machen konnte. Wir erzählten ihm, dass wir abbrechen und nach Hause fahren wollten, wenn das Wetter nicht besser werden würde. Doch Schniebel, so heißt der Rover mit Spitznamen, riet uns, noch etwas zu warten. Er wollte dafür sorgen, dass man in das Zollunterkunftshaus umziehen konnte. Am nächsten Tag war es denn so weit.

Gegen Mittag, ich war gerade an der Reihe zu kochen und stand bis zu den Knöcheln im Wasser, hörte ich eine Polizeisirene, dann sah ich auch schon, wie ein Polizeiwagen mit Blaulicht den Waldweg entlang kam. Entsetzt schauten die Wölflinge, die tags zuvor bei Schniebels Besuch gerade unterwegs waren, wie Schlange, von zwei Polizisten bewacht, in das Polizeiauto einstieg. Der Wagen kehrte um und verschwand. Verwundert fragten die Jungen, was Schlange denn getan habe. Kurze Zeit später kehrte das Fahrzeug zurück, aber ohne Schlange, und wir wurden aufgefordert, alles zusammenzupacken. Nur die Zelte sollten

stehen bleiben. Jetzt erst erzählte ich den Jungen, das wir in das Zollhaus umziehen. Da war die Freude groß, im Nu waren alles Sachen gepackt und der Umzug konnte beginnen. Das Mittagessen wurde im Polizeiauto zum Haus gebracht, wo es in einer gut eingerichteten Küche weiterkochen sollte ....“

Maus

Singen und Knötchenpulen – Zu Gast bei den Pfadfindern in Paraguay

Noch ein kleines Erlebnis – 2009 Pfadfinden in Paraguay – Knut Gabel, ein Pfadfinder aus meinem Roverkreis, ist wieder aufgetaucht und lebt in Paraguay - eine Einladung an mich verbindet sich mit der Arbeit der dortigen Erwachsenenbildung und dann bin ich zu Gast bei den Pfadfindern in Asuncion.

Nun kommt es, der Kreis schließt sich, Schniebel soll vor den ca. 100 Pfadis eine Rede halten – Überreichen eines Gastgeschenks – Fragen können gestellt werden - ein ca. 8jähriger Wölfling kommt und fragt: „Du sagst, du bist seit 60 Jahren bei den Pfadfindern, erinnerst du dich an deinen ersten Tag, wie war das damals?" Pause, noch eine kleine Pause – dann beginne ich zu singen; *„Was müssen da für Bäume stehen, wo die großen Elefanten spazieren gehen ohne sich zu stoßen."* Ein anderer Pfadinder kommt mit einem Tau, kannst du auch noch Knoten? Da stehe ich nach gut 60 Jahren vor einem Haufen Pfadfindern und pule wieder Knoten, zuerst langsam, dann ohne hinzuschauen blind, wie damals am ersten Heimabend.

Frauen in meinem Leben

Ich weiß gar nicht, ob es in meiner frühen Kindheit überhaupt „Mädchen" gab, wenn, dann war das Zusammenspielen unproblematisch. Später waren Mädchen doof. Mit 14 Jahren ging ich zu den Pfadfindern, der Pfadfinder raucht nicht, trinkt nicht und hat nichts mit kleinen Mädchen.

Das war bei mir anders. Mit 17 hatte ich meine erste Freundin, Edith Leuthold von der Schunterstraße in Braunschweig. Sie ging zum Lyzeum, ich lernte Tischler. Der Nußberg, Prinzenpark und das Treppenhaus waren u. a. Orte unseres Zusammenseins. Ja, sie war meine erste Freundin, mit 15 Jahren lernte ich sie auf der Jasperallee kennen. Zwei hübsche junge Mädchen spazierten fröhlich singend auf der Straße entlang. Sie sangen ein Lied aus den 60er Jahren. „Winke, Winke …" und winkten tatsächlich einigen männlichen Wesen zu. Das wurde ihr oder mir auch zum Verhängnis. Vier Jahre waren wir zusammen. Ihr Vater muß Direktor eines Gymnasiums gewesen sein, kam aus dem Krieg nicht mehr zurück. So lebte die Mutter mit ihr allein, die Mutter habe ich erst viele Jahre später kennengelernt. Wir waren uns genug und es war sehr, sehr schön. Öfters holte ich sie von der Schule, vom Tanzkurs oder der Musikschule ab, sie holte mich öfters abends vom Heimabend der Pfadfinder vom Leonhardplatz ab. Einmal muß Edith zu meiner Mutter gegangen sein. Auf dem Balkon in der Heinrichstraße haben die beiden zusammen gesessen und über mich gesprochen. Sie bedrängte meine Mutter, ich sollte die Schule besuchen und lernen, dafür wollte sie von der Schule abgehen und arbeiten. Ich glaube, das war das Ende unserer Beziehung. Ich war nicht bindungswillig oder bindungsfähig, so blieb meine Mutter noch einige Zeitlang die wichtigste Frau in meinem Leben.

Während des II. Weltkrieges war ich drei Jahre mit meiner Mutter in Hahausen evakuiert, auch davor war sie immer für mich da. In den Jahren danach hatte ich mein Zimmer in der elterlichen Wohnung. Viele Freunde verkehrten bei uns, Studenten aus aller Welt, vor allem aber Pfadfinder. Mutter war für alle da, kochte mal für Muslime ohne Schweinefleisch, mal für die Inder ohne Rindfleisch, je nachdem, welcher Religion die Studenten eben angehörten.

War ich im Dienst und ertönte nachts der Pfadfinderpfiff, öffnete sie das Fenster und fragte nach dem Begehr. Da stand beispielsweise Gerold Homberger aus Berlin und fragte, ist Schniebel da? Nein, der ist im Dienst, was willst du denn? Ist Schniebel da, ich bin per Anhalter bis Braunschweig gekommen, aber es geht nicht weiter. Na, dann komm man rein, da ist sein Bett, da kannste schlafen, er kommt erst morgen früh. Da ist der Kühlschrank und nimm dir was zu essen. Sie war also nicht nur meine Mutter, sie war die Mutter einer ganzen Kompanie. Meine Mutterbindung muß sehr stark gewesen sein, so stark, dass ich wohl nicht fähig war, mich ernsthaft zu binden.

In der Sturm-und-Drangperiode war ich dem weiblichen Geschlecht verfallen. Immer muß ich wohl eine Freundin gehabt haben, manchmal zwei oder drei zur gleichen Zeit. Ja, dann hatte ich ja mein eigenes Zimmer, das war schon ein Privileg. Mutter wusste von nächtlichen Besuchen des schönen Geschlechts und hatte wohl nichts dagegen. Vater spielte in der Hinsicht keine Rolle.

Als ich 1962 mit Gert Dahms nach einem viertel Jahr mit meinem VW Käfer von unserer Orientfahrt zurückkam, besuchten wir in Oberkirch/Freiburg Gerts Tante. Nun wollen wir sogleich unsere Ankunft in Europa unseren Eltern vermelden und berichten, wie es war. Die beim Telegrafenamt angemeldeten Ferngespräche kamen und kamen nicht zustande. Schließlich muß ich grob geworden sein und drohte. Das hat geholfen, unsere Gespräche kamen zustande, aber das Fräulein vom Amt hatte mitgehört. Wir plauderten noch ein wenig mit ihr und sie sagte, dass sie um 22.00 h aus der Nebentür der Post herauskommen würde. Gert hatte derzeit schon seine Heinke als feste Freundin. Also besprachen wir uns, hat sie dicke Beine, dann gehst du mit ihr, andernfalls bin ich dran. 22.00 h, die Dame kam aus der Post heraus, ein Blick nach unten und Gert drehte ab. Ich durfte den Abend mit ihr allein verbringen.

Danach waren wir fast jedes Wochenende zusammen. Mein Dienst endete Samstagmittag und begann wieder um Montagmorgen um 07.00 h. Entweder fuhr ich mit meinem VW Käfer die gut 600 km dorthin, oder sie kam mit dem Zug zu mir nach Braunschweig. Ihr Vater war Weinhändler und die Eltern hatten nichts gegen unsere Beziehung. Das muß wohl zwei drei Jahre so gegangen sein. Dann sprach Eva Marlen eines Wochenendes davon, dass wir uns jetzt vielleicht verloben sollten und das war das Ende auch dieser Freundschaft. Wie gesagt, ich war immer noch nicht bindungsfähig.

Meine Mutter wurde eine Anhängerin der Christlichen Wissenschaft. Krankheiten wurde gesund gebetet. 1963 bekam sie ganz dicke Beine und ich bat sie, zum Arzt zugehen. Ja, ja war die Antwort. Dann trat ich in den Hungerstreik, drei Tage hat sie es ausgehalten, dann ging sie. Der Arzt, na ja, dann machen wir einen Notfall daraus und schickte sie in das Vinzenzkrankenhaus. Embolie. Drei Tage später war sie tot,.

Meine Cousine Brunhilde, sie hat wohl als einzige Verwandte in unserer Familie große Stücke auf mich gehalten und stand zu mir. Sie schenkte mir das Buch von Bernhard Shaw „Briefwechsel mit seiner Freundin Stella Patrick Campbell"[16]. In einem Kapitel beschreibt Shaw den Tod und die Bestattung seiner Mutter sehr anschaulich. Im Zwiegespräch nimmt er ganz gefasst von ihr Abschied. So verabschiede auch ich mich von Mutter im Krematorium nach einem intensiven Zwiegespräch sehr gefasst. Danach geht es mir gut und ich konnte sie in Frieden gehen lassen. Als jedoch bei der Trauerfeier in der Friedhofskapelle noch einmal die Tür aufgeht und drei arabische Studenten (auch Pfadfinder) (die eh kaum was zu beißen hatten) mit einem Riesenkranz sich von meiner Mutter verabschieden wollen, ist es mit meiner Fassung hin. Ich heule wie ein Schlosshund und auch heute, wo ich das niederschreibe kommen mir nach so vielen Jahren mir wieder die Tränen.

Nach meiner Kanadareise war ich für vier Monate von der Polizei freigestellt und sollte beim Jugendamt der Stadt Braunschweig mich um die Jugend kümmern. In diesem Zusammenhang organisierte ich auch „Abende für junge Menschen" in der neu erbauten Stadthalle. Ich erinnere mich, sechs Kapellen, um die 3.000 junge Menschen, viel Organisatorisches galt es abzuwickeln. Der Freund meines Chefs Bube Staake und der Fahrer des Rechtsanwaltbüros Elzmanns, wo Marlis Pape arbeitete, waren Freunde. Die beiden verabredeten zum Wohl von uns beiden, uns zu verkuppeln, uns zusammenzuführen. Wir saßen alle am langen Tisch, dem der Honoratioren.

Aufgefordert wurde ich verschiedentlich, nun tanz doch einmal mit der Dame am Tisch. Nein, ich muss erst meine Arbeit tun, die sechs Kassen abkassieren usw. Vielleicht war ich an dem Abend auch nicht zum Tanzen aufgelegt, wer weiß? Dann bat ich die junge hübsche Frau doch einmal zum Tanz und danach wechselte der engere Kreis noch in die Gloriastube, ein Bierchen trinken. Es muß wohl schon etwas spät geworden sein, da bot ich an, zu uns nach Hause zu gehen, meine „Briefmarkensammlung" ihr zu zeigen und noch ein Glas Wein zu trinken.

Ein paar Monate danach, wir standen uns in unserer Küche gegenüber, da offerierte Marlis mir: „Ich bin schwanger". Jetzt nach 82 Jahren erinnere ich mich, wie mir damals zumute war. Es war, als ob mir der Teppich unter den Füßen weggezogen wurde. Mir wurde schwummerig zu Mute, ich war zunächst sprach-

---

[16] Briefwechsel mit seiner Freundin Stella Patrick Campbell Broschiert; Rowohlt Verlag, 1960; "Dies sind die Briefe, die - zwischen 1899 und 1939 - ein intellektueller Riese und eine große und schöne Schauspielerin miteinander gewechselt haben...".

los. Es gab damals noch einen gewissen Ehrenkodex: „Wenn du was angerichtet hast, dann muß du dafür auch einstehen". Ich sagte: Dann müssen wir also heiraten!

Pfingsten haben wir in der Tageszeitung die Anzeige veröffentlicht und unseren Eltern und Freunden eine Anzeige geschickt: „Pfingsten 1966, wir haben uns verlobt, irgendwo im Harz". Am 20. August heirateten wir, am 13. November ist die Jeannette geboren, gleichzeitig haben wir angefangen, unser Haus in Bündheim/Bad Harzburg zu planen, und eine Fahrt für Jungendgruppenleiter zur deutsch-polnischen Verständigung nach Polen organisiert. Ein volles erfülltes Jahr.

War ich nun doch bindungsfähig geworden? Ist es mir am Anfang schwer gefallen, vom ungebundenen Junggesellendasein Abschied zu nehmen, sind wir heute 50 Jahre verheiratet und andere Frauen spielen keine Rolle mehr. Dennoch scheint der Ofen noch nicht erkaltet zu sein, kann ich mich am Anblick schöner oder interessanter Frauen erfreuen. Zwischenzeitlich haben wir die ehemaligen Freunde von Marlis zu uns mal eingeladen und kennelgelernt, so haben wir zu ehemaligen Freundinnen von mir den Kontakt gehalten. Erst vor Kurzem haben wir mit meiner ersten Freundin der Edith Leuthold ein Telefongespräch geführt, uns verabredet und nach 64 Jahren mit den Ehegatten zusammen über die alten Geschichten uns ausgetauscht. Kurze Zeit danach ist sie gestorben.

51

So muß ich gestehen, ich habe geliebt und gelebt und lebe noch mit meiner Marlis gut zusammen. 2016 wird sie 75 Jahre alt, und so Gott will, werden wir dann 2016 50 Jahre miteinander verheiratet sein. Der Spruch, „Was Männer sind, was Männer nicht sind, das sind sie über ihre Frauen", der trifft auch auf mich zu. Wir haben uns gegenseitig gestützt, haben uns wechselseitig vorangebracht und haben beide ausgehalten.

Anmerken möchte ich aber dennoch, im Traum passiert es mir immer wieder, dass junge hübsche Mädchen mir verführerisch ziemlich nahe kommen. Der Ofen ist zwar kalt, aber offenbar spielt auch im reifen Alter die Sexualität immer noch eine Rolle, zumindest im Traum.

III. - Meine Zeit als Polizeibeamter

Übergänge - Von der Kindheit zu den Pfadfindern und weiter zur Polizei

Abschluß der Tischlerlehre, Arbeitslosigkeit und ein halbes Jahr auf Wanderschaft. 15. August 1952, Eintritt in die Niedersächsische Landesbereitschaftspolizei. Am Vorabend erleben wir Vater in einer fröhlichen Hochstimmung, wie seit Jahren nicht mehr. Am nächsten Morgen bringt er mich höchstpersönlich zum Bahnhof, ist nicht nur zufrieden, sondern auch stolz auf seinen Sohn. Nun kann doch noch etwas aus ihm werden. Man stelle sich das einmal vor, Vater kauft eine Bahnsteigkarte für 10 Dpf. und bringt mich bis zum Zug nach Hann. Münden. Und noch etwas. „Du wirst in den ersten drei Monaten nicht aus der Kaserne rauskommen, musst erst das Gehen lernen und vieles mehr. Hier", heimlich bekomme ich eine Deutsche Mark in die Hand gedrückt, „für den neuen Anfang".[17] Eine Zeit von 18 Jahren des „Schutzmannsdaseins" schließt sich an. Mein eigentliches Leben gestaltet sich jedoch daneben in der freien Jugendarbeit. Hieraus entwickelt sich schließlich eine Art von Erwachsenenbildung. Davon an andere Stelle später mehr.

Tagebuchaufzeichnungen und Gedanken eines Unterwachtmeisters der 6. Hundertschaft der Polizeischule in Hann. Münden

Dieter Rudorf und Richard Thiemann schicken eine Einladung anläßlich der Wiederkehr des 50. Jahrestages des Eintritts in den Polizeidienst. Toll, aber der Alltag ist gepflastert mit Terminen, konnten die nicht ein Jahr früher damit kommen? Zu dem Termin habe ich die Internationale Jean Gebser Tagung in der Universität Bremen. Andererseits möchte ich gern teilnehmen und die alten Kameraden wiedersehen. Auch vor ein paar Jahren war ich anläßlich des 40jährigen Jubiläums dabei und es hatte mir sehr gut gefallen.

Den beiden Einladenden schreibe ich einen lieben Brief und bitte um Verständnis und Rat. Ein Telefongespräch mit Dieter, ein Fax von ihm mit der Frage, wirst Du schwänzen? Nein, das möchte ich nicht, andererseits kann ich die Ta-

---

17 Über die väterliche Zuwendung muß ich stolz und sehr zufrieden gewesen sein. Ich vermerke es anerkennend in meinem Tagebuch. Tagebuchnotiz vom 15. August 1952.

gung nicht verschieben. Also, es wird darauf hinauslaufen, daß ich mich in Bremen abends heimlich davonstehle, nach Hannover fahre und dann nachts zurückkehre.

Seit 1952 schreibe ich Tagebuch – So konnte ich schnell ein paar Ausschnitte daraus entnehmen und original referieren. Heute, einen Tag vor dem Treffen schaue ich bei den Tagebüchern nach und finde eins von 1953 Teil I. Soll ich oder soll ich nicht, das ist hier die Frage. Ich nehme es abends mit ins Bett und lese, lese mich fest. Vielleicht soll ich das auch den anderen anbieten? Nun, am anderen Morgen kurz vor der Abfahrt sitze ich an der Schreibmaschine und schreibe einige Seiten ab in der Annahme, daß, wenn es gewünscht wird, ich die Zeilen so besser vorlesen kann.

Meine Aufzeichnungen von damals sind keine ausdrückliche Wahrheit, so sah und fühlte ich, so konnte es gewesen sein. Es kann auch nicht darum gehen, in der Vergangenheit stecken zu bleiben, nein, möglicherweise lassen sich in der Gegenwart Beziehungen neu knüpfen für die nahe Zukunft.

Während des Krieges und danach habe ich kaum die Schule besucht. Erst mit dem Beginn meiner Tischlerlehre ging ich erstmals kontinuierlich zur Schule, zur Berufsschule einmal einen Vormittag in der Woche. Dementsprechend groß waren die Lücken. Von da aus war es fast ein Wunder, daß ich bei der Aufnahmeprüfung zur Bereitschaftspolizei überhaupt durchgekommen bin. Bestanden und was nun?

Mein Vater war überglücklich, daß nun vielleicht doch noch etwas aus mir werden könnte. Ich jedenfalls wollte im ersten Jahr auf der Polizeischule sehen, daß ich besser rechnen und schreiben und etwas mehr an Allgemeinbildung lernen kann.

Lese ich im Tagebuch, fällt mir auf, wie oft ich das Wort „das erste Mal" geschrieben habe. Gegen Ende der Grundausbildung auf der Polizeischule wollte ich noch die zwei weiteren Jahre bis zur M I – vergleichbare Mittlere Reife - so hieß das glaube ich – durchhalten und dann sehen, was sich ergibt. Polizei roch für mich zu sehr nach Militär und strenger Ordnung.

Aber 18 Jahre bin ich geblieben. Erst 1970 gelang mir der Absprung. Habe ich im späteren Leben noch ganz andere Lebens- und Arbeitsbereiche kennengelernt, so fühle ich mich doch diesem Leben und dieser Zeit sehr verbunden. In den letzten Jahren habe ich immer wieder vom „Dienst" geträumt, die Polizei ließ mich selbst im Traum nicht los. Außerdem kommen wir alten Kollegen von der Motorisierten Verkehrspolizei Braunschweig Land – Mot. oder weiße Mäuse - jedes Jahr einmal am ersten Freitag im November zusammen. So bin ich auch heute nach über 40 Jahren der Polizei und vor allem den Kollegen eng verbunden. Dieses Leben hat mich geprägt, genau so stark wie die Zeit als Pfadfinder.

Tagebucheintrag - 1. III. 1953

„Erfolg hat im Leben und Treiben der Welt,
wer Ruhe, Humor und
die Nerven behält".

„ Um 12.00 h waren wir noch schwer am Feiern. Im Bergschlösschen war allerhand los. Es war zum ersten Male, daß ich in der Öffentlichkeit getanzt habe. Der Wein tat das Seine. Ich bekam immer mehr Mut. So gegen zwei Uhr zogen wir von dort ab. Mein einziges Ziel war das Kasernentor heil und schnell zu erreichen. Hier pennte ich einige Stunden. Mit einem etwas außergewöhnlich komischen Gefühl erwachte ich. Auch heute war wieder ein sehr schöner Tag. Nach dem Essen ging ich in den Hörsaal und guckte mir noch einmal das Strafrechtsbuch an. Unser Zug hat heute Bereitschaft. An Hans Erlenbach, Zürich, Wiesenstraße 44, schrieb ich auch einen Brief. Den Abend verbrachte ich mit Lesen. Egon benahm sich wieder wie ein Kind. ..... „

Allein die Tagebuchaufzeichnungen wären Stoff genug, um ein ganzes Kapitel zu füllen, um das Denken, Fühlen und Handeln von damals wiederzugeben. Da in meinem Regal über einen halben Meter Tagebücher stehen, könnten auch andere Kapitel damit unterfüttert werden.

Als richtiger Schutzmann im Einzeldienst in Goslar

Vielleicht soll ich die Dienstzeit in Goslar kurz ansprechen. Nach dem Dienst in der kasernierten Bereitschaftspolizei habe ich dann ein Jahr auf dem Polizeirevier Goslar Einzeldienst versehen. Indien war damals mein sehnlichster Traum, ein Jahr mit unbezahltem Urlaub. Ein sehr hoher und einflussreicher Polizeirat, Dr. jur. Theodor Mommsen, war mein Fürsprecher. Für die IPA sollte ich dort hin fahren, alles schien klar, das Visum erteilt, eine Motorradfirma wollte mir eine Horex zur Verfügung stellen. Da lernte ich Neresch Kural aus Dargapur/Indien kennen. Er studierte 1956 an der Universität Clausthal-Zellerfeld, war in meinem Alter und wie ich auch in der Sturm- und Drangperiode. Wir mieten zusammen ein Zimmer. Wenn ich Dienst hatte, hatte er das Zimmer für sich allein und umgekehrt, wenn er in Clausthal studierte, war es mein Reich. Eine sehr intensive Lernerfahrung für uns beide, in kulturellen wie in kulinarischen Bereichen. Ein halbes Jahr ging das sehr gut. Als dann aber eines Nachts die Vermieterin in mein Bett kriechen wollte, zogen wir nach dem Frühstück am nächsten Morgen aus. Sie entschuldigte sich vielmals und sagte, ich sähe ihrem verschollenen Mann so ähnlich und da wäre es über sie gekommen.

Vielleicht noch eine kleine Goslarer Geschichte. Frisch von den Lehrgängen kommend, kannte ich natürlich das Gaststättenschlussgesetz. Um 01.00 ist Feierabend. Auf meiner ersten Nachtdienststreife sehe ich im Bergschlösschen noch Licht. Da warte ich noch 15 Minuten und gehe dann forsch hinein und sage, es ist 01.15 h, Feierabend. In 15 Minuten komme ich wieder. Da hoffe ich, dass das Lokal leer ist. Nach 15 Minuten ist das Lokal noch so voll und lebendig wie zuvor. Einige schauen auf einen älteren weißhaarigen Herrn. Aha, das ist wohl eine Schlüsselfigur denke ich, gehe an seinen Tisch und klopfe mit der flachen Hand auf die Tischplatte und rufe, auch für sie ist Feierabend. Der Herr schaut mich forschend an, nimmt seinen Hut und geht. Sofort gehen auch all die anderen. Ja, sage ich, so soll das sein.

Als ich zur nächsten Schicht auf die Wache komme, flüstern die Kollegen, „hast schon gehört, der Neue, der Lange hat den Amtgerichtsrat Geißmar rausgeschmissen".

Nach einem Verkehrsunfall die erste Gerichtsverhandlung. Der Fahrer hatte getrunken, eine Blutprobe wurde entnommen. Was muss ich da erleben? Der Amtsgerichtsrat fragt mich aus, haben sie das geprüft, haben sie das getan und zum Schluss war mir, als ob ich der Angeschuldigte, der Übeltäter gewesen wäre. Fortan wechselte ich die Straßenseite, wenn ich den Herrn Richter sah, wich ihm aus dem Wege wo immer es ging.

Das Schützenfest in Goslar ist das größte Fest des Jahres. Die Leute sparen das ganze Jahr darauf und dann wird auf die Pauke gehauen. Man wusste, ich trank zu der Zeit kein Bier, kein Alkohol. So wurde ich für die 14 Tage zum Dienst dort eingeteilt. Am letzten Abend werden die Fässer geleert und das Bier fließt umsonst. Was sehe ich da, an einer Bude steht der Herr Amtsgerichtsrat. Ich weiche zurück und will gehen, da schreit er: „Wachtmeister, komme er mal her." Ich ging, na denn wollen wir mal ein Bier zusammen trinken! Eins und noch eins, noch eins, meinen Schacko unter dem einen Arm geklemmt, an dem anderen hing der Amtsgerichtsrat und wir beide torkelten untergehakt vom Schützenplatz.

Abnabeln – Ein weiterer Übergang oder eine böse Geschichte?

1963 – meine Mutter war gestorben und ich sorgte mich um meinen Vater – wir wohnten in der alten Wohnung nun zu zweit zusammen. Bei den Pfadfindern bin ich weiter nach oben gekommen, war jetzt Landesbeauftragter in Niedersachsen für die Roverstufe und in der Bundesrovermannschaft. Das Pfingstlager stand kurz bevor und ich hatte das Roverlager erstmalig auszurichten.

Von der Polizeistreife komme ich nach Hause, in Uniform. Unter dem Arm drei Glasflaschen Irenenquelle (Sprudelwasser). In der Küche stehe ich meinem Vater gegenüber und sage: Ich habe Hans-Joachim angerufen und ihn gebeten, dich am Sonntag zum Mittagessen einzuladen, ich muß für die Pfadfinder was tun. Da sagt er, das tut mir wirklich leid, aber wir haben nur drei Koteletts eingekauft, hätte du das früher gesagt, wäre das kein Problem gewesen.

Der Vater sagt, das musst du verstehen, der Sohn Reimar, Hans-Joachim, Käte, das sind drei. Da raste ich aus, das passt nicht in meine Vorstellungswelt. Bei den Pfadfindern wird immer ganz selbstverständlich geteilt, hat der eine was, hat auch der andere etwas.

Du und Dein Sohn, immer muß ich das verstehen und donnere eine Flasche auf den harten Terrazzoboden meinem Vater vor die Füße. Es kracht und splittert. Ein Wort gibt das andere, und bums fliegt die zweite Flasche vor seine Füße, dann die dritte und letzte. Meine Wut ist raus, aber wie wird sich mein lieber Vater damals dabei gefühlt haben? Wenn mein Bruder diese Geschichte nach über 50 Jahren heute liest, wie wird ihn das ankommen?

Nun, meinen über die Jahre angestauten Ärger bin ich losgeworden und glaube im Nachhinein sogar, es war eine Stufe meiner eigenen Abnabelung auf dem Weg zum Selbstwerden. Oft habe ich gesagt, ich war das schwarze Schaf der Familie. Habe ich in den letzten Jahren damit eher kokettiert, habe ich es damit auch überwunden?

Geschichten und Geschichtchen aus meiner Zeit bei der Motorisierten Verkehrspolizei

Stuki, das war mein Spitzname bei der Polizei. Ende Juli 2004 erreicht mich ein Brief des Autobahnpolizeikommissariats Braunschweig mit der Bitte, an der Erstellung „einer Chronik über die Arbeit der Verkehrs-/ Autobahnpolizei in der Region Braunschweig" mitzuwirken. Während meiner 18jährigen Dienstzeit war ich von 1957 bis 1965 bei der Motorisierten Verkehrspolizei (Mot.) im Verwaltungsbezirk Braunschweig. 1966 für ein paar Monate an das Jugendamt der Stadt Braunschweig „ausgeliehen" (Urlaub ohne Zahlung der Bezüge), versah ich dann meinen weiteren Dienst noch für ein paar Jahre beim LK Braunschweig, auf der Polizeistation Langelsheim und auf dem Revier der Stadt Bad Harzburg. Das gab mir den Rest, von hier schied ich aus Krankheitsgründen von der Polizei aus. Dies war zugleich der Beginn eines zweiten Lebens.

Zwei Dinge sollen vorweg erwähnt werden. Erstens: Neben meiner beruflichen Tätigkeit als Polizeibeamter wirkte ich aktiv als ehrenamtlicher Jugendgruppenleiter beim Bund Deutscher Pfadfinder, in der außerschulischen Jugendbildung und in der Erwachsenenbildung. Zweitens: Bei der Polizei beeindruckte mich der sogenannte Staatsbürgerkundeunterricht, und was ich in der Theorie hörte, versuchte ich in die Praxis umzusetzen. Die Erziehung und Führungsaufgabe in einem freien demokratischen Jugendverband tat ihr übrigens. Sprüche wie z. B. „Schutzmann, als Staatsbürger in Uniform", oder Schutzmann als „Dein Freund und Helfer" etc. haben mich in meiner Haltung stark beeinflußt. Das Grundgesetz der Bundesrepublik Deutschland mit den Rechten und Pflichten eines Staatsbürgers war mir recht vertraut, politische Bildung der Bürger ein ernstes Anliegen.

Der blonde Stuki – hinten Mitte

Bei den Dienstversammlungen der Polizei hielt ich hin und wieder Lichtbildervorträge über meine Reisen, über die Jugendgruppenarbeit und Erwachsenenbildung. Auf der anderen Seite warb ich bei Vorträgen und Seminaren eifrig für den Polizeidienst. So fand meine Person bei aufgeschlossenen Dienstvorgesetzten Anerkennung und Unterstützung, erregte Missfallen, Unmut bis zum Nichtausstehenkönnen bei Andersgesinnten. Zugegeben werden muss, dass meine

Vorgesetzten es mit ihrem Polizeihauptwachtmeister nicht immer ganz leicht hatten.

Noch etwas scheint erwähnenswert. Seit vielen Jahren treffen sich die ehemaligen Mot.-Angehörigen an jedem ersten Freitag im November, an wechselnden Orten in und um Braunschweig. Ich gehöre dazu und wir haben uns immer „noch etwas zu sagen". Neben der manchmal harten Arbeit muß es doch einiges gegeben haben, was uns tiefer greifend miteinander verbunden hat. Freud und Leid galt es gemeinsam miteinander durchzustehen, und von daher habe ich meine Zeit bei der Mot. nicht nur als „Arbeit", sondern auch als Leben in einem größeren Zusammenhang erfahren. Wir waren damals alle „nur" Revieroberwachtmeister, Hauptwachtmeister oder Meister, aber jeder einzelne war in sich eine besondere Persönlichkeit. Verlassen konnte man sich auf diese Menschen, und wo Not am Mann war, da war Hilfe sicher. Mögen viele der unangenehmen Aspekte auch in Vergessenheit geraten sein, sicher ist, es gab für mich auch unangenehme Zeiten voller Spannung und Zerknirschung.

Ein halbes Jahr ist es nun her, dass mich das Schreiben des Autobahnpolizeikommissariats erreichte. Gern war ich dazu bereit, etwas zu schreiben. Auf der einen Seite hatte ich sicherlich viel Auftragsarbeit zu erledigen, aber andererseits fand ich auch allerhand Einwände, warum es noch nicht an der Zeit sei. Beim letzten Treffen der Ehemaligen, am Freitag den 5. November 2004, erinnerte Hubert Schwanninger (Leiter der jetzigen Autobahnpolizei) an die noch ausstehenden Beiträge und fand aufmunternde Worte. Damit leitete er eine Wende ein, mir wurde klar, auch Geschichten und Geschichtchen aus dem Alltagsleben könnten ihren Platz haben. An diesem Abend fasste ich meinen Mut zusammen und berichtete auf der Versammlung von einer kleinen Begebenheit aus den 50er Jahren.

„Grenzerfahrung" im Sonnenschein

An einem wunderschönen Sommertag fuhr ich mit einem Kollegen, der allgemein als sonnenhungrig bekannt war, Streife in Richtung Helmstedt. Gemächlich fuhren wir bei Helmstedt Brunnental an der Grenze entlang. Ein kleiner moosbewachsener Waldweg bog nach links ab, direkt hin zu der vielleicht 100 m entfernten Zonengrenze. Für uns eine äußerst günstige Gelegenheit, ohne gesehen zu werden, einmal kurz auszuspannen. Für ein paar Minuten wollten wir der Ruhe frönen, wir entledigten uns der „Dinge" wie Mütze, Koppel und streckten uns der Länge nach im Gras aus.

Da lagen wir und schwubs, muß ich eingeschlafen sein. Neben mir schlummerte auch der Kollege, als ein kleines Geräusch oder was es auch gewesen sein mag, mich weckte. Ich blinzelte in die Sonne und traute meinen Augen nicht, da stand über mir ein Angehöriger der Nationalen Volksarmee/Vopo in voller Montur. Er schaute sich die beiden westlichen Kollegen etwas herablassend an. Eins war sicher, wir lagen noch auf westlichem Boden und der Kerl ist über die Grenze herübergekommen.

Ein Griff zum Koppel, zur Mütze und Aufspringen war eins. Ich weiß nicht mehr genau, ob sich der Vopo wortlos entfernte, oder ob wir aus dem nahe gelegenen Helmstedt noch ein paar Köstlichkeiten wie Schokolade, Zigaretten geholt haben. Aber der Schreck saß in den Gliedern und noch heute sehe ich den Vopo hoch aufgerichtet und sehr grimmig schauend vor mir.

Diese Geschichte war beim letzten Mottreffen kurz erzählt, als aus dem Kreis der Kollegen Adolf Sülflow mir zurief, „Stuki, weißt du noch, als wir damals am ersten Weihnachtstag an der Grenze entlang fuhren und da, wo der alte Busch stand, zwei Vopos auftauchten?" Wir hatten Apfelsinen mit, warfen diese über die Grenze und der eine Vopo oder Angehörige der NVA fragte: Habt ihr nicht ein paar Zigaretten? Wir verabredeten uns zu um zwei Uhr später, fuhren nach Helmstedt in die Gaststätte, haben zu Mittag gegessen und kauften Zigaretten. Obwohl den Vopos jeglicher Kontakt mit Westpersonen verboten war, war in Ausnahmefällen immer wieder eine Begegnung möglich.

Die beiden Männer waren pünktlich zur Stelle und wir warfen die Zigaretten über den Stacheldrahtzaun. Zigaretten sind leichter als Apfelsinen, sie landeten nicht vor deren Füßen, sondern fielen auf den sogenannten Todesstreifen. Nun gingen sie nicht die zwei Meter dort hin, sondern holten sich einen Zweig, angelten die Päckchen zu sich heran. Und da etwa zwei Zentimeter Schnee lag, nahmen sie wieder die Zweige und versuchten kunstvoll die Spuren im Schnee zu beseitigen.

Wider den Stachel löcken oder nicht locker lassen – Kanada und die Folgen

Von langer Hand ist ein Besuch der Royal Canadian Mounted Police und der Kanadischen Pfadfinderführung vorbereitet. In meinem Tagebuch ist zu lesen: „Autobahnstützpunkt, am 9.5.1965 – Alles ist soweit abgeschlossen. Reise gebucht, noch einmal 30 Steps Englisch nach Basic gelernt, Lesen der Kanadalektüre soweit abgeschlossen sowie ein umfangreicher Schriftverkehr abgewickelt.

Agfa hat mir dreißig Filme und zwei Tonbänder geschickt ... bei der IPA laufe ich unter der Nr. 113 Nds. Herr Kriminaloberrat Dr. Mommsen vom Polizeiinstitut in Hiltrup unterstützt mich mit Rat und Tat, hat seine Vorschläge entwickelt und alles ist klar. Im Kommando wurde auch zustimmend abgenickt.

Der große Reinfall kam beim Besuch des Kommandeurs. In einem Anschreiben bat ich um Auskunft, ob die Zusammenstellung einer Serie (über die Eindrücke der Royal Canadian Mounted Police, der Jugendbewegung in Kanada, über Land und Leute usw.) auch im Interesse der Polizei und der Polizeiwerbung liegen könnte? Ich bat gegebenenfalls um eine entsprechende formlose Bestätigung seitens unserer Dienststelle. Aus heiterem Himmel wurde mir vom Kommandeur eröffnet, dass er mir den vorgesehenen Sonderurlaub nicht genehmigen will. Sonnemann und Schulze waren zugegen und steckten sicherlich dahinter. Nachdem ich ein und einviertel Stunde beim Kommandeur war, erteilte er mir die Genehmigung und bekam von mir im Ausgleich die Zusicherung, dass ich in nächster Zeit keinen Sonderurlaub[18] beantragen werde.[19]

Tage später treffe ich auf dem dunklen Flur des Kommandos in der Husarenstraße Menne Rinitz. Es ist 14.30 h. Er wispert mir zu. „Na, was machst du denn jetzt"? Was meinst du, fragte ich nach? „Was, du hast noch nichts erfahren, ah, dann kann ich dir jetzt nichts weiter sagen." Eine böse Ahnung wallte in mir auf und es lief mir heiß und kalt den Rücken herunter. Eine halbe Stunde später bin ich zum Herrn Sonnemann bestellt. Er teilt mir mit, daß mein am 6.4.1965 beantragter und mündlich bereits zugesagter Sonderurlaub nicht genehmigt worden ist. Ebenso bekäme ich auch nicht die Erlaubnis, ins Ausland, also nach Kanada zu fahren. Im Stillen denke ich oh wei, alle Tickets sind bezahlt und das drei Tage vor dem Abflug. „Was sagen Sie nun", wurde ich wieder gefragt? Zunächst muß ich überlegen, war meine Antwort, schlug die Hacken zackig zusammen, grüßte mit Handanlegen an die Mütze, drehte mich um und verschwand. Innerlich emotional aufgewühlt gehe ich zu meinem unmittelbaren Dienstvorgesetzten und erzählte Herrn Faulbaum den Sachverhalt. Er stellte mich am nächsten Tag zur Fahrzeugpflege ab, Ziegler ließ mich gewähren und somit bekam ich die Möglichkeit, aktiv zu werden.

In kurzen Worten kann ich den weiteren Verlauf zusammenfassen. Im Kultusministerium in Hannover war man erbost, der Stadtjugendpfleger Bubi Staake

---

18 Am 30.6.1962 erließ das Land Niedersachsen ein „Gesetz über Arbeitsbefreiung für Zwecke der Jugendpflege und des Jugendsports". Demnach standen den Ehrenamtlichen eine Sonderbefreiung vom– bis zu 12 Tage in jedem Jahr zu. Aus Rücksicht auf meine Kollegen oder wer weiß warum, habe ich dieses Maß nie ausgeschöpft, sondern stets für die ehrenamtliche Jugendgruppenleitertätigkeit meinen regulären Urlaub in Anspruch genommen. Nur wenn dieses Zeitmaß nicht ausreichte, beantragte ich Sonderurlaub.
19 Horst Stukenberg, Tagebuchaufzeichnung, „*Stützpunkt, am 9.5.1965*".

meldete uns beide beim Präsidenten des Nds. Verwaltungsbezirks Braunschweig an. Stunden später saßen wir im Präsidium. Der Präsident bat seine Sekretärin, der Kommandeur der Schutzpolizei solle umgehend ins Präsidium kommen und als der nicht erreichbar schien, verfügte er höchstpersönlich: „Herrn Stukenberg ist der Urlaub von neun Tagen im Vorgriff auf das kommende Jahr zu genehmigen, er darf nach Kanada fliegen und diese Verfügung ist ihm binnen 24 Stunden auszuhändigen" (siehe im Anhang die Verfügung vom Präsidenten des Niedersächsischen Verwaltungsbezirks, gez. Dr. Thiele.).[20] Der Präsident verfügt über den Kommandeur der Schutzpolizei, dass ist schon haarig. Mir war mulmig zumute. Herr Faulbaum schickte mich mit einem Streifenwagen ohne Funk allein auf eine Harzstreife. Damit war ich für keinen Menschen mehr erreichbar.[21]

---

[20] Siehe Anhang; In der Regel wurde immer noch einmal ausdrücklich betont, dass Reisen durch den kommunistischen Machtbereich (z. B. auch Jugoslawien und die SBZ) abzulehnen seien.

[21] Tagebuchaufzeichnung Horst Stukenberg; Kleiner Mann was nun? Reykjavik, 14.5.1965, 14 Seiten. „Hoch oben sitze ich im 7. Stock des Hotels Sagan, schau auf die Stadt hinunter und lasse meine Gedanken noch einmal zurück in die Heimat wandern. Was sich da in den letzten Tagen abspielte, könnte sein wie ein Märchen. Es geschah am Montag den 10. Mai1965, aber ich glaube es bald nicht mehr, daß es so war.!! ... Der Streß hat in den letzten Tagen – Jahren – zugenommen. Auf der Autobahn muß jetzt immer die Polizei anzutreffen sein. Zwei Streifen sollen ständig im Bereich Helmstedt bis Peine fahren und der Omnibus bei Braunschweig (Nord) (der Stützpunkt ist auch besetzt). Dort sitzt auch der Kopf, der Dienstabteilungsleiter, der Mann, der die Verantwortung trägt. Er hat immer schwer zu tragen und besitzt einen eigenen Sorgenstuhl, der gepolstert ist und sich dadurch von den allgemeinen abhebt. ... Da sitz ich nun auf dem Sorgenstuhl. Das Telefon klingelt: Ja Horst, dich wollte ich haben. Du möchtest um 15.00 h bei Herrn Sonnenmann sein. Was ist mit meinem Magen geschehen? Plötzlich macht er sich bemerkbar und verursacht Übelkeit ...".

Eine sehr erlebnisreiche und anstrengende Reise quer durch Kanada, als Gast bei den verschiedensten Dienststellen der RCMP und der Pfadfinderbewegung brachte reichen Gewinn. Im Rahmen von Dienstversammlungen durfte ich über meine Eindrücke sprechen. Aber, „ich ahne und vermute, es liegt was in der Luft, ein ganz bestimmter Duft, ich ahne und vermute ..." Die Luft war ziemlich dicke, die Ansichten der Kollegen geteilt, man war für und gegen mich gestimmt.

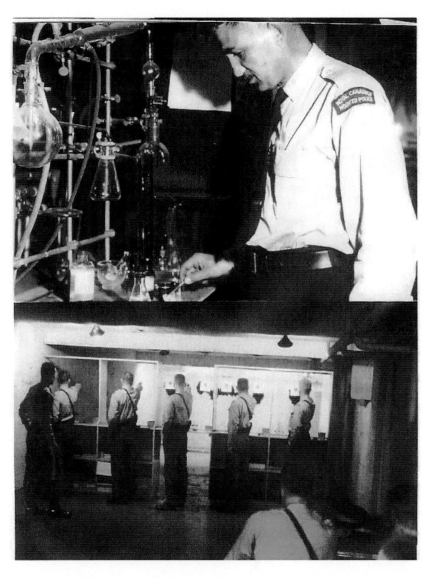

Für einige Monate versah ich meinen Dienst beim Jugendamt der Stadt Braunschweig, beendete mein Junggesellendasein und heiratete Marlis Pape, dann erfolgte eine Versetzung zunächst zum Abschnitt des LK Braunschweig und danach zur Polizeistation nach Langelsheim, weit ab vom Schuss.

1963 - Niedersachsens erster Schutzmann mit Bart - „Das traut sich der Stuki nun doch nicht"

In den vorangegangenen Jahren gab es sehr fruchtbare Kontakte zur syrischen Pfadfinderbewegung (Jugendgruppenleiterausbildung, internationaler Jugendaustausch, gegenseitige Besuche der Pfadfinderführer etc.). 1962 wurde ich in Braunschweig von Studenten aufgefordert, nun endlich auch Arabisch zu lernen. Nach einem Jahr des Lernens – es ging schon ganz gut – folgte eine erneute Einladung in die arabische Welt. Das erste Ziel sollte Basra am Persischen Golf sein. Wir nahmen den Landweg per PKW, und in der syrischen Wüste hatten wir uns schließlich verfahren. Doch nach drei Tagen erreichten wir die Hauptverkehrsstraße Amman – Bagdad und kamen gut voran.

Ein riesiger LKW (siehe Foto) fährt aus der Wüste kommend einfach quer über diese Hauptverkehrsader und rammt unseren VW. Der Dachgepäckträger und all unsere tausend Sachen liegen in der Wüste verstreut. Wie sich später herausstellt: Totalschaden. Als ich aus der Bewusstlosigkeit kurz aufwache, angele ich mir den Fotoapparat, als ordentlicher Schutzmann will ich Spuren sichern. Klick, ein paar Aufnahmen und dann bin ich gleich wieder weg.

Mit schweren Verletzungen wache ich im Government Hospital in Bagdad auf. Vieles von unserer persönlichen Habe ist fort, so auch mein Rasierapparat. Nun, es geht auch ohne.

Der Bart wächst, ich komme wieder nach Deutschland und mein Aussehen gefällt mir. Einen kleinen Schnurrbart lasse ich stehen und schreibe am 10.11.1963 ein Gesuch an den Kommandeur der Schutzpolizei und bitte um die Genehmigung zum Tragen eines Bartes – Schnurrbart (siehe Anhang). Wie bereits erwähnt, gab es in der Vergangenheit manch einen Schriftwechsel, aber noch nie lag ein Gesuch auf dem Dienstweg alle Instanzen durchlaufend innerhalb von drei Stunden dem obersten Dienstherren zur Entscheidung vor.

Eine direkte Antwort, Zustimmung oder Ablehnung, gab es nicht. Aber, so hinten herum wurde ich von meinem Dienststellenleiter, von Kollegen, von dem Gewerkschaftsvertreter, von der Personalstelle usw. immer wieder angesprochen und bedrängt. Stuki, nimm den Bart ab, es ist nur zu Deinem Vorteil, sagten die einen, oder: Du stehst auf der Liste derjenigen, die zum F II – Lehrgang kommen sollen. Mensch, Du sitzt doch am kürzeren Hebel. Ich berief mich auf die Grundrechte eines deutschen Staatsbürgers und blieb stur. Na, das wollen wir doch mal sehen, war meine Antwort. Ich durfte den F II-Lehrgang besuchen, bestand die Prüfung, wurde am 17.6.1966 zum Polizeimeister befördert und nahm danach meinen Bart wieder ab. Musste ich mir zuvor einen neuen Polizeidienstausweis mit einem Passbild mit Bart ausstellen lassen, galt es jetzt wieder einen neuen Dienstausweis zu erstellen, mit Passbild ohne Bart. Ganz schön dickköpfig, aber so war er, der erste Schutzmann in Niedersachsen mit einem kleinen Schnurrbart.

Der Schutzmann als „Dein Freund und Helfer"

Manny Nöske und Stuki - Streifenfahrt Harz – Bundesstrasse 4 in Heiningen – Wir schreiben das Jahr 1962 und es ist Herbst. Wir sehen einen PKW in Richtung Harz fahrend mit etwas nach außen stehenden Rädern – X-beinig sagten wir wohl damals. Ob der PKW überladen ist? Vorfahren, Kelle raus, Anhalten.

Herr Schwerdtfeger aus Gifhorn ist mit seiner Familie und Gästen aus der Türkei auf dem Weg zum Harz. Demzufolge krabbeln einige Kinder und Erwachsene aus dem Wagen, die genaue Zahl habe ich heute nicht mehr im Kopf. Aber es waren einige, und sie wirkten alle sehr schuldbewusst und bedrückt. Bitte, zeigen Sie mir Ihren Führerschein und den Kraftfahrzeugschein! Herr Wachtmeister, was sollte ich denn machen? Unsere Gäste kaufen eine Zementfabrik bei der MIAG in Braunschweig und heute wollte ich ihnen etwas vom Harz zeigen. Aber ich habe doch keinen zweiten Wagen und bin auch ganz langsam und vorsichtig gefahren.

Nun, das stimmt, wir haben es ja gesehen. Aber, Sie haben überladen und da beißt keine Maus den Faden ab. Wo wollen Sie denn eigentlich hin? Ach, Herr Wachtmeister, wir möchten ins Café WINUWUK nach Bad Harzburg. Das ist ein so wunderbares Café, das schönste in ganz Norddeutschland, und von dort hat man einen sehr schönen Blick auf das Harzvorland.[22]

Das Café WINUWUK war fast allen von der Mot. damals gut bekannt. Wenn wir einen lieben langen Tag unterwegs waren, da machten wir auch irgendwo einmal eine Mittags- oder Kaffeepause, so auch öfters im WINUWUK. Manny und ich, wir verständigten uns mit einem kurzen Augenzwinkern und dann wurde gesagt: Sie haben überladen, das ist verboten, aber wir können ihre Situation verstehen. Wir verwarnen Sie mündlich und erteilen Ihnen die Auflage, weiterzufahren, nur bis Bad Harzburg und nicht schneller als 30 bis 40 km/h. Ach, waren die Leute froh. Ganz herzlichen Dank, Herr Wachtmeister und auf Wiedersehen, wir werden uns strikt daran halten.

Ewas schneller brausten wir davon, Richtung Café WINUWUK. Frau Ingeburg Klay kam in ihrer hübschen Harztracht uns entgegen. Wo wollen Sie sitzen, Herr Wachtmeister? Nein, keine Zeit, aber wir haben eine Bitte. In einigen Minuten kommt eine deutsche Familie mit ihren türkischen Gästen. Sie sollen Gäste der Verkehrspolizei sein. Bitte, decken Sie einen schönen Tisch, für jede Person ein Stück Kuchen, einen Kaffee für die Erwachsenen und für die Kinder Kakao. Empfangen Sie die Gäste, leiten Sie sie an ihren Tisch und sagen einen

---

[22] Hier stand ich so manches Mal, schaute von der Terrasse ins Harzvorland und dachte insgeheim, hie müsste man wohnen. Als unsere Tante in Bündheim ansässig wurde, kam es Jahre tatsächlich dazu, das auch wir unterhalb des WINUWUK eine Straße tiefer unser Haus bauen konnten.

lieben Gruß von der Verkehrspolizei. Zahlen werden wir später, wenn wir von unserer Streife zurückkommen.

Und so geschah es. Die Großfamilie kam, wurde an ihren Tisch geleitet und fiel aus allen Wolken. Man soll sich ganz herzlich bedankt haben und konnte es gar nicht fassen, dass es auch in Deutschland eine gewisse Gastfreundschaft gibt, noch dazu von Seiten der Polizei.

Der Schreck in der Abendstunde oder wie heißen Sie noch einmal?

Eines Abends – es muß so gegen 20.00 h gewesen sein – kommen wir auf unserer Streife durch das Dorf Parsau. Vor einem alten Bauernhaus soll ich anhalten. Einen kleinen Moment, sagt mein Kollege Gerd zu mir. Warte, ich habe hier bei Winter-Burkes noch etwas zu erledigen, bin gleich wieder da. Es ist dunkel, ich sitze im Wagen am Funkgerät und warte. Dann, nach ein paar Minuten kommt Gerd wieder raus: „Du sollst mit reinkommen". Nun gut, ich gehe mit hinein. In der guten Stube steht eine junge Frau und ich sage artig meinen Namen: Horst Stukenberg.

Aufgeregt schreiend läuft das Weib nach hinten in einen angrenzenden Raum. „Mutti, Mutti, komm sofort einmal her". Mir sackt das Herz in die Hose, habe ich mit der einmal was zu tun gehabt? Dann erscheint eine etwas ältere Dame und die junge Frau sagt im aufgeregten Ton: Wie heißen Sie, sagen Sie noch einmal Ihren Namen. Etwas kleinlaut kommt: Horst Stukenberg. Da rennt die ältere Dame auf mich zu, schließt mich in ihre Arme und ruft, mein Horstchen, mein Patenkind.

Über die Kriegswirren und Teilung Deutschlands in verschiedene Besatzungszonen hatten unsere Familien den Kontakt zueinander verloren. Mein Onkel ist im Krieg gefallen, seine Frau zog mit der Tochter Annemarie, die den jungen Hermann Winter Burke in Parsau geheiratet hatte, von Neuferchau Kreis Öbisfelde SBZ nach Parsau. Ja, so fanden wir uns wieder und kamen demzufolge spät nachts von unserer Streife zur Dienststelle zurück. Es wurde eine lange Nacht, mein Vater Fritz wollte alles genau wissen und war hocherfreut.

Kartoffeln und Schweine

Ein Schutzmann verdiente damals nicht allzu viel, und wenn da noch kleine Kinder waren oder Ehefrauen, die nicht arbeiteten, da musste man schon zusehen, wo man bleibt, wie man zurechtkommt. Beispielsweise verdiente ich 1964 als Lediger 553,25 DM. Üblich war es damals z. B. bei eine vierköpfigen Familie, mehrere Zentner Kartoffeln einzukellern. Das kostete extra einen Batzen Geld. Eines Tages kam das Gespräch über Kartoffeln zum Einkellern auf. Darum werden wir uns kümmern, war eine Ansage.

Von meinen Verwandten in Parsau bekamen wir einen LKW mit Anhänger gestellt. Wir, das waren zuerst Herbert Neumann, Gerd Ballwanz und ich. Wir kauften bei den Bauern der Umgebung auf Kommission gut dreihundert Zentner Heidekartoffeln zum Einkellern. Das war der Anfang unserer Odyssee durch die winkligen und niedrigen Keller der Kollegenfrauen in Wolfenbüttel und Braunschweig. Ach, was mußten wir buckeln und uns plagen. Dann noch die Sonderwünsche: Hier sollten etwas weichkochende und dort hartkochende Kartoffeln abgeladen werden. „Herbert, gib mal aus der linken Ecke des LKWs die und die Kartoffeln oder die da in der Mitte".

Es gab zwar immer nur eine Sorte, aber wenn wir dann im darauffolgenden Jahr angesprochen wurden, daß die Hartkochenden sehr gut geschmeckt haben sollen und hingegen die Weichkochenderen gar nicht so sehr gefallen haben oder so ähnlich, da ließ sich ein hämisches Grinsen manchmal nur schwer unterdrücken.

Mehrere Jahre haben wir uns nach Feierabend geplagt, haben die Kollegen und Kollegenfrauen mit weich- oder hartkochenden Kartoffeln glücklich gemacht. Spaß hat es auf jeden Fall bereitet ;und vor allem haben wir geholfen, ein wenig Geld zu sparen, um besser über die Runden zu kommen.

So war es eigentlich auch mit dem Schweineschlachten. Heiner Hanisch, der Schutzmann aus Groß oder Klein Sisbeck war von Beruf auch Schlachter. Irgendwo gab es auch immer ein stattliches Hausschwein zu kaufen. Auf der Dienststelle wurde gefragt, wer hat Interesse an frischem und billigerem Schweinefleisch? Allseitige Zustimmung und zehn Kollegen wollten unbedingt dabei sein. Winter-Burkes stellten uns ihre Waschküche zur

Verfügung und an einem dienstfreien Tag war Schlachtfest in Parsau. Das erste Schwein teilten wir in 10 gerechte Portionen auf und alle waren es zufrieden.

Heimbs und der Kaffeehandel in der Dienststelle

Mit dem Sohn Karlchen Heimbs befreundet, bot sich eine Gelegenheit, Kaffee billiger zu erwerben. Wer möchte Heimbs Gold oder Heimbs Rot, aerotherm geröstet? Der erste und zweite Zug hatten ihre Unterkunft in den alten Kraftfahrzeughallen am Ende des Kasernengeländes in der Friedrich-Voigtländer-Straße (Der dritte Zug lag damals noch in Gebhardshagen). Mit einzelnen an der Rückseite gegeneinander stehenden Schränken (Spinde) wurden zwei Räume geschaffen, für jeden Zug einen. Die Kraftfahrzeugwerkstatt befand sich gleich nebenan. Das Sonderangebot für Kaffee fand schnell ein Echo und wurde genutzt vom Chef des Ganzen, den Kollegen des I. und II. Zuges, aber auch von den Mitarbeitern der Werkstatt gleich nebenan. Ja, und nach einigen Monaten bekam der Stuki sogar ein zweites Spind zur Verfügung gestellt, für Kaffee, der nach Feierabend gekauft werden konnte.

Streifenfahrt und Unfallaufnahme

Eines Abends fuhren wir die Harzstreife von Braunlage kommend auf der B 4 zurück Richtung Braunschweig. Da erreichte uns in Höhe Schladen der Funkspruch: „Horst 28, Standort?" „Standort B 4, Höhe Schladen". „Fahren Sie sofort Richtung Wolfsburg, zwischen Lehre und Flechtorf schwerer Verkehrsunfall, Krankenwagen und Staatsanwalt sind bereits benachrichtigt". Die verschlüsselte Botschaft besagte alles. Wenn Staatsanwalt, dann handelt es sich um einen Unfall mit Todesfolge. Auch das noch kurz vor Feierabend. Inzwischen hatten wir „schweres Gerät" an Bord mitzuführen und waren im Verwaltungsbezirk für die Aufnahme von schweren Verkehrsunfällen zuständig und auch relativ gut ausgerüstet.

Ich weiß nicht mehr, in wie vielen Minuten wir den Unfallort erreichten. Sicher müssen wir wie die Henker gefahren sein. Schichtwechsel bei VW, Feierabendzeit für die einen, Beginn der Nachtschicht für die anderen. Auf der kurvenreichen B 248 kam es zum Aufprall zweier sich entgegenkommender PKW. Meist waren die Wagen angefüllt mit weiteren Arbeitskollegen. Bei unserem Eintreffen standen Menschenmassen herum und gafften. Es war kein Durchkommen und zudem stockfinster.

Wir bauten unsere Lampen zur Ausleuchtung und zum Fotografieren des Unfallortes auf und warteten. Auf mein Kommando „Licht" war die gesamte Straße lichtüberflutet. Ein grausiger Anblick bot sich den Gaffern. Drei Tote in dem einen Wagen, der Beifahrer saß noch auf seinem Sitz, während der an einer Sehne hängende abgeschnittene Kopf aus der zersplitterten Fensterscheibe heraushing. Tote in dem anderen Wagen. Die nahestehenden Leute prallten unwillkürlich zurück und ergriffen die Flucht.

Nun konnten wir unsere Arbeit tun. Bei einem Verkehrsunfall mit Todesfolge galt es zuweilen auch noch die Hinterbliebenen zu benachrichtigen. Eine lange Nacht lag vor uns und am nächsten Morgen kehrten wir zwar müde, aber nicht zerschlagen heim. Die jahrelange Arbeit muß uns abgehärtet oder abgebrüht haben. Ich weiß noch als wäre es gestern geschehen, wir wollten es den Gaffern zeigen, wollten sie auf unsere Art bewegen und einen Schreck einjagen. Das war uns zweifelsohne gelungen, wenn ich nach gut 40 Jahren diese Zeilen niederschreibe, stehen mir die schrecklichen Bilder dieser Nacht noch einmal ganz lebendig vor Augen, wieder macht sich ein bestimmtes Kribbeln in der Magengegend bemerkbar.

Die amtliche Leichenschau

Des Öfteren wurden wir über Funk gerufen und sollten zur KA III, zur Cellerstraße fahren. Aha, der alte Herr Förster soll wieder einmal abgeholt und irgendwo hingefahren werden, um eine Leiche zu sezieren. Auf der Fahrt zum Krankenhaus Spitalstraße nach Goslar fragte ich, ob wir ausnahmsweise dabei sein und zuschauen dürften. Nein, war die klare Antwort. Auf der B 4 in Höhe Parkplatz Schladen ruckelte der Wagen plötzlich und blieb dann stehen. Herr Förster wurde unruhig und geriet in Zeitnot. Motorhaube hoch, wir fummelten am Motor herum und fragten ihn nochmals, ob wir zuschauen dürften. Da ging ein Lächeln über sein Gesicht, na ja, dann man los. Beim erneuten Starten sprang der Wagen wie durch ein Wunder an und los ging es, der Staatsanwalt wartete bereits.

Wir erlebten die Sezierung eines jungen Mannes und Herr Förster schnitt hier ein Teil zusätzlich heraus, erklärte dies und jenes und machte uns auf andere Besonderheiten aufmerksam. Hochinteressant. Plötzlich kippte der Herr Staatsanwalt um. Er wurde aufgefangen, vor die Tür geschleift, auf eine Bank gelegt und dann setzte ich mein Frühstück fort.

Polizeieinsatz beim Grubenunglück in Lengede

Vielleicht noch ein kurzer Bericht über meine Arbeit in Lengede. Sabine Pinkepank wollte mit Antonio Caprano eine Gedenkfeier und Ausstellung anlässlich des Grubenunglücks machen und suchte Zeitzeugen. Ich sollte dazu etwas beisteuern und meine Eindrücke von damals schildern.

Abschrift vom 10.6.1993.... Über Funk kam der Spruch: (Horst, das ist der Name dieses Polizeifunknetzes) „Horst 28, Standort – BAB Helmstedt – fahren sie sofort nach Lengede – Grubenunglück – weiteres vor Ort": Blaulicht, Martinshorn und ab ins Salzgittergebiet. Das war der Beginn eines 14tägigen Einsatzes.

Lange ist es her, dennoch sind Einzelheiten fest im Gedächtnis eingegraben - Absperrungen – Sonderaufgaben – Begleiten von Schwertransporten usw. – die Nacht ist taghell vom Licht der Scheinwerfer erleuchtet – der Direktor Stein hat viel gewusst, aber wenig getan - Schuldverschiebungen – es hat geklopft, keiner hat es gehört – unten in der Tiefe verlaufen Leitungen für die Luftzufuhr und was weiß ich wofür – daran hat man geklopft – du bist ja verrückt, vor fast zwei Wochen ist doch das Wasser aus dem Klärteich in die Grube eingebrochen – es gab Tote über Tote – tonnenweise ist das Wasser und der Schlamm einfach so hineingeströmt – daher die vielen Tote – da war nicht viel zu machen – erschöpfte Rettungsmannschaften – ein paar Gerettete – die große Hoffnungslosigkeit – die zerschlagenen, wartenden Frauen und Kinder vor dem Tor – ja, und nun hat es geklopft, nach zwei Wochen.

Man nimmt an, dass der Stollen „Der Alt Mann" vollläuft, die Luft sich derart zusammenpresst, dass das Wasser und der Schlamm im bergaufwärts gehenden Stollen nicht weiterkam – dahin haben sich Bergleute gerettet – sie haben gegen die Rohrleitungen geklopft, man hat es nicht gehört oder nicht geglaubt, nicht glauben wollen – und nun sitzen die da in der Tiefe und klopfen – unmöglich.

Der Marktscheider ist geholt worden – er will auf den Meter genau herausfinden, wo die Stelle des „Alten Mann" ist – nein, er wird das auf den Zentimeter genau herausfinden. Die Dahlbuschbombe ist schon wieder auf dem Weg ins Rheinland – ein Streifenwagen saust los - mitten auf der Autobahn wird der Lastzug angehalten und zum Umkehren bewegt.

„Herr Wachtmeister und Sie fahren schnell, ganz schnell zum Bergamt nach Clausthal Zellerfeld und holen die Messunterlagen, aber schnell" – kurze Zeit später sieht er uns und schreit uns an, Sie sollten doch schnell … - wir sind doch schon wieder zurück, hier sind die Unterlagen – sind Sie geflogen? Ja, ohne

Rücksicht sind wir gesaust, es war eine Höllenfahrt, bekamen vor der Tür die Pläne in die Hand gedrückt und schon ging es so auch wieder zurück.

Es wird gemessen, die Dahlbuschbombe wird in die Tiefe gelassen, hunderte von Metern, sie muss auf den Zentimeter halb den Stollen und halb das Erdreich treffen – raufholen können wir die Bergleute nicht sofort, sie würden sonst zerpatzen, erst muss für den Druckausgleich gesorgt werden - zuerst kommen Medikamente, Lebensmittel und die Zeitung runter, Zeitung, ja Herr Wachtmeister, die haben sie doch vom Verlag selbst geholt, ja, diese wurde doch nur für die Bergmänner da unten gedruckt, man hat getürkt, nur der eine Stollen wäre betroffen wo die Eingeschlossenen sind, sie sollen doch in letzter Minute nicht in Panik geraten.

In einer Stunde soll der erste raufgeholt werden, wer ist der Erste? – das wird von oben festgelegt – wissen die Angehörigen da vor dem Tor, wer noch da unten eingeschlossen ist – nein, nicht genau – hunderte hoffen seit Tagen, dass ihre Männer dabei sind.

Ich habe Angst gehabt, war immer wieder aufs Neue stark betroffen – das Grauen packte mich, wenn ich an die Tiefe und Dunkelheit da unten dachte, dachte an Tod und Leben – die Polizisten waren bereit, Überstunden über Überstunden zu machen – sie waren wie selbst beteiligt, wie selbst betroffen.

Zum Schluss noch ein par Anmerkungen

Die Geschichten sollten eigentlich reichen; um anzudeuten, wie mein Leben als Polizeibeamter bei der Mot. War. Unter welchen Bedingungen galt es zu leben, etwas zu lernen, und wie konnte ich meine Persönlichkeit behaupten, bestehen? Von unserem 14tägigen Einsatz beim Bergwerksunglück in Lengede ist berichtet worden, so könnte ganz anders vom Einsatz während der Sturmflutkatastrophe im Frühjahr 1962 im Alten Land berichtet werden oder von so vielen Einsätzen zum Beispiel auf der Autobahn.

Vieles gäbe es von der alltäglichen Arbeit, von den Wintereinsätzen im Harz usw. zu erzählen. Zusammenfassend kann ich für mich noch einmal sagen, die Dienstzeit bei der Mot. während meiner 18jährigen Tätigkeit als Schutzmann war etwas ganz Besonderes. Wenn es „Arbeit" gab, wenn Einsätze anstanden oder zu fahren waren, forderte ich das Letzte von meinen Mitkollegen, andererseits ließen wir in ruhigen Zeiten auch mal „Fünfe gerade sein" und schliefen mal eine Stunde gekrümmt auf dem Rücksitz des Autos.

Die große Polizeischau auf Krädern

Eine Geschichte sollte ich noch erwähnen. In den 50er Jahren waren wir mit der Mot an den großen Polizeischauen im Polizeistadion beteiligt. Mit 40 Krädern eine Sternfahrt, alle rasten zur gleichen Zeit von den vier Ecken des Sportplatzes los auf die Mitte zu, ein bis zwei Zentimeter hinter dem von rechts kommenden Krad galt es durchzufahren, so auch der nächste und übernächste usw. Vergrößere sich der Abstand um mehr als zwei bis drei Zentimeter, konnte man ausrechnen, wann es kracht. Und es krachte, mächtig, von Krad zu Krad vergrößerte sich der Abstand, dann sauste ich mit einem anderen Krad zusammen. Im hohen Bogen flogen zwei Kräder durch die Luft, wir saßen „wieder auf" und fuhren weiter. Der Sprecher verkündet lauthals dem Publikum, das war so gewollt, um Ihnen zu zeigen, wie es im Ernstfall zugeht. Dann Stehend freihändig auf dem Motorrad Luftballons abschießen, über 6 – 8 liegende Kollegen mit dem Krad per Rampe rüberspringen, durch einen Feuerkreis fahren, mit 40 Leuten eine Pyramide auf drei Krädern bauen usw. Spaß hat es bereitet, und wir hatten zum Üben zusätzlich frei, das war es wert, und wenn dann das Publikum klatschte oder vor Begeisterung raste, waren wir ganz schön stolz. Wie auch auf unseren Streifenfahrten über das Land trugen wir unsere weißen Mützen. Sturzhelme, wie sie jetzt auch von Mopedfahrern gefordert werden, waren unbekannt und unbequem. Ebenso verhielt es sich mit den Anschnallgurten im Auto. Wie doch die Interessen der Industrie und die der Versicherungen das Leben der Menschen in den letzten 50 Jahren verändert haben!

Meinen damaligen Kollegen bin ich auch heute noch verbunden, haben sie doch nicht nur den eigenwilligen Stuki geduldet, sondern auch mitgetragen. Gewollt oder ungewollt, so manches habe ich für mich auch in dieser Polizeiarbeit lernen dürfen.

IPA – Späte Erinnerung an die Gründungszeit – Ein Vortrag anlässlich meiner Ehrung

Wie ein Blitz aus heiterem Himmel trifft mich die Nachricht, dass ich vor 50 Jahren die IPA- Verbindungsstelle in Braunschweig mitbegründet haben soll. In Sekundenschnelle kommen mir Erinnerungen an meine Schutzmannzeit, die nun schon fast 40 Jahre zurückliegt. Es ist nicht ungewöhnlich, dass ich heute, nach über 40 Jahren immer noch vom Dienst träume, von der Aufnahme von Verkehrsunfällen, von meinem unordentlichen Spinnd, von Streifenfahrten mit Kollegen usw. Äußerst ungewöhnlich erscheint es mir jedoch, dass ich eines Nachts von der IPA träumte. Da habe ich mich entschlossen, einen kleinen Beitrag zur Jubiläumsfeier des Gründungstreffens anzubieten.

Alte Polizeikameraden wissen, dass ich neben dem Dienst viel mit der Pfadfinderei am Hut hatte. Am 15. August 1952 kam ich zur 6. Ausbildungshundertschaft zur Polizeischule nach Hannoversch-Münden. Aber von 1948 bis 1952 hatte ich schon vier Jahre pfadfinderische Erziehung zur Hilfsbereitschaft, zur Internationalität, zum aktiven Selbstgestalten des eigenen Lebens auf dem Buckel. In diese Zeit fällt die Begegnung mit dem für die Polizei zuständigen Pastor Horst Jander. Jander war wie ich Pfadfinder. Und über ihn lerne ich den Kriminaloberrat Dr. jur. Theodor Mommsen von der Polizeischule Hiltrup kennen.[23] Er wurde ja der spätere Ehrenpräsident der IPA.

---

[23] Siehe Prolog IPA 2009; Als Dozent am Polizeiinstitut Hiltrup hatte der spätere Internationale Ehrenpräsident Dr. jur. Mommsen 1950 vom Kuratorium des Instituts den Auftrag erhalten, Verbindungen und Erfahrungsaustausch mit ausländischen Polizeien und Polizeiinstituten zu schaffen. Es bestand die Absicht, die deutsche Polizei aus der herrschenden Isolierung herauszubringen. Bei den Vorarbeiten und der Beschaffung von Unterlagen aus den westlichen

Jander und Mommsen müssen mich stark beeindruckt haben. Jedenfalls bringt mich Dr. Mommsen mit der Internationalität der Polizei in Verbindung. „Servo per Amikeco" stamme aus der Sprache Esperanto und bedeute: „Dienen durch Freundschaft". Von den Pfadfindergesetzen kannte ich bereits: „Stets allen Menschen Freund zu sein" und „jeden Tag eine gute Tat" zu vollbringen. Das passte doch gut zusammen?

Mommsen erzählte mir von der Idee der Gründung eines Weltpolizeibundes,[24] von dem Engländer Arthur Troop, von seinem Ideengut und den Verdiensten um die IPA. Troop habe Kontakte zur unabhängigen Jugendarbeit in England gehabt, zu den Pfadfindern? Mommsen selbst wollte mit dem Leiter der Polizeischule eine deutsche Sektion der IPA ins Leben rufen. Er hatte bereits viele internationale Kontakte[25] und wollte mich für die IPA gewinnen. So pflegten wir ständig den Kontakt, Mommsen besuchte mich öfters, ich besuchte ihn.

Damals, in den 50er Jahren sprachen wir allgemein vom „Schutzmann", von der „Polizei als Freund und Helfer." Dieses Gedankengut, so meinte ich, passte gut zu dem der Internationalen Pfadfinderei von

Nachbarländern erfuhr er, das neben der Interpol (IKPO=Internationale Kriminalpolizeiliche Organisation), der IACP (International Association of Chiefs of Police), FIFSP (Federation internationale des fonctionaires superieurs de Police) und er IAI (International Association for Indentification) auch die IPA existierte. Dr. Mommsen nahm Kontakt mit dem englischen IPA-Mitglied Mr. Swallow auf, der als Verbindungsbeauftragter für die deutschsprachigen Länder fungierte. Nach intensivem Informationsaustausch schlug ihm Mr. Swallow vor, eine Deutsche Sektion zu gründen. Als 1955 eine fünfköpfige französische Delegation unter Leitung des Präsidenten der IPA Frankreich, Max Florentin, das Polizeiinstitut Hiltrup besuchte, erklärte sich der Leitende Direktor des Instituts, Herbert Kalicinsky bereit, die Funktion eines Präsidenten der neu zu gründenden deutschen Sektion zu übernehmen.

[24] Ebenda; Der österreichisch-ungarische Polizeiinspektor August Heinrich de Marich hatte um 1908 bereits die Idee eines Weltpolizeibundes. Um ein festes Freundschaftsband halten zu können, brachte er eine Zeitschrift in Esperanto heraus.

[25] Die IPA ist heute die größte Organisation von Polizeibediensteten (ca: 280 000 Mitglieder) weltweit. Seit 1977 ist die IPA sogar im Europarat und seit 1995 sogar in der UN und wirkt dort im Interesse der Humanität.

Lord Baden Powell und zu dem der IPA, nämlich:

- Die Idee der Humanität zu beachten,
- ein menschliches Leben in Freiheit und Frieden zu garantieren,
- durch Freundschaft zu dienen, Hüter der Ordnung zu sein, Kameradschaft zu pflegen.

Während meiner Schutzmannszeit war ich stark bemüht, dieses Gedankengut zu leben und zu verbreiten. Mein Verhalten fand teilweise Zuspruch, traf aber auch auf scharfe Ablehnung.

1954 sollte es nun erstmals nach Spanien gehen. Dr. Mommsen war es, der die Kontakte knüpfte und mich bat, im Interesse der IPA in Spanien zu werben. So war ich Gast in Barcelona und in anderen Städten, konnte Verbindung aufnehmen zu einzelnen Dienststellen und Polizeibeamten. Stets fand ein reger Gedankenaustausch statt. Aber die Kollegen zeigten uns auch ihre Sehenswürdigkeiten und selbstverständlich wurden wir auch öfters zum Essen eingeladen. Das war in der damaligen Zeit immer noch etwas Besonderes. Einmal gab es sogar eine leckere Paella, an die mich heute noch erinnere.

1955 wollte ich für ein Jahr unbezahlten Urlaub nehmen, in den Vorderen Orient und nach Indien reisen. Nach einer mündlichen Absprache war alles vorbereitet, das Visum schon erteilt. Dr. Mommsen unterstützte mein Reisevorhaben, schrieb Empfehlungsbriefe, gab Adressen für Pakistan und Indien[26]. Vor allem regte er an, in Afghanistan länger zu verweilen und beim Aufbau der dortigen Polizeitruppe mitzuwirken. Doch mein Gesuch wurde vom damaligen Kommandeur der Bereitschaftspolizei mit der Bemerkung abgelehnt: Wenn Sie nach Kanada fahren wollen, das könnte ich unterstützen, aber Indien?

Ebenso war Dr. Mommsen beteiligt, als ich 1965 zu der Royal Canadien Mouuntens Police und zu den Pfadfindern nach Kanada reisen wollte. Etwas verspätet nun Kanada. Inzwischen war Herr Schröder Kommandeur der Schutzpolizei des Verwaltungsbezirks Braunschweig geworden. Meinem Gesuch, 1965 ins Ausland reisen zu dürfen, um der Einladung der RCMP nachkommen zu können und ein paar Tage Sonderurlaub für eine Maßnahme der Jugendbildung in Anspruch zu nehmen, wurde in der Vorabklärung mündlich zugestimmt. Dann, drei Tage vor Abflug, wiederum mündlich – Ablehnung! Alles war schon bezahlt, Holland in Not. Da verfügte der Präsident des Nds. Verw. Bezirks Braunschweig in der allerletzten Minute und, da der Kommandeur nicht zu erreichen war, über seinen Kopf hinweg, dass mein Auslandsurlaub und mein Sonderur-

---

[26] Fasziniert hat es mich immer wieder, wenn Dr. Mommsen spontan zur Feder griff, ohne lange zu überlegen Briefe oder Karten in Englisch oder Französisch schrieb, um mir einen Empfehlungsbrief auszustellen etc..

laub zu genehmigen seien. So wurde es doch noch möglich, das Leben, die Ausbildung und Arbeitsweise dieser besonderen Polizeitruppe kennen zu lernen und für die IPA zu werben. Nach der Reise habe ich dann auf den verschiedensten Dienststellen Lichtbildervorträge gehalten, informiert und stets auch für die IPA geworben.

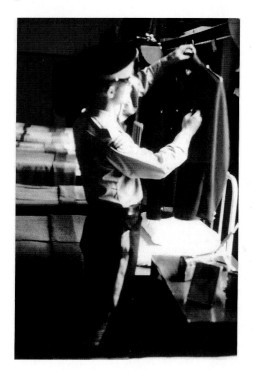 

Als ich 1963 nach dem oben geschilderten schweren Verkehrsunfall aus dem Vorderen Orient zurückkehrte, wo all mein Hab und Gut wie Rasierapparat etc. abhanden gekommen war, schrieb ich ein Gesuch und bat darum, mir das Tragen meines inzwischen gewachsenen Schnurrbartes zu genehmigen. Das war mein erstes Gesuch, welches in drei Tagen bis zum höchsten Chef wanderte. Oh, das gab Probleme. Der erste Schutzmann in Niedersachsen mit einem Bart fand keine ungeteilte Zustimmung. Heute scheint dies ja kein Problem mehr zu sein.

Ist meine Mitgründung der IPA - Verbindungsgruppe in Braunschweig als <u>PROW</u> (Polzei-revieroberwachtmeister) auch in Vergessenheit geraten, so fühle ich mich heute noch der Idee und den Kollegen sehr verbunden. Regelmäßig nahm ich an den Treffen der ehemaligen 6. Hundertschaft teil. Jährlich treffen wir uns am ersten Freitag im November mit den Kameraden der Mot. und noch immer gehöre ich der Kameradschaftshilfe der Polizei an. Doch 1966 musste ich aus der IPA ausscheiden, weil ich beabsichtigte, den Polizeidienst zu verlassen.[27]

[27] Siehe Schreiben der IPA Landesgruppe Hannover, Verbindungsstelle Goslar, 338 Goslar, den 11.2.1966: „Lieber Horst! Ich muß Dir leider mitteilen, dass Du mit Deinem Ausscheiden aus dem Polizeidienst nicht mehr Mitglied der IPA – Deutsche Sektion – bleiben kannst. Wir haben alle Register gezogen, aber die Satzungen lassen keine Ausnahme zu. … Wir bedauern natürlich Dein Ausscheiden, aber wir können doch hoffen, dass Du uns wohl nicht ganz verloren gehen wirst." Siehe eine weitere Bestätigung von Canuto, Direktor Knut Gabel, Paraguay, Mail vom 20.8.2009; „Lieber alter Schniebel, Tatsächlich ist es so. Uniform, Stiefel, Waffen, alles selber kaufen. Das ist umso schlimmer, als dass die normalen Dienstgrade noch nicht mal den gesetzlich verordneten Mindestlohn erhalten! (z. Zt. Euro 210.00 etwa mtl.) Deshalb müssen sie oft noch als Wachpersonal z.B. privat zusätzlich arbeiten. Auf dem Lande sieht es noch schlechter aus. Die haben nicht mal die Ressourcen, z.B. einen Dieb zu verfolgen, weil sie kein Auto haben und bei einer Anzeige mit Aufforderung zum Handeln auf den eigenen Wagen und Sprit zurückgreifen müssen. Sonst geht nix. Nicht mal für ein Dienst-Motorrad reicht es. Offiziell ist zwar ein Auto da. Wenn du den Sprit nicht bezahlst, bewegen die sich nicht. Kann man dann verstehen, wenn sie die Hand aufhalten und bei einem Verkehrsvergehen mehr an ihre Familie denken als an das Wohl ihrer Dienststelle oder Gemeinde? Leider steckt die Polizei oft in irgendwelchen Schweinereien mit drin. Aktuell ist gerade der oberste Polizeikommissar in eine riesige Drogenaffäre verwickelt. Es geht dabei um mehrere hundert Kilo Kokain. Heute wird er abgesetzt. Was es nicht alles gibt! Das sind Tatsachen, die kannst Du ruhig verwenden. Ich wünsche Dir einen erfolgreichen Vortrag und ein interessiertes Publikum. Liebe Grüße an Marlis; Canuto mit Lourdes.

Wenn ich heute im Rahmen der Erwachsenenbildung im Ausland zu tun habe, zieht es mich immer wieder hin zu den dortigen Polizeikolleginnen und Kollegen, kommt es immer wieder zu Kontakten und Gesprächen.[28]

All dies gehört zu meinem Leben und will gewürdigt werden, all das hat mich zu dem gemacht, der ich heute bin. Dankbar blikke ich auf diese 18 Jahre zurück, und wenn ich heute immer noch von der Polizei träume, so wird dies seinen besonderen Grund haben. Ich danke Ihnen, ich danke Euch ganz herzlich für das Zuhören.

Dr. Horst Stukenberg, genannt Stuki

Reisen bildet – Bildet Reisen?

Als junger Bengel habe ich irgendwo einmal aufgeschnappt: Reisen bildet. Wissend, dass ich nichts weiß, schienen Reisen eine Möglichkeit zu werden, etwas zu lernen. Die Jahre der Schule habe ich durchlaufen, aber nichts gelernt. Nach den vier Umschulungen in den ersten Volksschuljahren habe ich die Lust auf Schule verloren und den Anschluss verpasst. Im Krieg lebte es sich als Junge auch ganz gut ohne Schule.

Vielleicht lag es mir aber auch im Blut, mich zu bewegen. Immerhin hatte ich das Interesse und den Mut, meine Freunde Kurt und Dieter Eckart 1944 von meinem Evakuierungsort Hahausen aus sie in Hahnenklee zu besuchen. Einfach so. Dass ich nach dem Kriegsende als 10järiger allein und zu Fuß nach Braunschweig gegangen bin, ist mir heute noch unerklärlich. Ich wollte wissen, ob mein Vater noch lebte und ob die Wohnung noch heil geblieben war. Bei den Pfadfindern war ich ja dann gut aufgehoben. Jedes Wochenende galt es auf Fahrt oder ins Lager zu gehen. Zwei Tage zu Weihnachten oder Ostern zu Hause bei den Eltern zu hocken, war schon zu viel. Ja, dann später mit der Familie ging das Reisen auch so weiter. Davon später mehr, doch zunächst der Orient.

In den Orient 1962

Auf Betreiben von Fouad bekam ich 1962 mit Gert Dahms eine Einladung zu den syrischen Pfadfindern in Aleppo. Alles war geplant und vorbereitet. Noch waren wir allerdings im Einsatz bei der Hochwasserkatastrophe an der Nordsee. Es klappte gerade noch rechtzeitig mit der Rückkehr nach Braunschweig. Mit meinem kleinen VW Käfer starteten wir in Richtung Taunus, wo Fouad sich bei seiner Freundin aufhielt. Das Dorf kannten wir, jedoch nicht die genaue Adresse. Der Pfadfinderpfiff ertöne, und an einem der Fenster tauchte Fouad auf. Er gab uns die letzten Anweisungen für diese abenteuerliche Fahrt in seine Heimat.

Eins sollt ihr noch wissen, erklärte er in kurzen Worten. Ihr werdet von vielen arabischen Familien eingeladen. Bei uns gilt: „Wenn Allah einem Menschen gnädig ist, dann schenkt er ihm einen Gast. Damit er sich dessen würdig erweist, fährt er alles auf, was aufzutreiben ist, die leckersten Köstlichkeiten. Bedenkt aber, es gibt einen zweiten Spruch, der gilt für den Gast. Iss so viel, wie du mich lieb hast. Also, denkt daran".

Ab ging die Post. Wir fahren ja in den Orient, und da ist es warm. So hatten wir nur dünne Sommerklamotten mit. Obwohl schon März und gar nicht kalt, bekamen wir Schnee. Gerade so gelang es uns, ohne Schneeketten über die Alpen zu kommen. Ab Marribor wurde es kritisch, bald einen halben Meter Schnee. Keine festgefahrene Schneedecke, so gelangten wir gerade noch bis Belgrad. Dort kauften wir uns dann doch Schneeketten. Am nächsten Morgen weiter Richtung Bulgarien. Etwa 15 km hinter Belgrad ist ein LKW in den Graben gefahren, ein zweiter versuchte daran vorbeizukommen. Der eine hing rechts im Graben, der andere links. Sprit ist in Bulgarien billiger, so wollten wir erst dort tanken. Also ging der Sprit bald zur Neige. Es wurde kalt und kälter. Wieder zurück. Wieder zwei LKWs im Graben, eine perfekte Mausefalle. In einer Schule durften wir dann drei Tage auf dem Fußboden nächtigen, bis die Straße wieder frei war.

Die Türkei - wunderschön. Weil wir uns nicht verständigen konnten, sollten wir in Restaurants einfach in die Küche gehen und mit dem Finger zeigen, was wir essen wollten. Istanbul, Ankara, Iskenderun, Adana und dann die Grenze bei Bab Al-Hawa (?). Ein Mann bot sich an, uns bis Aleppo zur der Familie Richi zu bringen, er kenne sie. Leider war es ein Zöllner, der nebenbei einiges fragte und herausbekam. Reingelegt: Unser Grundig-Tonbandgerät sollte noch verzollt werden. Glücklicherweise hat uns die Familie geholfen, so dass wir nichts bezahlen mussten.

Vom ersten Abendessen muss ich noch berichten. Die ganze Familie Richi war an einem ovalen Tisch vereinigt, mir zur Seite saß der Hasch, ein besonders geehrter Mann, der schon in Mekka gewesen war. Nun, der Tisch war wirklich voll der kostbarsten Speisen und ich erinnerte mich an den Spruch, der für den Gast gilt. Was habe ich gegessen und dann konnte ich nicht mehr. Da nahm Hasch einen leckeren Happen und schob ihn mir in den Mund, noch einen anderen. Nichts ging mehr, dann kam der zweite Gang, dann der dritte. Das Mietshaus muß am Sebilpark gestanden haben, und von morgens bis abends waren die Leute am Bauen. Und wir dachten, na ja, im Orient lassen die Leute fünfe gerade sein. Denkste.

Am nächsten Tag, schon in den Straßen standen Pfadfinder und winkten uns weiter, bis zum nächsten Posten. So gelangten wir in das Pfadfinderheim und erlebten einen tollen Empfang. Es ist schon ein seltsames Gefühl, weit ab von zu Hause viele der gleichen Spiele, Gewohnheiten zu erleben. Wir waren begeistert.

Ein Student der TH in Braunschweig war bei uns zu Hause öfters zu Gast und bat, auf jeden Fall seine Familie in der Nähe der irakischen Grenze zu besuchen und Post abzugeben. Nun, inzwischen waren wir ja mit einigen Verhältnissen vertraut, und als seine Mutter fragte: „Horst, bist du verheiratet", da wusste ich, worauf es hinauslaufen wird. Nein. Willst du heiraten? Ja. Willst du Kinder und wie viele? Ja, sechs und sie, „was, nur sechs?"

Hamar, Homs, Damaskus, zu Gast in der Familie vom Walid. Sein Onkel Shukri Kouatli war der Präsident von Syrien, dreimal war er es, und das Land blühte damals unter seiner Regierung. Weiter nach Beirut, auch dort hatte er eine Wohnung, auch dort wurden wir nochmals verwöhnt, nach Strich und Faden, wie man so sagt.

In Beirut beim Verladen unseres Autos lernten wir Bill aus den USA kennen. Er passte unten am Schiff auf unseren Wagen auf, wir auf seine 600 BMW oben. Gert und ich hatten den feinen Zwirn an, weißes Hemd und Fliege, dachten, wenn wir aus dem Hafen raus sind, essen wir im Speisesaal fein zu Abend. Nichts da, an der Tür wurden wir abgewiesen, sie haben ja nur Decksklasse gelöst, da müssen sie auch Decksklasse fahren. Es wurde kalt, wir standen in der Nähe vom Schornstein, Russpartikel veränderten das Aussehen erheblich. Da sagte ich zum Bill, halte durch, in Alexandria habe ich eine weiße Villa am Meer, da kannst du dich erholen und duschen. Er sagte: „Weißt du, was du bist, du bist eine kleines Drecksschwein, aber kein Villebesitzer!"

In Alexandria zuerst zur Post, da holte ich einen Brief für mich ab, und dann an der Conice entlang, am Horizont tauchten weiße Villen am Meer auf. Ich folgte den Aufzeichnungen im Brief, nahm den Haustürschlüssel raus, schloss die Tür auf, klatschte in die Hände und rief Aischa. Eine junge Frau kam im Kittel, und ich bat sie, für den Herrn Bill ein Bad zu bereiten. Nach seinem wohltuenden Bad kam er zu mir und sagte: „Horst, weißt du, was du bist, du bist keine kleines Drecksschwein, du bist ein Villebesitzer". Des Rätsels Lösung: Mein Freund Walter Imbs war für ein paar Tage zur Konfirmation der Tochter Renate in Braunschweig, er baute für die Firma Miag in Alexandria mehrere Speicher und eine Mühle. Er überließ mir für unseren Aufenthalt sein gemietetes Haus.

Kairo, Luxor, Assuan - und zurück per Zug 1. Klasse. Auf der Rückfahrt von Assuan sitzen wir im Speisewagen und trinken ein großes Glas Stella-Bier. Da kommt eine hübsche Dame herein, setzt sich schräg vor uns an einen Tisch. Etwas später kommt ein großer pechschwarzer Sudanese mit einem kleinen dreijährigen Kind herein, setzt sich zu der Dame und sie reden deutsch. Na, das ist ja was, ihr redet deutsch, wir reden deutsch, sollen wir da nicht an einem Tisch sitzen? Wir sitzen zusammen und tauschen unsere Erfahrungen aus. In Luxor machen Gert und ich eine Zwischenstation, Abu Sins reisen weiter bis Kairo, bestellen dort im Hotel ein Zimmer auch für uns. Das ist der Beginn einer Jahrzehnte langen Freundschaft bis heute, worauf noch mehrmals einzugehen sein wird.

Die zweite Orientfahrt 1963 – Dem Sensenmann noch mal von der Schüppe gesprungen

… oder wieder einmal Glück gehabt. In der Karl-Duisberg-Gesellschaft gab Abdul Amman el Hiasch „Entwicklungshilfe" für Deutsche. Er hatte erfahren, dass ich ein Jahr zuvor im Orient war. Nun aber musst du auch Arabisch lernen. Ja, warum nicht. Spatz und Horst Volker waren mit von der Partie. An einem Mittwochabend sprach Abdul mich an: Kommst du mit? Im Sommer wollen wir, meine Zimmerwirtin Frau Emmi Bothe und ich, in den Irak nach Basra fahren. Du hast schon Erfahrungen und kennst die Strecke auf dem Landweg. Nein. Eine Woche später: Wir fahren zu meiner Familie, es wird nicht viel kosten, nur 600 DM. Nein. Wieder eine Woche später: Weißt du eigentlich, meine Schwester heiratet, das wird eine richtig schöne arabische Hochzeit. Kommst du mit? Ja.

Wie ein Jahr zuvor wieder diesmal mit seinem VW Käfer auf dem Landweg über Österreich, Jugoslawien, Bulgarien, die Türkei bis Aleppo. Nach 10 Tagen waren wir da, Pause bei meinen Freunden und dann weiter drei Tage durch die syrische Wüste. Hier sind deutliche Autospuren, halt mal an. Es waren unsere eigenen, wir müssen im Kreise herum gefahren sein. Schluss für heute, wir warten den Morgen ab, dann sehen wir die Sonne aufgehen und können uns orientieren.

So geschah es, die grobe Richtung konnten wir erahnen und los ging es. Am Horizont trat ein schwarzer Punkt auf, ein Beduinenzelt. Drauf los, die werden uns den genauen Weg weisen können. In gebührender Entfernung halte ich den Wagen an. Los, geh du mal hin, probiere dein gelerntes Arabisch aus. Ein Beduine kommt auf mich zu, bietet Salz und Tee an, heißt uns willkommen. Mit meinem Arabisch frage ich nach dem Weg zur Autostraße nach Bagdad. Er versteht mich nicht, ich schreibe es auf einen Zettel. Auch nichts, er kann nicht lesen. Abdul hilf aus und bald finden wir den Highway Amman - Bagdad.

Mit ca. 100 km/h sausen wir fröhlich dahin. Autos fahren vor uns, Autos kommen entgegen, es flutscht nur so. Plötzlich, rechtsseitig ein Riesenlaster in der Wüste. Er fährt direkt auf die Schnellstraße zu, nein, er fährt nicht nur drauf zu und in Richtung Bagdad weiter, er überquert sie diagonal. Das Steuer nach links reißen, wir kommen in eine Drehbewegung, so kann der direkte Aufprall durch das nach Linksreißen des Steuers verhindert werden, so schleudern wir einmal, zweimal, dreimal dagegen und bleiben dann liegen. Frau Bothe blutet fürchterlich aus dem Leib, ich bin oben gegen den Holmen des Autos geschlagen und liege bewusstlos in der Wüste. Abdul rutschte hinten zwischen die Sitze, ihm ist nichts passiert.

Ich wache kurz auf, sehe meinen Fotoapparat, bin ja immer noch Schuztzmann, Spurensichern, robbe dahin und fotografiere. Gleich bin ich wieder im Land der

Träume, bin wieder weg - Aufwachen im Government Hospital zu Bagdad. Außer meinem Bett 59 andere. Jedes Bett ein Meter hoch, unter dem Bett sitzt die Familie des jeweiligen Patienten. Ein unheimliches Gesummse, Gewimmele, schrecklich. Ich werde am Bett an der Hand operiert, links neben mir liegt ein Patient mit einem Kopfverband. Später kommt eine Schwester und löst den Verband, ich sehe zum ersten Mal ein pulsierendes Gehirn.

Die Polizei hat den Verkehrsunfall aufgenommen und den Fahrer im Gefängnis auch verhört. Man fragte ihn, wie es dazu gekommen ist: انشاء الله - In sha' allh - so Gott will. Wenn Gott es will, passiert es, wenn er es nicht will, passiert es nicht. Als der Verband gewechselt wird erschauere ich. Da kommt mir der alte Spruch in den Sinn: „Hilf dir selbst, so hilft dir Gott!" Also, was du selber dazu beitragen kannst, das tue gefälligst auch. Aber im Koran gibt es einen ähnlichen Spruch: „ … binde dein Kamel an!", Also, tue auch was selbst, damit es nicht wegläuft.

Das deutsche Konsulat wurde verständigt und hat alsbald gehandelt. Nach drei

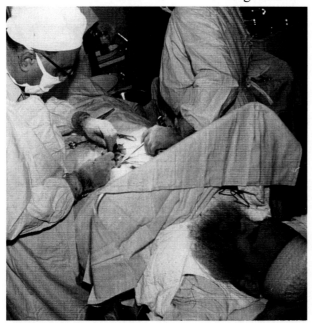

Tagen lag ich im Hospital St. Rafael, ein feines christliches Krankenhaus. Wieder nach ein paar Tagen fragte mich der Prof. Dr. Akrauli, ob ich einmal eine seiner Operationen sehen wollte? Ja, natürlich, dann Morgen um 9.00 h vorm OP. Ich wurde vorgestellt als ein Regierungsvertreter, der kontrollieren will. Hinter meinem Rücken hielt ich meine Kamera. Er schnitt den Bauch des Patienten auf, dann hielt er Klammer und Schere darüber, und mein Blitz versagt. Lächelnd hält er noch einmal seine Werkzeuge darüber, jetzt hat es geklappt. Der Mann muss fürchterliche Schmerzen gehabt haben.

Als ich wieder einigermaßen gehen kann, wackele ich in meiner Galabia in die neben dem Hospital liegende Mosche, bete und danke meinem Schöpfer. Mit einem Omibus, der wie ein gepanzertes Flugzeug aussieht, geht es zurück bis Damaskus. Der Umsturz durch die Baathpartei hat inzwischen stattgefunden, wo die Familie Kouatli verblieben ist, ist ungewiss. Mein Freund Faruk, der Sohn von Schukri Kouatli, der während der Zeit der Vereinigten Arabischen Republik mit Ägypten der syrische Vertreter in Kairo war, sitzt im Gefängnis, ich besuche ihn. Von Damaskus geht es mit einem Taxi bis zu meinen Freunden nach Aleppo, diesmal zur die Familie vom Wassek Kuthada.

Aus den Krankenhäusern in Bagdad bin ich zwar entlassen, die lange Fahrt in dem Bus und die ca. 200 km von Damaskus bis Aleppo im Taxi habe ich überstanden, doch ich bin doch noch ganz schön schwach. Aber in der Familie fühle ich mich sicher und gut aufgehoben. Mein Schiffsticket von Beirut bis Genua hatte ich, aber sonst sieht es finanziell mau aus. Mich bedrängen fürchterliche Schmerzen. Ein Familienmitglied ist Arzt. Untersuchung. Du hast einen Darmverschluss. Auch das noch. Einen Tag, bevor ich mit der Taxe die gut 300 km bis Beirut fahren wollte, bin ich aus dem Bett aufgestanden, einmal um den Häuserblock gegangen und hatte wieder hingelegt.

Je nachdem, ob man in einer Taxe vorn, in der Mitte oder an der Seite sitzt, kostet es mehr oder weniger. Ich sitze auf dem billigsten Platz. Das Taxi hält am Hafen, schon kommen die Träger und wollen meine Koffer tragen. Nein, so viel Geld habe ich nicht mehr. Nur 10 syrische und 12 ägyptische Pfund oder umgekehrt. Einschecken auf dem Schiff. Der Deckoffizier bekommt 10 Pfund, er soll mir einen Raum nicht direkt an der Schiffswelle, wo es so laut rumpelt, geben und die anderen Pfunde, damit ich einen Liegestuhl an Deck bekommen kann. So denke ich mich genügend ausruhen zu können und in Genua wieder zu Kräften gekommen zu sein.

In Syrakus fühle ich mich noch nicht kräftig genug, um an Land zu gehen. Aber in Neapel wage ich es. Fast laufe ich auf das Reisebüro der Italienischen Eisenbahnen zu. Ich besitze noch 50,-- DM, will einfach mal erkundigen, wie weit ich damit von Genua Richtung Braunschweig komme. Für 50,-- DM umgetauscht kommen Sie nicht so weit. Aber bis München kostet es so und soviel, bis Hannover soviel. Ich schreibe mir alles auf und verlasse das Reisebüro. Da kommt ein Neapolitaner auf mich zu, Geld tauschen, englische Pfund so und soviel, Dollar; Deutsche Mark so und soviel Lire. Wenn ich meine 50 DM bei dem Mann in Lire tausche, Manomann, da komme ich ja fast bis Hannover. Er zeigt mir einen 10.000-Lire-Schein, ich bekomme es mit der Angst und renne in das nächste Geschäft: Ist der echt?, frage ich. Ja natürlich. Draußen vollziehen wir den Handel. Da kommt der nächste und will mir eine Uhr verkaufen. Nein, ich schaue genauer hin, in meiner Hand halte ich einen Batzen Geld, so meine ich, aber - es ist nur ein kleiner Lireschein und darunter die Tageszeitung von Neapel.

Vor Wut schreie ich laut auf, zurück aufs Schiff. Noch ist nicht alles verloren, vielleicht kann mich ja jemand mit dem Auto bis über die Grenze mitnehmen, und dann kann ich wieder trampen. Abendbrotzeit, ich sitze an einem Tisch mit Schweizern. Das tut uns aber wirklich sehr leid, nein, wir können Sie nicht mitnehmen, ist die Antwort im langsamen Schwitzerdütsch. Ich lasse mir eine Liste mit Fahrzeugen geben und frage weitere Personen. Auffällig viele Schweizer. Wir fahren nicht so weit und was für Ausreden da alle kamen, nur bis, nein, wir nehmen keine Anhalter mit usw.

Ich stehe an der Reling, die italienische Küste ist schön beleuchtet, ich sehe nichts, bin fix und fertig. Da kommt eine junge Frau auf mich zu und sagt, von Schweizern habe ich gehört, dass sie in Schwierigkeiten sind, fast kein Geld mehr haben. Ich bin Krankenschwester und habe im deutschen Hospital in Assuan gearbeitet. Wie viel haben sie denn noch? Nichts mehr, überhaupt nichts mehr und ich erzähle meine Geschichte vom Betrug beim Geldtauschen.

Sie geht, kommt wieder und gibt mir so viel Geld, wie ich mit dem Zug bis Braunschweig brauche und noch ein klein wenig mehr. Ich gebe meine Adresse und sage, sobald ich zu Hause bin, schicke ich ihnen das Geld zurück. Meine Kameraausrüstung brauch ich jetzt kaum noch, ich biete ihr an, mein kostbares Teleobjektiv als Pfand zu nehmen. Da sagt sie, sie haben mir doch versprochen, das Geld wieder zurückzugeben. Ich stehe an der Reling und heule wie ein Schlosshund, die Tränen laufen mir nur so runter.

Genua – Fahrticket bis Braunschweig – ein bisschen Geld ist noch übrig - dummerweise sitze ich einem Waggon direkt hinter dem Speisewagen – mittags, oh, das duftet nach deutschem Essen - habe ich auf dem Schiff auch wieder ordentlich gegessen, bekomme ich nun nach einem viertel Jahr leckerem orientalischen Essen wieder Appetit auf deutsche Speisen. Nein, das kannste nicht machen.

Abends wieder das Gleiche. Ich kann nicht widerstehen, vielleicht nur ein Süppchen? Im Speisewagen ist an einem Zweiertisch noch ein Platz frei. Eine vornehme Dame erlaubt, dass ich Platz nehme. Da kommt ihr Essen, eine Vorsuppe, Kartoffeln, Gulasch, ein Bier. Nippt, und schiebt alles achtlos beiseite. Mein Süppchen kommt, wird verzehrt. Sie fragt, trinken sie denn kein Bier oder essen keine ordentliche Mahlzeit? Doch schon und ich erzähle noch einmal meine Geschichte. Da schreibt sie mir die Nummer ihrer Schlafwagenkabine auf, ich kann ihnen helfen. Kommen sie doch heue Abend zu mir. Das könnte ihr wohl so passen, diese alte Kuh, vierzig oder 45 Jahre mochte sie alt gewesen sein, was bildet die sich wohl ein?

Und ich, welch Arroganz und Überheblichkeit. Heute mit 82 Jahren hat sich der Blickwinkel verschoben, durfte ich auch in diesem Bereich lernen und mich verändern? Was sind heute 40 oder 45 Jahre?

Jedenfalls bin ich gut zu Hause angekommen, die Schulden sind beglichen. Da ich inzwischen einen Schnurrbart habe, ist ein böses Nachspiel bei der Polizei zu erwarten. Das habe ich bereits an anderer Stelle ausführlich beschrieben.

Ein par zusammenfassende Worte zum Übergang

Die Schere zwischen der selbstgestalteten Bildungsarbeit und den mehr und mehr als Einengung empfundenen Dienst bei der Polizei ging so weit auseinander, dass ich den Dienst quittierten musste. Ehrenamtliche Arbeit in der Jugend- und Erwachsenenbildung, Nachholen der Schulabschlüsse und ein Studium erst der Sozialarbeit und Sozialpädagogik, später dann der Psychologie, Soziologie und Erziehungswissenschaft mit dem Schwerpunkt der Erwachsenenbildung und der Promotion zum Dr. phil. sind eigentlich nur noch "Verlängerungen" des bereits 1948 eingeschlagenen Weges.

Der Junggeselle kam unter die Haube, drei Kinder bevölkerten das in Bündheim/Bad Harzburg selbsterbaute Haus, und die Zeit verging mit theoretischer und praktischer Arbeit vor allem in der Erwachsenenbildung und beim Bundesverband Neue Erziehung in Bonn. Schwerpunkt war daneben schon seit 1966 mein Engagement für die deutsch polnische Aussöhnung. Warum? Wirkte hier ein Kriegserlebnis nach? 1989 gestaltete ich eine Tagung im Internationalen Haus Sonnenberg im Harz für 15 polnische und 15 deutsche Hochschullehrer der Erwachsenenbildung. Es ging um methodologische und methodische Schwerpunkte und um „Das Spannungsverhältnis zwischen biographischen Interessen und globaler Herausforderung in der Erwachsenenbildung". War diese Tagung in den ersten zwei Wochen des Septembers ein weiteres Schlüsselerlebnis? Auf den Tag genau waren es 50 Jahre nach dem Einmarsch der deutschen Wehrmacht in Polen. Unter anderem erarbeiteten wir recht pragmatisch die Lebensläufe der einzelnen Teilnehmer, und viele Kriegserlebnisse wurden wieder lebendig.

Dort lernte ich auch A. Franczek Marzuk etwas näher kennen. Er ist Professor an der Universität Opole und schickte mir über einen anderen Kollegen gerade vor 14 Tagen sein jüngst erschienenes Buch: "Können Deutsche und Polen vergessen?"

In all den Jahren war alles Möglich wichtig und bedeutungsvoll, vieles blieb liegen, und sicherlich kam auch die Familie immer wieder mal zu kurz. Deshalb soll es im Folgenden um sie gehen.

IV. Auf dem Wege zur Familie

Damals verlobte man sich immer noch. Auf einer Rundreise zu einigen Freunden stellte ich meine Marlis vor und holte mir die Zustimmung der eng Vertrauten ein. Eine Verlobungskarte mit zwei kleinen Schnecken als Symbol darauf, Marlis war 24 Jahre alt, ich schon 33 Jahre, wurde gedruckt und verschickt. In die Braunschweiger Zeitung setzten wir eine Annonce und dann ging es los. Besuch der zukünftigen Schwiegereltern, und ihren Brief hinterlassen wir ohne Aufklärung. Zum Jürgen Paul nach Goslar und dann gemächlich die Fahrt über den Harz. Auf einem Parkplatz mit Blick über die wunderschönen Berge hielten wir an, schauten, und ich fragte die Marlis, ob sie mich haben wollte, es wäre sicherlich nicht ganz einfach, aber ….. In Braunlage auf der Steintreppe vor der Kirche tauschten wir die Ringe. Ab in das „Hotel zum Braunen Hirsch".

Mein Vater las auf dem Wege von Goslar nach Braunschweig im Zug sitzend die Tageszeitung, fand die die Anzeige und soll „uff" gesagt haben. Der Schwiegervater tobte und beim nächsten Besuch erfolgte der gekonnte Rausschmiss. „Raus!" Marlis soll einmal gesagt haben: „Der nächste, den ich mitbringe, der wird's". Wir wollten als Erwachsene selbstbestimmt handeln und uns keine Vorschriften machen lassen. Das war unsere Zeit damals. Heute gestehe ich als Vater von drei Kindern, nein, das war nicht richtig, ich wäre heute sicherlich auch ganz schön geschockt.

Natürlich wollte Schwiegervater von einer Hochzeitsfeier auf dem Bauernhof in Fümmelse nichts wissen, das wäre für die Kühe zu unruhig. Er wollte überhaupt nicht an dieser Hochzeit teilnehmen. Seine Frau, Mutter Ilse, hatte wohl keinen Einfluss. Ein Kriegskamerad meines Vaters war Standesbeamter in Fümmelse, der Ort der Familie von Marlis. Mein Vater besprach sich mit seinem Freund und das Aufgebot wurde in Fümmelse aufgegeben. Wenn Schwiegervater in seinem eigenen Dorf nicht völlig unten durch sein wollte, so musste er als Trauzeuge schon dabei sein.

Polterabend – über 90 Personen sind in unserer Wohnung anwesend – es wird gepoltert – aus dem vierten Stock werfen Fidschi oder war es Stummel einen Fernsehapparat herunter, es donnerte gewaltig – Dann Jander: „Kommt mal alle hier in das Schlafzimmer, wir wollen die Choräle für morgen üben, es soll ja in der Kirche kein Gewimmer sein" – die einen lassen es sich gut ergehen beim Essen und Trinken, die andere singen.

Hochzeit am 20. August 1966 ebenfalls in unserer Wohnung. Bettenteile als Bänke, ein großes Viereck mit Tischen, und so bekam man über 40 Personen in dem kleinen Raum unter. Platz ist in der kleinsten Hütte, sagt die Marlis oft.

Freunde und Nachbarn haben geholfen, Essen und Trinken mit vorzubereiten. Nach der großen Feier brauchten wir nur in unser Auto zu steigen, nach Bündheim in Tante Friedels Haus zu fahren[29], um am nächsten Tag aufzubrechen zur Hochzeitsreise zum Millstädter See.

Hochzeitsessen mit den Eltern als Trauzeugen im „Alten Forsthaus" in Wolfenbüttel. Hier hatte meine Mutter in jungen Jahren mal das Kochen gelernt. Dann die kirchliche Trauung in der Paulikirche zu Braunschweig. In einem standessgemäßen Mercedes der Chefin von Marlis wurde gefahren. Herrlicher Sonnenschein. Die Kirche war voll, Verwandte, Freunde, Nachbarn, Pfadfinder, Bekannte. Ein altes Lied besagt: „Wer hat uns getraut?" – „nicht der Dompfaff," sondern unser alter Freund Pastor Horst Jander aus Rotenburg/Wümme. Zwei reizende Blumenkinder aus der Familie gingen voraus und streuten Blumen. Blumen wohl aus dem Garten der Familie Pape. Mutter Ilse wollte Gutes tun, so waren auch einige Eier in diesem Korb gelandet. Beim Streuen der Blumen plumps ein Ei, dann noch eins, noch eins zur Freude aller und zum Ärger der Küsterin. Hinter dem Altar hockte Horst Volker mit einem Uher-Tonbandgerät. Er hat die ganze Zeremonie aufgenommen. War das ein Erschrecken, als nach

---

29 Tante Friedel blieb in Braunschweig und stellte uns für die eine Nacht ihr Haus zur Verfügung. Gut ausgeruht schoben wir am nächsten Morgen die Koffer vor die Tür. Der Nachbar sah das, wissend, dass Frau Heusinger auf der Hochzeitsfeier in Braunschweig, ruft er sofort die Polizei, Einbrecher bei Heusinger!

der Trauung die ganze Gemeinde hinter dem Altar die Runde machte und unvermutet da einen Menschen friedlich sitzen und grinsen sah.

Donnernd hallen Janders Worte durch die Kirche, als er uns zurief: "... hört Ihr der Hochzeitsglockenklang? Der Hochzeitsglockenklang ist der Freunde Grabgesang. Ihr müsst sie jetzt in Ruhe lassen, sie müssen allein sein, Ihr Freunde, sie brauchen Zeit für sich, Zeit zum Zusammenwachsen...!" Auch ein zweiter Spruch ist mir noch in Erinnerung: „   dass das eine das andere mit sich selber in den Himmel bring ....!" Hiermit konnte ich zunächst nichts anfangen, aber nach einiger Zeit ging doch ein Licht auf und mir wurde klar, was er gemeint hatte. Wir sollten uns, aber jeder auch den anderen, also gegenseitig, nach oben bringen.

Neun Jahre später kam Pastor Jander nach schwerem eigenem Leid wieder einmal zu uns nach Bündheim, kam und gestand, das mit "den Freunden" damals, das war wohl doch nicht so ganz richtig. „Freunde zu haben oder besser mit Freunden im Kontakt zu stehen, ist doch etwas sehr Wertvolles? Meine Annegret ist schwer krank geworden, liegt in der Psychiatrie in Lüneburg und ich bin dankbar, dass ich euch als meine Freunde habe und weiterhin kommen kann". Aber auch dieses ist eine eigene Geschichte. Geändert hatte sich nach seiner Predigt in der Kirche jedenfalls nichts. Die Freunde gingen weiterhin ein und aus, und wahrlich - die Marlis hatte eine ganze Horde von Männern geheiratet. Aber - hat nicht alles im Leben seine zwei Seiten?

Wir lebten ja inzwischen in Bündheim, in Bad Harzburg neben dem Haus unserer Tante Friedel, die bald von den Kindern nur noch Wille genannt wurde. Unser rüstiges Tantchen hatte ihre Freundinnen, besonders die alleinlebende Hanna Beuchel. Und so kam es, dass im Alltag die Marlis nicht nur die „Horde" der Männer hatte, oft auch die alten Tantchen. Unsere alleinlebende Cousine Irene aus Braunschweig war dann regelmäßig um die Weihnachtszeit oder auch sonst bei ihrem Tantchen. So hatte es sich auch eingebürgert, dass die Abu Sins aus Darmstadt Weihnachten oft bei uns waren. Einmal kam dann auch die Cousine Brunhilde aus Braunschweig dazu, die Mütter von Ruthi und Leon aus Israel. Muna war gerade geboren. Ein toller Anblick, Weihnachten unter einem heidnischen Weihnachtsbaum, Juden und Araber friedlich versammelt, die jüdische Mutter hält das fast arabische Mädchen Muna auf dem Arm. Frieden zum christlichen Fest erlebt und praktiziert. Die Marlis hatte trotz der vielen Arbeit alles im Griff. Immer hatte sie sehr viel zu meistern und nicht nur einmal im Jahr oder nur zu Weihnachten.

Jeannette, Alexander und Peggy

Ein Bildgeschenk unserer Drei an ihre Eltern

Jeannette, eigentlich Ellen, sie hat vieles der bereits angesprochene Begebenheiten schon mitgemacht – im Bauch der Mutter – Verlobung – Hochzeit – Hochzeitsreise – den Bau von Bündheim, den vor allem in der Tragetasche. Ein Jahr wohnten wir noch in der alten Wohnung in Braunschweig, in der Steinbrechersraße 27. Unsere Untermieterin Waldtraud Weidemann hatte keine Kinder, sie war geradezu vernarrt in unser kleines Würmchen.

Aber nun der Reihe nach. Von Braunschweig wurde ich zum Polizeirevier Langelsheim versetzt. Bevor abends der Dienst begann, feierten wir noch in Braunschweig mit Cousine Brunhilde und den Abu Sins zusammen. Nach der Nachtschicht pflegte ich meistens in Bündheim bei Tante Friedel zu schlafen. Aufgeregt stürzte Tantchen am nächsten Morgen ins Zimmer und schrie: „Du bist Vater geworden!" Die fünfzig km nach Braunschweig muss ich wohl geflogen sein, stand vor der Klinik und wurde nicht reingelassen. Von der Straße machte ich mich über den Pfadfinderpfiff der Marlis bemerkbar. Wir waren uns sicher, das Kind wird ein Junge und der sollte Alexander heißen. Verschiedene weibliche Namen erinnerten an Verflossene, Ellen war nur eine Notlösung, eine Jeannette gab es in der Vergangenheit nicht, uns beiden muß dieser Name wohl sehr gefallen haben. Dann: Zu früh geboren, einen Leistenbruch, der quälte, und was da sonst noch alles war. Ein Pfadfinder aus Helmstedt, der Helmut Metze, er stand vor der Haustür, gratulierte, überreichte zwei Riesendosen Milupa. Auf dass das Kind wachse und gedeihe. Er war Kinderarzt und später Prof. und Leiter der Kinderklinik in Salzgitter.

Stefan Berking war mein stellvertretender Stammesführer bei den Pfadfindern. Seine Mutter hat die „Lebenshilfe" in Braunschweig aufgebaut und geleitet. Sie gehörte mit zu den bedeutenden Persönlichkeiten der damaligen Lebenshilfebewegung in Deutschland. Die Braunschweiger Pfadfinder waren so auch bei Fahrdiensten und anderen Gelegenheiten oft helfend tätig. Mutter Berking war es, die uns in der ersten Zeit beratend bei der Entwicklung und Erziehung von Jeannette zur Seite stand. Während der Pfadfinderfreund und Lungenfacharzt Jürgen Paul sagte, wenn das Kind schreit, lass es ruhig schreien, Schreien ist der Spaziergang des Kindes, war Mutter Berking kundiger und vertrat eine sehr humane Erziehungsmethode.[30]

Zwei Jahre und einen Tag später wird der Junge, der Alexander geboren. Eine unkomplizierte Geburt nun in Bad Harzburg beim Herrn Dr. Müller. Wie ein zersauster Vogel hat er ausgesehen, das soll mein Sohn sein, soll ich gefragt haben? Unsere Kinder sollten es besser haben. Meines Vaters Schreibtisch war stets verschlossen, unser Schreibtisch wie die Schränke wurden vor den Kindern nicht verschlossen, die Schlüssel steckten immer. Bis auf den heutigen Tag wird übrigens auch die Haustür nicht abgeschlossen. Wie später Wisje, die holländische Pfadfinderin es im doppelten Sinne nannte, bekam das Haus den Namen „Open Döör." Die Kinder bekamen sehr früh ihr Taschengeld. Alles wurde immer fein säuberlich in eine Kladde in Gegenwart der Kinder eingeschrieben. Sie sollten ja viele Freiheiten haben und lernen, auch mit Geld selbstbestimmt umzugehen. Am Anfang waren es 30 Dpf. die Woche.[31] Eine Ecke weiter am Breitenberg gab es den Laden der Frau Butscher, im Bleichetal den Pavillon der Burg Tanneck. Da wurde wohl das Geld sofort umgesetzt, natürlich in Süßigkeiten. Als es dann mehr und mehr wurde, wurden auch Spielsachen gekauft und später Klamotten.

Die Freundin Siggi Wehr hat wieder angefangen als Hebamme in Bad Harzburg zu arbeiten. Ihre Kinder waren dann bei uns zu Hause. Eines Tages kommt die Steffi aufgeregt in unser Schafzimmer gestürzt, der Jeannette geht es nicht gut, die taumelt. Zu der Zeit lebte in einem der unteren Zimmer Jose Rivas. Er war außerhalb des Hauses und die Kinder spielten dort. Jeannette hatte sich viele seiner Tabletten in den Mund gestopft, Alexander nahm die große Dose Nivea und strich damit brav das Sofa ein.

---

30 Sie war es auch, die mit mir und Hape Gringel psychologische Tests machte und als erste Person mir angeraten hat, ich solle von der Polizei fort und in den sozialen/pädagogischen Bereich wechseln.

31 Auch heute noch existiert diese Kladde und weist aus, wie viel die Kinder bekommen haben. Was Alexander allerdings mit seinem wenigen Geld in Kanada machen konnte, war beschämend. Er bekam für das Jahr seiner Abwesenheit sein Taschengeld, 50 DM im Monat, ausbezahlt. Wenn er in der Familie auch alles frei hatte, viel konnte er sich damit nicht leisten.

Die Nachbarn Schulz hatten eine Tochter Marina, im gleichen Alter wie Jeannette. Wenn die Mädchen im feinen Haus bei Schulz spielten, sah man den Alexander nicht so gern. Als er einmal abgewiesen wurde, machte Herr Schulz gerade eine Pause beim Streichen des Haussockels mit Inatol. Da nahm der Bengel den großen Pinsel und strich die weiße Hauswand mit dem schwarzen Zeug an. Bei dem Tantchen Wille hatte Alexander wohl den größeren Stein im Brett. Als Jeannette und Marina einmal abgewiesen wurden, nahmen sie Stöcke und köpfen die wunderschönen Tulpen vor dem Haus.

Im Kinderhaus auf dem Dreieck am Bach hatten sie ihre eigene Welt. Sie durften natürlich auch ein offenes Feuer machen. Da allerdings stand der Nachbar Schulz auf der Matte und rief sofort die Polizei. Ein alter Spruch besagt: „Es kann der Frömmste nicht in Frieden leben, wenn es dem bösen Nachbarn nicht gefällt!" Sicher bin ich kein Heiliger, kein Engel und habe meinen eignen Willen. Aber hilfsbereit waren wir immer. Während seiner Bauzeit bekam Schulz von uns Wasser, Strom und unsere Baugeräte, alles umsonst, aber gestänkert hat er, wo er nur konnte, von Anfang an. Während wir mit Jeannette und Alexander ein viertel Jahr in Israel waren, hat er mit drei anderen Nachbarn einen zwei Meter hohen Zaun um unser Grundstück gezogen, um uns von der Außenwelt abzuschneiden.

Ich war inzwischen beim Bundesverband Neue Erziehung in Bonn. Eines Tags kam unser Geschäftsführer zu einer wichtigen Besprechung zu mir nach Bad

Harzburg. Da saß ich in der einen Ecke der Stube, Alexander auf meinem Schreibtisch und rief, Papa, komm bitte einmal. Nein mein Junge, jetzt habe ich keine Zeit. Wiederholtes Rufen fruchtete nicht. Da nahm der Bengel die Schere und begann wichtige Dokumente zu zerschneiden. Plötzlich hatte ich Zeit.

Jeannette war acht Jahre alt, Alexander sechs. Da fuhren wir zusammen nach Berlin und besuchten das Kinderheim Schwalbennest in der Berlepschstraße. Probehalber zu Besuch kam Peggy zu uns und blieb. Sie war wie Alexander sechs Jahre alt.

Als wir uns für das Kind Peggy entschieden haben, waren wir Eltern uns einig, dass das Kind keinen Sonderstatus als Pflegekind bekommen soll. Wir haben versucht, sie als unser drittes Kind gleichberechtigt neben Jeannette und Alexander anzunehmen.[32]

In der Anfangszeit haben z. B. unsere beiden die Peggy als Puppe in ihren Kinderwagen gelegt und gepflegt. Haben die Kinder in ihrem eigenen Kinderhaus gespielt, waren die Rollen schon verteilt. Alexander kochte gern, also kochte er auch dort. Jeannette hatte eine kaufmännische Ader, sie servierte und rechnete ab. Peggy war der Gast und musste essen.

Das Essen fiel Peggy in den ersten Jahren sehr schwer. Mahlzeiten dauerten manchmal bis zu drei Stunden. So war es für sie anfangs auch nicht zu ertragen, wenn außer uns Eltern noch eine dritte Person ins Zimmer kam, dann ging sie einfach raus. Von Anfang an kam Sabine Pinkepank als Ergotherapeutin ins Haus, später auch die Erzieher und Lehrer. Alle drei Wochen kam die Gruppe zu Supervisionssitzungen bei uns oder in den Wohnorten der anderen zusammen. Das nahm natürlich viel Zeit in Anspruch. Aber der Supervisionsprozess über einen Zeitraum von drei Jahren war wie eine Therapie für die Großen. Sicherlich konnten wir so auch viel lernen, vor allem Neues über uns selbst und unser Handeln erfahren.

Sehr hilfreich war die Eltern-Kind-Initiative, der Kinderpark Harlingerode, wo auf die besondere Situation unserer Familie und der Kinder eingegangen werden konnte. Jeannette ging schon zur Schule und kam danach gern und oft zu Be-

---

[32] Das konnte allerdings von einigen Personen der erweiterten Familie nicht immer akzeptiert werden. Bei den beiden anderen Familien blieben die angenommenen Kinder in der Rolle als Pflegekinder, beide Familien zerbrachen an der schweren Aufgabe nach kurzer Zeit und gingen auseinander. Da der spanische Vater in Berlin lebte, konnte Peggy nicht vor ihrem 18. Lebensjahr vom Jugendamt zur Adoption freigegeben werden. Das Familiengericht in Goslar stellte viele Fragen, nach Eltern und Geschwistern. Spontan wurden Jeannette und Alexander und wir als Eltern genannt. So wurde Peggy nun auch rechtlich über die Adoption unseren Kindern gleichstellt.

such. Alexander und besonders Peggy, die dort länger lebten haben, haben viel davon profitiert.

Für Peggy muss die Schule nicht leicht gewesen sein. Sie saß oder stand für sich meist allein auf dem Schulhof, andere Kinder wurden strikt gemieden. Die Grundschule, die Orientierungsstufe und die Hauptschule konnte sie aber hinter sich bringen und danach auch die Lehre als anerkannte Zootierpflegerin.

Wie es auch sei, Peggy genoss eine besondere Aufmerksamkeit und Zuwendung, das erforderte die Situation. Jeannette und Alexander haben vielleicht unbewusst einen Teil der Last mit getragen und ertragen. Jeannette und Alexander äußerten dennoch später, dass sie sich oft benachteiligt gefühlt hätten, was wir Eltern heute auch so sehen, während es uns nicht bewusst war.

Marlis las in der Tageszeitung einen Hinweis, dass in Immenhausen sich ehemalige Pfadfinder mit ihren Familien an einem Wochenende treffen könnten und fragte: Wollen wir da nicht hin? Wir fuhren hin. Am ersten Abend zitierte und analysierte Balu, ein Pfadfinder und Richter aus Wiesbaden, in einer riesigen Jurtenburg Märchen. War das toll! Am zweiten Abend waren wir zu Gast bei einem Pfadfinderstamm aus Hofgeismar in ihrer Jurte. Jeder bekam ein Stück Brot, eine Gurke und eine Wurst. Am Jurtenkreuz hing der Kessel mit Tschai, jeder bekam zu trinken. Ich mußte wohl inzwischen mit den vielen Jahren weit von der Pfadfinderwelt abgerückt sein. Den einen Jungen fragte ich: Und was sollen wir dafür bezahlen? Seine Antwort ist nicht vergessen: „Wir haben das ganze Jahr darauf gespart und du willst uns Geld anbieten!" Dieser Stamm konnte wunderbar Pfadfinderlieder singen. Am Montagmorgen danach sagte Jeannette am Frühstückstisch, ich will Pfadfinderin werden.

Und sie wurde es. In Varel durfte sie mit ihrer Freundin an einem Stadtrandlager der dortigen Pfadfinder zwei Wochen teilnehmen, kam zurück und sagte: Am Wochenende baue ich eine Jurte auf. Ich antwortete: Gut, aber ich ziehe die kurze Hose nicht wieder an, will heißen, kannste ja machen, aber ohne mich. Du wirst wohl eine Kote aufbauen können, aber keine Jurte. Wenn du eine Jurte aufbauen kannst, dann spendiere ich euch eine Kote. Die beiden haben eine Jurte aufgebaut. Sie haben den Landeschef der Pfadfinder in Niedersachsen, Daddy, Dr. Frank Helmut Zaddach aus Wolfsburg, und viele Eltern mit ihren Kindern zu einem Informationsabend eingeladen. So hat Jeannette den alten Pfadfinderstamm der Goten wieder neu gegründet und mit anderen zusammen einen sehr guten großen Stamm aufgebaut, viele Fahrten besonders nach Skandinavien durchgeführt.

Alle drei Kinder waren selbstverständlich bei den Pfadfindern. Als Alexander längere Zeit dabei gewesen war, sollte er als Sippenführer mitwirken. Nein, über andere bestimmen, das wollte er nicht und verließ die Gruppe.

Unsere drei Kinder besuchten ihre Schulen, zunächst alle die Grundschule, rund drei Kilometer von uns entfernt, zu Fuß natürlich. Dann die Orientierungsstufe und danach Peggy die Hauptschule, Alexander die Realschule und Jeannette das Gymnasium. Inzwischen war Alexander zum Schüleraustausch in den Staaten, bekam Gefallen an der Neuen Welt und bat gegen Ende der Realschulzeit, für ein Jahr nach Amerika oder Kanada gehen zu dürfen. Bei den Finkelsteins, wo er schon gewesen war, war er willkommen, nur die Familie arbeitete und er wäre allein in dem Haus gewesen. Ähnlich bei seinem Freund Jeff, der begann mit einer höheren Schule, die Mutter war arbeiten. Unser Freund Karl Heinz bot sich an, ihn zu seinen vier Kindern für ein Jahr zu nehmen, zu adoptieren und in Goderich zur Schule gehen zu lassen.

Damals bekam Alexander 50,-- DM Taschengeld im Monat. Damit er dort etwas Geld zur Verfügung hatte, zahlten wir ihm sein Taschengeld für ein Jahr im Voraus aus (e. s. o.). Auf dem Flughafen in Amsterdam blieb er vorm Abflug stehen und sagte, ich habe eine Bitte, schreibt, aber ruft mich nicht an.

Jeannette mit dem ursprünglich französischen Namen - lernte in der Schule - deswegen auch Französisch, und nach dem Abitur ging sie für kurze Zeit nach Paris als Au-Pair-Mädchen. Sie hat ihren Weg gemacht, viel studiert, viel gelernt, später geheiratet und lebt mit den zwei Kindern Aaron und Celina (auch ein angenommenes Kind) in Braunlage. Mit ihrem Ehemann Thomas hat sie ihrer Schwester Peggy bei deren Problemen in Hamburg und nach deren Umsiedlung nach Braunlage enorm zur Seite gestanden und sehr viel geholfen. Alexander kam aus Kanada zurück und wollte Speditionskaufmann werden. Er wurde es in der Fa. Zufall in Göttingen. Nun lebt er schon seit acht Jahren in Amsterdam und arbeitet für ein soziales Projekt in Afrika. Peggy hat nach Problemen mit ihrem Ehemann zwei Kinder allein großgezogen, ist von Braunlage nach Duderstadt gezogen und möchte eben nicht viel mit ihrer Familie zu tun haben.

Das Heim der Kinder im Winter.

Es war die erste Arbeit vom Pfadfinderfreund Fuad als Architekturstudent. Fuad hat später sogar den Wiederaufbau des Braunschweiger Schlosses verantwortet (Entwurf und Bauleitung). Heute befindet sich darin u. a. das große Archiv der Stadt Braunschweig und in diesem alle z. B. alle Unterlagen des Pfadfinderstammes der Braunschweiger Voortrekker.[33]

Einmal hat es auch der Fuad gebaut, so wie unser Haus sein erstes Werk war, gehört das Schloss zu den Spätwerken. So hat das neuerbaute Braunschweiger Schloss im doppelten Sinn eine Bedeutung für mich.

---

[33] Siehe u. a. Herausgeber Eckhard Fischer und Horst Stukenberg; Dokumentation des Pfadfinderstammes der Voortrekker Braunschweig – Die ersten 65 Jahre, Roderer Verlag Regensburg.

Der Bau zu Bündheim oder mit der MS Bremen nach Dakar[34]

Menschen und Geschichten – Und ein viertel Jahrhundert danach

Gehört nicht alles, auch wirklich alles, was man im Leben einmal getan hat, zu einem selbst? Machte es uns nicht erst zu dem, der die wir sind? Und will man einen Menschen etwas besser verstehen, muß man da nicht doch erst ein Stückchen seiner Geschichte betrachten. Und lebt der Mensch mit sich allein? Welche Rolle spielen da die "anderen"?

Ein altes deutsches Sprichwort besagt beispielsweise: "Sage mir, mit wem du gehst, und ich sage dir, wer du bist!" Ja, wer begleitet uns auf unserem Weg?

Vielleicht bekommen diese Fragen
ihren Sinn über
das Lesen der nachfolgenden
Seiten.

---

[34] Das folgende Kapitel wurde bereits in den 90. Jahren geschrieben und an einen großen Freundeskreis verteilt. Deswegen wurde in dem Text auf nachträgliche Veränderungen und Korrekturen verzichtet.

Vielleicht können wir einmal innehalten, einen Blick zurückwerfen auf unsere Zeit, auf unser damaliges Denken,
Handeln. Ich wende mich her vor allem an euch alle, die,
ihr dieses Werk zustande gebracht habt.

Vielleicht findet Ihr etwas Zeit und Muße, um zu ergänzen,
zu korrigieren und um
Euch zu besinnen,
auf das eigene
Sein in
dieser
Zeit
?

Ursprünglich war gedacht, die Reden von Tante Friedel
und Willi einfach nur abzuschreiben und bei Gelegenheit
den Interessierten zukommen zu lassen. Aber, es packte
mich, ließ nicht locker. Und so geschah es wie beim Bau
selbst. Stein kam zu Stein und es entstand die Geschichte
von der Geschichte.[35] Denken mußte ich dabei immer
wieder an unsere nun erwachsenen Kinder Jeannette,
Alexander und Peggy. Ihnen, der Tante Friedel und all
denjenigen möchte ich danken, die uns tatkräftig geholfen
und über Jahre die Treue gehalten haben. Hier oben unter
den uralten Buchen und am rauschenden Bach der Bleiche ist so ein Ort entstanden, in dem sich Leben und Begegnung vortrefflich gestalten konnte. Danken im doppelten Sinn möchte ich aber der Marlis, nicht zuletzt dafür,
daß sie so viel Verständnis aufbrachte und mir die Zeit
zum Schreiben und Üben am neuen Computer gewährte.
Dank dem Norbert, der mich unermüdlich und mit viel
Geduld den Geheimnissen der Technik etwas näher
brachte.

---

35 Das geschah im Dezember 1993, es war auch der Beginn meines Arbeitens mit einem pas-
sablen PC. Für uns sollte anlässlich der 25 jährlichen Bestehens unseres Hauses nach Pfadfin-
derart wieder einmal ein Fest mit den Erbauern und Benutzern zusammen gefeiert werden.
Die Freunde sollten jeweils auch ein Exemplar zum Dank und zur Erinnerung bekommen.
Man möge verstehen, dass ich dieses Originalwerk nun einfach in diesem Zusammenhang
einfüge.

Vorgeschichten

"Wie kommt Ihr denn zum eigenen Haus? Wie kommt Ihr gerade hier- her, hier nach Bünd- heim"? So oder ähn- lich werden wir immer wieder ge- fragt.
Ja, und wie kam es dazu? Manchmal haben wir uns das selbst ge- fragt. Aber, wie so oft im Leben gibt es auch hier eine Geschich- te, im Grunde ge- nommen sogar zwei oder gar drei?

Die Pfadfinderwelt[36]

Eine dicke Wurzel reicht tief hinein in die Welt der Pfadfinderei, worauf relativ kurz eingegangen werden soll.

1948, gerade 14 Jahre alt, "keilt" mich mein Klassenkamerad Günther Wulfes. "Hast'e nicht Lust mit zum Heimabend zu kommen? Ich bin im Deutschen Ju- gendlandbund, das ist so etwas wie Pfadfinder. Wir machen Lagerfeuer, schla- fen in Zelten, ziehen raubend und brandschatzend durch die Wälder". Noch heu- te, nach gut 45 Jahren, klingen mir diese Worte im Ohr. Zum nächsten Heim- abend ging ich natürlich mit. In einem Klassenraum der Comeniusschule in Braunschweig kam man für zwei Stunden zusammen. An dem Abend lernte ich das Knotenpulen und einen Kanon singen: *"Was müssen da für Bäume stehen, wo die großen Elefanten spazierengehen, ohne sich zu stoßen"*. Ja, was müssen da für Bäume stehen ... ?

---

36 Ich habe im zweiten Kapitel ausführlich darüber geschrieben. Einiges wiederholt sich in diesem Abschnitt, aber ich möchte meine Begeisterung ruhig zweimal mitteilen..

Tatsächlich ging's am nächsten Wochenende in den Wald. Von da ab gab es keinen freien Tag mehr, wo ich nicht mit den anderen zusammen und unterwegs war. Im Wald oder auf Fahrt. Zelten und Lagerfeuer anmachen, "unterwegs sein", in einer Gruppe mit Gleichgesinnten. "Haben oder Sein", schon damals? Das Wenige, was wir zusammenkratzen konnten, das galt es zu teilen, um "sein" zu können. Aus der Not eine Tugend machen, Welt erleben und eigenverantwortlich das Leben gestalten, für andere da sein und nicht immer nur an sich denken, das war Leben.

Kurze Zeit später erteilen die Alliierten ihre Genehmigung zur Gründung von deutschen Pfadfinderbünden. Aus dem Jugendlandbund wird die Landesmark Niedersachsen im Bund Deutscher Pfadfinder. Als kleiner 'Pimpf' bekomme ich von all diesen Dingen nicht viel mit. Aber Ostern 1948, da darf ich zum ersten Sippenführerkurs in die Jugendherberge nach Örlinghausen am Teutoburger Wald. Der Bundesführer Sepp Zenzinger leitet höchst persönlich den Lehrgang. Und aus ganz Niedersachsen waren die Jungen zusammengekommen. Als der große "Boß" mir die Prüfung abnimmt und ein anderer dazwischen quatscht, antwortete ich barsch: "Halt deinen Schnabel"! Aus dem "Schnabel" wird abends der "Schniebel", und ich habe meinen Spitznamen weg.

Einige Wochen später dann das große Pfingstlager. Hier sehen wir uns alle wieder. Stolz bekundeten die Jungen, die mich bereits vom Lehrgang her kannten, der da, das ist der Schniebel. Ja, so war es, der Spitzname war nicht mehr wegzubekommen. Mit der Zeit gewöhnte ich mich an den Namen, mit der Zeit wurde mir der Bund mehr und mehr zur Heimat und zum Boden für persönliche Entwicklung.

Bündheim, Bildung, Mafia und Heirat

In Bündheim befand sich die Jugendbildungsstätte des Landes Niedersachsen, eine Hochburg der Pfadfinderei. Oft war ich dort, zunächst als Teilnehmer an den verschiedensten Lehrgängen und Treffen, später als Lehrgangsleiter. Von dort oben hatte man einen wunderbaren Blick bis weit hinein in das Braunschweiger Land. So manches Mal stand ich da, schaute, fühlte mich bei dem Anblick unsagbar wohl und dachte so für mich, ja, hier müßte man mal wohnen. Aber an Familie gründen, an das "Seßhaftwerden", daran war noch gar nicht zu denken.

Aus der Pfadfinderei entwickelte sich eine Bildungsarbeit mit Erwachsenen. Dieses bot einen Zugang zu völlig neuen Themen und ganz anderen Menschengruppen. Wie das bei Pfadfinders so ist, zuerst wird man als Kleinerer von den

"Großen" geführt, angeleitet, man ist ein Nehmender und eines Tages, selbst größer geworden, dann kann und darf man zurückgeben.

Neben der Gruppenarbeit entwickelte sich eine gewisse Zusammenarbeit mit den Eltern. Hausbesuche, Elternabende zur Vorbereitung von Fahrten und Lager usw. waren einige Berührungspunkte. Später berichteten wir über unsere Fahrterlebnisse, von fremden Ländern, von anderen Sitten und Gebräuchen. Die Eltern der Pfadfinder brachten Freunde und Verwandte mit, die Kreise wurden größer. Man gab sich etwas mehr Mühe und mit einem Mal erwuchs daraus eine ehrenamtliche Tätigkeit im Bereich der Jugend- und Erwachsenenbildung. So kam ich auch häufiger nach Bündheim.

Neben der Bildungsarbeit gestaltet sich die Gruppenarbeit mit den Rovern, das sind die älteren Pfadfinder, die Männer in der damaligen Jugendbewegung. Mit einem Roverkreis im eigenen Stamm bei den "Voortekkern" in Braunschweig begann es. Dann Beauftragter für die Rover im Gau, später zuständig für die Roverstufe in Niedersachsen und auf Bundesebene aktiv in der Bundesrovermannschaft.

Es war wie am Anfang, nun nur mit verlagerten Interessens- und Themenschwerpunkten. So wuchs ganz natürlich auch der Kreis der Menschen, mit denen man dauernd zu tun hatte. Auch als Erwachsene hockten wir oft zusammen, gestalteten bewußt und einfach unser Leben. Einer konnte sich auf den anderen verlassen. Wir standen schon in einer sehr guten und vertrauten Beziehung zueinander. Da gab es eine enge Verknüpfung zu Menschen in aller Welt, man war eingebunden wie in einem Orden, einer Mafia. Stets waren da irgendwelche Leute im Haus, oder man war irgendwo anders zu Gast.

So war es auch, als wir, die Marlis und ich, 1966 heirateten. "Nicht einen hat die Marlis da geheiratet, nein, eine ganze Horde". So sagten böse Zungen oder die Spötter. Sicherlich nicht ganz zu Unrecht.

Im Traugottesdienst am 24. August 1968 in der Paulikirche in Braunschweig nahm unser Freund Horst Jander dies damals zum Anlaß, darüber zu predigen. Donnernd hallten seine Worte durch die Kirche, als er uns zurief: "... hört Ihr den Hochzeitsglockenklang? Der Hochzeitsglockenklang ist der Freunde Grabgesang. Ihr müßt sie jetzt in Ruhe lassen, sie müssen allein sein, Ihr Freunde, sie brauchen Zeit für sich, Zeit zum Zusammenwachsen..."

.Neun Jahre später kam Pastor Jander nach schwerem eigenen Leid wieder einmal zu uns nach Bündheim, kam und gestand, das mit "den Freunden" damals, das war wohl doch nicht so ganz richtig. Freunde zu haben oder besser mit Freunden im Kontakt zu stehen, ist doch etwas sehr wertvolles? Aber, auch dieses ist eine eigene Geschichte. Geändert hatte sich damals jedenfalls nichts. Die Freunde gingen weiterhin ein und aus und wahrlich, die Marlis hatte eine ganze Horde von Männern geheiratet. Aber, hat nicht alles im Leben seine zwei Seiten?

Bündheim, weiße Maus und Wille

Auf Anraten meines Vaters bewarb ich mich 1952 bei der Polizei und ging später zur Mot, das war die Motorisierte Verkehrspolizei. Eine der Streifen fuhr ich besonders gern. Sie führte in den Harz. In Bündheim, in dem weltbekannten urgemütlichen Café Winuwuk, da saßen wir so manches Mal auf der Terrasse und genossen unsere Frühstückspause. Wieder war es der weitausladende Blick in das Harzvorland, der mich begeisterte. Aber, hier oben am sogenannten "Millionenberg", da wohnen leider nur die Reichen. An den Bau eines eigenen Hauses, daran war nie zu denken.

Eines Tages faßt jedoch die erweiterte Familie hier oben "Fuß". Tante Friedel - die Schwester meiner Mutter- hat inzwischen ihren Bauernhof in Winnigstedt verkauft und die Hälfte des alten Lassow'schen Grundstückes mit einem kleinen schnuckeligen Hexenhaus erworben. So wurden zwangsläufig Tantchen und Onkel Rudi auch Anlaufziel und Pausenort von "Weißen Mäusen". Da saßen wir dann in der kuscheligen Ecke auf dem kleinen Sofa oder draußen am Bach und pausierten, wie zuvor im Café Winuwuk. Das Funkgerät stellten wir einfach auf Lautstärke 'drei' und waren weiterhin für die Einsatzzentrale erreichbar. Guten Gewissens ließen wir es uns gemütlich sein, genossen Bewirtung und reizvolle Umgebung. War es da verwunderlich, daß die Harzstreife bei vielen Kollegen immer beliebter wurde, daß Interessen sich verknüpften und neue Freunde dazukamen?

Aber noch einmal zurück nach Braunschweig. Nach der Heirat verblieben Marlis und ich in der elterlichen Wohnung in der Steinbrecherstraße 27. Ich wohnte dort nun mit Unterbrechungen insgesamt 33 Jahre. Das war geschichtsträchtiger Boden, da war Heimat. Doch die Marlis kam vom eigenen Bauernhof. Eigener Grund und Boden, ein eigenes Haus, das war alles selbstverständlich. In der dunklen Mietwohnung fühlte sie sich nicht besonders wohl.

So kam es, wie es kommen sollte. Es ging Schlag auf Schlag. Onkel Rudi starb. Mutterseelenallein bewohnt Tante Friedel ihr wunderschönes Haus, aber, wie gesagt, allein. In der Nachbarschaft lebt zwar noch die alte Dame Lassow, sonst aber ist weit und breit keine Menschenseele zu finden. Ach, hin und wieder weidet der Schäfer seine rund 200 Schafe auf der Wiese vor dem Haus, dies aber auch nur zweimal im Sommer. Und, ein Telefon gibt es auch nicht. Was, wenn da einmal etwas passieren sollte?

Tantchen ist eine gute und milde Seele, aber, sie ist auch stets hellwach und weiß immer, was sie *will*. So steht sie ihren "Mann" und nimmt gern selbst das Ruder in die Hand. So hat sie sich wohl Gedanken gemacht und spricht diese eines Tages ungeschminkt aus. Für mich jedoch kommt ihre Frage *"Wollt Ihr nicht hier oben bauen? Ich gebe Euch die untere Hälfte meines Gartens, das Grundstück wird geteilt und damit basta"* doch etwas zu plötzlich: .

Die Entscheidung zum Bau des Hauses

Vielleicht war ich doch zu sehr Beamtensohn oder selbst Beamter und zu stark in Braunschweig verwurzelt? Vielleicht bekam ich auch ein Ängstchen? Andererseits hatte ich vor Jahren - auf Onkel Rudis eifriges Anraten hin- einen 20tausender Bausparvertrag abgeschlossen. Dieser war gerade zu einem Drittel angespart und somit Zuteilungsreif. Das sollte wohl so sein. Dann gab's da 7.000,- DM, die der Junggeselle ersparen konnte und auch die Marlis hatte 7.000,-- DM. Insgesamt stünden also 34.000,-- DM zur Verfügung. Eine stolze Summe, aber?

Mein Vater schlug die Hände über den Kopf zusammen und wollte von dem Ganzen nichts wissen. Und doch war er es, der uns später einmal, als wir nicht mehr ein noch aus wußten, 2.000,-- DM borgte. Daß dieses Geld auf Heller und Pfennig zurückzuzahlen ist, das war allen von vornherein klar. Dennoch war er es aber auch, der unaufgefordert, und man muß schon sagen, sehr liebevoll die ganze Buchführung für den Bau übernahm und uns außerdem stolz ein Fotoalbum vom gesamten Bauverlauf -mit vielen wunderschönen Gemälden- anlegte. Davon soll jetzt aber nicht die Rede sein, denn entscheiden sollten wir uns, ob wir nun bauen wollten oder nicht.

Marlis, sie hat auf dem elterlichen Bauernhof das Arbeiten gelernt. Sie war voller Tatkraft und besaß ein unsagbar hohes Maß an Geduld und Beständigkeit. In meinem "ersten Leben" war ich Tischler. Organisieren und Improvisieren, das hatte ich bei den Pfadfindern gelernt, darin war ich großer Meister. So sagten wir kurz entschlossen ja und machten uns in dem Jahr unserer Verlobung, unserer Hochzeit, in dem Jahr der ersten Reise nach und dem beginnenden Jugendaustausch mit Polen, in dem Jahr der Geburt unserer Tochter Jeannette, auch noch an die Arbeit des Planens für das Unternehmen Bau zu Bündheim. Das alles geschah in dem Jahr 1966.

Von den ersten Schritten bis zum süßen Ende

Fuad, der Pfadfinder aus Aleppo, zu der Zeit noch Student der Architektur, er unternimmt den ersten Schritt. Oft sitzen wir in der Steinbrecher- oder Fasanenstraße mit Marlis zusammen und planen. Wunderschön sind seine Zeichnungen, toll die Ideen. Aber, Marlis lebte zuvor ein Jahr in einem gut durchdachten Haus in der Schweiz. Ihre Vorstellungen wollten verwirklicht werden. Das spitz zulaufende dreieckige Grundstück jedoch hat großes Gefälle. Nach allen Seiten gilt es einen Abstand von 2,5 m einzuhalten und das Haus der Tante soll auch nicht verdeckt, sondern optimal in die Planung einbezogen werden. Kein leichtes Unterfangen also. Aber Fuad macht sich die Aufgabe auch nicht leicht. Er fährt immer wieder mit rauf, übernachtet im Gästezimmer der Tante, schaut, überprüft den Sonnenstand und neue Pläne entstehen. Den 42. Entwurf schließlich billigt auch die Marlis.

110

Das Bauamt Langelsheim berechnet Fuads Entwurf und fertigt -für ihren Schutzmann- einen fachgerechten Bauantrag an. Spatz ist bereits mit seinem Studium fertig. Er erstellt vom Gelände einen ordentlichen Nivellierungsplan, fertigt eine bombensichere Statik an. Und weil er seinem Schniebel nicht traut, werden doppelte und dreifache Mengen an Eisen eingeplant. Spatz ist es auch, der als fertiger Bauingenieur alle Bauanträge unterzeichnen kann und das auch vertrauensvoll tut. Ja, so hat es begonnen, und so ging es weiter. Viel gäbe es vom Baubeginn und den einzelnen Stationen zu erzählen. Für drei Jahre wollte ich mich von der Pfadfinderei zurückziehen, um ein Heim für die Familie bauen zu können. Aber, es kommt alles ganz anders als gedacht.

An dem Samstag, wo es richtig losgehen soll, von da ab bis zum süßen Ende sind an jedem Wochenende mindestens 10 bis 15 Freunde oder auch die Brüder von Marlis da. Jeder bringt sich mit seinem Wissen und Können uneigennützig ein. Zum Teil kommen einige von weit her mit dem PKW angefahren. Wenn wir dann wenigstens zu den Benzinkosten beitragen wollen, erhalten wir immer wieder eine klassische Abfuhr: "Euer Geld könnt Ihr Euch an den Hut stecken - Mein Benzin zahle ich selber - Ihr braucht jetzt Euer Geld für Wichtigeres - Kauft Euch man lieber ordentliches Baumaterial", so oder ähnlich lauten einige der Antworten.

Das Sagen auf diesem Bau, das haben natürlich die Fachleute, die Handwerker. "Akademiker taugen eher zum Handlangern". Vertraut und liebevoll gehen die Menschen miteinander um. Ob zwei kleine Anekdoten das zu umschreiben vermögen, wie so der Umgangston war?

Als Hasso zum ersten mal kommt, nimmt ihn Alvin der Maurer beiseite und sagt: "Hasso, ich bin der Alvin. Bei Horst auf dem Bau sagen wir alle Du. Du kannst also ruhig **Du** zu mir sagen. Und wenn ich rufe, Steine, dann bringst'e Steine. Wenn ich Kalk rufe, dann bringst'e Kalk. Hast'e verstanden?" - "Ja!" - Zur Frühstückspause klopft Alvin dem Hasso anerkennend auf die Schulter und sagt: "Hasso, Du hast Deine Sache aber sehr gut gemacht. Sag einmal, was machst'e denn sonst so?" - "Ich bin Lehrer! Weißt Du, kein richtiger, sondern an einer Sonderschule ..." - "Oh ja, das kenne ich, **wissen Sie, ich war auch einmal auf der Sonderschule und da ...**"

Eine andere Geschichte hatte mit dem Pütt zu tun: "Pütt, heute müssen wir öfters umrüsten. Wenn ich fertig bin, rufe ich Dich. Du mußt dann den Mörtel aus dem Kübel, der unten steht, in den neuen, den Du dann oben auf das Gerüst stellst, umschaufeln. Hast'e verstanden?" - "Ja, also, Du brauchst den Mörtel oben auf dem Gerüst?" - "Ja, so ist es" - Nach einer kurzen Weile: "Pütt, umrüsten ... !" Pütt nimmt den ganzen Kübel voller Mörtel, so wie er ist, und stellt ihn oben auf das Gerüst. Ein sonderbarer Anblick ergibt sich für den Betrachter. Alle stehen wie erstarrt da, dem Kalle bleibt der Mund offen stehen. Es dauert eine Weile, bis er einen Ton herausbringt. - "Was machst'e denn sonst?" - "Ich bin Diplom-ingenieur bei Siemens und schreibe eben gerade meine Doktorarbeit ...".

Jeder 'gibt sein Bestes'. Es bereitet allen unsagbaren Spaß, mit Willi, den Maurern und Freunden zusammenzuwirken, so richtig zu "wühlen". Wir lernen von- und miteinander und keine Arbeit wird gescheut. Ach, was war das für ein herrliches Gefühl, wenn wir uns abends nach getaner Arbeit noch einmal unser Tagewerk in Ruhe anschauten? Einfach nur so dastehen und schauen. Obwohl wir immer ziemlich kaputt waren, fanden wir die Muße, noch ein Weilchen zusammenzubleiben bei einer Flasche Bier oder dem von Willi so geliebten "Adlerturm".

In einem Jahr ist das Werk getan. So entstand ein Haus, welches (drei Arbeiten - Asphalt, Parkett und Isolierglasscheiben- wurden von Firmen ausgeführt) wir zusammen mit unseren Freunden vor allem aus der Pfadfinderwelt und den Menschen, die uns nahestanden, selbst gebaut haben.

Dieses Ereignis wollte auch immer wieder gefeiert werden. Nach dem normalen Richtefest eine entsprechende Einweihungsfeier. Ja, und Feiern war damals bei den älteren Pfadfindern nicht nur, sich wie im Sinne einer Talsperre volllaufen zu lassen. Da wollte jedes Mal etwas Eigenes angedacht und gestaltet werden.

Immer mußte da ein Thema, ein Zeitalter oder, irgendein historisches Geschehen als Grundlage zum Feiern herhalten. Diesmal sollte es die Jungfernfahrt eines Luxusliners, eine Schiffsreise sein nach Dakar Cruz de Tejeda. Alle MitarbeiterInnen wurden hierzu eingeladen, einige sollen diese Einladung als Gag einer Werbeagentur betrachtet und diese nicht beachtet bzw. in den Papierkorb geworfen haben

August 1968 - Die Jungfernfahrt der MS Bremen

Fast alle, die am Bau uneigennützig mitgewirkt haben, kommen zur Einweihung und veranstalten eine sagenhafte Schiffsreise. Polonaise - Ansprachen - tausendundeine Leckerei - Äquatorüberquerung - Motorschaden - nächtliche Rettungsübung mit Schwimmwesten - vom Oberdeck in ein Beiboot, welches ruhig auf dem großen "Wasser" schaukelt.

... alle schwingen sich über Bord, Frauen und Kinder zuerst. Langsam und vorsichtig hangeln sich die Menschen außen an der "Bordwand" auf der Leiter nach unten. Ein erster greller Schrei! "Hier ist ja wirklich Wasser!" Die Leiter endet in dem voll mit Wasser angefüllten riesigen Weinfaß der Fa. Hörnecke. Weiter geht`s. Gefeiert wird auf allen Decks. Morgens erblickt die Sonne die Letzten, die drei Menschen, die pokernder Weise sich die Nacht um die Ohren schlugen.

Am nächsten Tag Landgang - mit dem Omnibus ins Landesinnere - die Bergwelt der Kästeklippen - Wanderung durch unbekannte finstere Wälder - der Empfang auf der TS-Bremen - Suppe aus dem großen Kessel - das gemeinsame Klar-Schiff-Machen am Nachmittag. Stichworte, die andeuten sollen, was sich da alles "abspielte", wieviel Spaß, Fröhlichkeit und Gemeinsinn sich entfalten konnten.

10 Jahre später - Die Bewährung

Wieder kommen fast alle zusammen. Geprüft wird, ob alles noch Niet und nagelfest ist. In der Bar des Unterdecks sind die Tonröhren noch immer angefüllt mit den "Flaschen", die die Miterbauer dort deponierten. Jeder "Baumensch" hat dort ja sein eigenes Fach (Tonröhre). Einerseits besteht die Verpflichtung, dieses stets gefüllt zu halten. Andererseits ist damit die Berechtigung verbunden, jederzeit freien Zugang zum Eigentum zu haben. Pedder, der Weinkenner und "Genießer" prüft mit anderen zusammen die Qualität seines Weines, der in- zwischen 10 Jahre lagert. [37]

Und wie erging es dem Dampfer, hat er sich in den 10 Jahren bewährt? Auf welche Erfahrungen können wir selbst zurückblicken? Haben wir uns noch etwas zu sagen? Können wir noch "miteinander" feiern?

Wir schreiben das Jahr 1978. Das Schiff hatte alle Stürme gut überstanden. Ja, die Menschen sind die Alten geblieben, man hat sich noch eine Menge zu sagen, und das Zusammensein und Feiern gestaltet sich wie eh und je.

Der Fünf-Jahres-Rhythmus

Marlis regt an, nach fünf Jahren wieder zusammenzukommen. "Wer weiß", so sagte sie damals, "was nach 10 Jahren ist?" Das Logbuch der "TS Bremen" vom 20.8. - 21.8.1983 gibt hierüber ausführlich Auskunft. Es gibt Auskunft über die Großwetterlage, Seetüchtigkeit der Passagiere, über Kurs und Abweichungen. Es beinhaltet exakte Eintragungen von Mannschaft und Passagieren. Eine ganze Anzahl von Orginalschriften sind erhalten. Das Logbuch wird einbruchs- und feuersicher aufbewahrt im Tresor des Bordmuseums der TS Bremen zu Bündheim. In unmittelbarer Nähe des Tresors befinden sich auch Bildtafeln mit den Lichtbildern der Erbauer und der späteren Mitreisenden. Ebenso existiert ein interessantes Logbuch der späteren Kreuzfahrt nach Dakar Cruz de Tejeda vom 27.8. - 28.8.1988.

---

[37] Reimar war es, der minutiös das Logbuch dieser „Seereise" anlegte und führte. Siehe rote Kladde mit den vielen Eintragungen der Passagiere. Ebenso gibt es ein Logbuch von einer anderen Fete. Akten im Haus Stukenberg, liegend in der Bar mit den Röhren der einzelnen Bauleute.

So blieb es beim Turnus von: "alle fünf Jahre". Jedes mal gehörte zum Feiern auch ein zünftiger Landgang. Oft fuhren wir zunächst ein Stückchen mit einem Omnibus ins "Blaue", um dann wandernd die Gegend erkunden zu können. Ehe wir uns aber versahen, war ein Vierteljahrhundert ins Land gegangen.

Die Viertel-Jahrhundert-Fahrt

Aus Anlaß des Überstehens und Überlebens der stürmischen Überfahrten im ersten Vierteljahrhundert nach der Indienststellung der TS-Bremen wird beabsichtigt, dieses Ereignis in Anlehnung an die Jungfernfahrt 1968 würdig zu begehen. Bei den Vorarbeiten konnten die Requisiten, Werbeplakate und Einladungen von vor 25 Jahren fast unbeschädigt aus dem Unterdeck geborgen werden.

Die junge Generation ist inzwischen erwachsen geworden und bekundet ein lebhaftes Interesse an der beabsichtigten Unternehmung. Sie sichern trotz erheblicher zeitlicher und finanzieller Verpflichtungen ihre Unterstützung zu und nehmen die Belastungen der Vorarbeiten freudig auf sich. Gemeinsam kann so aufbauend auf alten Vorlagen die Einladung gefertigt werden.

Das Einladungsschreiben zum 28. August 1993

Bau und Planungsbüro   *3388 Bündheim, den 26.*
Mai 1993
M/H Stukenberg und Nachfolger   *Elfenweg 5 (Am Brei-*
tenberg 20 a)

Ihr Lieben

Miterbauer und "Nutznießer" der "TS Bremen - Open Deur". Vor ei-
nem viertel Jahrhundert startete dieses "Schiff" Ende August 1968 zu
einer Jungfernfahrt nach Dakar - Cruz de Tejeda.

Ihr habt als Menschen der Tat mit Herz, Hand und Verstand an der
Vollendung dieses Werkes Anteil gehabt, dieses "Schiff" mit erbaut
und/oder es im Laufe der Zeit mit Leben erfüllt. Die Miterbauer be-
kamen bei der Einweihung im Unterdeck -in der Bar nämlich- je ein
eigenes Fach mit der Auflage, es stets mit einer Flasche gefüllt zu hal-
ten, verbunden mit der Berechtigung, jederzeit auch freien Zugang
zum Eigentum zu haben.

Nach seiner Indienststellung und diversen Probefahrten (1978, 1983,
1988) erfüllt dieser Luxusdampfer inzwischen seine Aufgabe als Be-
gegnungsstätte von "Weltbürgern" und im alltäglichen Fährverkehr,
bietet Kost und Logie, rühmt sich mehr oder weniger einer gewissen
Gastlichkeit, verhalf dem einen oder anderen Erdenbürger zum
"Glück" seines Daseins.

Zwischenzeitlich lag der Dampfer auf Dock, erhielt im Kombüsen-
raum eine neue Ausstattung, im Maschinenraum neue Antriebswerke,
zusätzliche Energiequellen auf dem Sonnendeck. Dennoch, so man-
cher "Lackschaden" konnte bisher nicht beseitigt werden, bleibt so
manche Ausbesserungsarbeit aufgeschoben.

Nach einer Laufzeit von genau 25 Jahren wird ein Seetüchtigkeits-
und Prüfbericht dieses Bootes zu erstellen sein. Desgleichen erscheint
es interessant, die inzwischen gealterten Erbauer wie regelmäßigen
Benutzer aus uralter und neuerer Zeit nicht nur einmal zusammenzu-
führen, sondern auch zu erfahren, wie es mit der menschlichen See-

tüchtigkeit der einzelnen Personen sich verhält und welche Orientie-
rungspunkte untereinander ausgetauscht werden können.

Mit Volldampf und unter größtmöglicher Auslastung ist daher vorge-
sehen, die Probefahrt vom Ende August 1968 am 28. August 1993 zu
wiederholen; zeitgleich, themengleich, ein viertel Jahrhundert später.
Laßt uns diesen Versuch gemeinsam wagen, gemeinsam gestalten, laßt
uns in See stechen.

Einladung

für Dich und für eine Begleitperson männlichen, weiblichen oder
sächlichen Geschlechts Deiner Wahl.

Einschiffung: Samstag, den 28. August 1993, ab 17.15 h

Ablegen vom Kai: 18.05 h

Stehempfang - Begrüßung durch den leitenden Bauingenieur - es fol-
gen Ausstellungseröffnung - Besichtigungen - Rundgesänge - Einlagen
- Eröffnung des Büfetts im Oberdeck je nach Seegang gegen 20.00 h -
Beginn der Feierlichkeiten auf allen Decks -wie damals bei der Jung-
fernfahrt wird für seetüchtige Passagiere eine verkürzte Nachtruhe zu
erwarten sein.

Sonntag, den 29. August 1993:

Frühstück an Deck - Landgang mit gesondertem Programm - Ange-
fragt wurde der Empfang beim Gouverneur des Distrikts der Land-
menge von... - Weiterreise per Schiff - Zeiten zur freien Verfügung und
zur Gesinnungserforschung der Mitreisenden Passagiere - Ausklang.

Anlegen am Kai: Je nach Seegang, so gegen 15.30 h

Achtung - wichtige Besonderheiten

Wir müssen darauf aufmerksam machen, daß die Einladung für die
Gesamtreise gilt und das zwischenzeitliche Verlassen des Schiffes die
Reederei in große Schwierigkeiten bringen könnte.
Gewissermaßen als Gestaltungsbeitrag für die mitternächtliche Äqua-
torüberquerung oder für eine der nachfolgenden Fahrten kann von

den Gästen, die es für richtig halten, eine volle oder leere Flasche mitgebracht und dem III. Offizier bei der Einschiffung übergeben werden. In einem Geheimcode wird einzelnen Passagieren zur gemeinsamen Gestaltung der Reise eine weitere Botschaft übermittelt.

Da mit einer hohen Auslastung der TS Bremen und seiner Beiboote zu rechnen ist, bitten wir, vorhandene Kojen-Utensilien (Matte und Schlafsack) mitzubringen. Ebenso ist beabsichtigt, den Landausflug in das Innere des Landes bei jeder Wetterlage (auch bei Monsunregen) durchzuführen. Hierfür wäre festes Schuhwerk und entsprechende Kleidung empfehlenswert.

Sollten von vorangegangenen Fahrten Erinnerungsstücke oder Andenken verfügbar sein, so würde die Organisation sich freuen, wenn diese mitgebracht oder kurzfristig zur Verfügung gestellt werden könnten.

Wir bitten, die beiliegende Bordkarte ausgefüllt und versehen mit je einem Lichtbild (leicht lösbar befestigt) bis zum 15. Juli 1993 zurückzusenden.

Sollte eine Person aus besonders triftigen Gründen nicht in der Lage sein, das unentgeltliche Reiseangebot in Vergangenheit, Gegenwart und Zukunft wahrzunehmen, wird dennoch dringendst darum gebeten, die mit einem Lichtbild versehene Bordkarte bis zum oben genannten Termin unbedingt zurückzusenden.
Indem wir eine gute Zwischenzeit und angenehme sichere Anreise wünschen, verbleiben wir sechs von der Freihafen- und Betriebsgesellschaft

mit ganz lieben Grüßen

    Eure/Euer

Marlis/Tante Friedel/Jeannette/Peggy/Alexander und Schniebel

Zu der Einladung und den Rückantworten

Bereits 1992 wird auf einer Vollversammlung von den Eignern der 28. August 1993 als Termin für die anstehende Jubiläumsfahrt festgelegt. Gemeinsam wird auch beschlossen, nach einer Zeit von 25 Jahren eine volle Auslastung anzustreben und die Erbauer der TS-Bremen mit den Fahrgästen der letzten Jahre zusammenzubringen. Beabsichtigt ist ferner, ein gemeinsames Bilddokument als

"Zeitzeugnis" von Passagieren, Erbauern und Eignern anzufertigen. Das Büro der Reederei verschickt am 1. Juni 1993 alle Einladungen mit den entsprechenden Aufforderungen.

Das Schreiben an Herrn Jürgen Seckelmann und Frau Maria kommt mit einem Vermerk zurück: Unbekannt verzogen. Die Einladung an Herrn Reno Cornell kann nicht verschickt werden, denn es gelingt nicht, die Adresse ausfindig zu machen. Alle anderen Einladungen mit dem Freiticket erreichen ihre Adressaten, bis auf das Schreiben an die Familie Wolfgang und Waltraud Bode. Schnellstens reagiert das Büro, eine zweite Einladung wird nachgeschickt.

Aufgefordert werden so alle eingeladenen Gäste, ihren Bordausweis versehen mit einem gültigen Foto oder Bild spätestens bis zum 15. Juli 1993 -und zwar gleich, ob eine Teilnahme an der Seereise möglich ist oder nicht, - zurückzusenden. Dieser Aufforderung kommen sehr viele Personen unverzüglich nach. Eine stattliche Anzahl von Zusagen treffen ein, erstaunlich viele Bilder werden mitgeschickt. Dennoch: einige der Angeschriebenen sind säumig. Auch aufwendige Bemühungen führen nicht zum gewünschten Erfolg. Um doch noch an weitere Bilddokumente heranzukommen wird weitergebohrt. Da einige der "Bauarbeiter" der ersten Stunde" nicht mitreisen können, wird beschlossen, beim Ankerlichten und Auslaufen der TS-Bremen die Flaggen auf Halbmast zu setzen. Außerdem wird vereinbart, alle eingegangenen Bild- und Verhinderungsdokumente öffentlich zur Schau zu stellen.

Nach Überschreiten der Gangway, gleich vorn in der Eingangshalle zum Mitteldeck, ist eine große Bild- und Dokumententafel angebracht. Alle eingegangenen Bilder und Zuschriften sind dort zu erblicken. Hier wird der eintretende Gast quasi von den Bilddokumenten her gleich mehr oder minder freudig begrüßt. Eine erste Informationsquelle für den aufmerksamen Betrachter.

Hapag-Lloyd Kreuzfahrten

TS BREMEN
Bordausweis · Boarding Pass

Name _Garden ehemals Sporlich_
Vorname _Vera, Veronika-Eleonore_
Geburtsdatum _22.2.40 04 Geburtsurkunde 1920!_

Kabinen-Nr. _13_   Tischzeit ◯
Glückszahl

| 18/88 |

Reise-Nr.   31335

Raum für Lichtbilder

Bild - Zeugnisse von 1968 – 1993

Hallo,
15.6.93

Hand-Kaputt-Telegramm.
Anbei
Bordausweis - habt Dank -
wir
sind im Urlaub und vermut-
lich
irgendwo

Liebe Grüße

Edith

Sir,   *17. Juni 1993*

in der Gewißheit, daß die Funktionsprüfung Ihres Kahnes zufriedenstel-
lend verlaufen wird, melde ich mich ab. Als Signalgast auf einer Krill-
expedition werden wir den Polarwinter im Weddelmeer verbringen.
Bis zur Heimkehr Mast- und Schiffbruch

*Tpana (**Pascha**)*

Evchen *Imbs telefoniert: ... Tante Lilli ist mit 93 Jahren verstorben - En-*
keltochter Doris, dieses hübsche Mädchen wurde von ihrem Mann aus
Eifersucht, in Braunschweig in der Fasanenstraße, erschossen.

Wir waren im Dachsteingebirge, oben in der Höhle klappte ich zusam-
men, Kreislaufkollaps, sonst war es ganz prima, Quartier kostet nur 39.-
- DM.

Wir können also leider nicht kommen, haben zuviel um die Ohren. Übri-
gens, Omas Garten am "Schettrigen Emmer", Mückenburg, soll nun
nach 62 Jahren verkauft werden. Ein Haus ist da drauf, alles bestens in
Ordnung, Ihr könnt Euch ja mal umhören

Essehof,   22.
Juli 1993
Hallo, Ihr lieben Stukis !

Die Antwort aus "Bad Essehof" kommt verspätet, ich weiß. Deshalb bitte
ich um Entschuldigung und um Verständnis; denn 1. gab es keine aktuel-
len Paßfotos und 2. hatte ich nicht recht den Mut, unsere Absage be-
kanntzugeben.
Genau an diesem Augustwochenende ergab sich für uns die Konzentrati-
on von Veranstaltungen unterschiedlichster Art, insgesamt drei an der
Zahl. Neben Eurer Bootsfahrt findet in Essehof die einzige "Kulturveran-
staltung" des Jahres, nämlich das Essehofer Feuerwehrfest statt. Außer-
dem sind wir in der engeren Verwandtschaft zu einer Hochzeitsfeier ein-
geladen. Ich erhoffe Euer Verständnis dafür, daß wir uns zur Teilnahme
an dieser Hochzeit entscheiden mußten.
Da ich annehme, lieber Stuki, daß Du irgendeinen Gag vorhast, sende
ich Dir die erbetenen Paßfotos zu, auch wenn wir nicht persönlich an
Eurer Bootsfahrt teilnehmen werden. Außerdem fand ich in unseren Fo-
toalben zwei Fotos aus der Entstehungsphase. Zur Erinnerung lege ich
Ablichtungen bei. Beim Betrachten dieser Fotos denke ich immer an Wil-
li, den größten Bauführer aller Zeiten. Ohne ihn ist Euer Boot undenk-
bar.
Viele herzliche Grüße an Euch "Stukis", Euren Nachwuchs und an Tante
Friedel - auch von **Brunhilde**

Euer **Kuno**

Ihr Lieben!

*Wir sind alle wohlauf und wün-
schen eine glückliche Kreuzfahrt.
Unser kleiner Schatz (Bildmitte) ist
noch nicht "seetauglich"; außerdem benötigt die Landwirtschaft
und der neue Stall eben jede Hand.*

Herzliche Grüße von uns allen

**Angelika, Volker, Johanna, Wen-
delin, Thekla, Thomas**

Erdmann Jäger   *31787 Hameln,*
25.7.1993
Liebe Marlis, lieber Horst!
*So ist das mit den Reisen. Die Jubiläums (Test)Fahrt mit der "TS Bremen",
Mann o Mann, würde mich das freuen. Aber gleichzeitig eine Reise in die Weiten Argentiniens macht auch Freude. So habe ich versucht, beides durch Ter-
minverlegung möglich zu machen, hat nicht geklappt.*
*Das Treffen der Foto-Reisegruppe "Argentinien 93" ist am gleichen Wochenen-
de. Da die Teilnehmer von Tampere, Finnland bis Wien, Österreich kommen,
findet dieses in der Mitte, also bei uns statt.*
*Die Qual der Wahl habe ich zugunsten der zweiten Veranstaltung aufgelöst. Ich
bitte um Entschuldigung, daß Ihr nun die "Reise" ohne mich machen müßt.*
*Die Diaserie mit Bildern vom Stapellauf und Jungfernfahrt 1968, einige weitere
Motive und der Probefahrt zum zwanzigjährigen Dienstjubiläum füge ich bei.
Bitte, sendet sie mir bei Gelegenheit zurück.*
*Die Bordkarte mit Lichtbild lege ich bei. Bitte, grüßt alle herzlich von mir. Ich
rufe Euch "TS Bremen" Ahoi zu und wünsche allezeit mindestens eine Handbrei-
te Wasser unterm Kiel*

Es grüßt Euch zur Zeit im Argentinienfieber

Erdmann
*1.6. - bitte bei **Jürgen** Paul melden betr. 28/29. August, hat das Wochenende frei*
und möchte kommen - Schniebel soll konkret sagen, was er machen soll -
4.6. - erneuter Anruf - hat sich im Termin geirrt, ist zu der Zeit in Sache Goslar
und Partnerstadt in Schweden ...

Willi *Carius ruft an, kann nicht kommen, sind jetzt im Norden, diesmal keine*
Zeit für Bad Harzburg ...

Einschiffung und Bordbesichtigung

Das Haus Elfenweg Nr. 5 -früher Am Breitenberg 20 a- ist nun, wie das bei
Schiffen so üblich ist, nur über einen Laufsteg zu erreichen - Beiboote schwimmen im ruhigen Wasser - eine bunte Lichterkette schmückt das Schiff - Flaggen
hängen auf Halbmast - einige der geladenen Gäste sind verhindert - aus dem Inneren dringt gedämpfter Lärm - längst haben sich alle an Bord begeben - man
sieht Menschen einzeln oder in kleinen Grüppchen durch das Boot, vom Bug bis
Heck, vom Oberdeck bis in den Rumpf hinabsteigend, alle Winkel durchstö-
bernd ihre Berichte erstellend. Die Reederei hat eine Rallye vorbereitet. Die
Gäste sollen "Ihr" Schiff in Augenschein nehmen, sich mit den Gegebenheiten
wieder vertraut machen, vor allem herauszufinden versuchen, was sich in den
letzten Jahren -und zwar gleichermaßen bei Eignern wie beim Luxusliner selbst-
veränderte, was den Bestand zu wahren vermochte? Darüber hinaus gilt es, gna-
denlos zu kämpfen, jede(r) gegen jeden, um den ersten Preis

Besichtigung der „TS Bremen" und Preiswettbewerb

"TS Bremen" lief im August 1968 vom Stapel, wurde in den Dienst gestellt und erfüllte
als Luxusdampfer wie als Fährgastschiff seine Aufgabe.

schen sind einige Veränderungen, Ergänzungen, Modernisierungen vorgenommen
en. Welche? Der Zahn der Zeit nagt nicht nur an den Planken, er wandelte auch
nung und Gemüt der Eigner. Stimmt das? Was hat sich möglicherweise gewandelt? Was
beim "Alten"?

können wir als Betroffene nicht so klar sehen. Aber Ihr, die Ihr in gewissen Zeit-
nden, mit klarem scharfen und erkennenden Blick vieles eher als die Betroffenen zu
schauen vermögt, Ihr, die Ihr zu einem auserwählten Kreis, zur Elite dieses Landes Euch
könnt, Euch bitten wir um "Durchblick".

agen bleibt, was hat sich seit einem viertel Jahrhundert verändert am Boot und bei den
rn? Was kannst Du erkennen, was benennen?

m wurde das eine oder andere möglicherweise getan, was trug mit dazu bei?

es so etwas wie eine Empfehlung für weitere Veränderungen?

lso, zum Streifzug durchs Schiff, vom Rumpf bis zum Top. Jede Person für sich allein. Es
m den ersten Preis dieses 1/4 Jahrhundert-Wettbewerbs.

rtet wird von einer unabhängigen Jury:

Anzahl der Entdeckungen
Ehrlichkeit der Beantwortung der zuvor gestellten Fragen

eht's: 1. Was hat sich verändert bei Boot und Eignern?
         2. Warum wurde das getan oder warum kam es dazu?
         3. Welche Empfehlungen gibt es für die Zukunft?

(Name)
er Rückseite gibt es hinreichend Platz für Eure Bemerkungen

Die Ergebnisse der Bordbesichtigung

Was schreiben die Passagiere den Eignern ins Stammbuch? Was sollen sie sich
zu Herzen nehmen? Der III. Offizier nimmt die Dokumente entgegen, einige
Matrosen assistieren. Zusammenfassend sind alle "Botschaften" erfaßt und werden nachfolgend zu Protokoll gegeben:

*Die Zahl der Utensilien im Bad ist exponentiell mit dem Alter der Eig-
ner angewachsen.*

*Inzwischen zieht der Kamin mehr und besser als damals. Was "zieht"
die Freunde?*

*Die Gesamtzahl der Haare unserer Eigner nimmt ab, aber sie sind
noch immer blond! Das sollte noch eine Weile gehen!*

Zugenommen hat die Häufigkeit "ernster Worte". So kann und sollte es nicht weitergehen. Lockerheit -nicht nur im Wort- sollte wieder einkehren.

Bei den Eignern hat sich der Umgangston verändert. Während früher starke Positionskämpfe auch verbal stattfanden, sind die "Fronten" jetzt klarer, stärkere Arbeitsteilung, weniger Erziehungsversuche durch Schniebel, vergrößerte Toleranz der Partnerin gegenüber.

Veränderungen ergeben sich wahrscheinlich aus der Erkenntnis, daß die jahrelangen Machtkämpfe zu anstrengend und krankmachend waren, und man doch letztens um ein "Gemeinsames" kämpft und lebt. Ein langer Selbsterziehungsprozeß wurde eingeleitet und ist noch nicht zu Ende.

Die äußerlichen "alternativen" Veränderungen entstehen aus dem Anliegen, ökologisch das Notwendige in heutiger Zeit zu leisten.
Noch mehr "in sich" zu gehen (Schniebel) und noch mehr zu einem harmonischen Inneren zu kommen.

Vielleicht auch noch Papiere wie diese auf oder aus Umweltpapier zu drucken.

Zu 1) Beim Boot? Weiß ich nicht. Die Eigner wie die Fahrgäste werden älter.
Zu 2) Diese Frage möchte ich von den Eignern selbst erklärt bekommen.
Zu 3) Weiter so.

Eine Küche ist hinzugekommen! Ein neuer Tisch. 10 neue Gläser, Stühle, Bilder, Fotos, Hosen, ...?, Mäntel, Pflanzen, Tischdecken, Jacken, Glühbirnen, Bücher und eine Solaranlage! Aus umwelttechnischen Gründen!

Dem Kapitän auf der Heizung einen würdigeren Platz, als auf der Heizung (?) zu geben (z.B. im Bett) -- zwecks Erklärung -- Sitte nachfragen!

1. Kapitäne und Steuermann wechseln mit Kapitän und Steuerfrau ab.
2. Weil das Rudern müde macht, und weil das Rudern Spaß macht.
3 Teetrinken mit Poseidon, Kaffeetrinken mit Airos.

Ich bemängele, daß der Sonnenschutz für die Terrasse, der seit Jahren irgendwo im Keller liegt, nicht angebracht wird.

127

1. Die Räume sind alle viel voller - Der Kapitän kann arbeiten, seit er ein eigenes Arbeitszimmer hat - Die Kombüse ist auf Zuwachs angelegt - Der Bart ist grau, die Haare dünn.

Geändert haben sich: Räume, Bilder sind dazugekommen, Möbel, Bücher, Leute, Kinder, Heizung, Bäume, Garten, Arbeit, Kleidung, Alter, Aussehen, neue Freunde gewonnen.

Nicht verändert: Fröhlichkeit, Gemütlichkeit, Verständnis, Gastfreundschaft, offenes Haus, ein Haufen Menschlichkeit, alte Freundschaften erhalten.

2. Sie sind nun mal so!

3. Weiter so! (Ich krieg 1/5 Zulage, weil ich erst '73 das erste mal da war)

1a. Die Mannschaft vergrößerte sich um 2 Personen zwischenzeitlich und verringerte sich dann wieder um zwei Personen.
Die Ausstattung der Kabinen etc. wurde mit den Jahren immer aufwendiger hergerichtet. Außerdem wurden einige umweltfreundliche Varianten eingebaut.

b. Die Mannschaft wurde teilweise größer, teilweise schwerer, teilweise schrumpeliger mit den Jahren.

c. Bezüglich der Veränderung der "inneren Werte" kann man nur Vermutungen anstellen, soweit erkennbar ist, ist die Toleranz gewachsen.

2. Warum:
a. Die Vergrößerung der Mannschaft hängt mit den natürlichen Fortpflanzungsdrang der Menschen zusammen.
b. Die Veränderung der Mannschaft bewirkte der Zahn der Zeit.
c. Die Toleranz (kann) durch die Erkenntnis gewachsen sein.

Empfehlungen: Kein weiterer Komfortausbau des Schiffes, weiteres Wachstum in Richtung Toleranz und einen herzlichen Wunsch für eine weitere gute Fahrt.

1 Aus dem forschen Polizisten wurde ein Denker und dann ein Philosoph mit dem Äußeren eines englischen Lords. Seine Ehefrau ist in all den Jahren der gute heilige sparsame Geist, der dies alles mit seiner Geduld ermöglichte.

Unverändert sind der Wohnraum mit seiner seit jeher einladenden Gemütlichkeit durch das zeitlose Mobiliar. Der Kamin wurde durch Zufall neu entdeckt, "zügig" gemacht und brennt seitdem.

Küche und Essensraum wurden zu einem Raum zusammengestellt durch die Wegnahme einer Wand. Eine neue "Küche" wurde eingebaut. Das Foyer ist ein wenig umgestellt, aber unverändert.

Die Heizung neu, ein neuer Kessel ist im Betrieb seit 4 Jahren. Eine Solaranlage ist hinzugekommen.

Telefonisch zu erreichen ist man nicht mehr unter Stukenberg, sondern UNICEF!

Die Postleitzahl ist neu geworden.

2. Manches änderte sich durch die Zeit. Einiges mußte sich ändern durch Krankheit. Vieles hat sich sicherlich durch die Initiative geändert, z.B. die Solaranlage.

3. Zumindest solltet Ihr in guter Gesundheit so weitermachen wie bisher und Anlaufstelle für die vielen Bekannten und Freunde bleiben.

Die Eigner haben die Mannschaft um drei Personen vergrößert. Die Kombüse besteht inzwischen aus einem Raum, also Küche und Eßzimmer nicht mehr getrennt.

Das Haus strahlt immer noch viel Atmosphäre aus, die Eigner sind stets gastfrei gewesen und können so bleiben. Man trifft seit vielen Jahren immer wieder die verschiedensten Menschen, alte Bekannte oder auch neue, all das macht Freude, regt an zum Nachdenken und Miteinanderaustauschen.
Die Eignerin kocht und backt die tollsten Gerichte und ihre kalten Buffets sind über die Harzer Grenzen hinaus bekannt. Es fährt sich gut und sicher auf diesem Schiff. Ich komme immer und wenn auch in größeren Abständen, gern!!!

1. Die Beheizung, Küche, Besatzung mangelhaft. Kapitän ein wenig klapprig.
2. Das ist der Zahn der Zeit.
3. Die Zeit genießen! und gut essen

a. Solaranlage
b. Kamin mit Anschluß zur Zentralheizung
c. neue Küche
d. Gartensessel
e. 4. neues gebrauchtes Auto (bitte ab 4 Entdeckungen zählen)
f. neue Topfpflanzen
g. ca. 200 neue Bücher
h. Wassersparen .. mit Eimern ..
i. neue Bilder"
k. " Reisesouveniers

l. " Wandteller bis 1985
m. " Fotos im Bilderrahmen auf dem Flur
n. " Platten, neue Bänder und Cassetten und
CD's incl. der passenden Spieler
o. " gebrauchter Anrufbeantworter
p. "s Geschirr
q. Eierbechersammlung
r. ...? hochstapel?
s. Vogelnest
t. Windradvögel aus Holz (2xgroß, 1x klein)
u.

neuere Fahrräder
v. Spalier an Rückwand des Hauses
w. ...?x Büroabfallbehälter (voller Fliegen)
y. Bildzeugnisse 68 - 93
z. Mehrere Bäume gefällt

2.
a. Wegen-Energie-Sparbewußtsein
b. "
c. Um Marlis die Arbeit zu erleichtern und zu
versüßen

d. nützliche Geschenke zur Silberhochzeit
e. Sparsamkeit
f. Sauerstofflieferant, zur Verschönerung
g. Horst ist eine Leseratte
h. Umweltbewußtsein
i. Verschönerung der Räume
k. Marlis, Horst und Kinder essen gern
l. Sammlerleidenschaft
m. Besucher des Hauses, Abenteuer der Be-
wohner und Gäste
n. alle hören gern Musik
o. Von Alexander; praktisch; ist öfters mal
keiner da

p. Durch die vielen Gäste ging einiges kaputt
q. Marlis Hobby, sehr praktisch, man weiß immer was man schenken
kann
r. für...?
s. Schmutz neben der Haustür
t. Garten
u. Zur Umweltschonung und Fitneß

v. für Radfahren
w. ....?
x. Umweltbewußtsein
y. Für das 25.Haus-Jubiläum
z. Damit a) besser funktioniert

Sauna unbenutzbar - Vorräte gut gefüllt
Öko-Heizung (Dach/Keller/Kamin) - modernes Bierfaß in der Bar
Nr. 173 ausschließlich UNICEF

Mannschaftskajüte A Spitze ausgebaut, dito Beiboote - Kombüse hyper (soweit für Nichtpersonal sichtbar) - Auch Offiziersmesse ausgebaut, Balkon zu! - Wand zwischen alter Mannschaftsmesse und Kombüse abgerissen- Ach, die Änderungen und Erinnerungen durchwachsen. sich so...?

- *Wann kam das zweite Sofa in die Wohnzimmerecke?*
- *Wann kam der Teppichfußboden in die "Jugendherberge"?*
- *Wann haben wir die Sauna zuletzt benutzt?*
- *Wann haben wir die alte Küche über Geschirrspülmaschinenzuleitung zum Haftpflichtschaden gemacht?*
- *Intensive Erinnerungen an die Zeit, als wir unsere Examensarbeiten schrieben.*
- *Weniger intensive - interessante, an die Zeit gemeinsamer Sonderpflege 1974 - 78*
- *Menschen, Bewohner, Mannschaft und ihre Entwicklung zu beschreiben, widerstrebt mir.*
 Es war schön hier, es ist schön hier, möge es noch lange schön bleiben.

1. *Sonnenenergie oben im Mast*
2. *Energiequelle im Motorenraum (können länger mit Sprit auskommen)*
3. *An der Außenecke (Balkon) ist eine neue Kajüte entstanden (mehr Passagiere aufnehmen)*
4. *Am Eingangsbereich entstand ein neuer Gehsteig (Laufsteg zum Festhalten)*
5. *Die Kombüse wurde erneuert - es wurde die Offiziersmesse dazu gezogen (Für Smoetje ist der Weg kürzer)*
6. *Der Kapitän ist ruhiger und ordentlicher geworden (keine Uniformteile zu finden)*
7. *Kapitänsfrau macht nicht mehr jede Reise mit, (Hat eigene Interessen)*
8. *Nachwuchs des Kapitäns sind nicht mehr an Bord*

Für die Zukunft: Macht weiter so!

1.) Marlis ist eine selbstbewußte Frau geworden, das kam zu ihren hausfraulichen und liebenswerten Eigenschaften hinzu. Sie ist eine fabelhafte Mutter. Eine schöne neue Küche habt Ihr.

Horst hat sich sehr weitergebildet, und es ist zu bewundern, wie großartig er den Freundeskreis (natürlich mit Hilfe von Marlis und den Kindern) aufrecht erhält. Viele sind dazugekommen!! Viele sind nicht mehr (am Leben)!! Solarheizung und viele kleine bauliche Veränderungen sind für den Umweltschutz. Das ist sehr schön. Was Marlis für UNICEF tut, bewundere ich schon immer.
Wer hätte vor ca. 20 Jahren gedacht, daß sie sich so entwickeln würde? Die Familie hält toll zusammen.

2.) Weil Marlis und Horst viel Herz haben. Weil sie nicht nur an sich selbst denken. Weil beide sehr hilfsbereit sind.

*3.) Bleibt so, aber nichts übertreiben!! Horst's Bart könnte ein bissel
kürzer sein.*

Für Horst und Marlis:

*Etwas wunderbares auf der Welt, das ist ein Freund, der zu Dir hält.
Freund sein heißt, Du mußt dem Freunde alles gönnen.
Freund sein heißt, Du mußt vor allem zuhören können.
Der Freund, der mich trotz meiner Fehler mag,
für den will ich da sein, Tag und Nacht.
Immer wer der Stärkere ist im Leben, soll versuchen,
dem Freunde wo es geht, Hilfe zu geben.
Schenken wir Glück, dann fühlen wir Glück.
Ein Echo kommt immer auf uns zurück.
Sie wollen, daß man von ihnen sagen kann,
was sie tun konnten, haben sie getan.*

Heinz + Vera

---

*1) Boot - Erinnerungen an Küche mit Wanddurchbruch, um der
"Hausfrau" die Möglichkeit zu geben, am Tischgespräch teilzunehmen. Technische Neuerung der*

Heizungsanlage mit Einbeziehung der Sonne (wenn vorhanden). Effektivere Gestaltung des Kamins (...? Einsatz)., Erweiterung bzw. Erneuerung der gemütlichen Polsterecken.

Eigner - Marlis, die dieses Schiff und die darin lebenden Personen mit viel Geduld und Ruhe geführt hat, genießt nun die Möglichkeit, Freiräume für sich selbst zu schaffen, die stundenweise Tätigkeit außer Haus geben neues Selbstbewußtsein neben ihrer Tätigkeit für UNICEF, in der sie seit Jahren einen Ausgleich zur Familie hat. Ein liebenswerter Mensch, der in Ruhe und Selbstaufgabe alle Stürme zu meistern versteht.

Horst, diskutierfreudig wie eh und je, ist in den Jahren nachdenklicher und damit ruhiger geworden. Seine Aktivitäten haben ihm gesundheitlich zu schaffen gemacht, die er aber in der Ausgeglichenheit seiner Familie und dem Kontakt zu Freunden zu überwinden sucht. Ein lieber Freund, bei dem ich das Gefühl habe, immer willkommen zu sein, dem Freundschaft sehr viel bedeutet.

Beide haben als geduldig liebevolle Eltern ihren Kindern Alexander, Jeannette und Peggy in einem verständnisvollen Elternhaus die Möglichkeit zur freien Entwicklung und die Möglichkeit zur fundierten Ausbildung und damit einen Start in die Zukunft gegeben. Die Zukunft der "drei" hat begonnen. Sie haben das Schiff verlassen.

2) Die Erneuerung der Kombüse ist meistens der Wunsch der Hausfrau zur Arbeitserleichterung und zur Moralhebung (immer in der Küche). Die Sanierung der Eßecke (Wanddurchbruch) ist reine "Neugierde". Der technische Part obliegt in der Regel dem Mann des Hauses und als "Öko-Fan" ist Horst immer auf der Suche nach alternativen Energien, die auch zur Kostensenkung beitragen. Kleinere, meist für uns kaum erkennbare Veränderungen, entstehen spontan und nicht erklärbar.

3) Persönlich - so bleiben, wie Ihr seid. Schiff -- solltet Ihr mehr Platz benötigen, empfehle ich im Untergeschoß ein U-Boot einzurichten, man bekommt enorm viel rein.

Anmerkungen zur Bordbesichtigung

Zum Sparen vom Trinkwasser. Im hochmodernen Bad sammeln die Eigner inzwischen in zusätzlichen Schüsseln, die in den Spülbecken stehen, man höre und staune, das Waschwasser. Dieses wird in daneben stehende ordinäre Plastikeimer geschüttet und soll -von den Gästen selbst- noch einmal für die dringenden "Geschäfte" benutzt werden. Für kleinere Verrichtungen etwas Wasser und erst bei größeren "Geschäften" sollte der Eimer ganz geleert werden. Es ist die 'Höhe', und das bei einem Luxusliner. Aber Gott sein Dank entdeckten nur wenige diese "Zumutung" der Reederei.

Die Bordwand des Tanzsaales zum Sonnendeck ist isoliert und mit Holz verkleidet worden. Im Saal selbst sind zwei neue BücherBordBretter über dem Ausguck steuerbord's angebracht. Kosten für eine neuere moderne Ausstattung der Bibliothek sollen wohl eingespart bleiben?

Dann, der alte Kahn liegt an neuem Kai, mit gültiger Anschrift:

38667 Bad Harzburg Elfenweg 5	anstatt der Anschrift der 60iger Jahre, mit	3388 Bad Harzburg Am Breitenberg 20 a

Fazit in Hochdeutsch: Aus diesen "Kundschaftsberichten", die zum Teil sehr scharfsinnig, feinfühlig und liebevoll verfaßt wurden, spricht viel Nähe, "Gemeinheit"[*], Vertrauen und Liebe. Natürlich waren unter den Gästen auch 'Hobbyimker', die freizügig 'Honig verteilten'. Festzustellen sind auch widersprüchliche Aussagen. Möglicherweise lassen diese sich dadurch erklären, daß unterschiedliche Beobachter auch unterschiedliche "Brillen" zu tragen pflegen? Wer weiß das schon so genau? Jedenfalls muß ich beim Abschreiben der Texte immer wieder Schmunzeln. Andererseits stimmen einige Texte doch recht nachdenklich. So manch guter Rat, manch ernste und wohlgemeinte Anregung kann entnommen werden. Anlaß genug, wieder einmal über einen "Kurswechsel" nachzusinnen.

Ja, es ist schon ein wunderbares Gefühl, sich mit lieben und wertvollen Menschen verbunden fühlen zu dürfen und hin und wieder zu spüren, wie frei und offen Meinungen geäußert werden.

Die offizielle Begrüßung der Passagiere

Im Verlauf der Veranstaltung wird es nun immer wieder 'gemein' und historisch zugleich. Der damalige leitende Bauingenieur Willi ergreift nun das Wort und

---

[*]   Gemeinheit: Im altdeutschen Sprachgebrauch handelt es sich hier um ein für die damalige Menschheit sehr wesentliches Wort. Es bedeutete einmal soviel wie Gemeinschaft, Gemeinsamkeit und Gemeinde.

führt zurück in die Zeit, als die "TS-Bremen" noch im Trockendock lag. Bemerkt werden muß, daß diese ausführliche Rede bautechnisch wie historisch gesehen, ein hochinteressantes zeitgenössisches Dokument ist. Da im Auftrage von RIAS Berlin (Heinz) die Jubiläumsfahrt als Jahrhundertereignis gefilmt wird, kann hier auf den Originalton zurückgegriffen werden.

Willi steht bereits auf der Brücke und beginnt:

Vom Fernsehfilm fertigte Jeannette eine Tonbandaufzeichnung an, die nachfolgend, so gut es sich technisch machen läßt, wiedergegeben wird.

- "... herzlichen Glückwunsch noch einmal nachträglich zum Geburtstag ... - *Liebe Marlis, lieber Horst, liebe Peggy, Jeannette, Alexander, Tante Friedel, wir freuen uns sehr, daß Ihr uns hierher alle eingeladen habt - ich möchte hier nach der Familie Stukenberg, nach Horst und Marlis, Euch alle recht herzlich begrüßen, vor allem die alten Mitarbeiter, einige der Mit-*

arbeiter fehlen - einige möchte ich ganz besonders hervorheben, die früher hier ganz toll gewirkt haben.

Da war einmal der Fuad, der die Zeichnungen dieses schönen Hauses gemacht hat. Ein Haus, was auch für uns damals im Bauhandwerk der 60-er Jahre etwas Neues war. Damals war eigentlich der Soziale Wohnungsbau noch ganz groß und die Privatleute fingen erst an, sich neue Häuser zu bauen - die sahen jetzt schon anders aus als im Sozialen Wohnungsbau, und dieses Haus war nun gleich etwas ganz Besonderes, mit einem völlig neuem Baustil, und ich muß sagen, dieses Haus, welches heute wieder als "Schiff" gefeiert wird, war vom Fuad entworfen, und es war ein großer Wurf, der ihm sehr gelungen war. Natürlich haben wir beim Bauen noch einige Sachen abgeändert, haben die praktischen Teile noch hinzugefügt und damit alles gut zusammenpaßte, zusammen hielt, wurde auch eine Statik für das Haus gemacht, es wurden Anträge gestellt und der Behördenkram abgewickelt, das hat der Spatz gemacht, der inzwischen verstorben ist.

Dann haben andere hier mitge-
wirkt, wie der Peter, der die In-
stallation und die Heizung
machte, der Wolfgang hat viel
mit Entwässerungsarbeiten ge-
macht, der Volker hatte vor al-
lem die Blecharbeiten gehabt.
Sogar der Arno Hille hat hier
tüchtig mitgearbeitet und hat
wieder einiges dazugelernt - wir
haben ihn hier erst einmal ge-
formt. Dann war da der Kuno,
der Horst Volker war hier. Den
Kuno Jäger nicht zu vergessen,
der ein Kommandeur der Volks-
polizei, nein, der Verkehrspoli-
zei in Braunschweig ist. Ich muß
sagen, das war einer derjenigen
hier, der ganz hart zugefaßt hat.
Der Horst Volker hat kräftig
zugelangt, es waren eigentlich
alle so, die hier waren, haben
ihr Bestes gegeben.

Und ich möchte hier im Namen der Familie Stukenberg vor allem auch die
Nutznießer des Hauses begrüßen. Sie haben mit den anderen zusammen das
Haus belebt, ihm Leben vermacht. Zwischendurch muß ich sagen, es ist in-
zwischen ein Ableger von 'Haus Sonnenberg' im Harz geworden, es ist eine
Stätte der internationalen Begegnung, und man hat hier viele bedeutende
Leute getroffen, bis zum Ministerpräsidenten, Innenminister, was weiß ich,
wer alles hier war?

Die katholische Kirche, die evangelische Kirche, alle waren hier vertreten,
die Sozialisten usw. Übrigens ist der Horst normalerweise schon für die
nächste Regierung vorgesehen, für die schwarz-rote, nicht wahr, das haben
wir heute ja noch gar nicht, außer mal in Berlin und er ist ja auch der
Mann, der von sich aus, vom Herzen aus, wirklich christlich-sozial ist, er
hat also beides in einem vereint und arbeitet gern für andere Leute.

Es war da der Hasso, der hier mitgewirkt hatte, der 1988 auf der Bau-
fete noch dabei war, der wohl damals noch alle einmal sehen wollte
und dann aber 1989 im Frühjahr gestorben ist. Dann die Heinke
Dahms, die 1986 schon gestorben ist und der Spatz, auch im Jahre
1989, der kurz nach dem Hasso starb.

(Inzwischen wurde bekannt, daß
auch der Horst Weidemann, unser
Untermieter aus Braunschweig,
der mit Wolfgang Installationsarbeiten machte, in diesem Jahr gestorben ist.)

Bevor ich aber weitersprechen
möchte, möchte ich Euch doch alle
bitten, Euch zu erheben für die
drei, die hier zwischendurch unsere Mitarbeiter waren und zwischendurch gestorben sind:

**Still ist es im Raum geworden und nach einer kurzen Weile spricht
Willi weiter.**

Wenn die Sonne fern im Westen sinkt
reicht sie still der Dunkelheit die Hand
Wenn der Tod hier einem Menschen winkt
trägt er seine Seele in ein Land,
das im Morgenglanz der Ewigkeit
sie von Sorge und von Schmerz befreit

Ich möchte nun einen ganz kurzen Überblick geben, wie das Schiff entstanden ist. Wenn ich zurückdenke an meine Bauzeit, ich war ja aktiv auf dem Bau tätig - und eines schönen Tages fuhr an der Baustelle ein Streifenwagen der Polizei vor. Es kamen da zwei Streifenbeamte heraus - mit solchen weißen Tellermützen - und irgendwie als Maurer, die ja auch ab und zu mal was getrunken haben, bekommt man irgendwie ein komisches Gefühl, wenn da die Polizei mit so einem Dienstwagen vorfährt - man denkt daran, was man selbst oder ein Kollege wieder ausgefressen hat. Aber da kommt so ein flotter, netter Polizist mit einer sauberen Uniform. Der steigt da aus ...

Zwischenruf: "Das kann ich nicht gewesen sein!"
Allgemeines Gelächter

Der stellt sich als der Horst vor, der liebe Schniebel und sagt, Du bist doch der Sani -ich hieß früher mal Sani bei den Pfadfindern. Und der Schniebel hatte hier ein Grundstück geschenkt bekommen von seiner Tante Friedel und die hat ihrem Neffen gesagt: "Nun sieh mal zu, wie du hiermit fertig wirst - baut da ein vernünftiges Haus rein".

Er hatte da wohl auch schon angefangen - hat sich tiefe Löcher ausheben lassen, hat eine Maurerkolonne aus Braunschweig besorgt, und die sind dann hierher gekommen, und wie sie hier die Kraterland-

schaft gesehen haben, da haben sie nicht gewußt, wie sie es anfangen sollten und waren dann wieder verschwunden.

Horst stand also auf dem Schlauch - er suchte händeringend jemand, der seine Idee und die Idee des Architekten und seines Statikers in Wirklichkeit umsetzen kann. Denn das ist man gar nicht so einfach. Es ist einfach, ein Haus zu zeichnen, es ist einfach, auch ein Haus zu berechnen, aber es ist schon etwas schwieriger, solch ein Haus in so eine Landschaft hineinzustellen - und diese Landschaft, die hier nun war, das war keine einfache Ebene, es war eine Kraterlandschaft. Die Zuwegung war morastig - es stand hier oben noch Wald - es gab außer Tante Friedel's Haus kein weiteres - etwas höher stand im Garten noch so ein Wochenendhäuschen von dem ehemaligen Tiefbauunternehmer Lassow. Ja, so war es. Dann bekam Horst einen guten Tip von einem anderen Pfadfinderführer, der heute auch hier unter uns ist, von Klaus Kleeberg (Dieckmann) und der sagte:

"Mensch, wir haben doch in Harzburg den Sani laufen, der ist doch Maurer, der weiß doch, wie Häuser gebaut werden, geh doch da einmal hin".

Und deswegen erschien 1967 auf meiner Baustelle in der Wiesenstraße der Horst Stukenberg. Ich nahm mir dann gleich etwas Zeit, als Polier kann man ja auch mal auf einer Baustelle weggehen - wenn alles gut organisiert ist, dann kann man sich schon einmal für eine Stunde verdrücken. So stieg ich in den Polizeiwagen ein und lernte dieses Gelände hier kennen - jetzt stand ich hier oben und mußte feststellen, es sieht wüst aus. Und dann fragte ich ihn: "Hier willst'e ein Haus rein haben?"

Ich begann zu überlegen, denn damals als Polier hatte ich ja nicht nur Arbeit auf der Baustelle, ich war noch tätig als Pfadfinder und im DRK - im "Roten Kreuz" - und gleichzeitig noch im überörtlichen Katastrophenschutz in Braunschweig. So war meine freie Zeit eigentlich schon verplant, und um ein Haus hoch zu ziehen, braucht man ja auch Maurer. Das Geld saß beim Horst gar nicht so dick in der Tasche, seine Taschen waren ziemlich durchlöchert.

(als Schutzmann, verheiratet mit einem Kind verdiente man(n) damals 623,-- DM)

Er brauchte somit preiswerte Leute, die nicht viele Stunden brauchten, um solch ein Haus hochzubauen. Mit meinen Kollegen mußte ich anschließend Rücksprache halten und fragte, wer da mitmachen wollte. Den Stundenlohn hatten wir auch schon ausgelotet - der war so und so hoch, das war ein angenehmer Preis, auch für den Horst, der damit einverstanden war. So kamen wir ins Geschäft und versuchten nun, ihm hier zu helfen.

Schniebel hatte ja damals noch das Recht vertreten, er war noch nicht so versaut wie heute, wir konnten mit ihm noch etwas anfangen - ... Erziehung ... ? - er war Staatsdiener - ja wirklich, damals, da war er ein richtiger vernünftiger Mensch, und er wußte vor allem eins, das mußte er bei der Polizei gelernt haben, er wußte ... - ja wie heißt das nun, laß mich arbeiten, oder laß mir arbeiten? Wie heißt das richtig?

Zuruf aus der Mitte des Saales: "Laß andere arbeiten!"

Ja richtig, und das hatte er gewußt - er hat gesagt, laß Marlis arbeiten - das hat er gesagt - und wer war die Person von Anfang an, worum sich alles drehte, das war die Marlis und die Tante Friedel, welche die Verpflegung dann übernahm. Ohne diese beiden Damen, die jetzt noch heute hier unter uns sind, vor allem Tante Friedel, die damals noch jung und knusprig war - ihre Augen, die funkelten damals noch wunderschön, sie hatte auch ihren Hund dabei, der von allen verehrt wurde - ja, dadurch klappte es überhaupt, daß wir hier nun einstiegen und ein Haus hinstellen konnten.

Wir konnten nicht lange diskutieren auf dem Bau - auf dem Bau ist das sowieso nicht drin - da gibt es nur Befehle und die wollen sofort ausgeführt werden - da kann nicht lange geredet werden, wenn was passiert auf dem Bau, dann geht's vor's Gericht ... - aber wenn innerhalb von Sekunden entschieden werden muß, und das ist heute auf dem Bau auch immer noch so, da gibt es kein langes Diskutieren, da muß zugefaßt werden, und alle, die dann hierher gekommen sind, und alle die er dann herankarrte, seine ganzen Freunde, und er hatte einen großen Freundeskreis, die packten zu. Einige waren natürlich dabei, die haben uns dann Fallen gebaut - ich weiß noch, wie der Hasso uns ein Gerüst bauen sollte, da schob er drei Böcke hin und die Bohlen reichten nicht über die drei Böcke rüber - nur über zwei. Die Bohlen guckten links und rechts einen Meter über, und bevor man überhaupt auf die Bohle drauf treten konnte, da lag man hintenüber. Ihr könnt Euch das wohl vorstellen, nicht wahr?

Mit solchen Freunden, die er nun hatte, da mußten wir uns zurechtfinden, das war das eine Manko bei dem Bau oder bei diesem Schiff. Und auch bei der gesamten Grundsteinlegung dieses Schiffes war hier auch Wasser. Wir mußten das Wasser beseitigen, die Bleiche ist in der Nähe, wir mußten erst einmal trockene Füße kriegen, wir mußten viel schachten und die Hacke schwingen, da gab es dann auch so manche Wasserblase an den Händen, und trotzdem haben wir es geschafft, daß dieses Bauwerk, so wie es hier heute steht, entstanden ist. Es konnte nur entstehen, über die vielen helfenden Hände. Aber das Ruder, das gesamte Ruder beim Bau, das hatte der Horst immer in der Hand behalten. Er wußte genau, worauf es ankam - man brauchte ihm nur sagen, morgen brauchen wir fünf Kubikmeter Kies, und irgendwo auf der Landstraße hat er dann einen Kies-LKW angehalten, der überladen war, und hierher dirigiert.

Großes Gelächter, warum die wohl lachen?

Selbst wenn die LKW-Fahrer manchmal Angst bekamen, wenn sie nämlich die Baustelle von oben sahen -der Zuweg ist nicht so schön wie heute- die konnten da immer nur nach unten rausfahren - heute ist das nicht mehr möglich, weil zwischendurch dieser Nachbar gebaut hat und unterhalb ein Landschaftsschutzgebiet ist, wo auch ein riesengroßer Golfplatz entstanden ist. Mit dem Golfplatz ist hier nämlich auch sein Bau im Ansehen gestiegen, wenn er damals die Quadratmeter geschenkt bekommen hat und das Haus damals wenig Geld gekostet hat, ich möchte die Summe nicht nennen, aber heute würde dieses Grundstück unter einer halben Million nicht mehr zu bekommen sein - das ist aber insgesamt durch die Jahre gekommen und dadurch, daß sich die Umwelt hier verschönert hat, und ist insgesamt durch die ganze Preisentwicklung gekommen.

Die Bauphase war hier nicht einfach, nicht nur, daß ich die Maurer besorgen mußte, ich mußte ja auch das Gerüstzeug besorgen, wir brauchten Gerüstböcke, brauchten Schalung und das war hier ja alles Mangelware - zum Kaufen brauchte man Geld, und Geld war nicht da. Also wurde das alles organisiert - daß heißt nicht unbedingt gestohlen, wir haben hier keinen Prozeß am Hals gehabt, so war es nicht, aber es wurde doch mit (un)lauteren Mitteln manche Bohle vom Straßenbau da oben weggeholt, wo da die Straße gebaut wurde von der Fa. Seiler, und oft stand an der Karre auch Fa. Seiler dran und an der Schaufel auch, und so mancher Stempel mußte dann hier geholt werden und ja, das ging auch nicht so einfach. Wenn das heute gebaut werden müßte, so hätten wir sofort einen Prozeß am Hals, denn so mancher Baum wurde hier in der Nachbarschaft abgesägt, weil einfach noch Stempel gebraucht wurden

Anmerkung: Ob das alles wirklich so war? Einiges durfte ganz einfach ausgeliehen werden, anderes wurde gefunden, ohne verlorengegangen zu sein, wieder anderes be-

kam man für eine Kiste Bier geschenkt, vieles brachte der
Willi mit.

Und so mancher Sturz mußte eingeschalt werden, und es war schon
nichts mehr da, kein Brett, nichts, ich sagte, wir müssen den Sturz
heute noch einschalen, er muß heute noch fertig werden, denn wir
müssen da morgen weitermauern. Ja, und so wurde das eine oder andere Brett noch geholt, und von Tante Friedel wurde noch ein alter
Schrank geholt, er wurde einfach so mitgenommen zum Einschalen,
und so ist dann dieser Bau entstanden.

Tante Friedel war ja immer da und für die Getränke zuständig, auch
für das Essen, es gab herrliches Essen und sie hat es immer geschafft,
einen großen Topf mit Essen zu kochen, und da war nie Mangel, und
die Maurerkollegen von mir waren alle zufrieden. Da war der Alwin,
das war ja ihr Liebling, nicht wahr Tante Friedel, Alwin Keitel, ja,
und so ist das hier dann alles entstanden - Jeannette mußte versorgt
werden, die war ja auch schon da, und beim Bauen selber, da haben
wir mit einem Mal gemerkt, da sind ja noch Hohlräume, die in der
Zeichnung gar nicht berücksichtigt waren, und da ist beim Bauen dieser große Raum hier entstanden. Da war die große Halle, der Archi-
tekt hat sich gar keine großen Gedanken gemacht, was daraus werden
sollte. Da habe ich gesagt: "Horst, da machen wir eine Luke, wie auf
einem Bauernhof". Da haben wir an Marlis' Heimat gedacht, da in
Fümmelse, wo auch so eine alte Luke oben ist und sind zu mir auf die
Baustelle gegangen, haben ein paar Vierkanteisen geholt, die haben
wir noch ein bißchen herumgedreht in der Schmiede hier, so daß sie
diese Form bekommen haben, eingemauert, und schon hatten wir
oben einen riesengroßen Schlafsaal, was heute die Jugendherberge ist
bzw. heute ist es ja schon die Altenherberge.

Allgemeines Gelächter
Der Henning tat es, er bog die dicken Eisen wie Draht in
Fümmelse zurecht, und der Jürgen war es, der zuerst anregte,
da eine Jakobsleiter ranzubauen, woraus später die sogenann-
te Paulsleiter wurde.

Und so ist das hier alles entstanden. Und als die Familie Stukenberg weiteren Nachwuchs bekam, der Alexander war nämlich auch unterwegs und versuchte so schnell wie möglich hier reinzukommen - manches war noch gar nicht fertig und ich sagte, zieht ein, so schnell wie möglich, dann hört die ganze Fahrerei auf, und ihr spart das Essen, Tante Friedel kocht für alle hier, und so ist die Familie Stukenberg hier schon bereits Ostern 1968 in dieses Haus eingezogen, obwohl noch kein Parkett drinnen war ...

Zwischenruf von Marlis: "Es waren keine Türen da!"

keine Türen waren teilweise da, da haben wir sie nur provisorisch hier reingebracht, und sie haben sich hier dann eingerichtet und haben das Haus schon mal in Beschlag genommen - der Peter baute dann die Heizung ein - der Wolfgang saß

*oben auf dem Dach und hat die Dachrinnen eingesetzt -
Schornstein eingefaßt. Schornstein usw.: Diese Arbeiten hat
doch der Volker, genannt Leie, gemacht und auch die Fenster-
bänke aus Blech, damit wir hören, wenn es draußen regnet.
Wolfgang und Horst Weidemann bemühten sich vor allem um
die Installation.*

Da waren aber auch Wolfgang, Arnchen, Udo, Leie/Volker als Fachleute mit dabei.

*Da wurde Strom noch teilweise verlegt (Fidschi, Reno, Bam und Ise?)
- Decken wurden noch eingezogen (Decke über Balkon und Jeannetts
Zimmer, das war Paschas Werk) - auf dem Dach und beim Einbau der
Fenster wirkten Rolf und Walter Imbs zusammen. (Anzumerken ist,
Walter weilte damals zu Besuch in Deutschland. Er leitete in Südame-
rika gerade zwei Baustellen der MIAG und war nur leichte Kost gewöhnt. Bohnensuppe gab's mittags, und ich sehe noch die 'Rauchschwaden' über dem Dach, mit denen der Walter die Luft in der Elfenecke verpestete.) Und so ist dann dieser Bau, dieses Schiff entstanden
und hat nun 25 Jahre dem Sturm getrotzt, ist gut damit gefahren. Es
hat sich gezeigt, daß das, was Horst mal wollte und machen sollte, das
hat er nun hier vollbracht. Er hat sich nämlich eine Frau genommen,
hat Kinder gezeugt, hat sich hier Bäume herum pflanzen lassen, und,
er hat gute Freunde bekommen.*

*Zwischendurch kam dann die Einweihung am 28.8.1968, und zu der
Einweihung morgens, da war unten noch ein Kellerraum frei, der war
noch nicht richtig genützt, da habe ich gesagt, komm her, ich komme
morgens hoch, der Zeppich war auch noch da, der Zimmermannspolier, der den Dachstuhl ausgebaut hat, der kann noch schnell mit helfen, wir müßten doch noch eine Bar reinbauen, für die Einweihung.*

Wir haben morgens noch nicht einmal gewußt, wie die aussehen sollte, die Bar, aber es sollte so schiffsmäßig was sein - Netze haben wir
da noch gefunden, eine alte Reuse, ein paar Angelhaken, aber, der
Tresen mußte gebaut werden, wir hatten noch ein paar Ytongsteine,
und in den Tresen sollten die Weinflaschen rein, wir hatten noch ein
paar alte Drenageröhren übrig behalten, die paßten genau für die
Weinflaschen.

"Na, komm her", sagte ich, Ytongsteine hin, links und rechts, erst ein-
mal grade unten, dann haben wir die ... Steine draufgelegt, so nun, ei-
ne Schicht drüber gemauert, und was machen wir jetzt? Erst einmal
ein Brett drauf, so, es sieht aber noch nicht richtig aus, wir hatten ei-
nen Balken, der wurde ein bißchen nachgehobelt, damit er schön glatt
aussah, das war auch schon etwas, aber das war noch nicht das Rich-
tige, da fehlte noch was - da sagt Zeppich, der Zimmermannspolier:
"Ich habe zu Hause noch eine große alte Bohle, die bauen wir oben
drüber!". Da haben wir nun einen richtigen großen Tresen gebaut, so
ist es geschehen. Der Tresen steht heute noch - morgens um sieben, da
wußten wir noch nicht, wie er aussehen sollte, aber mittags um zwölfe
war er fertig - dann haben wir ihn abends eingeweiht, und ich sage
Euch, ich kann Euch nur raten, geht heute im Laufe des Tages nach
unten runter und nehmt den Tresen in Beschlag.

Kämpfe hatte der Horst noch auszustehen, hinterher, mit seiner Nach-
barschaft - irgendwie hat er sich mit seinen Nachbarn überworfen,
aber ich muß schon sagen, der Nachbar ist sehr kompliziert, der ko-
mische Mann, und mit einem Mal wurde hier eine Straße reingebaut,
und Horst hatte ja seine eigene Zuwegung noch, er sollte jetzt

einen Haufen Geld bezahlen, und das war nicht nötig - und mit einen mal, ich weiß nicht wie, hatte er vor seiner Mauer hier eine zweite gebaut bekommen, ohne zu bezahlen, das wissen einige von Euch noch, aber Horst Volker weiß noch, daß hier mal ein Zaun stand, das war der Grenzzaun, wie er in Eckertal stand - dann kamen die nächsten Jahre, es wurden weitere Häuser gebaut, und dann kam auch die Wiedervereinigung mit den Nachbarn, der Zaun wurde weggenommen, und er durfte auch die Straße benutzen. So ist das nun auch zu Ende gegangen.

Dann kam Alexander her am 14. November 1968. Das Haus wurde voller und 1974 sagte der Horst sich, zwei Kinder sind nicht genug, ich bin ja christlich eingestellt,da haben sie sich die Peggy geholt aus Berlin, aus einem Heim und zu sich genommen, und mit der Marlis zusammen erzogen, und was wir heute an der Peggy haben, das sehen wir jetzt - wo ist denn die Peggy überhaupt?

Zwischenruf von Peggy: "Hier bin ich!"

*Da kann man sehen, was Familie aus so einem kleinen Kind, was man
überhaupt aus einem Menschen machen kann. Peggy, das ist nicht mit
Geld zu bezahlen, was Deine Eltern gemacht haben.*

*Horst kriegte aber dann, als
hier alles fertig war, von irgendwelchen Leuten gesagt:
"Also Horst, Polizei ist für
Dich zwecklos. Du bist für die
Polizei nicht der richtige
Mann. Du kannst ja nicht
einmal Recht von Unrecht unterscheiden".*

*Beifälliges? lautes Geläch-
ter!*

*Und durch gewisse Umstände
wurde er auch krank und
mußte seinen Abschied bei
der Polizei nehmen. Er wurde
pensioniert.*

*Und mit dieser Pensionierung kam die Zeit, wo er den 2. Bildungsweg beschrei-
ten konnte. Er war ja vorher schon eingebildet, aber jetzt bekam er Bildung. Ja,
die Bildung hat ihm ganz gut getan, er hat dabei viele Haare oben auf dem Kopf
verloren, die dann an der Seite gewachsen sind, wie das so Mode war. Viele
kannten ihn gar nicht wieder. Er lief wie so'n Asozialer herum, und mit dem
zweiten Bildungsweg kamen auch neue Freunde, das Haus wurde noch mehr gefüllt, es kam*

also noch mehr Leben ins Haus als vorher schon da war, es kam auch wie früher zum Austausch der Gedanken im Haus. Es wurde hier viel diskutiert, und wir haben uns in der Zwischenzeit alle miteinander kennengelernt, sind Freunde miteinander geworden. Awad ist ja auch immer dabei.

Und wenn ich das Familien-Oberhaupt, den Horst Volker hier sehe - er hat mir heute gerade erzählt, daß er den höchsten Rang in seiner Familie bekommen hat, weil er alle anderen beseitigt hat - (wieder großes Gelächter), somit ist es aber auch wieder ein ganz großer Kreis geworden. Aber, was mich immer noch

am meisten freut, ist, daß die älteste Person noch heute unter uns ist und immer noch munter ist. Das ist nämlich die Tante Friedel.

Unterbrechung der Rede, großer und langanhaltender Applaus

Euer Schiff hier soll Freunde weiterhin aufnehmen und der Zukunft, Euch wie auch Euren Freunden kann ich nur eins sagen, ihr sollt zurückdenken an die Pfadfinderei mit dem Spruch "All Zeit bereit". Und "Allzeit bereit sein" heißt, es steht da vorne an der Tür geschrieben: "Wir haben Fünfe geladen, zehn sind gekommen, gieß Wasser zur Suppe, -Marlis, ja- und heiß alle willkommen". Mit einem herzlichen "Glück Auf" auch gerade im Blick auf morgen, aber auch für die Zukunft, wünsche ich Euch alles Gute ...

Laut und lange wird Beifall gespendet - Willi, der "größte Baumeister aller Zeiten" - wie ihn Kuno in seinem letzten Brief nannte, verläßt relativ munter die Brücke. Der Kameramann Heinz jedoch beklagt seinen vom langen Halten der Filmkamera inzwischen lahm gewordenen Arm.

Gemurmel. Verschiedene Stimmen reden wild und wirr durcheinander; ein Geräusch verkündet das Ende der Tonbandaufnahme. Weiter geht's.

Wille oder unser rüstiges Tantchen

Und nun die Rede der Frau Heusinger. Zur Zeit der älteste Passagier, aber auch Mitbegründer dieser hochnoblen Reederei. Noch immer ist sie ihr eigener Käpt'n und Steuermann in einer Person zugleich.

Sie hat einen ungemeinen starken *Willen*, sie weiß, was sie *will*, und weiß genau so, was sie nicht *will*. Aber warum unsere Kinder als sie noch ganz klein waren, ihr den Spitznamen "*Wille*" gegeben haben, das *will* keiner wissen.

Einige Tage zuvor schrieb sie "klamm heimlich" auf drei großen Tapetenbahnen einen Text auf. Was hat die Dame bloß geschrieben? Nun nimmt sie den Platz auf der Kommandobrücke -assistiert von Vera, Spatz's Mutter- ein und beginnt mit lauter Stimme:

"Erinnerungen an das Baujahr 1968

Schaffe, schaffe Häusle baue und net nach den Mädele schaue! Aber das mit den Mädele ist ja längst vorbei, das war, als der Horst ein lockerer Jüngling mit Haar, ach, was sage ich da, ein Jüngling mit lockigem Haar war. Nun steht statt der Mädele die blonde Ehefrau Marlis an der Zementmischmaschine und rührt an jedem Wochenende unverdrossen den Zement zu Brei, damit der Hausbau zügig vonstatten geht. Ab und zu muß Marlis eine kleine Pause machen, um das kleine Töchterlein mit Namen Jeannette, das nebenan im kleinen Wohnzimmer der Tante Friedel in einer Tragetasche in den Tag hineinlebt, zu füttern und den Po sauber zu machen. Aber dann wird unverdrossen draußen weitergemacht.

Ich hätte ja ganz gerne die Arbeit des Windeln-Wechselns der Marlis abgenommen. Aber da ich selbst keine Kinder gehabt hatte, war ich natürlich sehr ungeschickt in diesen Dingen. -

Der Anfang des Hausbaus war ein großer Reinfall. Nachdem die Baugrube ausgehoben war, hatte Horst drei Maurer in Braunschweig ausfindig gemacht. Diese erschienen dann auch eines Morgens. Horst hatte Vorarbeiten in der Grube gemacht. Die

Drei sahen sich das erst einmal in aller Gemütsruhe an und stellten dann fest, daß sie damit nichts anfangen konnten, daß sowieso alles verkehrt war, was Horst da ausgetüftelt hatte. Es wurde kein Stein angefaßt, der erste Tag verging mit Herumstehen, Rauchen und Palaver.

Am zweiten Tag genau dasselbe und so fuhren sie wieder schön ausgeruht nach Hause. Am dritten Tag rief ich voller Verzweiflung bei Stukenbergs in Braunschweig an, Horst erschien und schickte die Drei unverrichteter Dinge wieder heimwärts. Ja, was nun?

Horst ging auf die Suche. Plötzlich, ich weiß nicht wie, gabelt er dann irgendwie den Herrn Przybilski auf, unseren lieben Willi, einen ehemaligen Pfadfinder. Das war natürlich ein riesenhafter Glücksfall, ein Geschenk des Himmels, wie man so sagt. Nun klappte von da an alles großartig. Willi brachte noch zwei Maurer mit. Dann kamen die Freunde von Horst, fast alles Pfadfinder und zwei Polizeikollegen.

Und nun ging an jedem Wochenende der Hausbau unter Leitung von Willi, dem größten Baumeister aller Zeiten, -wie ein Freund von Horst, Kuno, sich neulich ausdrückte, zügig vor sich.

Im Vorderhaus sorgte die Hausfrau, und zwar Tante Friedel damals mit 67 Jahren noch eine rüstige Person, heute alt und klapprig, für das leibliche Wohl der Mannschaft draußen. Riesentöpfe mit Suppe wurden an jedem Samstag gekocht und mit großen Appetit verzehrt. Kam noch jemand unverhofft dazu, wußte der liebe Horst guten Rat:

Es sind zwei Leute mehr gekommen, gieße Wasser zur Suppe, heiße alle willkommen!
Eines Tages gab es Aufregung. Am 17. Juni, ein Feiertag, aber Horst hatte alle Mann zur Arbeit bestellt, kam ein Polizeiauto angefahren und gebot Feierabend. Irgend jemand, der auf Stukenbergs Ärger hatte, hatte uns angezeigt. Danach fuhren

Horst und ich in der Nachbarschaft umher, wir wollten rauskriegen, wer es gewesen war.

So nach und nach wurde aus dem Häusle ein recht schönes, großes Haus und es wurde dann fröhlich mit allen drum und dran und allen möglichen Überraschungen Richtfest gefeiert. Auch mein damaliges Dackelchen Peter feierte vergnügt mit, irgend jemand hatte ihm wohl auch ein Schnäpschen verabreicht, so daß er mit seinen 4 krummen Beinchen sehr unsicher in sein Körbchen wackelte.

Ja und nun steht das Haus seit 25 Jahren stolz und trutzig da, ein sehr gastfreies Haus, zur Freude aller die darin gehen ein und aus".

Gedichtet, vorgetragen, voll und ganz bei der Sache und das im 93. Lebensjahr. Unter stürmischem Beifall verläßt sie nun die Brücke und schreitet zufrieden und erhaben die Treppenstufen hinunter.

Weiterer Verlauf der "Seereise" und Ausklang

Schlingernd durchzieht das Schiff seine Bahn durch diese Zeit - die Stunden der Reise verrinnen wie im Fluge - auf allen Decks sitzen Gruppen beieinander - der Geräuschpegel verrät dem aufmerksamen Zuhörer, die Menschen haben sich wohl eine Menge zu sagen - irgendwann erschallt die Schiffsglocke - sie ruft Passagiere und Mannschaften zum Dinner - mehr als außergewöhnlich muß es vorkommen, angerichtet ist in der Kombüse - die See ist verhältnismäßig ruhig - die in der schiffseigenen Konditorei und Kombüse seit Tagen vorbereiteten exquisiten Speisen munden offenbar allen Gästen vorzüglich.

An Bord befindet sich eine ägyptische Bauchtanzschule - sie bezieht in ihre erstklassigen Darbietungen alle interessierten Gäste mit ein - immer wieder Applaus für die unterschiedlichsten Einlagen - das Fernsehteam von RIAS Berlin hält auch diese Stunden in dem Dokumentarfilm fest - die Nacht wird lang und länger. Pünktlich um 9.30 Uhr geht am Sonntag, dem 29. August 1993, die TS Bremen vor Anker.

Wie im Programm angekündigt: Landgang. - heimlich haben sich während der Nacht einige Passagiere von Bord geschlichen - 28 Menschen sind übrig geblieben - das örtliche Busunternehmen verweigerte den Transport der Passagiere zum ortsüblichen Tarif - "man" weiß sich zu helfen - sieben Autos werden gechartert - sieben Fahrer - sieben Gruppen:

Arnchen mit Lutze, Eddi, Wiesje, Pedder
Willi mit Horst Volker, Hans, Haschi, Peggy
Olli mit Carsten, Awad, Annrose
Heinz mit Tante Friedel, Vera
Axel mit Pütt, Jan, Tilo
Schniebel mit Ina, Jeannette
Barbara mit Alexander

Die Fahrzeugkolonne schlängelt sich an den Ausläufern des Nordharzes entlang gen Westen - keiner der Insassen kennt das genaue Ziel der Expedition - nur haarsträubende Gerüchte machen die Runde - in der Ferne taucht am Horizont eine alte Kaiserstadt auf - jedoch bleibt diese unbeachtet rechts liegen - die Straße führt nun stetig bergan und endet vor dem 1000 jährigen Reich der Berggeister - diese sagenumwobene Stätte langjähriger Bergmannstätigkeit ist als ein Museum dieses Kontinents auserwählt worden und hat zusammen mit der Altstadt Weltgeltung erlangt - erst seit vierzehn Tagen ist es möglich, per Grubenbahn 479 Meter tief in den Berg einzufahren - der Reederei ist es telegrafisch gelungen, für ihre auserwählten Gäste die heißbegehrten Tickets zu ergattern.

Strahlend blauer Himmel - vor dem Bergwerk angekommen bilden die Insassen der Fahrzeugkolonne einen großen Kreis - jemand von der Reederei erläutert den Ablauf der nächsten Stunden - man begibt sich in die Waschkaue - Einkleidung mit Helm und Jacke - zu sehen sind verwegen anmutende Gestalten - es müssen die da von der TS Bremen sein - Einfahrt in den Stollen bis zur ersten Station der Grubenbahn - allen voran die 92jährige Dame Frieda vom Heusinger - als Ehrengast soll sie auf der Lokomotive mitfahren - doch die Angst ist wohl größer als die Neugierde - gestützt auf den Arm ihrer Großnichte zwängt sie sich gleichberechtigt mit den anderen zusammen in einen Waggon hinein - schwere Stahltüren schließen sich hinter den Besuchern - jeweils zehn Personen hocken

eng gepfercht zusammen - donnernd und rasselnd wird der Zug vom Berg ver-
schlungen.

Ein Steiger (Ingenieur) des Bergwerks begleitet die Gruppe. Fachkundig werden
die Arbeitsmethoden und -techniken aus den letzten Jahrhunderten des Bergbaus
erklärt und vorgeführt. Vor Ort setzt er Gerät und Maschinen in Gang. Staub
wirbelt auf, ein unheimlicher Lärm erfüllt die Luft in dem engen Stollen unter
Tage. Plötzlich wird bewußt, welche Strapazen die Bergmänner und ihre mitar-
beitenden Kinder in den vergangen Jahrhunderten auf sich nehmen mußten.
Teilweise lebten sie eine volle Woche im Berg oder nahmen An- und Ab-
marschwege von mehreren Stunden am Tag in Kauf. Dazwischen galt es hart zu
arbeiten. All dieses wird deutlich, als der Steiger uns Geschichte und Geschichten dieses historischen Ortes näher zu bringen versucht. Ein Vergleich zum Leben in heutiger Zeit drängt sich auf.

Das Tageslicht wirkt auf uns als Erlösung - zurück zu unserem "Schiff" - eine
Gruppe begibt sich noch kurz auf die Spitze des Rammelsberges - ein kurzer
Blick auf die zu Füßen liegende 1000 Jahre alte Kaiserstadt - getrennt fahren die
einzelnen Fahrzeuge zum Anlegeort zurück und begeben sich noch einmal an
Bord der TS Bremen.

Der weitere Verlauf gestaltet sich nun wieder ähnlich wie vor 25 Jahren anläßlich der Jungfernfahrt 1968. Ein Unterschied ist beim Speisen festzustellen: Gab
es damals den Eintopf im wahrsten Sinne des Wortes aus einem Topf, wird nun
die Suppe aus zwei verschiedenen Kesseln gereicht, einmal mit Fleisch, einmal
vegetarisch. Haben sich da möglicherweise inzwischen einige Essgewohnheiten
verändert? Sind einige Menschen wählerischer geworden? Dennoch, friedlich
und genußvoll verzehren Fleischesser und Vegetarier ihre Henkersmahlzeit zusammen. Noch einmal eine kurze Wanderung zum nahe gelegenen Elfenstein.
Wie vor 25 Jahren eine süße Speise zum Abschluß. Das war`s denn wohl auch
schon, oder?.

Als die hochsommerliche Abendsonne sich senkt, erblickt sie die friedlich vor
Anker liegende TS Bremen, oder, wie das von der Wiesje so beziehungsreich
benannte 'Haus open Deur' zu Bündheim. Ruhig ist es wieder geworden, noch
ruhiger wird es in Zukunft werden. Ein Hauch der 'Menschlichkeit', der Atmosphäre vom verflossenen Wochenende wird verbleiben und wird neue Wirkung
erzeugen. Vielleicht leben wir -so wie es die Vera in ihrem Vers ausdrückte- in
einem ständigem Kreislauf, wo alles miteinander verbunden ist und sich wechselseitig zu beeinflussen vermag? Vielleicht ist es aber auch ein bestimmter
Geist, der uns umgibt und immer wieder durchdringt, der neue Kraft, neuen Mut
für neue Begegnungen zu schaffen weiß?

Noch einmal werden am Ende des Jahres 1993 viele Menschen aus unserem Freundes- und Verwandtenkreis -allerdings so, wie das seit dem ersten traditionellem Freundestreffen stets am 28.12. seit 1955 üblich ist unangemeldet und uneingeladen- zusammenfinden und gemeinsam feiern. So haben wir es oft gehalten, aber wer weiß schon, was die Zukunft uns lehren wird? Und wer weiß, wie die junge Generation es halten will? Sie wird ihren eigenen Weg finden und gehen müssen, mit und ohne uns. Zu hoffen bleibt, daß der Bau zu Bündheim noch manchen Sturm trotzen wird und die Türen dieses Hauses in gewohnter Weise für Menschen und Feiern offen bleiben können.

Die drei Juniorpartner der Reederei. Alexander, Peggy, Jeannette. bei Wille im Wohnzimmer

Die letzte Phase im aktiven Polizeidienst in Bad Harzburg

Krank bin ich geworden. Der Polizeidienst besonders in Bad Harzburg zermürbt. Zur Zeit meiner aktiven Zeit bei der Motorisierten Verkehrspolizei hatten wir oft großen Ärger mit den Kollegen des Harzburger Reviers. Kilometerlang stauten sich die Autos auf der Bundesstraße 4 vor Harzburg. Die Kollegen saßen brav auf dem Revier und kümmerten sich nicht um die Verkehrsregelung. Mit dem Streifenwagen vorgefahren: „Raus, ein Mann zum Berliner Platz, einer zum Bahnhof und den Verkehr regeln". Nun, sicherlich waren wir grob, vielleicht auch überheblich und haben sie gescheucht. Aber der Verkehr besonders zur Winterzeit oder beim Sommertourismus wollte fließen. Vielleicht kam nun auch einiges wieder auf mich zurück. Der Personalchef der Polizei PHK Barackling war eh nicht gut auf mich zu sprechen. „Sie werden von mir noch hören, ich werde Sie ....". So wurde ich krank, und da die Polizei keinen Innendienst kennt, frühzeitig in den Ruhestand versetzt. Es hätte bei meinem Widerstand auch ganz anders kommen können. Aber mir war dieser Schritt wohl recht, und dass es so kam, dazu habe ich sicherlich mein Scherflein beigetragen.

Denn vorher saßen wir in der Familie zusammen und haben darüber beraten. Auch für die Familie sei es nicht gut, wenn ich unzufrieden und nicht glücklich bin. Wir entschließen uns für einen Sprung ins kalte Wasser. Ich soll diese Arbeit mit einem gesicherten Einkommen auf Lebenszeit aufgeben und Neues versuchen. So verlasse ich nach 18 Jahren Polizeidienst diesen auch finanziell für die Familie sicheren Bereich.

Zu erwähnen ist, der leitende Polizeiarzt kannte mich recht gut und stand auf meiner Seite. Der erste Polizeipsychologe Deutschlands in Berlin und Leiter des „Pädagogischen Zentrums", Prof. Dr. Helmut Kentler, riet mir zu, von der Polizei fortzugehen. In Höchst/Odenwald bereite sich eine Gruppe Diakone und Pastoren auf die Externenprüfung zum Sozialarbeiter vor. Das sei etwas für mich. Hans Rehring, seine Frau als Psychologin und ein Herr Marx organisierten das Ganze in Zusammenarbeit mit der Fachhochschule Nordweststadt in Frankfurt. Der damals bekannte Prof. Moldenhauer und andere Kapazitäten würden dieses einmalige Projekt theoretisch begleiten. Voraussetzung sei ein vergleichbarer Abschluß der Mittleren Reife, was bei den vielen Polizeiabschlüssen, die ich hätte, doch ohne weiteres beim Kultusminister Herrn von Friedeburg anzuerkennen sei. Ich solle einen schönen Gruß vom Kentler bestellen. Es wurde etwas daraus, wenn auch etwas anderes als geplant. Aber unsere Zukunft war noch unsicher. Dennoch verzichteten wir nicht auf unsere Reiseleidenschaft.

Reisen bildet – Der Familienreisen zweiter Teil

Hochzeitsreise, das war üblich, das musste sein. Wie schon beschrieben, ging die Reise mit dem Zug zum Millstädter See.

Ein Jahr zuvor hatte ich eine Fahrt für Jugendgruppenleiter nach Polen vorbereitet und organisiert. das gäbe nun wiederum ein eigenes Kapitel.[38] Von den Polen bekam ich selber ohne Angabe von Gründen kein Visum. Ein weiteres Jahr zuvor 1966 war ich schon einmal mit Jugendgruppenleitern in Polen gewesen. Vielleicht war das zuviel des Guten und verdächtig. Man wusste, ich war damals Polizeibeamter, vielleicht vermutete man noch etwas ganz anderes? Auch die Polizei verweigerte mir die Genehmigung. Was will der denn schon wieder dort, könnte man sich gefragt haben? Das Sitzen zwischen zwei Stühlen ist wohl ein Teil meines Lebens. So fuhr Marlis, meine Frau, nach Polen, ganz selbstverständlich alleine mit einer Gruppe von Leuten, die sie nicht alle kannte, und in ein Land, welches damals noch mit vielen Vorurteilen belegt und einfach fremd war. Ein Wagnis, welches sie hervorragend meisterte. Ein paar Jahre später fuhr sie auch mit der Barbara nach St. Petersburg und Moskau. Aber auch mit der Haschi die Rhone entlang in Richtung Südfrankreich. Liegt auch der Marlis das Reisen im Blut?

Sehr oft besuchten wir unseren Freund Horst Volker in Darmstadt. Er wurde ja auch der Patenonkel von Jeannette und hat dann immer gleich auch die beiden anderen Kinder mitbeschenkt. Großen Spaß hat es bereitet, wenn wir in seinem Kaufhaus in Darmstadt Kriegen oder Verstecken spielten. Er machte dann das Licht im Kaufhaus aus, der Sucher bekam eine Taschenlampe und los ging es. Wenn dann ein Kind sich in einen Teppich eingerollt oder zwischen Kleider in einen Ständer gehängt hatte, war es sehr schwer, es zu Finden. Oft gingen wir auch in sein eigenes Reich, in die Unterwelt von Darmstadt, die mit den großen Bierkellern unter seinem Haus begann.

Eine klitzekleine Reise mit weitreichenden Folgen

Eine kleine Wochenendreise nach Dassel in den Solling hat die Familie mehr oder weniger jahrelang bewegt. Hier kommt auch Pastor Jander wieder ins Spiel. In der evangelischen Bildungsstätte in Dassel pflegte Jander von Zeit zu

---

[38] Siehe Jochen Sperber, Deii Wochen nach Polen im Kalten Krieg - Polenfahrt des Bundes Deutscher Pfadfinder (Braunschweig), vom 25. Juli bis 8. August 1967; 13.7.2013, Eigenverlag Wismar.

Zeit ein Wochenendseminar im Rahmen seiner Arbeit „Polizei und Kirche" für die Beamten anzubieten. Partner und Kinder dürfen mitgebracht werden.

Neben der Rezeption ein Ständer mit Prospekten - n einem UNICEF Prospekt entdeckt Marlis, dass Gesa Gerhardt, eine Freundin von uns aus Delmenhorst, eine eigene Arbeitsgruppe leitet. Die beiden Damen nehmen den Kontakt zueinander auf, und schon reift bei der Marlis der Plan, in Bad Harzburg eine eigene UNICEF-Arbeitsgruppe aufzubauen. Sie sagt, wir haben einen großen Freundeskreis, wenn wir dann für rund 600 DM UNICEF-Karten verkaufen, gibt es im Harz eine eigene Arbeitsgruppe, und das ist doch schon etwas. Gedacht, getan, das Deutsche Komitee überprüft die Referenzen, erteilt die Zustimmung, und schon gibt es eine eigene Arbeitsgruppe Harz.

Die Arbeit lässt sich gut an. Firmen wie Karstadt, Fabriken, Schulen, Apotheken und viele Geschäfte sowie Einzelpersonen stoßen dazu. Nach ein paar Jahren gilt es hunderte von Anlaufstellen zu versorgen, zu betreuen. Der Umsatz steigt in das Zigtausendfache. Für die Kinder der Welt wird sehr viel Geld eingespielt. Marlis ist die ehrenamtliche Geschäftsführerin, die alles bearbeitet. Die Kinder und ich dürfen Hilfsdienste leisten, Pakete zur Post bringen oder über Land transportieren. In diesem Zusammenhang steht nicht mehr Stukenberg im Telefonbuch, sondern UNICEF. Hin und wieder berichtet die Presse und nach 26 Jahren wird die Arbeitsgruppe Harz an Jüngere übergeben.

Dänemark – Eine der ersten Urlaubsreisen in Familie

Viel Geld hatten wir nicht. Aber was wir zu Hause essen, können wir auch unterwegs essen, meinte die Marlis. Die Spritkosten waren damals nicht so hoch und das Auto haben wir ja eh in Benutzung. Ein Zelt haben wir uns geliehen bzw. in Uelzen noch gekauft. In unserem alten VW Variant ging es über Flensburg nach Dänemark, die Kinder lagen hinten im Auto auf der Ablage. Abends die Zelte aufbauen. Am nächsten oder am übernächsten Tag ging es weiter. Ich glaube, die Insel Römö in Dänemark war eines der ersten Ziele

Immer an der Küste entlang, Esbjerg mit dem lebendigen Fischereihafen usw. Es wunderte uns, viele Dänen fuhren mit dem Auto über die Dünen direkt bis ans Wasser. Eines Abends haben wir wieder einmal das Zelt aufgeschlagen, Regen kam und Sturm. Das Zelt nahm Schaden und zudem befand sich im Zelt eine Kreuzotter. Das war die letzte Zeltübernachtung in Dänemark, ab da nur noch in den Jugendherbergen, die uns auch sehr gefallen haben.

Eine ganz einfache Jugendherberge lag zwischen zwei Dünen am Meer, völlig ohne Strom und fließendes Wasser. Den Tagesablauf bestimmte die Sonne. Einen Tag später trafen wir auf eine Jugendherberge mit einer wunderschönen Turnhalle. So richtig für die Kinder zum Austoben. Weiter oben gab es eine Galerie mit einem Kiosk, mit Tischen und Stühlen zum gemütlichen Sitzen. Wie gesagt, wir mussten schon unser Geld sparen. Angesagt war, jeder von uns darf sich ein Getränk aussuchen. Das geschah, jeder ein Getränk, Vater ein Bier. Die Kinder spielten unten munter weiter. Wir Erwachsenen kamen ins Klönen, war recht nett. Die anderen bestellten sich ein weiteres Bier, ja, ich auch noch eins. Da kam Alexander von unten heraufgeflitzt und sagte, du hast gesagt, jeder darf sich ein Getränk bestellen und du hast zwei Getränke! Zugestanden, das ist Unrecht. Jeder darf sich noch ein zweites Getränk sich bestellen. Wo bliebe die Gleichberechtigung? Ja, das war damals zur Zeit der antiautoritären Erziehung unsere Grundeinstellung.

Reisen mit und ohne Abu Sins

Mit der eng befreundeten Familie Abu Sin erkundeten wir kurze Zeit später ausgiebig Berlin, Jeannette blieb in der Obhut der Schwiegermutter Ilse in Fümmelse. Aischa, die Tochter der Abu Sins, ist mit drei Jahren an einem Gehirntumor gestorben. Muna, die viel später Geborene, war noch lange nicht in Sicht.

1972 waren wir mit unserem Auto und mit Jeannette und Alexander drei Monate in Israel. Zu Grunde lagen zwei Einladungen, eine private der Familie Zwie Bazar im Moschav Gannot und eine vom Israelischen Kibbuzverband in Tel Aviv. Für die Volkshochschulen sollte ich einen Forschungsbericht über die Kibbuzerziehung erarbeiten. Die Familie machte weitgehend Urlaub, zeitweise auch mit mir zusammen. Damit unser Tantchen nicht allein blieb und jemand um sich hatte, haben wir bei größeren Reisen immer unser Haus Freunden als Ferienaufenthalt zur Verfügung gestellt. Beispielsweise verstanden sich Familien wie die Moyzes aus Lüneburg oder Wöbbekings aus Wiedensahl sehr gut mit der Tante, sie hatte Hilfe und Sicherheit, die Blumen wurden gegossen, Haustiere der Kinder versorgt usw.

Auch diese Reise blieb nicht ohne Folgen. Wir lernten im Lande viele Menschen kennen, und zwar jüdische wie arabische, es entwickelten sich über die Jahre tiefe Freundschaften daraus, die bis auf den heutigen Tag einen festen Bestand in dem Leben unserer Familie haben.

In den 70er Jahren lebten Leon und Jani zwei Jahre bei uns in der Familie. Sie machten eine Ausbildung in der Lehranstalt Dr. Nitsch. Eines Tages fragte Leon, ein Freund von ihm möchte für drei Tage ihn besuchen kommen, ob wir was dagegen hätten? Natürlich nicht, der Awi Bazar, ein lieber Kerl, kam und blieb ein dreiviertel Jahr. Wissen muss man, dass sein Vater Zwie Bazar es ihm ausdrücklich verboten hatte, nach Deutschland zu fahren. Holland ja, aber nicht Deutschland. Zwie war mit der zweien Alija aus Lodz gekommen und hasste alles, was mit Deutschland zu tun hatte. Als 1972 der Sohn Awi uns sagte, ihr sollt uns in Israel besuchen kommen, meine Eltern sollen auch andere Deutsche kennenlernen, konnten wir es nicht glauben. Wir schrieben und berichteten, das Awi uns alles, was den Eltern mit Deutschen Schlimmes passiert sei, erzählt hätte und könnten es nicht glauben, dass wir dennoch willkommen sein. Ein Antwortbrief kam, da stand nur ein Wort: „Kommt!"

Wir fuhren hin, trafen den Vater auf dem Feld, er war am Schneiden von Blumen, blickte kurz auf und sagte, ich habe zu tun, wir sehen uns abends. Der Anfang war recht kühl, aber dann arbeitete er uns drei sehr gute Pläne aus, wo wir Land und Leute auch in den arabischen Gebieten kennenlernen sollten. „Jerusalem zeige ich euch selbst!" So haben wir das Land kennengelernt, wie kaum ein Mensch, der dort lebt.

Jerusalem, wir stehen auf einem der sieben Hügel und blicken auf die Stadt, es regnet, die Familie sitzt im Auto, es kommt zur Aussprache und wir schreien uns an. Vor der Fahrt nach Israel hatte ich drei Wochen im Archiv in Auschwitz gearbeitet. Man darf nicht vergessen, was geschehen ist, aber geht es nicht um die Zukunft? Müssen wir nicht alle viel tun, damit so etwas niemals wieder passiert? Zwei Stunden haben wir im Regen gestanden und debattiert. Da kommt Zwie auf mich zu, nimmt mich in den Arm und drückt mich ganz herzlich. Mir kamen die Tränen, aber seitdem sind wir sehr gute Freunde und haben uns immer wieder gesehen.

Eine andere Geschichte hat mit Judith und Awi Osterer aus dem Kibbuz Sede Nechemia/Huliot zu tun. Sie haben mich ein Vierteljahr liebevoll betreut, und bei der Verabschiedung bat ich, nun müssten sie uns einmal besuchen kommen. Die Antwort von Judith: „Wir können uns in Holland treffen, aber nie wieder werde ich deutschen Boden betreten!" Es setzte ein reger intensiver Briefverkehr ein. Eines Tages kam ein Brief zurück, Empfänger unbekannt verzogen. Alle Anrufe und Nachforschungen blieben erfolglos.

Eines Nachts träumte ich von Judith. Ich war in Polen, ging auf einer Landstraße entlang, ein Panjewagen überholte und ich fragte, darf ich mitfahren? Ja. Zwei Männer saßen vorn auf dem Kutschbock und erzählten von Judith. Sie sei in Frankfurt und wohne vorübergehend in der Wohnung des einen. Ich springe nach vorn und frage, meint ihr Judith Osterer? Das kann nicht sein, sie wollte doch nie wieder deutschen Boden betreten. Doch, doch und mein Traum war zu Ende. Am Morgen telefonierte ich wieder nach Israel und jemand konnte mir sagen: Ihr Mann ist gestorben und sie lebt in der Familie ihrer Tochter in Naharia, hier ist die Telefonnummer. Anruf, Anrufbeantworter, ich spreche meinen Salm drauf und abends ruft sie freudig zurück. Ihr Adressbuch ist beim Umzug verloren gegangen.

Ab da sahen wir uns häufiger, in Naharia und auch mehrmals in Deutschland. Judith wurde krank und ihre Kinder riefen an, ich solle kommen. Mehrmals kam ich und immer ging es danach der Judith eine Weile besser. Einmal schnappte ich mir ihren Rollstuhl und wir fuhren zwei Straßen weiter ans Mittelmeer. Da saßen wir, erzählten von alten Zeiten, sangen alte Lieder wie „Die grauen Nebel haben das Licht durchdrungen, und die düsteren Tage sind dahin" voller Inbrunst. Passanten, die vornüber schlenderten, mögen sich ihren Teil gedacht haben. Uns kümmerte das nicht. Judith war auch Pfadfinderin, nämlich beim jüdischen Bund „Blau Weiß" und das Liedgut war wohl in den Bünden gleich.

Die Geschichte ist noch nicht zu Ende. Judith stammte aus Köln und hat seit früher Jugend Tagebuch geschrieben. Als sie schon lange in Israel lebte, übersetzte sie das Tagebuch ins Hebräische und zerriss ihr deutsches Tagebuch. In ihrem Testament verfügte sie, dass das Hebräische ins Deutsche zurückübersetzt und mir geschenkt werden sollte. So geschah es auch.[39] Die Freundschaft hat

---

[39] Judith hat ihre Biographie geschrieben, sie soll fast fertig geworden sein. Der erste Teil war zunächst – so sagte sie es einmal - in deutsch geschrieben und wurde dann von ihr selbst ins Hebräische übersetzt. Kurz vor ihrem Tode hat Judith dann verfügt, man möchte ihre Biographie ins Deutsche zurück übersetzen und mir geben. Das ist geschehen. Tamar Amram aus dem Kibbutz Sdeh Nehemia stammt aus Holland, ist 85 Jahre alt, arbeitet jeden Tag als Sekretärin in der Fabrik Huliot und hat sich an die Arbeit gemacht. Alle paar Wochen habe ich nun einen Teil der übersetzten Seiten bekommen. Die Beiworte waren zunächst eher spröde distanziert. Ich schrieb zurück und bedankte mich, die Antworten wurden von mal zu mal vertrauter. Anbei diese Nachrichten und die bisher übersetzten Teile. Mit zwei Folgen sei noch zu rechnen, schrieb letztens die Tamara. Jedenfalls ist der Kontakt auch zur Familie nicht abgebrochen, sind wir nach dem Tode von Judith im Gespräch. An verschiedenen Abenden des Montagskreises haben wir gemeinsam Teile der Biographie gelesen und es wurde angeregt, die Texte zu überarbeiten und einer breiteren Öffentlichkeit zur Verfügung zu

sich auf die Kinder Shuly und Lea übertragen und lebt intensiv weiter in deren Familien.

So gäbe es ein ganzes Buch zu schreiben über die Freundschaft und die vielen Besuche und Gegenbesuche der Familie Kiwajko, von bombastischen Hochzeiten der Kinder. Ebenso von der Familie Ofra und Chaim Wiener in Beit HaShita und von deren Kindern. Gab ich die Adressen meinen Freunden bekannt, die Israel besuchen wollten, so hat man sich auch um sie bemüht, aufgenommen wie alte Bekannte.

1972 haben wir auch Kazem aus Nazareth mit seiner Ursprungsfamilie kennen und schätzen gelernt. Auch diese Freundschaft lebt und wirkt bis auf den heutigen Tag. Hatten seine Kinder das Abitur geschafft, so gehörte es zur Tradition, dass sie zunächst zu uns nach Bad Harzburg kamen, um das Wesen Europas ein wenig anzuschnuppern. Aala, der Älteste, war in seinem Jahrgang der beste Abiturient von ganz Israel und durfte auf Staatskosten studieren. Unvergessen bleibt auch seine Hochzeit mit Waala, die eine ganze Woche dauerte und 1.200 Gäste gesehen hat. Kazem hat auch einen entscheidenden Anteil daran, dass mein bösartiger schnell wachsender Tumor im Zungenbereich nach einem halben Jahr der vergeblichen medizinischen Untersuchungen erkannt und behandelt werden konnte. Er war es, der sagte, da ist eine Zyste, da muss was passieren, lass uns gemeinsam zu deinem Hausarzt gehen.

Zwei oder dreimal waren wir mit der Familie Abu Sin in Ungarn. Desgleichen machten wir eine gemeinsame Tour durch die Bretagne in Frankreich, eine längere Familienfahrt allein nach Südfrankreich, in die Provence. Wieder eine größere Reise mit den Abu Sins über Dänemark, Norwegen nach Schweden. Zwei Reisen nach Portugal unternahmen wir Stukenbergs alleine. Unsere Kinder haben einen Teil der Welt tatsächlich erfahren, gesehen. Verschweigen sollte ich auch nicht ein Hauptargument, nämlich dass dann die Kinder wieder einmal eine gewisse Zeit ihre Eltern ganz für sich allein haben konnten.

Spontaneität oder wie wir England eroberten

Auf eine Reise sollte ich noch kurz eingehen. Peggy war 1975 gerade ein halbes Jahr bei uns. Ich musste im Zusammenhang mit einem Fernstudium eine Klausur in Braunschweig schreiben. Es war Samstag, ich rief zu Hause die Marlis kurz an und sagte, die Klausur scheint gut gelaufen und die Osterferien stehen

---

stellen. Wenn Ihr nun das Vorliegende gelesen habt, wäre ich Dir dankbar, wenn ich erfahren könnte, was Ihr oder Du davon hältst. Bad Harzburg, am 24. April 2002.

vor der Tür. Wollen wir nicht die Zeit nutzen und zusammen wegfahren? In einer Stunde bin ich zu Hause, dann können wir gemeinsam überlegen, wohin die Reise gehen soll.

Schnell hat die Marlis Wäsche in die Sauna zum Trocknen gebracht, einiges schon einmal zusammengesucht, Abendessen vorbereitet. Am runden Tisch in der Stube sitzen wir, wie so oft bei Familienkonferenzen oder wenn es Probleme bei anderen gab, zusammen und beratschlagen. Die großen Kinder signalisieren, in England waren wir noch nicht, lasst uns doch nach England fahren. Deutschland, Holland, Belgien, England, ja, so wollen wir das machen. Auf der Strecke liegt kurz vor der holländischen Grenze Freren, da wohnen Hans und Haschi. Kurz angerufen, es war inzwischen bestimmt 20.00 h geworden. Ja, sie wären zu Hause und übrigens sei ja die jüngst geborene Tochter zu begutachten. Gegen halb zwölf nachts erreichen wir unbeschadet Freren, sitzen noch eine Weile zusammen und am nächsten Morgen ab nach Holland.

Der Grenzpolizist muß mich scheel angesehen haben. Er sagt, Ihr Pass ist ja abgelaufen. Hämisches Lachen meiner Frau und dann, ich habe es gleich gesagt, das wird nichts. Der Beamte zur Marlis gewandt: Und Ihr Pass läuft morgen ab. Wo wollen Sie denn hin? Nach England. Ich lege Ihnen keinen Stein in den Weg, aber bei den Engländern werden Sie so nicht reingelassen.

Ostende, eine Nacht in der Jugendherberge und am nächsten Morgen auf die Fähre nach England. England, die große Klappe geht runter, die Autos können fahren. Ach, da sehe ich ja auch schon den Bobby alle Leute kontrollierend stehen. Aus dem offenen Fenster rufe ich ihm zu, bitte, wo geht der Weg nach Canterbury? Sehr schnell und hilfsbereit erklärt er uns, wie wir zu fahren haben. Wir sind in England. Rauslassen werden die uns schon, da gibt es keine Bange.

Die erste Nacht in England verbringen wir in der Jugendherberge – dann die Sehenswürdigkeiten auf dem Weg nach Wales. Uralte Burgen und Schlösser. In einer dieser Burgen passierte das Wunder, zum ersten Mal in ihrem Leben wurde von Peggy ein „Bum" sichtbar produziert. (s. u.). Mir geht es so, ein Land kann ich besser kennenlernen über die Menschen, die dort leben. Vorgenommen hatten wir uns, Karin und Griff zu besuchen. Ihr Wohnwagen neben dem Haus bot Platz für uns alle. Sehr erfreut zeigten sie uns ihre Heimat, ihre Kinder kamen dazu. So lernten wir die komplette Familie einmal kennen. Weiter durch das sagenumwobene Land, von Jugendherberge zu Jugendherberge.

Es war die Zeit um Ostern, es war schweinekalt. Die Herbergsmutter stellte uns in dem Schlafraum Ölöfen auf, wir bekamen zwei drei Decken, an den Festern zeigten sich dicke Eisblumen, wir haben wohl alle gefroren. Aber draußen auf der Straße liefen die englischen Jungen in kurzen Hosen herum, denn es war ja Ostern.

Zwar haben die Bobbys beim Verlassen ihres Landes kurz vor der Auffahrt auf die Fähre gemeckert, aber was sollten sie machen, dabehalten wollten sie uns auch nicht. Eine der vielen Reisen war beendet und zu Hause ging der Alltag weiter.

Eine Rückerinnerung sei an dieser Stelle erlaubt. Die Grenze zu Ostdeutschland, zur DDR sollte geöffnet werden. Damals waren Karin und Griff aus England gerade zu Besuch bei uns in Bad Harzburg. Mit ihnen und dem kranken Hund krochen wir erstmals durch eine kleine Lücke in dem meterhohen Zaun, der den Westen vom Osten Deutschlands trennte. Plötzlich stand ein Offizier der Nationalen Volksarmee direkt vor uns. Freundlich sagte auch er guten Tag, was 24 Stunden zuvor unmöglich gewesen wäre. Und fragte, ob man in einem Geschäft in Bad Harzburg Landkarten von der Gegend um Stapelburg kaufen könne. In der DDR wäre so etwas nicht möglich. So haben wir mit den Johns zusammen die fast unglaubliche Erfahrung der Grenzöffnung gemeinsam gemacht.

Aus der Zeit der DDR

Mein Cousin Wolfgang Stukenberg, tätig in der Nationalen Volksarmee, bekommt mit seiner Frau zusammen auf der Hochzeitsreise Kinderlähmung. Fortan sitzt er im Rollstuhl am Fenster seiner Wohnung in Burg, Magdeburger Chaussee 6. Die Ehefrau Rotraud ist auch teilweise noch gelähmt und kann ihn kaum bewegen. Ein Sparbuch seines Vaters wird von unserer Cousine Brunhilde in Braunschweig gefunden, nur er selber kann die paar Kröten abheben. So kommt Anfang der 70er Jahre unser Kontakt wieder zustande. Er darf als Invalide Kontakt zu Westlern wieder aufnehmen und im Rollstuhl sitzend sogar in den Westen fahren, im Gepäckwagen. Nach Erledigung vieler Formalitäten dürfen wir die Familie in Burg besuchen. Wir können ihn durch seine Heimatstadt fahren, in den Flickschuhpark, in die Schartauerstraße usw. Für ihn tut sich die Welt wieder neu auf.

Beim ersten Besuch hier bei uns im Westen bittet Wolfgang, einmal die Kulissen zu sehen, die man im Ostfernsehen zeigt, über gefüllte Regale und große Kaufhäuser. Denn das kann es ja gar nicht geben. Nach ein paar Tagen seines Aufenthaltes hier fahren wir nach Braunschweig ins Kaufhaus Karstadt. Er möchte alles sehen, alles. Dreieinhalb Stunden schiebe ich ihn mit dem Rollstuhl durch das Kaufhaus, er ist sprachlos, fix und fertig, es sei unglaublich. Das war zu viel für ihn. Am nächsten Tag bricht er seinen Urlaub im Westen ab und fährt wieder nach Burg zurück.

Auch für uns war es nicht so ohne weiteres möglich, in den „Osten" zu fahren. Die Familie musste für uns eine Einladung schreiben, ein Einreisvisum beantragen, alles mit viel Zeit und Bürokratie, auch mit Schikanen verbunden. Wenn dann die aufwendigen und zermürbenden Formalitäten überwunden waren, ging es unsererseits an das Packen des Autos. Die Geschenke wollten zusammengetragen werden, die gesammelten Anziehsachen und was so gebraucht werden konnte oder was erbeten wurde. Keinesfalls durften Druckerzeugnisse dabei sein, durfte nichts in Zeitungspapier eingewickelt werden oder in etwas, auf dem Geschriebenes stand. Auch Kinderbücher waren eine Gefahr, versteckte oder mögliche „Feindpropaganda"!

Für jede Person über 12 Jahre galt es, pro angebrochenen Tag einen Zwangsaustausch von 25,-- DM zu zahlen. Außerdem mussten Gebühren für Visa und die Benutzung der östlichen Straßen bezahlt werden. Der Wochenendbesuch einer fünfköpfigen Familie war eine sehr aufwendige und teuere Geschichte. Dreihundert bis vierhundert Mark war nichts. Außer Schallplatten und sozialistischer Literatur gab es fast nichts Brauchbares zu kaufen. Eintritt ins Schwimmbad kostete 15 Pfennig Ost. Als ich an der Kasse mosere und sage, das ist aber teuer, da war die Frau sehr verlegen, sprach davon, dass der Preis um 5 Pfennig angehoben werden musste, und entschuldigte sich mehrmals. Das Ostgeld durfte nicht wieder ausgeführt werden und geschenkt wollten es die Verwandten auch nicht haben. Wenn ich bedenke, dass das jeweils ein Drittel unseres Monatseinkommens war, dann tat das schon weh.

Wenn Westbesuch angesagt wurde, konnten die Ostler zum Beispiel im Schlachterladen etwas mehr an Ware erstehen. Aber kamen wir in Burg an, man sah uns, wurde sofort das Tor aufgerissen, wir mussten sofort den Wagen auf den Hof fahren. Denn unseren Wagen sollte ja keiner sehen. Fünf, sechs Kuchen oder Torten wurden gebacken, es galt zu essen, zu essen, man, man hat sich überschlagen.

Denke ich an das Passieren der Grenze, wird es mir auch heute immer noch mulmig zu Mute. Im Benzintank wurde rumgestochert, mit Spiegeln unter den Wagen geschaut, Gepäck musste ausgeladen werden und wurde teilweise minutiös durchstöbert. Fand man etwas Verdächtiges, galt es in einen Nebenraum zu gehen. Dort wurde von Kopf bis Fuß alles untersucht, Schuhe mussten ausgezogen werden usw. Das Passieren der Grenze war nicht nur zeitraubend, nervenaufreibend, ärgerlich und strapazierend. Kein falsches Wort durfte einem über die Lippen rutschen. Es galt auch immer wieder den Schnabel zu halten, wenn offensichtliche Schikanen zu erdulden waren oder einem der Kragen platzte. Es war für uns einfach ein rechtloser Raum. Das Kuschen muß für die Bewohner der DDR etwas Alltägliches gewesen sein, uns fiel das recht schwer.

Mauerfall und Grenzöffnung am 9. November 1989

Helllichter Tag – ich stehe am Bach zur Grenze des Nachbarn Maier – da heißt es, die Grenze zur DDR sei geöffnet – ich kann es nicht glauben – wir fahren auf einem Schleichweg durch den Schimmerwald nach Eckertal, erleben, wie unendliche Menschenmassen sich in Richtung Bad Harzburg bewegen – dann die vielen Trabbis, die die Straße verstopfen - jeder DDR-Bürger bekommt in der BRD 100,- DM Begrüßungsgeld geschenkt – kleine Babys, alles was Köpfe hat, steht am Rathaus Schlange, um das Begrüßungsgeld zu empfangen – der Stadtdirektor Horst Voigt bittet Banken und große Geschäfte um Geld, die Stadtkasse ist leer - am ersten Tag sollen 78.000 Menschen gekommen sein.[40]

Auch wir sind in die Stadt gegangen, sprechen mit wildfremden Leuten, laden sie ein zum Essen und Schlafen ein, viele Menschen machen das Gleiche. Adressen werden ausgetauscht, ein berührender, bewegender Tag, man liegt sich in den Armen, weint, lachte, alles zugleich. Unser Freund Willi Pzybilski schlägt über Nacht eine Behelfsbrücke über die Ecker, in wenigen Tagen wird ein Fußweg neben der alten B 6 gebaut. Was in der DDR Jahre dauert, kommt hier in wenigen Tagen zustande.

Tage drauf dürfen wir Westler erstmals in den Osten fahren. An den Straßen haben die DDR-Bürger Tische aufgebaut, Kaffee gekocht, Kuchen gebacken, wieder liegt man sich in den Armen, isst und trinkt, weint und lacht. Wo ich mich eben daran erinnere und schreibe, kommen wir wieder die Tränen.

Jahre später: Die Mauer ist längst gefallen, die Grenze offen, es scheint, dass bei vielen Westlern und Leuten aus der ehemaligen DDR aber die Mauer in den Köpfen wieder wächst. Man kann zwar nun in alle Länder der Welt reisen, aber die harte Realität mit Zahlen von Krankenkassengebühren, Ausfüllen von Formularen, Zahlen von Steuern, das macht das alltägliche Leben schwer. Manche wünschen sich wieder die Grenze, in der DDR zum Beispiel wieder das alte soziale System, die billigen Mieten, die Kindergarten- und kostenlosen Krippenplätze usw.

---

[40] Siehe Herbert Ahrens; Bad Harzburger Grenzreport – Zeitgeschichtliche Reportagen von der innerdeutschen Grenze1945 bis 1990 und der glücklichen Wiedervereinigung, Bad Harzburg 1994. Siehe auch Thomas Schwark u.a. Herausgeber; Grenzziehungen, Grenzerfahrungen, Grenzüberschreitungen; 2011 WBG Darmstadt.

Gunthard Pallmann und die unglaublich Geschichte von Tokai

Juli 1985 – Mit Muna, Awad, Barbara Abu Sin, Jeff aus den USA, Alexander, Marlis und mir sind wir eine kleine Gruppe. Ungarn, Tokai, natürlich muss eine Weinkellerei besichtigt werden – die in der Stadtmitte hat geschlossen, aber vor den Toren der Stadt gäbe es noch eine. Allerdings werden dort nur Gruppen angenommen. Zwei junge Männer aus Ostberlin und vier Bürger aus Altenburg (DDR) möchten auch eine Weilkellerei besichtigen. Wir schließen uns zusammen und dürfen besichtigen. Herlicher Sonnenschein, um die 40 Grad und unten im Weinkeller ist es wunderbar kühl. Verkostung: Aus meterweiter Entfernung wird uns per Schlauch der köstliche Tokaia eingegossen, haargenau trifft man das Glas, immer wieder gilt es eine andere Sorte zu probieren. Einfach toll.

Wieder oben, da trifft uns der Schlag. Reichlich Wein genossen, die Kühle des Kellers, jetzt in der prallen Sonne, das alles hat schon eine bestimmte Wirkung erzeugt. Wir stehen oben noch im Kreis und unterhalten uns sehr angeregt. Ost und West. Hagen, der achtjährige Sohn der Altenburger sagt: Mutter, die sprechen ja genau wie wir. Es folgt die Erklärung der Mutter, Russisch-Lehrerin: Die Deutsche Demokratische Republik und die Bundesrepublik, das war einmal zusammen ein Land, Deutschland.

Bei mir klingelt die Alarmglocke. Da will nachgehakt werden. Adressentausch, wir verabreden, uns zwei Tage später in der Pussta in der Jugendherberge Hortobágy zu treffen. Es gießt in Strömen, eine andere Gruppe ist in der Jugendherberge angemeldet, wir können nicht bleiben. Ich schreibe eine Postkarte und erkläre, dass wir nicht bleiben dürfen, wir uns jetzt nicht sehen können, aber später. Wie sich später herausstellt, schreibt Herr Pallmann am gleichen Tag, zur gleichen Zeit, sie könnten nicht kommen, etwas am Auto sei gebrochen, aber später.

Heimfahrt, Vortrag an der Uni Lodz, danach am 30. September mittags mein Herzinfarkt. Als es mir ein klein wenig besser geht, schreibe ich aus dem Krankenhaus einen Brief an die Pallmanns. Entschuldige mich, dass ich nicht gleich nach Rückkehr aus Deutschland geschrieben habe: Am 30.9.1985 mittags bekam ich einen Herzinfarkt und liege nun im Krankenhaus. Zur gleichen Zeit schreibt Herr Pallmann eine Entschuldigung, er habe am 30.9. um die Mittagszeit einen Herzinfarkt bekommen und liege nun im Krankenhaus.[41] Desgleichen

---

41 Der Nobelpreisträger Wolfgang Pauli (Quantenphysik) und C. G. Jung (Tiefenpsychologie) legten über ihre Beschäftigung mit dem psychophysischen Hintergrund der seelischen und der physischen Welt nicht nur den Grundstein für das wissenschaftliche Verständnis der Synchronizität, sondern auch der paranormalen Heilungsphänome-

172

schreibt er noch einmal aus der Reha. Auch wieder am selben Tag, zur gleichen Zeit wie ich und nennt die gleichen Leistungswerte beim Ergometertraining etc. Wir wollen in Verbindung bleiben und verabreden uns zu Sylvester 1986. Wenn wir in der DDR bei unseren Verwandten sind, wollen wir sie besuchen kommen, heimlich und unerlaubt wollen wir es wagen, die fast 300 km lange Strecke nach Altenburg zu fahren.

Doch mir geht es gar nicht gut, außerdem herrscht Glatteis, das ist alles zu gefährlich. Mein Cousin hat als Invalide ein Telefon. In der Stube sitzen wir zusammen mit Wolfgang, seiner Frau Rotraud, dem Schwiegervater Langner. Ich telefoniere nach Altenburg und erkläre, warum wir nicht kommen wollen oder können. Daraufhin steht der Vater Langner rauf, kommt nach ein paar Minuten mit einem Fotoalbum wieder und zeigt auf ein Foto: Mit den hast du eben telefoniert. Das ist auf der Insel Poel, jedes Jahr verbringt diese Familie ihren Urlaub auf der Insel. Gunthard hat ein Techtelmechtel mit einem Mädchen vom Geschäft, er bekommt zusätzlich Lebensmittel. Der Vater hat in Altenburg eine Firma für Heizungs- und Brunnenbau, sie wohnen in der Käte-Nieder-Kichner-Straße 10, das Haus ist so und so, eine Datscha haben sie im Gebirge, die Geschwister sind ... usw.

Unglaublich, ziemlich erregt setze ich mich hin und schreibe einen sechs Seiten langen Brief mit all dem eben Gehörten an Gunthard Pallmann. „Lieber, ... wenn ich mir nun vorstelle, ich komme in Euer Haus, gehe die paar Treppenstufen rauf, sehe links das Bild von Eurer Datscha, oder denke an die Insel Poel und die hübsche junge Dame, mit der Du ....". Ja usw. all die gehörten Einzelheiten sind enthalten. Wie später berichtet wurde, sei der Gunthard nach Haus gekommen, hätte den Brief vorgefunden und geschrien: „Traudel, Traudel, der ist von der Stasi!" Alles hat sich aufgeklärt, bis auf den heutigen Tag sind wir gute Freunde, oft haben wir uns gegenseitig besucht, vieles hat sich zwischenzeitlich ereignet, in Ost und West, in West und Ost.

---

ne. Mit der Thematik der Übertragung und des Gleichzeitigen vgl. u. a. von der Biologie herkommend Rupert Sheldake. Er erforschte die Thematik der Morphogenetischen Felder im Zusammenhang mit dem schöpferischen Universum, dem Gedächtnis der Natur sowie der Entwicklung eines Prozesses der morphischen Resonanz.

Italien/Südtirol – Absturz in die Gletscherspalte

Ich hatte es fast vergessen. Erst später fiel mir ein, mit Abu Sins, Schöns machten wir einen richtigen Großfamilienurlaub in Italien, am Lido del Natione. Auf der Rückfahrt zeigte uns Barbara ihren damaligen Wintersportort Pfelders, wo sie auch schon einige Familien gut kannte. Pfelders in Südtirol im Passeiertal, 1.600 Meter hoch gelegen, ein kleiner Ort, wo man auf einer sehr schmalen, gewundenen Straße nur schwer hinkommt. Wenn ein Fußgänger entgegenkommt, muß man entscheiden, wer den Weg freimacht. Auf der einen Seite geht es steil bergan, auf der anderen schroff ins Tal hinunter. Wo die Straße endet, ist die Welt zu Ende. Nach dem ersten Aufenthalt gefielen uns die Menschen, der Ort so gut, dass wir mit der ganzen Familie 14 Jahre vor allem um Ostern zum Skilaufen hingefahren sind. Wir wussten bereits, wie die einzelnen Ziegen sich hießen. Wenn die Kinder, als sie noch klein waren, aus der Haustür der Pension Enzian rausgegangen sind, brauchten wir uns um nichts mehr zu kümmern. Kein Auto, kein Verkehr, alle kannten sich und waren miteinander vertraut. Die Skilehrer hatten eine so liebevolle und pädagogische Art, dass der bockigste und dümmste Mensch das Skilaufen schnell gelernt hat. Marlis gewann im alpinen Skiabwärtslauf einmal den ersten Preis, ich auch einmal die Silbermedaille, aber da waren ja auch nur drei Teilnehmer in meiner Gruppe.

Abends saß ich dann mit der ganzen Schar von Kindern in einem Zimmer und war der Märchenonkel. Michael Endes „Die unendliche Geschichte" wollte kein Ende nehmen und die Kinder saßen wie gebannt dabei. Am meisten habe ich, so glaube ich, selbst gelernt. Wenn die Kleinen im Bett waren, saßen wir Erwachsenen mit den Einheimischen zusammen und spielten Doppelkopf. Als unsere Kinder größer wurden, waren sie fest mit von der Partie.

Oft waren wir mit Abu Sins, aber auch mit anderen befreundeten Familien wie den Dahms, den Schneiders usw. dort. Einmal bestiegen wir die Hohe Weiße und am nächsten Tag ging es mit Alwin und weiteren sieben Personen über den acht Kilometer langen Rotmossgletscher rüber nach Österreich. Alle waren an einem langen und dicken Tau von Alwin angeseilt. Ich meckere, dieser Knoten soll halten? Bei den Pfadfindern mussten wir jahrelang Knotenpulen üben. So löse ich Alwins Knoten und knüpfe einen eigenen, den Schottenstich.

Als wir vom festen felsigen Gestein auf das Eis überspringen mussten, sah man die Tiefe der schaurigen Gletscherspalte. Mir ward ganz schwummerig zu Mute. Alle am Seil, Alwin vorweg, ich ziemlich in der Mitte, hinter mir Alwins Frau, die Erika. Plötzlich bekomme ich einen heftigen Schlag und hänge tief an dem Seil in einer Gletscherspalte. Mein selbstgeknüpfter Pfadffinderknoten hält, aber ich baumele einen Meter von der Eiswand entfernt frei im Spalt. Nichts war zu machen, oben sind die Spalten meist schmal und laufen dann nach unten auseinander. Mit dem Ruck habe ich die nachfolgende Erika umgerissen. Sie lag auf einer dünnen Schneebrücke, sie schrie: „Mein Bein!", denn das Seil an dem ich in der Tiefe hing, schnürte ihr Bein ab! Alwin hörte den Schrei, machte sich vom Seil los und kam nach hinten gerannt und sauste an mir vorbei in die Gletscherspalte. Auf einem Eisvorsprung blieb er tief unter mir liegen.

Die Gruppe war nun um drei Personen reduziert und handlungsunfähig. Dass ein Teilnehmer dann noch durchdrehte und angepflockt werden musste, ließ auch ihn ausfallen. Die anderen knüpften sich vorsichtig los und holten den einen nach dem anderen am nun langen Seil wieder ans Tageslicht. Weiter ging es. Mir war, als ob ich auf Eiern ging, und als wir nach weiteren 4 Kilometern den festen Felsengrund betraten, drehte ich mich um und betete, dankte meinem Schöpfer.

Jahrelang fuhren wir zu Ostern Ski, das muss uns damals sehr gefallen haben. Im Sommer halfen wir auf der Alm Heu machen. Nach der Arbeit das gemeinsame Essen, in einem großen Topf wurde mit den Fingern hineingelangt und vorzüglich gespeist. Ja, natürlich auch viele Ausflüge mit und später ohne die Kinder in der herrlichen Bergwelt. Das waren wunderbare Touren.

Eine Welt ohne Frauen – Die Tour zum Athos

Irgendwann haben Awad und ich es uns vorgenommen, den Athos mit seinen Besonderheiten und dem tieferen Urgrund kennenzulernen. Ich ließ mir einen Vollbart wachsen, und mit unseren Familien fuhren wir nach Oranopolis, die  dort verblieben; denn nur Männer dürfen die geweihte Erde des Athos betreten. Es war nicht einfach, die dreifache Erlaubnis zu bekommen, um in eine Welt zu dürfen, wo die Technik sich noch auf dem Stand um 800 nach Christus befinden soll. Andererseits eine Demokratie, wie sie im Buche steht. Vier gewählte Menschen haben das Sagen. Jeder muss ein Viertel seines Stempels auf die Urkunde setzen. Nur eine Straße gibt es und einen Omnibus, vom Hafen bis zur „Hauptstadt". Hat man das Dokument erhalten, dann geht es zu Fuß die wilden Wege entlang. Wenn man nicht vor Sonnenuntergang seinen gewünschten Ort erreicht hat, muß man draußen nächtigen. Ist man im Kloster angekommen, kommt der Gastmönch mit dem Gästebuch, einem Löffel Marmelade, einen Mokka und einem Schnaps. Danach erst wird das Zimmer zum Übernachten zugewiesen.[42] Am nächsten Tag geht die Wanderung weiter, auf einsamen Pfaden in einer herrlichen Landschaft. Kaum oder selten begegnet man dort einem anderen Menschen. Es ist klar geworden, das ist die Mönchsrepublik Athos mit den zum Teil am Berg klebenden Klöstern oder Einsiedeleien, mit ihren wunderschönen alten Gemäuern und unschätzbaren wertvollen Kunstgegenständen.

Die Ruhe, die wunderbare ursprüngliche Landschaft, die Begegnung mit den orthodoxen Mönchen aus aller Welt, das war schon ein tiefer greifendes Erlebnis. Als wir wieder im Hafen von Oranopolis ankamen, sahen wir die vielen

---

[42] So ist es in unserer Familie Tradition geworden, wenn ein Mensch zum ersten Mal in unser Haus kommt, dann hat er das Anrecht auf einen Wurzeler zur Begrüßung. Aber nur einmal in seinem Leben hat er das Recht auf dieses Getränk. „Gott sei Dank" sagen die meisten nach dem zweifelhaften Genuss dieses aus der Wurzel des gelben Enzians von uns selbst hergestellten Schnapses.

Frauen, die sie ihre Männer freudig begrüßten. Wir schauten uns um, unsere Frauen waren nicht zum Empfang erschienen, sie lagen mit den Kindern am einsamen Strand und sonnten sich. Noch voll von dem Erlebten sagten wir, nach der Silberhochzeit werden wir auch auf den Athos gehen. Fünfundzwanzig Jahre und das Doppelte ist vergangen und daraus ist nichts geworden, wir sind immer noch treu unseren Damen verbunden.

Reisen rund um die Welt - Weißrussland

Viele weitere Fahrten schlossen sich in den nachfolgenden Jahren an. Zu erwähnen seien kurz die drei Besuche unseres Freundes Heng Vos in Brasilien oder die Reise zum Knut Gabel, der nach vielen Jahren in Paraguay wieder aufgetaucht ist. Mit der Anne Laurisch sind wir zusammen der Einladung der Eltern Petrovs nach Weißrussland gefolgt, nach Liosno, wo der berühmte Marc Chagall geboren ist.

Während des zweiten Weltkrieges tobte die Front monatelang fürchterlich um Witebsk und Umgebung. Es gab viele Tote auf beiden Seiten. Da fällt mir die

Geschichte der Oma von Andrei und Yuri ein. Sie hat das alles hautnah miterlebt und den Enkelkindern oft erzählt.

Um Pfingsten ist es in Weißrussland wohl üblich, dass die Angehörigen ihre Verwandten auf dem Friedhof besuchen. Die Gräber werden mit einem Tischtuch bedeckt, und alles, was die Küche zu bieten hat, steht auf dem Grab. Gemeinsam mit der Verstorbenen wird dann gefeiert.

Eines Tages fuhren wir mit der Familie Petrov von Liosno los. Ich hatte mich schon gewundert, wofür Mutter Lilian so viele Essenssachen eingekauft hat. Erst ging es viele Kilometer auf der Landstraße entlang, dann wurde abgebogen auf einen einsamen Waldweg, den wir gut 30 km zu befahren hatten. Mitten im Wald der Friedhof, hunderte von Menschen bewegten sich da, kein Dorf war in der Nähe zu sehen.

Tischtuch, Speisen, wir saßen um das Grab, gedachten der Oma, die natürlich von allem etwas abbekam, auch einen Wodka.

Als ich einmal austreten musste, ging ich an vielen Gräbern vorbei, wo auch dort die Angehörigen mit der verstorbenen Person feierten. Man sprach mich an, hörte, dass ich ein Deutscher sei. Überall kam die Aufforderung mit ihnen zu sitzen und zu feiern. Mindestens einen Wodka galt es zu trinken, von den Speisen etwas zu probieren. Später sagte mir Andrei, weißt du überhaupt, dass du der erste Deutsche bist, dem die Leute nach dem schrecklichen Krieg hier begegnen? Diese Aufgeschossenheit, diese Gastfreundschaft und Zuwendung nach so viel Leid hat mich tief beeindruckt.

Oft ist es bei uns üblich geworden, in fremden Städten oder Ländern jeweils auch über die Friedhöfe zu gehen, die Art der Bestattung nachzuvollziehen oder die Namen der jeweiligen Menschen zu lesen.

Mit der Transsibirischen Eisenbahn nach Peking – Die Sars-Pandemie und weitere Abenteuer

Unsere Freunde Li und Hong wollen mit uns zusammen in ihre Heimatstadt Hangshou fahren. Außerdem habe ich zwei Einladungen, zur Universität in Hangshou, Lehrgebiet der Erwachsenenbildung und zur Universität in Peking.[43] Marlis regt an, direkt von Bad Harzburg aus mit dem Zug zu fahren, nicht erst nach Frankfurt mit der Bahn und von da aus über Berlin nach Moskau zu fliegen. Unsere erste Fahrt mit der Transsibirischen Eisenbahn, direkt von Bad Harzburg nach Peking, Umsteigen in Braunschweig und in Moskau. Über ein

---

[43] Siehe den ausführlichen Reisebericht an Henk Vos in Brasilien, Bad Harzburg, 18.Mai 2003.

Reisebüro sind die Tickets bestellt und bezahlt. In China ist die Saars-Pandemie ausgebrochen.[44]

Die Tochter Sarah ist gerade geboren, sie fliegen nicht nach China und bedrängen uns, weil wir schon älter, auch nicht zu fahren. Alles ist gebucht. Wir fahren trotzdem und handeln uns damit großen Ärger seitens der Freunde ein.

Moskau – pünktliche Ankunft – vereinbart wurde die Übergabe der Tickets auf dem Bahnsteig und Transfer zum Abfahrtsbahnhof der Transib per Mitarbeiter des russischen Reisebüros – der Bahnsteig leert sich, kein Schild mit der Aufschrift Stukenberg, kein Mitarbeiter ist zu sehen. Marlis Handy funktioniert nicht – zwei Stunden Zeitverschiebung, das deutsche Reisebüro ist noch geschlossen – kein Anschluss zum russischen Reisebüro – die Adresse ist bekannt – also nichts wie hin – ein windiger Typ transportiert unsere sieben großen Gepäckstücke zu einem Wagen seiner Wahl – verlangt 40 Dollar für die hundert Meter Transport – Marlis sitzt schon im Auto, ich schreie aussteigen! – zurück zum Bahnhof, zum Taxenstand – aber die „Mafia" hat schon Order gegeben - kein Taxifahrer will uns fahren – also auf des Schusters Rappen zu Fuß mit den zwei Rucksäcken, einem Seesack mit Literatur für die Unis und den Taschen mit Lebensmitteln sowie unserem eigenen Gepäck Richtung Stadtmitte – da kommt ein klapperiges Taxi und winkt uns einzusteigen.

Zum Reisebüro – ein unscheinbares Haus ohne Reklameschild – Marlis bleibt zur Sicherheit mit unserem Gepäck im Auto sitzen – der Fahrer muss mit mir mit – der Chef des Reisebüros sagt, die Tickets sind sehr rar und begehrt, Sie haben nicht bezahlt und da habe ich sie verkauft – der Anruf nach Deutschland klappt, doch, alles ist bezahlt, eine Verzögerung wohl weil Osterurlaub oder? – ein Anruf zur Chefetage der Tanssib und wir bekommen ausnahmsweise noch einmal Tickets – zum zweiten Mal quer durch Moskau zum Büro – wieder bleibt Marlis im Auto sitzen, wieder muss der Fahrer mit mir mit – es gelingt, wir halten die Tickets in unseren Händen – nun zum dritten Mal quer durch die Stadt zurück zum Bahnhof. Der Fahrer lässt uns vor einem Nebeneingang raus, kein Gepäckträger bedrängt uns – gleich nach dem Eingang zwei wunderschöne große schwarze Sofas – da fallen wir förmlich drauf – nach einer viertel Stunde erscheint eine Angestellte und fordert für eine Stunde Sitzen so und soviel Geld, für zwei Stunden viel mehr, aber unser Zug fährt erst abends ab – die Dame ist behilflich und zeigt den Weg zum Wartesaal der großen Hoffnung - wir schlep-

---

[44] Das Schwere Akute Respiratorische Syndrom ist eine <u>Infektionskrankheit</u>, die erstmals im November 2002 in der chinesischen Provinz <u>Guangdong</u> beobachtet wurde. Das klinische Bild entspricht einer <u>atypischen</u> <u>Lungenentzündung</u> (Pneumonie). Der Erreger von SARS war ein bis dahin unbekanntes <u>Coronavirus</u>, das man mittlerweile als <u>SARS-assoziiertes Corona-virus</u> (SARS-CoV) bezeichnet. Der einzige größere Ausbruch der Krankheit war bisher die <u>SARS-Pandemie 2002/2003</u> mit 1.031 Todesopfern. Wikipedia.

pen uns und unsere sieben Gepäckstücke hoch - hunderte und aber hunderte im Wartesaal sitzend oder liegend – manche warten schon zwei drei Tage auf ihren Zug.

23.15 h Bahnsteig 5 – Waggon Nr. 5 – Abteil Nr. 5 – zwei Kondukteure begrüßen uns freundlich – weiße Handschuhe – die Griffe werden geputzt und wir fallen auf unsere Sitze, geschafft – langsam rollt der Zug aus Moskau heraus, das Lichtermeer der Stadt ist beeindruckend, doch wir sind einfach nur glücklich, nun eine Woche Ruhe.

Insgesamt sollen es wohl 12.000 km sein – so alle 600 km ein Stopp – um die 20 Minuten Pause - auf den Bahnsteigen stehen Männer und Frauen, sie verkaufen ihre einheimischen Erzeugnisse - Fisch, Puffer, Kartoffelsalat, Obst usw. – mit einer kleinen Zeitverschiebung treffen wir immer wieder Fahrgäste des Zuges nach Wladiwostok - Horrormeldungen machen die Runde – die Grenze zu China soll wegen Sars am 1. Mai dicht gemacht werden – von unserem Zug hat man zwei Waggons nach Korea abgekoppelt – der Zug leert sich, „die Ratten verlassen das sinkende Schiff" – in unserem Waggon sind wir mit den Kondukteuren ganz allein.

30. April 2003 – an der Grenze telefonieren wir mit Sandra in Peking – es ist kritisch, aber die Taxen werden mehrmals täglich desinfiziert, sie fahren noch – – wir passieren die Grenze – auf dem Bahnsteig wimmelt es von Polizei – alle tragen Mundschutz – auch wir maskieren uns - Frühstück mit Sandra in ihrer hochmodernen Wohnung – mein Kollege Prof. Dr. Shao von der Universität Peking kommt ins Haus, er promovierte bei meinem Freund Prof. Ernst Prokopf an der Uni in Regensburg - Wissenschaftsaustausch in Sache Erwachsenenbildung – langsam leeren sich unsere Taschen, viele Arbeitsmaterialien und Literatur wechseln die Besitzer - seine Frau ist Ärztin und arbeitet mit Sars-Patienten in dem in einer Woche neu errichteten Krankenhaus mit 1.000 Betten – Stadtrundgänge – die touristischen „Trampelpfade" (Hermann Rohr) werden auch von uns ausgelatscht – Kaiserpalast – Bahaipark – die Mauer – der Sommerpalast – die Verbotene Stadt usw. – wo sonst tausende wimmeln, haben wir viele der Sehenswürdigkeiten fast nur für uns ganz allein – Chinesen mit und ohne Mundschutz, wir mal mit, mal ohne, ist vielleicht gefährlich, aber für uns auch sehr komisch.

Telefonieren mit Frau Prof. Pan von der Universität in Hangshou – sie ist hocherfreut, man wartet auf uns seit Tagen – Anruf bei unseren Freunden in Hangshou, nein, bitte keine Post aus Peking – es herrscht Quarantäne – neue Horrormeldungen, Peking ist von der Polizei abgeriegelt, Autofahrer müssen zurückfahren – die Flüge der Lufthansa reduzieren sich, so schicken wir meine

Arbeitsmaterialen per Post gleich zur Universität – aber dann wir mit dem nächsten Flug zurück nach Frankfurt.

Das Leben in Peking – das Wohnen bei und mit Sandra war sehr sehr angenehm – sie ist zu uns wie eine Mutter – wir werden schnell noch vertrauter und haben uns etwas zu sagen – am Vorabend unserer Flucht gehen wir zusammen in einem wunderbaren Restaurant zum Abendessen – sitzen draußen unter Bäumen – eine tolle Abendstimmung – alles ist ganz normal – die Ober sind nicht maskiert – kein einziger Gast trägt einen Mundschutz - wir bewegen uns frei – es ist einfach wunderbar.

Frankfurt am Main – Leon hat als einziger den Mut, uns vom Flughafen abzuholen und bei sich unterzubringen. Marlis und ich, wir beraten uns – wieder erzielen wir Einigkeit – wir werden unsere Reise fortsetzen nach Lesbos.

Hier muß ich nun doch einmal anmerken, dass es eine der schönsten und wichtigsten Erfahrungen war - zumindest für mich auf dieser Reise, wie sehr Marlis und ich uns miteinander verbunden fühlten, wie wir viele der wirklich schweren Situationen ohne Zanken oder Kraftverlust meistern konnten. Viel haben wir erlebt und erfahren, zuweilen galt es sehr kritische Situationen zu bestehen – nie habe ich ein solch hohes Maß an Vertrauen und Zusammenhalt erfahren, wie gerade auf dieser abenteuerlichen Fahrt.

Hotel Sandy Bai in Agios Issidorus im Süden der Insel Lesbos – sieben Tage Sonne – sieben Tage Meer – gutes Essen und viel Ruhe. Wieder holt uns Leon in Frankfurt ab, diesmal mitten in der Nacht – ganz selbstverständlich – dann mit Horst Volker zusammen nach Darmstadt zu Barbara und Awad – schön, in aller Welt Freunde zu haben und sich wie zu Hause fühlen zu können.

Drei Großfahrten in die Mongolei

Die drei großartigen Fahrten mit Marlis und meinen Pfadfindergruppen zuerst in die Steppe, dann in die Wüste Gobi und zuletzt in das Altaigebirge in der Mongolei sollen nicht vergessen werden.

Jährlich treffen sich ehemalige Führungskräfte -„Alte Säcke"- vom Bund Deutscher Pfadfinder (BDP) selbstorganisiert irgendwo in Deutschland. Moritz von Engelhardt erzählte öfters begeistert von seiner Arbeit als Seniorexperte in der Mongolei und wie toll das Land und die Menschen seien. Meine Marlis sprach ihn eines Jahres darauf an, warum er denn nicht einmal ein Treffen für diesen Kreis in der Mongolei organisiere. Zwei Jahre später sagte er zu und organisierte tatsächlich mit Dr. Gelegjamts eine erste Fahrt. Alles war klar, ein gemeinsames Vorbereitungstreffen fand in Kassel bei Ratze (Prof. Dr. Hartmut Radeboldt) statt. Die Gelder wurden an Moritz überwiesen und weiter an Gelegjamts geleitet. Vierzehn Tagen vor der Abfahrt erreicht uns die Nachricht, Moritz ist auf tragische Art und Weise ums Leben gekommen. Was nun? Nach eingehender gemeinsamer Beratung entschließen wir uns, im Gedenken an ihn es dennoch zu wagen. Die weitere Organisation habe ich dann übernommen. Acht Teilnehmer fahren mit der Transsibirischen Eisenbahn, sechs fliegen nach Ulaanbaatar direkt.

Großartiger Empfang auf dem Bahnhof – das weltberühmte Naadamfest der Mongolen - mit drei hochbockigen Fahrzeugen und einem Jeep, in dem der Treibstoff transportiert wird in Richtung Huvgulsee – mit Fahrern und Gelegs Familie sind es 14 Mongolen, seine Frau kocht für alle. Die frischen Ausgrabungen der alten Hauptstadt von Dschingis Khan werden uns von dem deutschen Ausgrabungsteam gezeigt, haargenau erklärt und die kostbaren Exponate, bevor sie zur Ausstellung nach Bonn kommen, in die Hand gegeben. Große Ängste werden ausgestanden, wenn die Fahrzeuge beim Überqueren von Flüssen oder ausgespülten Rinnen zu kippen drohen – Empfang beim Gouverneur von Bulgan – Empfang bei seinem Bruder, dem Viehzüchter - uns zu Ehren werden auf der Stelle vor unseren Augen zwei Schafe geschlachtet – über die Hälfte der Gruppe wird sogleich zu Vegetariern – einmal muss die Wasserpumpe bei einem Wagen ausgewechselt werden – ein Fahrzeug fährt die 200 km zurück nach Ulaanbaatar – wir schlagen mitten in der Steppe die Zelte auf – schlafen auf hartem Boden – dann die Wiesen, dicht besät mit Edelweiß, duftendem Salbei oder Thymian– eine Schifffahrt auf dem Huvgulsee – die Hälfte der Tour liegt hinter uns.

Eines Abends sind wir alle 28 in unserer Jurte vereint – die Mongolen beginnen plötzlich zu singen, von der Heimat, von der Not, der Steppe und dem alltäglichen Leben in der Einfachheit – wunderschön und ergreifend, eine halbe Stunde lang – dann Schweigen, die Blicke wandern auffordernd zur deutschen Gruppe – wir sind gefordert, eine halbe Stunde wird hin und her diskutiert, welches Pfadfinderlied tragbar und zu singen sei. Pfadfinder, die früher bei jeder Gelegenheit stets am Singen waren, können sich nicht einigen – schließlich „Hoch auf dem gelben Wagen", das soll mal der Bundespräsident Walter Scheel im Fernsehen gesungen haben – ich bin ärgerlich und versinke vor Ärger und Scham im Erdboden. Dennoch eine insgesamt gesehen erlebnisreiche tolle Großfahrt mit 14 Personen. [45]

---

[45] Siehe Horst Stukenberg; Von der Spurensuche in der Mongolei zur Alexander-von-Humboldt-Schule in Ulaanbaatar.

Später werde ich gebeten 2012 eine neue Großfahrt in die Wüste Gobi vorzube-reiten. In der Einladung stelle ich eine Bedingung: Wer mit will, muss Pfadfin-der sein, singen wollen und können. Eine erstklassige Gruppe im Alter von 60 – 80 Jahren findet zueinander - alle fahren mit der Transsibirischen Eisenbahn durch die Weiten Russlands — der Zug rattert eine Woche lang ununterbrochen Tag und Nacht - schon im Zug wird viel gesungen – wieder das große Aufgebot zum Naadamfest – Besuch der mongolischen Boy Scouts, Pudding und Buddha mit ihren Gitarren bringen Schwung in die Gruppe, die mongolischen Pfadfinder sind begeistert - auf neuen Wegen Richtung Wüste – drei Fahrzeuge meistern die Pisten, manchmal verlaufen 12 nebeneinander her- es geht durch Schluchten, über Höhenzüge – die größte Sanddüne der Welt wird erklettert - zu Gast in den Jurten der Kamelzüchter – geschlafen wird in den Jurten (Ger) – ausnahmslos erfahren wir große Gastfreundschaft und erleben die Zufriedenheit dieses Vol-kes - mitten in der Wüste dann die Geierschlucht mit dem uralten „Gletscher" – alte Klöster – auf einem Steinhügel eine geheime Quelle mit Heilwasser für das Augenlicht – mein Freund Geleg ist nicht zu überbieten – zum Abschluss wieder ein bombastisches Essen in einem feinen Lokal in Ulaanbaatar – eine einmalige Großfahrt.[46]

Dennoch möchte man auch noch in das Altaigebirge – der Bericht über die Fahrt in die Wüste Gobi lockt noch weitere Pfadfinder – man stelle sich das einmal vor, 11 Ehemalige im Alter von fünfundzwanzig bis sechsundachtzig Jahren - zunächst per Flieger von Berlin bis Ulaanbaatar, dann noch einmal 1.700 km bis ins Gebirge – Schlafen meist in Zweier-Iglus – wie man weiß, ist die Mongolei steinreich, und das Schlafen oder Wälzen auf dem nackten Boden, das Waschen in den eiskalten Bächen ist vor allem für die Älteren eine eigene Erfahrung.

Grabanlagen der Hunnen, Menschensteine, zigtausend Jahre alte Felsmalereien, fast unbeschreiblich – Mister Atai gründete und leitet vier Nationalparks, er be-gleitet uns und wird zum Freund – hinein in die entlegensten Schluchten – ein-mal gelingt es einer kleineren Gruppe, bis zum riesigen Wasserfall vorzudringen – in der einsam dahinter gelegenen Jurte hatte sich gerade an dem Tag und Nacht befeuerten Ofen ein kleines Kind verbrannt – Paule als Tierärztin und Ni-na als Apothekerin konnten helfen – reich mit steinharten Käse beschenkt kehr-ten sie zurück. Bis auf 3560 m hoch kommen wir zu den großen Gletschern – in 20 bis 30 Jahren sollen auch diese geschmolzen sein.

Eines Abends Sturm, Regen, die Ziegen kommen gerade aus den Bergen zurück, da bauen wir schnell unsere Zelte auf und verschwinden zum Schlaf. Ein unge-heuerer Fauxpas, der Haussegen hängt schief, wir haben es versäumt, die auf der Ebene lebenden Nomaden gleich zu besuchen – am Morgen vor der Abfahrt

---

46 Horst Stukenberg; Auf Großfahrt in die Mongolei; In: Die Gilde 1/2014, Zeitschrift der Altpfadfindergilden in Deutschland.

wird es nachgeholt, wir singen und beantworten ihre Fragen, werden wie immer unglaublich toll bewirtet. Fazit: Gastfreundschaft ist mehr als das Aufnehmen von Fremden, es ist das Gebot der Begegnung, der Beziehungsaufnahme.

Nicht vergessen will ich, dass der weltberühmte Autor Galsan Tschinag (Träger auch des Bundesverdienstkreuzes am Bande) mit seinem Sohn Galtaihuu in sei-

ner Heimatstadt extra zwei Tage auf uns gewartet hat – dann sein Vortrag, sein Gesang, sein Wesen stundenlang so nah, das war schon beeindruckend – Marlis sagte, als ich ihm gegenüberstand, lief es mir eiskalt den Rücken herunter – eine Million Bäume wollte er pflanzen, bislang seien allerdings nur 500.000 gepflanzt worden, es gelte die Sünden der Vorfahren wiedergutzumachen – zum Abschluß noch im Camp von Atai das Konzert von den zwei preisgekrönten Kulturschaffenden der Mongolei – seitenlang wäre allein von den drei Großfahrten durch die Mongolei zu berichten; um den Rahmen in diesem Zusammenhang nicht zu überspannen, soll hier Schluss sein. Auch dieses Kapitel ist noch nicht abgeschlossen, einige gegenseitige Einladungen stehen noch aus, unser Freund Geleg wird sicherlich auf die nächste Tour warten.[47]

Auch heute mit 82 Jahren zieht es mich immer wieder in die Ferne und das Fernweh scheint noch nicht ganz gestillt. Ich hoffe, dass die letzte große Reise

---

[47] Horst Stukenberg; 2015 - Die dritte Großfahrt in die Mongolei, ebenfalls als bebildeterter Fahrtenbericht in der Gilde, Frühjahr 2016, Seite 27 – 31.

noch ein Weilchen auf sich warten lässt. Gern würde ich die eine oder andere Fahrt, soweit es die Zeit und das Geld zulässt, mit meiner Marlis noch unternehmen. Ja, Reisen bildet und bindet vielleicht auch? Ist es nicht gut, über den „Gartenzaun" zu schauen, die eigene Welt immer wieder mal aus einer anderen Perspektive zu betrachten?

V. Neue Lernwelten – Neue Lernerfahrungen

Das Studium zur Sozialarbeit in Höchst im Odenwald

Wie bereits erwähnt, wurde ich von verschiedenen Seiten mehrmals darauf angesprochen, die Polizeiwelt zu verlassen, um mich pädagogischen oder psychologischen Bereichen zuzuwenden. Jetzt ist es wohl soweit. Ich fuhr in den Odenwald, stellte mich der neuen Lerngruppe vor und fragte, ob ich noch mitmachen dürfe? Die Antwort lautete: „Wenn Sie mit uns und wir mit Ihnen lernen können, dann kommen Sie!" Da ich als Niedersachse bei meinem Freund Horst Volker in Darmstadt mit dem zweiten Wohnsitz amtlich gemeldet war, hatte ich gewissermaßen den Status eines Hessen oder Nassauers.

Mein Antrag auf Anerkennung meiner Polizeiabschlüsse zur vergleichbaren Mittleren Reife lief. Das Studium begann. Diese Art des Lernens war mir völlig neu. Eine Woche intensiven Studiums der Theorie der Sozialarbeit, hervorragend aufbereitet, Verknüpfung mit der Praxis.

Jeder Teilnehmende musste von Beginn an aus einem Feld der Sozialarbeit sich einen Praxisfall aussuchen. Da ein mir bekannter junger Mann straffällig geworden war, wurde ich in Absprache mit dem leitenden Direktor des Amtsgerichts in Wolfenbüttel ehrenamtlicher Bewährungshelfer. Eine Woche Theorie in Höchst, ein oder zwei Wochen Zeit zum Arbeiten am eigenen Praxisfall. In der Theorie war man begierig, Wissen für die Praxis zu bekommen, in der Praxis zeigte sich, was man noch brauchte. Diese gegenseitige Befruchtung muss für das Studium sehr anregend und hilfreich gewesen sein.

An jedem Samstag gab es eine intensive Lernberatung. Man versuchte gemeinsam herauszubekommen, wo es irgendwelche persönlichen oder Lehrschwierigkeiten gab. Die wurden bearbeitet und weiter ging es. So konnte es wohl möglich werden, die Gruppe von 11 Personen nach einem Jahr so weit zu bringen, dass das vielfältige Studium der Sozialarbeit hervorragend geschafft werden konnte.[48] Gegen Ende des Jahres begann die Vorbereitung auf die Diplomarbeit. In Abstimmung mit der Lebenshilfe Goslar konnte ich eine Arbeit anfertigen, die auch für die Einrichtung von großem Nutzen werden sollte.[49] Mit Ende des Studiums und Abschluß meiner Diplomarbeit bekam ich die Absage des Hessischen Kultusministers, meine Abschlüsse bei der Polizei in Nds. könnten in Hessen nicht anerkannt werden. Damit wäre ich nicht zur Externprüfung zum diplomierten Sozialarbeiter zugelassen gewesen.

Nun, das Wissen hatte ich, auch einen enormen Zugewinn über eine für mich völlig neue Art des Lernens, des Studierens, aber leider keinen „Schein". Die Gruppe war arg betroffen und regte an, ich soll unbedingt versuchen, irgendwo noch einen Schein zu machen, in Deutschland brauche man immer einen Schein.

Allerdings hatte dieser Praxisfall als ehrenamtlicher Bewährungshelfer zur Folge, dass sich eine jahrelange weitere Begleitung daraus ergab. Nahm das zwar viel Zeit und Kraft in Anspruch, führte es doch wieder zu neuen Erkenntnissen und Erfahrungen. Teilweise fuhr ich des Nachts, manchmal mit dem Amtsgerichtsdirektor zusammen, zu den Einsatzorten, wo mein Mandant eine neue Straftat begangen hatte. In der Folge war es manchmal interessant, die Orte zunächst des Jugend- und später des normalen Strafvollzugs kennenzulernen. Reno hat dort eine Ausbildung bekommen, ist Busfahrer geworden und hat nach seiner Heirat bis zu seinem Lebensende auch ununterbrochen als solcher gearbeitet.

Hatte ich über die Verpflichtung in Höchst neben dem Studium der Theorie einen Praxisfall zu bearbeiten, so hat das den Boden bereitet, für eine spätere weitere Arbeit im sozialen Bereich: Als die jüngste Erzieherin aus dem damaligen

---

[48] Zu den vielen Fächern dieses Studiums gehörten zum Beispiel allgemeine Psychologie, Entwicklungspsychologie, Tiefenpsychologie, Psychoanalyse, Kasework, Gemeinwesenarbeit, Einzelfallhilfe, Groupwork, Soziologie, viele Rechtsgebiete usw..

[49] Horst Stukenberg; Gründe, warum Eltern geistig Behinderter ihre Kinder nicht in die Einrichtung „Haus der Lebenshilfe Goslar" schicken - Eine Untersuchung im Hinblick auf die Entwicklung der Einrichtung für die 80er Jahre; Eigenverlag Haus der Lebenshilfe, Goslar 1971. Diese Arbeit wurde dem Sozialministerium in Nds. beratend vorgelegt, worauf die Lebenshilfe Goslar in die Millionen gehende Zuschüsse zur Erweiterung ihrer Einrichtung bekommen hat.

Projekt des Bundesverbandes Neue Erziehung in Wittenberg nach Jahren des Übergangs als erste doch aus der Kindergartenarbeit entlassen wurde, bekam sie eine ABM-Stelle in einem Jugendzentrum. Hier galt es eine recht harte Arbeit mit rechtsradikalen Jugendlichen zu leisten. Dieser war sie nicht gewachsen, und sie bekam eine Depression, die sich erweiterte und in eine heftige Manisch-Depressivität umschlug. Ich leistete später die Betreuung.

Galt es bei der Tätigkeit als Bewährungshelfer mit einigen Strafvollzugsanstalten in Beziehung zu treten, so bekam ich über die Arbeit zunächst als ehrenamtliche und später als vom Familiengericht in Osnabrück eingesetzter Betreuer nun mit vielen Psychiatrien in Deutschland zu tun.

Vielleicht sollte ich an dieser Stelle eine Begebenheit schildern, die mich nachhaltig betroffen gemacht hat. Ich hatte in Israel zu tun und wurde von meiner Frau angerufen, ich möchte unbedingt schnell zurückkommen und gleich in die Psychiatrie nach Osnabrück fahren. Ich flog sofort und konnte meine damalige Betreute auch gleich kontaktieren. In dem Moment hörte man entsetzliche Schreie, „Nein, nein, nicht". Wie sich später herausstellte, war es eine Patientin, die die Prozedur dieser Klinik kannte. Abspritzen, ruhigstellen, aus der Verantwortung und dem Verkehr ziehen. Der leitende Arzt erklärte dann bezüglich meiner Dame, dass er schon das Familiengericht benachrichtigt habe und dass sie, wie man landläufig zu sagen pflegt, entmündigt werden solle (Betreuung in allen Lebensbereichen).

Der Familienrichter kam, der Arzt sagte, er wäre gleich frei und käme dann. Der Richter sagte, dafür brauche ich Sie nicht, mit der Patientin und Herrn Stukenberg möchte ich die Verhandlung allein führen. Dreieinhalb Stunden waren wir im Gespräch. In allen Phasen war die Patientin hellwach und konstruktiv. Danach wurde dem leitenden Arzt nur noch mitgeteilt, dass sein Antrag abgelehnt worden sei. Ich wurde als Betreuer eingesetzt und habe viele Jahre die Betreuung mal an der langen Leine, mal recht intensiv geleistet. Manchmal galt es aus einer akuten Situation herauszuhelfen, oft musste ich hunderte von Kilometern fahren. So habe ich auch die sehr gute und ganzheitlich arbeitende Friedrich-Husemann- Klinik in Buchenbach im Breisgau bei Freiburg in ihrer Arbeitsweise kennenlernen können. Aus einer Selbsthilfegruppe von manisch-depressiven Patienten, der sich die Patientin angeschlossen hatte, habe ich einen Spruch gelernt, der sicherlich einiges auszusagen vermag. „Jede Krankheit beinhaltet eine Botschaft, und die heißt, Mensch, ändere dich. Und was tun wir? Wir rennen zum Arzt und sagen, bitte, hilf mir, nimm mir die Krankheit!"

Die nun schon etwas älter gewordene Erzieherin hat noch einmal eine Ausbildung zur Bürokauffrau gemacht, lebt zufrieden und auf eigenen Beinen.

Eine Stufe tiefer – Die Fachschule für Sozialpädagogik in Braunschweig

In Braunschweig wurde Anfang der 70er Jahre eine Kurzform zur Ausbildung zum Erzieher/Erziehrerin gerade angeboten. Menschen, die schon einen Beruf hatten und nun in Bereichen der Sozialpädagogik arbeiten wollten, sollten in eineinhalb Jahren mit der Ausbildung den Abschluss bekommen. Auf Anfrage teilte mir die Direktorin Frau Dr. Hackbarth mit, da ich viele Jahre als Polizist gearbeitet und dort die Bildungsabschlüsse gemacht hätte, könnte ich bei ihr anfangen.

An einem Donnerstag kurz vor Schulbeginn ruft die Direktorin mich zu Hause an, es sei zwar bedauerlich, aber ich benötigte doch einen vergleichbaren anerkannten Abschluss der Mittleren Reife. Kein Problem, wir sind ja in Nds., und da wird mir das Innerministerium meine Abschlüsse bescheinigen können. Pustekuchen, ich werde zum Kultusministerium begleitet und der dortige Dezernent Herr Ludwig sagt, nein, wir können die Bildungsabschlüsse nicht als vergleichbar anerkennen, Sie müssen die Mittlere Reife nachholen. Aber, „ich baue Ihnen eine Brücke, Montag, Dienstag, Mittwoch findet hier die Prüfung statt und ich werde Sie einfach dazunehmen. Ihre Papiere bringen Sie mit, das regele ich schon."

Ziemlich bedeppert muss ich von Hannover aus meinen Freund Hasso in Braunschweig angerufen und berichtet haben, dass ich ab kommenden Montag die Mittlere Reifeprüfung beim Kultusministerium in Hannover ablegen solle. Hasso war Lehrer bzw. Konrektor an einer Sonderschule. Noch heute höre ich den Tonfall in seiner Stimme: „Schniebel, Duuu! Na, dann komm man gleich nach Braunschweig und wir werden Donnerstag, Freitag, Sonnabend und Sonntag zusammen lernen". Als besonders lernfähig oder lernbereit muss ich bei den Pfadfindern wohl nicht gegolten haben. Wir lernten eifrig bis in die Abendstunden und Montag, Dienstag, Mittwoch hatte ich Glück und die Prüfung bestanden.

Fachschule für Sozialpädagogik, eine normale Schulklasse, Sozialpädagoginnen als Lehrer, 21 Schüler, Schulunterricht wie in der mir bekannten Volksschule, ein Kindergarten, nichts mit Studieren wie zuvor nach neueren Erkenntnissen beim Studium der Sozialarbeit in Höchst. Mit einem enormen Wissensvorsprung vor den Lehrenden, habe ich erst allein, dann aber mit zwei drei Gleichgesinnten, nach einem halben Jahr die halbe Klasse auf meine Seite gebracht. Damit machten wir der Direktorin wie einigen Lehrenden das Leben schwer. Ich bekam das verlockende Angebot zu gehen, den Abschluss wollte man mir auch zugestehen. Ich blieb und nutzte die Zeit, um mich auf die Hochschulreife vor-zubereiten und gleichzeitig Vorlesungen an der Universität zu besuchen.

Ein kleiner Vorgriff: Nachdem ich die Hochschulreife in der Tasche hatte, ging ich das erste Mal zur Uni in Braunschweig am langen Zaun des ehe-maligen Exerzierplatzes entlang und hatte Angst. Man sah schon das Uni-gebäude, es wurde größer und proportional wuchs die Angst. Da flößte ich mir ein: „Du hast ein Recht zu lernen, du hast ein Recht zu lernen, du hast ein ….." und ging so doch ein bisschen bange in die erste Vorlesung.

Noch eine kleine Geschichte mit der Uni in Braunschweig: Eines Tages las ich ein Plakat, welches Werbung machte für Meditation. Man könne sich dann bes-ser konzentrieren, Gelerntes besser behalten und überhaupt. Das wäre doch et-was für mich. Eines Abends schlich ich mich in den Hörsaal, hörte die mündli-chen Ausführungen. Man solle eine Woche später mit einem sauberen Taschen-tuch, einer Blume pünktlich zur Einführung erscheinen. Es war ein heißer Som-mertag, ich kam von der Vorlesung in mein Zimmerchen gerannt, schmiss mei-ne Sachen hin, klopfte an die Tür einer Bekannten und bat schnell um ein Ta-schentuch. Für Fragen gäbe es jetzt keine Zeit. Rannte los, pflückte im Vorgar-ten eine Blume ab und stand pünktlich, aber schweißtriefend vor der Tür, wo die Einführung zur Meditation stattfinden sollte. Das war der Anfang.

Als ich nach meinem ersten Herzinfarkt, nach gut eineinhalb Jahren die erste Tagung an der Ev. Akademie Loccum wieder mitmachte, saß ich zum Abend-brot mit dem Jesuitenpriester Hugo M. Enomya Lassalle zusammen. Nach ei-nem kurzen Gespräch sagte er, wenn Sie einen Herzinfarkt hatten, dann sollten Sie mal das Meditieren lernen. Besuchen Sie mal meinen Freund, den Prof. Karlfried Graf von Dürckheim, in Rütte, bestellen Sie einen lieben Gruß von mir. Das war eigentlich der Einstieg zu meiner Ausbildung als Therapeut der Initiatischen Psychotherapie.

Kinderpark Harlingerode – Eine Eltern-Kind-Initiative in den 70er Jahren

Vom Arbeitskreis Neue Erziehung Berlin - Mitglied im Bundesverband Neue Erziehung Bonn - wurden über den DPWV oder Jugendämter in Deutschland sogenannte Peter-Pelikan-Briefe – später als Elternbriefe bekannt – verschickt. Eltern, die gerade Nachwuchs bekommen hatten, erhielten die Briefe mit Rat-schlägen für die Erziehung und ihres Kindes, von der Geburt bis zum 8. Lebens-jahr. Im Alter um drei Jahre wurde geraten, Kinder sollten in einem Kindergar-ten oder einer ähnlichen Einrichtung soziale Erfahrungen machen können. Die

Realität sah anders aus: Mit einem Kindergartenplatz für unsere Kinder Alexander und Jeannette war in den nächsten Jahren nicht zu rechnen. So erging es vielen Eltern in Bad Harzburg.

Die Pfadfinder hatten in den 70er Jahren in einer Jugendbaracke Stundenbetreuung für kleinere Kinder angeboten. Brigitte Zumbusch, Marlis meine Frau, und noch ein paar Eltern fassten den Entschluss, für ihre Kinder eigene Gruppenstunden zu organisieren. Das war wohl der Anfang des Kinderparks. Man ging unter das Dach eines Wohlfahrtverbandes (DPWV), siedelte nach Harlingerode um, bekam ein stillgelegtes Sportheim der Stadt zur Verfügung gestellt, aber kaum einen finanziellen Zuschuss.

In vielen Stunden erarbeiteten die Eltern sich eine ausgefeilte pädagogische Konzeption. Sie unterschied sich deutlich von den Gepflogenheiten normaler Kindergärten. Elternbildung, Elternbildungsarbeit sollten zum Schwerpunkt werden. Die Eltern mussten sich bei der Aufnahme verpflichten, alle drei Wochen an einem Elternabend teilzunehmen und sich aktiv an der Betreuung der Kinder zu beteiligen. Eltern sollten von den Kindern lernen, die Kinder ihre Eltern in einer anderen Rolle kennenlernen. „Es gibt keine problematischen Kinder, nur problematische Eltern", wurde gesagt. Es war die Zeit der „antiautoritären Erziehung", Kinder sollten eine repressionsfreie Erziehung in kleinen Gruppen erfahren.

In einer Gruppe sollten nicht mehr als 10 – 12 Kinder sein, die in der Regel von drei erwachsenen Personen betreut wurden. Eine Sozialpädagogin, ein Elternteil und eine Erzieherin oder eine Praktikantin. Ein Jahr später gab es bereits zwei Kindergruppen. Die Kinder waren begeistert. Eltern wechselten sich beim Fahren der Kinder ab, und zwar ohne Formalitäten oder eine Absicherurug. Die Mitarbeit in den Gruppen klappte hervorragend, und die alle drei Wochen stattfindenden Elternabende waren gut besucht. Gemeinsame Feste, größere und kleinere Ausflüge, Backen in der Konditorei eines der Elternpaare, Besuche der Feuerwehr, der Polizei, der Arbeitsplätze von Eltern wurden zur Regel.

Dann wollte man pädagogisch kindgerechte Spielgeräte bauen. Eine kleine Elterngruppe besuchte Kinderspielplätze, sammelte Erfahrungen und das Planen begann. Ein Förster schenkte die gewünschten Bäume, die auf den Dächern der privaten Pkws zum Kinderpark gebracht wurden. In wochenlanger Arbeit entstanden dann wirklich tolle Spielgeräte, wo sich fast alle Eltern und die Erzieher am Bauen beteiligten. Alle Spielgeräte wurden von den Kindern begeistert angenommen. Die Tatsache, dass hier wiederum die Eltern für ihre Kinder aktiv tätig waren, muss sicherlich auch die Kinder berührt haben. Die Einweihung der eigenen Spielgeräte bot wieder einen Anlass zum Feiern. Der Kinderpark Harlingerode florierte, Eltern wie Kinder waren begeistert, aber es gab auch Ablehnung und Getratsche von Außenstehenden. Die erste Krabbelstube in Bad Harzburg ergänzte später das Angebot des Kinderparks.

Das Wiedersehenstreffen nach 30 Jahren

Immer wieder regten Eltern an, man müsste sich doch mal wieder treffen. Nach dreißig Jahren ist es dann soweit. Vier Elternteile bereiten das geplante Wochenende der „Ehemaligen" des Kinderparks Harlingerode vor. Ein Dreigenerationsseminar. Jeannette Stukenberg regt an, die alten Spiele, die damals im Kinderpark gespielt wurden, mit den heutigen Kindern wieder aufleben zu lassen. Uta Kaul schlägt vor, beim Anschreiben sollen alle gebeten werden, von den damaligen Kindern ein Foto und eins aus jüngster Zeit mitzubringen oder zu schicken. [50]

Klaus, der damals sehr junge Erzieher und eine älter gewordene Mutter

[50] Das Einladungsschreiben: Liebe ehemalige Mitstreiter vom Kinderpark, ... immer wieder fragten einige der „Ehemaligen", wollen wir uns nicht noch einmal alle treffen? Zu dritt (Dorothea Borchers, Ursula Hartmann, Horst Stukenberg) haben wir uns entschlossen, ein Treffen vorzubereiten.... Einig waren wir uns, der alte Kinderparkcharakter soll gewahrt bleiben. Wie damals, Eigeninitiative, Improvisation, Selbstorganisation, Selbstgestaltung. Dennoch gilt es einige Rahmenbedingungen zu schaffen, in denen wir uns angenehm bewegen können. In einer ersten Phase wollen wir den Kontakt wagen, wieder ein wenig vertrauter werden und dann gemeinsam beschließen, was in der Zeit getan werden soll. Vielleicht können wir bei gutem Wetter wandern, miteinander spielen, Bilder zeigen, ein Fest feiern, klönen, was ist aus uns und vor allem den Kindern geworden? Aber auch, was bewegt uns heute, was ärgert, behindert. Reden über Vergangenheit und Zukunft, der Themen gäbe es genug. Ein Drei-Generationen-Treffen also, Junge und Alte. Aus unseren damaligen Kindern sind Frauen und Männer geworden, die zum Teil wieder eigene Kinder haben und uns sicherlich auch bedeuten können, was wir möglicherweise „falsch" gemacht haben.

Welche Gedanken bewegten uns damals, wie stehen wir heute dazu? Ziel war damals, die Erziehung im Kinderpark mit der des Elternhauses und umgekehrt in Beziehung zu setzen, zu hinterfragen und transparent zu machen. Zum Wohle des Kindes sollte Gegenerziehung relativiert und mit den Eltern zusammen eine repressionsarme Arbeit geleistet werden.

Über Scheren, Strafe und Sexualunterricht

Ehemalige des „Kinderparks Harlingerode" feierten nach 30 Jahren ein Wiedersehen

BAD HARZBURG. Elternarbeit im Kindergarten gehört heute zum normalen Alltag. Vor dreißig Jahren gab es auch in Bad Harzburg Vorkämpfer, die den Weg bereiteten: Im Kinderpark Harlingerode hatte eine Elterngruppe in den siebziger Jahren offene Kindergarten-Arbeit durchgesetzt. Am Wochenende trafen sich drei Generationen in der Kurstadt, um in Erinnerungen zu schwelgen und alte Gesichter neu zu entdecken.

Horst Stukenberg, Ursula Hartmann und Dorathea Borchers stellten das Wiedersehen auf die Beine. Aus Homburg, Düsseldorf, Fulda reisten die Ehemaligen an, um das Wochenende gemeinsam zu verbringen. Auf dem Programm standen eine Wanderung zu Molkenhaus und Rabenklippen und der ausführliche Nachmittag in der Remise bei Kaffee, Kuchen, Spielen und Gesprächen.

Stukenberg erinnert sich: „Es fing alles in den sechziger Jahren mit einer Anzeige in der Zeitung an." Marlis Stukenberg und ihr Mann suchten gleich gesinnte Eltern, um einen „antiautoritären Kindergarten" zu gründen. Dieses Schlagwort war in den Großstädten und in der Kinderladen-Bewegung in aller Munde. Hintergrund in Bad Harzburg war zudem die Kindergarten-Situation. Es waren zu wenig Plätze vorhanden.

Zunächst im Jugendtreff im Fürstenhof in der Herzog-Julius-Straße zweimal wöchentlich, später in Harlingerode im ehemaligen Vereinsclubhaus des Sportvereins täglich kamen die Kinder zusammen und wurden nach eigenem pädagogischen Konzept betreut - nicht autoritär statt antiautoritär. Der Kinderpark war geboren, unter dem Dach des Deutschen Paritätischen Wohlfahrtsverbandes (DPWV) und engagiert begleitet von Hildegard Meffert.

Fahrgemeinschaften und Elterndienst gewährleisteten den Betrieb. Ein Erzieher, ein Praktikant und ein Elternteil sorgten für die Betreuung. Die Fachkräfte wechselten häufig. Aus finanziellen Gründen wurden Erzieher im Anerkennungsjahr eingestellt, stets betreut von der Sozialpädagogin Ines Schubert. Auch die Stadt gab ihr Scherflein dazu in Form von Sachleistungen.

Klaus Bothe, damals Erzieher, heute Sozialpädagoge in einer Schule in Schwalmstadt, denkt zurück an Elternabende und heiß geführte Debatten, etwa „warum man Kindern Scheren gibt".

Im dreiwöchigen Turnus wurde sich getroffen und an Schwerpunkten gearbeitet. „Aggression", „frühkindliche Entwicklung", „Strafe", „Sexualunterricht" waren Themen. „Es hat mir sehr viel Erfahrung gebracht", meinte auch Regina Preiß, Erzieherin 1975/76. „Es war neu, dass Eltern stark einbezogen wurden."

Auch gespielt wurde auf dem Wiedersehens-Treffen in der Bad Harzburger Remise, in Erinnerung an alte Zeiten und alte Spiele.

In Eigenleistung wurden das Haus und der Spielbereich gestaltet. Die Eltern informierten sich auf Kinderspielplätzen und bauten nach. Der Kontakt untereinander war wichtig und wurde gepflegt. Mitte der Siebziger etablierte sich zudem eine Krabbelstube für die Kleinsten.

Für Christa Scale damals die ideale

Lösung. „Wir wohnten in einer Mietskaserne. Es gab keinen Kindergarten-Platz, und Mutter wollte auch mal Zeit haben." Viola Brunner war Kinderpark-Kind. Sie lebt heute mit ihrer Tochter in Heidelberg und traf am Wochenende Spielkameraden von damals wieder.

Warum der Kinderpark heute

nicht mehr existiert, wußte von den Ehemaligen niemand zu sagen. „Wahrscheinlich eingeschlafen", war die einhellige Vermutung. Zudem hatte die Stadt Bad Harzburg mit eigenen Kindergärten die Nachfrage stillen können, allen voran die Kita Schlewecke, die ein adäquates Konzept präsentierte.

Foto: Seltmann

Die Goslarsche Zeitung berichtet zusammenfassend von dem großen Ereignis

Von den 44 bekannten Personen[51] sind immerhin um die 30 Personen zusammengekommen, die gemeinsam im Sinne der ursprünglichen Kinderparkgedanken ein sehr schönes Wochenende verbrachten. Es war ein großes und bewegendes Ereignis. Gemeinsames Spielen, Erinnern, Bewusstwerden, was damals geleistet werden konnte oder sich kritisch mit dem Auseinandersetzen, was sicherlich zu beanstanden war. Austausch über das, was war, was ist, was sein könnte nach einer relativ langen Zeit von 30 Jahren.

Von der gemeinsamen Arbeit im Kinderpark gingen allerdings auch weitere Impulse aus. Die Stadt Bad Harzburg gründete danach einen weiteren Kindergarten. Mit der sehr aufgeschlossenen Leiterin Uta [52] kann man gut zusammenarbeiten und viele Erfahrungen des Kinderparks übermitteln. Über die pädagogische Arbeit mit Kindern hinaus wurden gemeinsam Seminare zur zeitgemäßen Erziehung Eltern von Bad Harzburg angeboten und erfolgreich durchgeführt werden.

Zusammen mit dem Adolf-Grimme-Institut folgten Seminare zur Erziehung in Kindergarten und Schule. Absicht war, die Chancen zur Mitbestimmung und Zusammenarbeit entsprechend dem Nds. Schulgesetz zu nutzen, lebendige Elternabende zu gestalten und mit den Lehrkräften in eine gute Beziehung zu kommen.

Vergessen werden darf auf keinen Fall das Elternbildungsseminar „Der Montagskreis". Dieses Seminar lief 33 Jahre lang recht erfolgreich. Nach den ersten Anfängen kamen die Teilnehmer unaufgefordert und uneingeladen jeden Montag, den der liebe Gott werden ließ, zusammen. Die intensive Arbeit erstreckte sich oft bis in die Nacht hinein. Dann sollen die Teilnehmer noch vor ihren Türen gestanden und weiter diskutiert haben bis nach Mitternacht. Anfangs umfasste der Kreis 12 Personen, nach 33 Jahren immerhin noch 8 Personen. Zwar sind einige Personen weggeblieben oder neue dazugekommen, aber die Fluktuation war äußerst gering, es war also ein über viele Jahre hinaus wirkender stabiler Kreis, der die .offiziellen Gremien der Stadt immer aufs Neue verunsicherte. Keiner wusste, was ist der Montagskreis, wer zählt dazu und dennoch musste man neu geschaffene Fakten zum Wohle von Kindern und Eltern zur Kenntnis nehmen. In fast allen Schulen stammten die Elternratsvorsitzenden aus dem Montagskreis, so auch der Stadtelternrat. In Zusammenarbeit mit dem Bundes-

---

[51] Siehe Kinderparkadressen Stand 9/1973 in der Akte „Kinderpark Harlingerode" am Elfenweg in Harzburg.

[52] Siehe Adolf-Grimme-Institut und Deutscher Volkshochschulverband e.V.; Erziehen ist nicht kinderleicht; Hefte zur Medienpädagogik, Jahrgang Nr. 2/1976. Die gesamte Folge der 10 oder 12 Hörprogramme dieses Projekts wurde in Form einer Abendschule mit der Volkshochschule zusammen angeboten, bearbeitet, intensiv diskutiert und jeweils in einem Zeitungsartikel der Harzburger Zeitung veröffentlicht.

verband Neue Erziehung in Bonn konnte sogar eine Broschüre zur Zusammenarbeit von Elternhaus, Kindergarten und Schule mit einer Auflage von rund 80.000 Exemplaren hergestellt und bundesweit verbreitet werden.

In allen Fällen der pädagogischen Arbeit diente die neu erlernte Methode Entrainement Mental als methodisches Hilfsmittel. Fortan schmückten bei den Zusammenkünften im Kinderpark Harlingerode, im Montagskreis oder bei den Schulelternabenden Tapetenbahnen die Räume in Gaststätten und Privatwohnungen.

Entrainement mental - Eine Methode der französischen Erwachsenenbildung - Praktiziert in der Elternarbeit in Harzburg

Das Paritätische Bildungswerk bot Eltern wie Mitarbeitern des Kinderparks Harlingerode Fortbildungskurse an, die in ihrer Intensität und Methodenvielfalt dem bereits weiter vorn dem dargestellten Studium der Sozialarbeit in Höchst ähnelten.

Ohne näher auf viele der wissenschaftlichen Details einzugehen, möchte ich nun die bereits mehrmals angesprochene und im Kinderpark Harlingerode wie in der nachfolgenden Elternbildungsarbeit in Schule und Erwachsenenbildung praktizierte Methode darstellen.[53] Der Ursprung von Entrainement Mental (EM) liegt in der französischen Erwachsenenbildung und in der Résistance, der Widerstandsbewegung im Zweiten Weltkrieg. Dort kamen sehr unterschiedliche Menschen zusammen, vom Professor bis zum Arbeiter, Männer und Frauen aus allen Schichten und mit ganz unterschiedlichen Vorbildungen. Sie wollten gemeinsam etwas tun, mußten dafür lernen. Sie waren in dieser Situation darauf angewiesen, sich in kürzester Zeit zu verständigen, Informationen aufzuarbeiten, Vorurteile zu überwinden und einen gemeinsamen Nenner zu finden, was sich unweigerlich auch verbinden mußte mit dem Anstreben einer gemeinsamen „Bewußtseinserweiterung". Gebraucht und erprobt wurde eine Methode, die die Koope-

---

[53] Es handelt sich hier um eine Zusammenstellung aus der Sicht der 70er Jahre. Bewußt sollen bestimmte Redewendungen und Begrifflichkeiten dieser Zeit beibehalten bleiben. Das Rohmanuskript wurde zusammengestellt für die Teilnahme an der Konferenz der polnischen Hochschullehrer der Erwachsenenbildung vom 12. - 14. September 1985 an der Universität Lublin. Das Oberthema lautete: „Theoretische und methodologische Probleme der Andragogik". Vgl. Horst Stukenberg; Teilnehmerorientierung und Selbststeuerung in der Erwachsenenbildung; Self Determination and Participant Orientation in Adult Education; In: German and English Newsletter Nr. 24/25, Berlin (West) 1986, S. 37-45 und in der Fortsetzung Heft 26 vom Sept. 1986, Seite 10 - 20.

ration und Mitsprache aller Beteiligten bei der Lösung eines Problems ermöglichte. Beispielsweise:

- alle Beteiligten sollten ihre Erfahrungen schnell ins Gespräch bringen können,
- alle mußten das Problem von seinem Ursprung her verstehen,
- die Verschiedenartigkeit der Standpunkte sollte bewußt werden,
- im Interesse der gemeinsamen Zusammenarbeit mußten die Teilnehmer versuchen, ihre Vorurteile zu überwinden.

Während anfänglich EM eher ein Akt der Selbsthilfe von lerntheoretischen und didaktischen Laien war, ist sie inzwischen weiter entwickelt und mit ihren Wirkzusammenhängen im Rahmen der Erwachsenenbildung erforscht worden.[54] So oder so wird die Praxis schnell erweisen, wie leicht sie zu handhaben ist. Jeder wird darüber hinaus diese Methode - so wie man sie haben möchte - für den eigenen Bedarf zuschneiden können.

Heute wissen wir, daß EM nicht nur auf die bloße Wirkung von Gruppenprozessen vertraut, sondern

- sie regelt den Prozeß der Diskussion oder der nichtverbalen Gruppenoperation von Stufe zu Stufe,
- sie bremst vor allem die Schnellen und ewig Aktiven, ermuntert die Zaghafteren und läßt stets auch die Langsameren zu Wort kommen. So reden nicht immer dieselben, denn mit Hilfe der Strukturierung kommen alle dran und können sich alle mehr oder minder durchsetzen,
- sie bewirkt eine Veränderung des Bewußtseins und des Wissens,
- sie erlaubt, Veränderung des Verhaltens rational zu planen und in der Gruppe Schritt für Schritt zu vollziehen.[55]

Die angestrebte Nivellierung, das Erzielen einer gewissen Balance und eines Ausgleichs in der Gruppe verbreitert nicht nur das Spektrum des Wissens und Könnens, es führt die Personen zueinander in ein bestimmtes Beziehungsverhältnis, in dem es leichter möglich wird, angstarm und ohne eine allzu große Konkurrenzhaltung emotionale und intellektuelle Anteile zusammenwirken zu lassen. Somit zielt EM auf eine Erweiterung des Bewußtseins und auf eine Er-

---

[54] Friedrich C. Brunke; Entrainement Mental; in: Methodik der Erwachsenenbildung im Ausland - Entrainement Mental; Pädagogische Arbeitsstelle des Deutschen Volkshochschulverbandes; Frankfurt/M. 1965, Heft 10, Seite 11 - 31.

[55] Die Erwachsenenbildung zur damaligen Zeit ging durchaus davon aus, Bildungsprozesse rational gestalten zu können und dementsprechend planbar Einfluß auf das Verhalten der TeilnehmerInnen zu nehmen,. - selbstverständlich nur in deren ureigensten Interesse. Die in diesem Zusammenhang zu stellenden Fragen nach Authentizität und nach dem Subjekt - besonders noch einmal dazu in seiner Ganzheit - standen kaum im Zentrum des Interesses.

höhung der Fähigkeit zur Informationsverarbeitung wie zur verbesserten Kommunikation und Aktion.

Der „Teilnehmer" soll seine Befriedigung daraus ziehen, daß er erfährt, wie die Gruppe als Ganzes Wissen erwirbt, Erfahrungen macht und zur Aktion fähig wird. Dieses basiert wiederum darauf, daß sein eigenes Vorwissen, seine persönliche Erfahrungen und seine Standpunkte als wertvolle Informationen nicht nur aufgegriffen, sondern unbedingt mit einbezogen und ausgewertet werden. All dieses vollzieht sich entsprechend dem Prinzip und der Devise der Integration, womit der Ausgrenzung eine Absage zu erteilen ist.

Dieser Methode liegt die Idee zugrunde, daß intellektuelles Lernen und Operationen auch denjenigen zugänglich zu machen ist, denen man es gemeinhin nicht zutraut und die sich das selbst auch nicht abverlangen würden. Hier liegt u. a. also auch eine Chance zur Motivation und Aktivierung breiterer Schichten.

Mit dieser Methode wird also ein Weg beschritten, der es jedermann erlaubt, ohne Rücksicht auf seine soziale und bildungsmäßige Herkunft am wirtschaftlichen, sozialen, politischen und kulturellen Leben aktiv teilzunehmen. Und Voraussetzung für die aktive Teilnahme ist, die Fakten und Zusammenhänge seiner Umwelt zu analysieren, die angebotenen Informationen kritisch zu verarbeiten und an der emotionalen und intellektuellen Kommunikation aktiv teilzunehmen.

Zur methodische Strategie von EM

Da Teile dieser Methode in meiner theoretischen wie praktischen Arbeit auch in den späteren Jahren eine gewisse Rolle für die Entwicklung auch meines eigenen Konzepts für die Erwachsenenbildung spielten, möchte ich auch methodische Details aufzeigen.

Die Methode entwickelt sich in bestimmten aufeinander aufbauenden Schritten. Ein erster wichtiger Aspekt besteht in dem Sichtbarmachen des jeweiligen Diskussionsbeitrages. Es geht um das inhaltliche Festhalten und Aufschreiben dessen, was gerade gesagt wurde. Gemeinsam wird kurz überlegt, ob ein gewähltes Stichwort auch das Gesagte richtig wiedergibt. Ist das nicht der Fall, wird gemeinsam nach einem neuen Begriff gesucht. Diesen fügt man dann ohne Diskussion oder Kommentar einfach hinzu. Was der einzelne beizusteuern weiß, wird für die Gruppe als Ganzes interessant und zur Aufgabe. Somit geht es gleichzeitig um das Anerkennen und Festhalten eines jeden Beitrages, um das Achten und Respektieren, um die Aufwertung der persönlichen Leistung, aber auch um das Bremsen der ewig Schnelleren. Was im „Raum" abläuft, wird jedem Beteiligten immer wieder vor Augen geführt, und damit wird der Prozeß der Gruppe nicht nur auf die Gruppe zurückgeworfen, er ruft sogleich zu neuer gemeinsamer Tätigkeit auf.

Wenn ein jeder für sich mehr oder minder mitüberlegt, ob das, was der andere gesagt hat, sich mit dem aufgeschriebenen Stichwort deckt, wenn dann gemeinsam ergänzt wird, dann wird nicht nur die individuelle Leistung im Prozeß des Festhaltens und Aufschreibens gewürdigt, sondern gleichzeitig bewirkt das gemeinsame Bemühen um das Finden des richtigen Ausdrucks so etwas wie ein Gefühl der Geborgenheit in der Gruppe. „Ich kann und darf mich äußern - die anderen helfen mir und stören nicht, gemeinsam suchen wir bereits auf dieser Stufe nach einer Lösung und vor allem, mein Beitrag zählt und er ist deutlich sichtbar wiedergegeben".

Das Visualisieren, das Sichtbarmachen des Prozesses in Stichworten hat jedoch gleichzeitig die Funktion des Bremsens, des Steuerns. Das Anhalten des Prozesses, wenn etwas noch nicht allgemein klar und zutreffend formuliert ist, kann Redeungewohnten immer wieder helfen, sich zu sammeln, um das zuvor Gesagte noch einmal zu lesen, zu ergänzen, zu verändern oder um später noch einmal darauf zurückzukommen. Aber darüber hinaus werden die „ewig" schnellen Redner oder Denker gebremst, sie werden aufgefordert, den Langsameren zu helfen, mit ihnen zusammen die richtigen Stichworte zu finden. Erst dann geht es weiter.

Wenn eine Arbeitseinheit beendet ist, wird das Papier von der Wand genommen und kann am nächsten Abend wieder aufgehängt werden.[56]

Selbst bei Vorträgen nach dem alten klassischen Muster der Einbahnkommunikation kann der Ablauf oder das Konzept in Stichworten auf Tapete festgehalten werden, um so zum leichteren Nachvollzug, zur Gliederung, Aktivierung, Verlangsamung oder eben zur Kommunikation beizutragen.

Anzumerken ist noch, daß zur Umsetzung dieses methodischen Prinzips seitens des Verantwortlichen nicht viel gehört, einfach ein klein wenig Mut, konventionelle Schranken zu durchbrechen, Papier (möglicherweise rückseitig Beschriebenes) bzw. alte Tapetenreste, ein paar Filzstifte, Klebeband und ein innerer Ruck.

---

[56] In der ersten Zeit des Arbeitens mit der Methode des EM wurde aus Gründen der Abgrenzung oder zur Übersichtlichkeit tatsächlich nach Beendigung einer Einheit das Erarbeitete fortgenommen. Später kam mit dem Wunsch nach Ganzheitlichkeit die Praxis auf, den visualisierten Prozeß von Anfang bis Ende deutlich sichtbar hängen zu lassen, um hiermit den gesamten Prozeßverlauf aufzeigen zu können und um zu verdeutlichen, was die Gruppe bereits geleistet hat.

Nachfolgend gilt es den stark in sich gegliederten Aufbau dieses gut durchdachten Konzepts in seinem formalen Ablauf und der Stufenfolge noch einmal mit einigen Stichworten zu umreißen:

1. Stufe - Information und Bestandsaufnahme:

1. Phase: Aufzählen und Beschreiben: Es ist die Phase, wo empirische Daten aufgenommen werden, d.h., alle Teilnehmer reden über die Beobachtungen, Erfahrungen, Erkenntnisse aus ihrem eigenen Leben oder steuern Informationen, Schilderungen Dritter bei. Hier sagt nun jeder alles das, was er weiß. Nichts soll in dieser Phase begründet oder kommentiert werden.

2. Phase: Vergleichen und Unterscheiden: Im Anschluß an das Beschreiben sollen die Teilnehmer versuchen, die einzelnen Beiträge miteinander zu vergleichen. Hierbei kommt es darauf an, Vergleichbares oder Nichtvergleichbares herauszuarbeiten. Am Ende dieser Phase ist das Material vorgeordnet, und die Teilnehmer erkennen: Äußerliche Ähnlichkeiten der Erlebnisse führen bei den einzelnen Teilnehmern zu unterschiedlichen Folgen, doch sehr verschiedene Erfahrungen stellen alle vor das gleiche Problem. Erkannt wird, daß es gewisse Schwerpunkte oder Häufungen von Erfahrungen oder Reaktionen oder Informationen gibt und daneben Nichtidentische.

3. Phase: Einordnen und Definieren: Die Arbeit des Ordnens wird fortgesetzt. Jetzt sollen die vorgeordneten Gruppen vergleichbaren Materials daraufhin untersucht werden, wie die Vergleichbarkeit zu beschreiben ist und woraus sie sich ergibt. Dabei tauchen dann eine Reihe von Fragen auf, und die Ordnung der Beiträge wird ergeben: Es gibt offenbar verschieden urteilende Teilnehmer, eine Menge Fragen, wenig Gültiges, an das man sich halten könnte und dem nicht gleich wieder von anderer Seite widersprochen wird. Alles scheint in Frage gestellt, obwohl doch die Fakten wirklich und konkret auf dem Tisch liegen.

Zwischenstufe: Diskussion und Debatte:

Ging es in der gesamten 1. Stufe um Fakten, geht es jetzt um Meinungen. Nachdem nun die Bestandsaufnahme abgeschlossen ist und bevor der nächste Schritt zur Reflexion, zur theoretischen Einordnung getan wird, dient diese Zwischenstufe dazu, die verschiedenen Meinungen und Standpunkte zu klären.

Die Diskussion soll eigentlich erreichen, daß die Teilnehmer erfahren: daß Teilnehmer gleiche Tatbestände unterschiedlich bewerten, mit anderen Bezügen verknüpfen und unterschiedliche Folgerungen daraus zu ziehen vermögen. Jeder lernt, seinen eigenen Standpunkt und den der anderen zu erkennen. So ist nach der ersten Stufe mit ihren drei Phasen und der Zwischenstufe folgendes geleistet und hinterfragt:

> Das Thema wird von allen Teilnehmern gebilligt.
> Man weiß oder ahnt, worum es sich handelt.
> Man weiß nun, wie das aussieht, worüber konkret gesprochen wird.
> Man weiß, wie die Situationen zu beschreiben sind.
> Man weiß, was sich von dem selbst eingebrachten Material vergleichen läßt und wo es Unterschiede gibt.
> Erfahren wird, welche Gruppen von Informationen sich herausbilden.
> Erlebt wurde die Diskussion über die einzelnen Meinungen.

2. Stufe - Theoretische Überlegung - Reflexion

Erst auf dieser Stufe wird das eingebrachte, dann verglichene und vorgeordnete Material verarbeitet. Man fragt danach, ob die geschilderten Probleme zeitlos sind oder ob es sich um Ausflüsse gesellschaftlicher Gegebenheiten handelt. Die Frage, die dahinter steht, ist die nach den Ursachen und Folgen. Über die Frage, ob den Fakten des Materials, die häufig vorkommen, Gesetzmäßigkeiten zugrunde liegen, kommt man an die Frage nach dem Stand der aktuellen wissenschaftlichen Lehrmeinung, nach dem Stand der Theorie. An dieser Stelle erst sind die Bedingungen dafür gegeben, daß die Teilnehmer wissenschaftlich abgesicherte Informationen annehmen können.

1. Phase: Zeitliche und räumliche Einordnung: Aus der Erkenntnis, daß zwei gleiche oder ähnliche Handlungen nicht gleiche Motive, gleiche Bedeutung und gleiche Folgen haben müssen, können die Teilnehmer schließen, daß es keine unanfechtbaren, selbstverständlichen, z.B. erzieherischen Handlungen oder Reaktionen gibt. Ergo ist immer neu nach den Ursachen, nach den Gründen und Folgen zu fragen. Denn die Gründe menschlichen Verhaltens sind nicht ohne Kenntnis des sozialen Kontextes verstehbar, dieses sollen die Teilnehmer in dieser Phase begreifen lernen.

2. Phase: Um so eng wie möglich an der eigenen Praxis der Teilnehmer und an ihren Auffassungen und Urteilen zu bleiben, wurde bis hierher auf „die Wissenschaft" verzichtet. Was die Teilnehmer gehört, gedacht, getan und gewollt haben, das war das eigentliche Arbeitsmaterial. Nachdem das Material gesammelt, geordnet, definiert, d.h. den einzelnen Meinungen ausgesetzt war, finden die Teilnehmer heraus, daß nichts geschieht ohne Ursache, daß sich die Ursachen menschlichen Verhaltens finden und bestimmen lassen, daß das Verhalten von Menschen verstehbar wird, wenn man ihre Beweggründe kennt. - Mehr als dies kann die Arbeit mit den eigenen Beiträgen nicht leisten, aber das ist schon recht viel!

3. Phase: Gesetzmäßigkeiten und Theorien: Jetzt ist die Zeit reif, Fachwissen hinzuzufügen, wobei vom Material der Teilnehmer auszugehen ist. Was in der Gruppendiskussion vorgearbeitet wurde, wird nun bestätigt, ergänzt oder konfrontiert mit Theorien, z. B. der der Sozialisation oder des Lernens. Hierbei ist es allerdings sehr wichtig, die theoretischen Sätze sofort auf die Eigenerfahrung der Teilnehmer rückzubeziehen.

3. Stufe - Folgerungen für das eigene Verhalten und Handeln

Durch die hinzutretenden wissenschaftlichen Informationen wird der Zusammenhang zwischen Analyse (Verstehen) und Aktion (motiviertes Handeln) noch deutlicher. Verstehen die Teilnehmer (z.B. eine Gruppe von Eltern) die Gründe ihres Verhaltens, des Verhaltens ihrer Kinder oder der Miterzieher, suchen sie sofort, die richtige erzieherische Einstellung und Reaktion zu schlußfolgern und auszusprechen. Die neuen Erkenntnisse, das neue Wissen fordert ein entsprechendes Verhalten. Das hier Gelernte verändert die persönlichen Überzeugungen und präformiert eine neue Einstellung. Damit wäre der formale Ablauf des Prozesses der Methode des EM abgeschlossen. Vielleicht haben die Eltern dabei gelernt, wie man mit Erfahrungen und Informationen umgehen kann, die zunächst unverständlich sind.

4. Stufe - Gemeinsam geplante Aktion oder Umsetzen, was man erkannt hat - Handeln

Haben z. B. Eltern die Probleme im Zusammenhang mit einer Klassenelternschaft, oder die im Kindergarten, irgendeines Mißstandes in der Nachbarschaft, oder was es auch sei, bis zur 3. Stufe bearbeitet, kann/sollte/müßte die Aktion erfolgen. Vielleicht ergibt sich aus diesem konkreten Handeln ein weiterer Lernoder Handlungsbedarf, entwickelt sich hieraus ein neuer Kreislauf. So kann nach dem Abschluß einer Aktion neues Lernen oder das Ein- bzw. Verarbeiten von neuen Informationen erforderlich werden. Dieses alles gilt auch für einen längerfristig angelegten Lernprozeß, wo Aktion gleichzusetzen sein wird mit Praxis. Hieraus folgt die bereits mehrfach beschriebene fruchtbare gegensätzliche Wechselwirkung von praktischer Umsetzung mit einer daraus erwachsenen Motivation für neues Lernen, wie eben umgekehrt auch für neue Aktionen.

Abschließende Anmerkung zur Methode Entrainement Mental:

Anzumerken ist noch, daß dieses methodische Vorgehen auf drei Grundprinzipien beruht. Nämlich:

- **Progressive Kooperation,** d. h. ein Thema wird in drei Stufen behandelt, die wiederum verschiedene Phasen haben, z.B. erst die Information über einen Gegenstand, ein Problem, dann das Suchen nach den Ursachen; erst die Bestimmung des Ziels, dann die Festlegung der Methode zur Erreichung dieses Ziels usw.

- **Sukzessive Entwicklung,** d.h. die Stufen und Phasen wollen strikt in der vorgesehenen Reihenfolge bearbeitet werden - die Gruppe hat jedes Mal eine bestimmte Aufgabe, Ziel, Thema, auf deren Erörterung und Lösung sie sich beschränken soll. Diese geforderte Disziplinierung der fortschreitenden Zusammenarbeit garantiert, daß jeder Teilnehmer in jeder Phase seinen Beitrag erbringt.

- **Prinzip der sekundären Zielsetzung,** d.h., neben dem primären Ziel - Lösung der Aufgabe einer bestimmten Phase –
- wird während des gesamten Arbeitsprozesses ein zweites Ziel (Erlernen einer Fähigkeit) angestrebt. Gemeint ist die Fähigkeit, die Ereignisse um sich selbst herum zu verstehen (Umweltanalyse), sein Wissen zu vermehren (persönliche Bildung), soziale und persönliche Beziehungen aufzunehmen (Beziehung) und zu kommunizieren (Kommunikation). Jede Zusammenkunft soll neben der Lösung der gegebenen Aufgabe auch jeweils der Verbesserung einer dieser drei Fähigkeiten dienen.

Auch in diesem vom Paritätischen Bildungswerk ausgerichteten Seminar begegnet mir wieder einmal die bereits bei Tobias Brocher gewonnene Grunderkenntnis: Wenn Erwachsene lernen, sind die Emotionen beteiligt.

Im Seminar des Paritätischen Bildungswerks wie auch in der weiteren Entwicklung dieses methodischen Ansatzes wurde herausgestellt: Die Arbeitsweise sollte situationsbezogen sein, es geht nicht nur um Wissensvermittlung, sondern zunächst ist auch hier zu versuchen, mit den Teilnehmern in eine gute Beziehung zu kommen, Abwehrhaltungen abzubauen und Motivationen zu entwickeln. Das Lernen Erwachsener müßte als initiales Lernen bezeichnet werden, sie würden lernen, wenn konkrete Anlässe vorlägen. Es geht vor allem um Prozesse des

Umlernens, wo alte Vorerfahrungen und Vorurteile zu beseitigen sind, die statt ihrer Appetit auf neue Informationen hervorrufen.[57]

Dieses zunächst im Kinderpark Harlingerode, nachfolgend in der Elternbildungsarbeit in der Schule und allgemein im Bereich der Neuen Erziehung praktizierte methodische Vorgehen muß wohl im Laufe der Zeit zu kompliziert oder zu theoretisch erschienen sein. Langsam, fast unmerklich wandelte sich das methodische Vorgehen. Die Grundaussagen des methodischen Konzepts - verbunden mit der Intention einer Elternbildungsarbeit als Erwachsenenbildung, in der Erwachsene nicht nur Wissen anzuhäufen haben, sondern Veränderung intendiert ist - haben tiefe Spuren hinterlassen und sind demzufolge geblieben. Diese Grundaussagen, verbunden mit einzelnen Aspekten des methodischen Vorgehens, sind nicht nur habitualisiert, sie sind in abgewandelter Form weiterentwickelt worden und in das Konzept der Selbstgestalteten Bildungsarbeit eingeflossen.

Mit einer gewissen Weiterentwicklung begann sich die starre Form und Anwendung von EM zu lösen. Der Prozeß der Verwandlung führte schließlich zu dem jetzigen Konzept, welches nicht so stark strukturiert, vielleicht weniger kompliziert und flexibler anzuwenden ist. Darüber hinaus wird über eine geringere Formgebung ein höheres Maß an Selbstbestimmtheit und Authentizität erzielt. Ein relativ gefestigter Glaube an „die Wissenschaft" und an die „Machbarkeit" von Erwachsenenbildung scheint ins Wanken geraten zu sein und die bisherige Logik von Ursache und Wirkung relativiert zu haben. Dies hat aber auch zur Folge, daß mehr Raum gegeben werden kann für eine größere Interdependenz, eine weitere Sicht von Ganzheitlichkeit und ein für flexiblere Verknüpfen und Selbstgestalten.

Tapetenbahnen - Helfer in der Prozessgestaltung

In dem vom Paritätischen Bildungswerk 1974 organisierten Seminar überzeugte die Anwendung von Tapetenbahnen. Der gesamte Ablauf wurde visualisiert, und alle Teilnehmenden konnten den Prozeß immer wieder verfolgen. Zusätzlich muß wohl eine in der Schulzeit entstandene Aversion gegen den Geruch von Kreide und eine Abneigung gegen den Anblick von Wandtafeln mich bei der Wahl von Tapete zur Visualisierung von Gruppenprozessen bestärkt haben. Wurden derartige schulpädagogische Mittel in der außerschulischen Jugendbildung und der daraus entstandenen Erwachsenenbildung von mir strengstens gemieden, wurden nun Tapeten zum unverzichtbaren Medium. Mit Tapeten sind

---

[57] Seminar des Paritätischen Bildungswerks; a.a.O.; Jutta Kamarowsky-Eichholz; Seminarnotizen.

wirklich die Reste oder billig zu erwerbenden Überbleibsel zum Tapezieren der häuslichen Wohnungen und nicht die im pädagogischen Alltag verwendeten ordentlichen weißen Papierbahnen gemeint.

Zunächst ist zu fragen, was spricht möglicherweise gegen die Verwendung von Tapete? In Seminaren, an denen Teilnehmer aus dem östlichen Europa beteiligt waren, wurde oft wehmütig auf die noch gut verwendbaren z. T. schönen Tapetenbahnen geschielt und der Verlust des materiellen Wertes beklagt. Aber auch die sogenannten Profis oder Akademiker entwickelten häufig Widerstände gegen die Visualisierung des Prozeßgeschehens, noch dazu auf einfachen Tapetenbahnen. Zu hören war, die Visualisierung in Verbindung mit dem methodischen Vorgehen nach der Methode Entrainement Mental verlangsame den gesamten Ablauf eines Bildungsgeschehens, raube unnötige Zeit und behindere eingespielte routinierte Verhaltensweisen. Ein Ärgernis also? Sicherlich.

Andererseits besitzen Tapetenbahnen als einfaches pädagogisches - psychologisches Lernmittel zur Visualisierung eines Prozeßgeschehens gewisse Vorteile gegenüber den gebräuchlichen, vor allem technischen Geräten.[58] Darüber hinaus weist die Absicht, Prozesse zu visualisieren, in eine ganz bestimmte Richtung, nämlich ein hohes Maß an Partizipation und Aktivität zu ermöglichen. In den verschiedenen Kapiteln meiner Arbeit bin ich immer wieder darauf eingegangen. Außerdem ist dem „Einsatz" von Tapeten noch einmal eine besondere Stimulierung zuzuschreiben. Liegt beispielsweise bei einer bestimmten Arbeitseinheit in der Stuhlmitte auf dem Fußboden eine Tapetenbahn, lassen sich schnell und unkompliziert Stichworte zur Visualisierung des gerade laufenden Prozesses aufschreiben. Bei bestimmten Aufgaben, wo jeder der Beteiligten reihum seinen eigenen Beitrag zusteuert, wird, während der nächste schon das Wort ergreift, mit einem Stichwort der letzte Beitrag auf der meist auf dem Fußboden liegenden Tapete festgehalten. Neben der Organisierung des normalen Prozesses fördert es die Kommunikation, verführt zur stärkeren Eigenbeteiligung, reguliert die Diskussion, verhindert Zwiegespräche und verdichtet den Prozeß als solchen.

An dieser Stelle ist auch noch einmal darauf zu verweisen, daß auch der Boden ein hohes Maß an Stimulierung aufkommen läßt. Mit Boden ist wirklich der einfache Fußboden als didaktisches Element und als Arbeitsfläche gemeint. Wird der Boden allgemein viel zu wenig genutzt, gehört er in den Prozessen der Selbstgestalteten Bildungsarbeit fast von Anfang an zu den elementaren Arbeits- und Gestaltungsflächen. Wird es für Teamer wie Teilnehmer erst zur Gewohn-

---

58 Zur Visualisierung als Verfahren und als ein Werkzeug der Bearbeitung in einer Veranstaltung, besonders aus der Sicht neuerer Forschung vgl. Bernd Weidemann; Methoden der Visualisierung von Denkprozessen; In: Grundlagen der Weiterbildung, 1991, Heft 6, Seite 309 - 312.

heit, sich hin und wieder auf den Boden zu setzen, sich dort zu betätigen, verändert sich nicht nur der „Blickwinkel" zu den anderen im Stuhlkreis Sitzenden, es kommt zur inneren wie äußeren Bewegung und unterstreicht die aufkommende Vertrautheit. Darüber hinaus wird fast automatisch ein höherer Beteiligungsgrad aller am Prozeß Beteiligten erreicht.[59]

Auf einer Teamsitzung zur Nachbereitung eines Seminars wurden einmal Stichworte zusammengetragen, die für die Visualisierung des Prozeßgeschehens und für den Einsatz von Tapetenbahnen sprechen.[60] Gesagt wurde hier u.a.:

- Das Arbeiten mit Tapete stellt mehr den lebendigen Menschen mit seinen emotionalen und intellektuellen Anteilen in den Vordergrund und läßt über die Entstehung einer direkten personalen Kommunikation den Gebrauch von technischen Mittlern eher fragwürdig erscheinen.
- Der geringe Einsatz von technischen Mittlern bedingt oder verführt geradezu zu einem Mehr an kreativer Eigenaktivität, zur personalen Kommunikation und zur persönlichen aktiven Beteiligung am Zustandekommen des Visualisierungprozesses selbst.
- Das jeweils sichtbar zustande gekommene Arbeitsergebnis - an dem ja alle, zwar unterschiedlich stark, aber ständig mitwirkend beteiligt sind - stellt sich den am Prozeß Beteiligten letztlich als ihr Eigenes dar und läßt jeweils auch ein persönliches Erfolgserlebnis aufkommen.
- Mit der zunehmenden „Tapezierung" der oft recht nüchternen Tagungsräume vollzieht sich ein Wandel hin zur Selbstgestaltung und zum „Eigenen."
- Übrigens spielen Tapeten in vielen deutschen Haushalten noch immer eine bestimmte Rolle, oft werden auch heute noch die eigenen Wohnungen regelmäßig selbst tapeziert. Mit dem Anblick von Tapete verbindet sich damit für viele etwas Vertrautes, Heimisches, oft an eigene Aktivitäten und Aktionen Erinnerndes. Dadurch sind sicherlich Tapeten allgemein gegenüber Schultafeln, Kreide, Tageslichtprojektoren und anderen schulischen Mittlern, positiver und selbstbestimmter besetzt.

---

[59] Kösel verweist in seiner subjektiven Didaktik auf die Einbeziehung des Fußbodens als gestalterisches Element. „Der Boden wird m. E. viel zu wenig als didaktisches Grundelement benutzt. Wer arbeitet schon am Boden?! Wegen der starken einseitigen Habitualisierung der Raumkultur durch Wände und Tische wird der Boden didaktisch degradiert. Bodenarbeit erzeugt viel Bewegung in den Personen und Gruppen und so auch in den Gehirnen" Edmund Kösel; Modellierung von Lernwelten; a.a.O.; Seite 317 f.

[60] Siehe: Mit und von Kindern lernen - Dokumentation eines Kooperationsseminars der Familienbildungsstätte der Arbeiterwohlfahrt Essen und dem Bundesverband Neue Erziehung Bonn, BNE Bonn 1989, Seite 16 - 18. Im Übrigen vgl. weiter unten die Arbeit mit Tapetenbahnen in den Praxisbeispielen; Horst Stukenberg; . Reihe Theorie und Forschung Erwachsenenbildung, Horst Stukenberg; Selbstgestaltete Bildungsarbeit in der Erwachsenenbildung – Der Mensch im Zentrum von Lernen und Veränderung; Roderer Verlag, Regensburg 1999, und bes. Tapetenbahnen - Helfer in der Prozessgestaltung; Seite 195 ff.

- Das Festhalten des Prozesses mit Stichworten, einfachen Skizzen und Strich-männchen läßt sich leichter nachvollziehen und bietet außerdem oft ein Bild der Unvollkommenheit. Dieses ermutigt, reduziert den Leistungsdruck und ermöglicht den am Prozeß Beteiligten einen größeren individuellen Spielraum für die eigene Beteiligung,
- Die auf den Tapetenbahnen festgehaltenen Abläufe ermöglichen es, den Pro-zeßverlauf leichter nachvollziehen zu können. Außerdem kann schnell an eine vorangegangene Einheit angeknüpft oder auf bestimmte Teile zurückverwie-sen werden. Zum Protokollieren lassen sich die Tapetenbahnen leicht zusam-menrollen und mit nach Hause nehmen. Das erleichtert vielen Teilnehmern das oft unbeliebte Anfertigen eines Protokolls.[61]
- Immer wieder greifen Anwesende selbst zum Stift, fügen eigene Gedanken oder Fragen hinzu oder nutzen manchmal die Tapetenbahn als Ventil zum „Luftablassen".
- All das ist gewollt, all dieses bringt ein Mehr an Unruhe, ein Mehr an Bewe-gung und Lebendigkeit, welches den Prozeß als solchen einerseits verdichtet, authentischer werden läßt und andererseits zur Auflockerung und befreienden Aktivität beiträgt.

Die Kritiker der Tapetenarbeit führen immer wieder ins Feld, daß die vielen im Laufe eines Seminars sich ansammelnden Tapetenbahnen den Betrachter er-schlagen müßten. Das kann u. U. richtig sein, aber dabei ist zu bedenken, daß es sich hier lediglich um das Sichtbarmachen dessen handelt, was in üblicher Ma-nier in nichtverlangsamten Prozessen in vielfältiger Form inhaltlich und thema-tisch abgehandelt wird.

Eine geringere Beteiligungschance infolge einer sterileren und rationaler gepräg-ten Atmosphäre wird nicht nur Zaghaftere und Langsamere zum Verstummen bringen. Erstaunlich ist immer wieder, wie schnell und selbstverständlich die Beteiligten sich konstruktiv auf dieses verlangsamende Geschehen einlassen können, wie das Arbeiten mit Tapetenbahnen zur liebgewordenen Gewohnheit und zum vertrauten Element werden kann. Aber erst die gezeigte Bereitschaft, sich zu beteiligen, und die praktizierte Toleranz ermöglichen es letztlich, die gemeinsam festgelegten Strukturierungen, Programmpunkte, Besonderheiten, inhaltlichen Verläufe auf Tapeten zu bringen. Übrigens bleiben alle angefertig-ten Tapetenbahnen während der ganzen Zeit eines Seminars oder einer Tagung gut sichtbar hängen. Im Gegensatz zu der massenhaften Produktion von Bro-

---

61 Immer wieder ist festzustellen, daß geübte wie ungeübte Tagungs- und Seminarteilnehmer viel leichter zur Erstellung eines Protokolls oder einer Dokumentation zu bewegen sind, wenn sie neben den persönlichen Aufzeichnungen auch noch auf die Tapetenbahnen zurückgreifen können. Grundsätzlich wird im Nachhinein jedem Teilnehmer einer Tagungs- oder Semi-nareinheit ein Protokoll zugeschickt. Interessant ist es, dass in zunehmendem Maße diese Protokolle von den Beteiligten in eigener Regie angefertigt und verschickt werden.

schüren, Zeitungen, Büchern, Werbezetteln der verschiedensten Art, die von wenigen für viele geleistet wird, sind bei dieser aktivierenden Methode viele für wenige tätig, um aktiv etwas Eigenständiges authentisch festzuhalten oder herzustellen.

Lernen wie im Schlaf, jedenfalls lustbetont und angenehm, davon hatte ich Kenntnis bekommen. Nun, das ist doch etwas für mich, wo ich mich mit dem Lernen und Behalten so schwer tue (wie damals beim Kennenlernen der Meditation). In den 60er Jahren muss Prof. Georgi Lozanow eine im Ostblock geheim gehaltene Entdeckung betr. des Lernens und Behaltens gemacht haben. Ein gewaltiger Entwicklungsschub soll im Ostblock mit dazu beigetragen haben, dass der Westen den sogenannten Sputnik-Schock erlebte. Lernen und Abspeichern des Gelernten vollziehe sich in unterschiedlichen Gehirnhälften, und vor allem sei das Atmosphärische, das Drumherum, Musik, Räumliches etc. bedeutungsvoll. Kurz gesagt, eine angenehme, stimulierende Umgebung begünstige die Lust am Lernen. Das muss mich so beeindruckt haben, dass ich mir die inzwischen allgemein veröffentlichten Erkenntnisse besorgte und eine ganze Weile mich diesem Konzept lernend genähert habe.[62]

Modellversuch - Kinder in Ersatzfamilien

1974, ich war noch im Studium an der Universität Hannover. Ungewollt, doch vom Lehrkörper nicht nur geduldet, bekam die Theorievermittlung ähnlich wie beim ersten Studium der Sozialarbeit in Höchst einen praktischen Bezug. Das Landesjugendamt Berlin entwickelte unter der Leitung von Peter Wiedemann und Martin Bonhoeffer ein Modellprojekt „Kinder in Ersatzfamilien". Schwerstgeschädigte und eigentlich abgeschriebene Kinder sollten mit dem Me-

---

[62] Georgi Lozanow; Suggestologia; erstmalig 1971 im Staatsverlag Sofia erschienen. Titel der amerikanischen Ausgabe; Georgi Lozanow, Suggestology and Outlines of Suggestopedy, New York 1978, zit. nach E. Sibylla Pelke; Sanftes Lernen; Verlag K. G. Hinkelmann; Bremen 1984, S. 14 ff. Ein Großteil der aufgenommenen Informationen würden das Bewußtsein umgehen. „An jedem Wahrnehmungsprozeß ist ein Teil der perzeptiven Informationen intuitiv, emotiv, subsensorisch, peripher, sie werden nicht für das Bewußtsein umkodiert". Ebenda S. 15. Lozanows Meinung nach gehört das Langzeitgedächtnis in den Bereich des Unbewußten, und der schmalere Bereich des Tagesbewußtseins sei nur zu einem Teil am Lernprozeß beteiligt. Völlig ungeklärt sei noch, wie weit Aufmerksamkeit und bewußte Konzentration tatsächlich der inneren Konzentration entsprächen. Von der Neurobiologie kommend bemerkt Roth dazu, daß die Art und Tiefe des Einspeicherns und damit die Leichtigkeit des Erinnerns (bzw. die Resistenz gegen das Vergessen) ganz wesentlich vom **emotionalen Begleitzustand bestimmt wird,** insbesondere davon, ob das, was zum Einspeichern ansteht, positive oder negative Konsequenzen im Lichte der Vergangenheit hatte oder haben wird. Gerhard Roth; Das Gehirn und seine Wirklichkeit - Kognitive Neurobiologie und ihre philosophischen Konsequenzen; Suhrkamp Verlag; Frankfurt/M. 1995 (5); Seite 210.

dium Familie und speziellen Fachkenntnissen doch noch eine Chance zur Entwicklung bekommen.[63] Unser Freund Axel Reinke mit Ehefrau Anne, früherer Dozent an der Fachschule für Sozialpädagogik, sprach uns an, wir sollten uns doch als eine Gruppe mit Nanne und Klaus Mewes, Sonderschullehrer an der Kielhornschule in Braunschweig, an diesem Berliner Modellprojekt beteiligen.[64]

Getrennt fahren die Familien nach Berlin und verschaffen sich einen persönlichen Überblick. Was ich in einem früheren Kapitel darüber schon geschrieben habe, sei hie zusätzlich veranschaulicht und ins Detail gehend geschrieben. Wir fahren mit unseren Kindern Jeannette und Alexander nach Berlin. Im Säuglingsheim Schwalbennest in der Berlepschstraße lernen wir Peggy kennen. Entschieden wird, das Kind zunächst als Urlauberin zu uns zu nehmen. Ich muß gestehen, spätestens da bekam ich es mit der Angst zu tun und fühlte mich der Aufgabe nicht mehr gewachsen. Ganz anders reagierte meine Frau Marlis, die mir zuredete und mich zu überzeugen versuchte, „das schaffen wir schon".

Peggy konnte mit sechs Jahren nur im Bett mittels Windel Stuhl von sich geben, „Bum" wurde es von ihr genannt.[65] Sie konnte nicht richtig sprechen, nicht laufen und hatte körperlich, emotional wie intellektuell den Entwicklungsstand eines eineinhalb Jahre alten Kleinkindes.[66] Sie klammerte sich bei der Marlis wie bei mir mit beiden Händen um eines der Beine. Wenn eine andere Person den Raum betrat, konnte sie das nicht ertragen und verließ das Zimmer. Mit acht

---

[63] Martin Bonhoeffer/Peter Wiedemann (Hrsg.); Kinder in Ersatzfamilien; Ernst Klett Verlag, Stuttgart 1974.

[64] Wir drei Familien werden uns einig, dieses alternative Modell der Heimerziehung: „Kinder in Ersatzfamilien" mitzumachen. Fünf schwer benachteiligte Kinder wollen wir als Gruppe in unseren Familien aufnehmen, um eben mit dem Medium Familie und Sachkenntnis zu arbeiten, vielleicht eine Entwicklung zu ermöglichen. Als Mentor führte Axel Reinke den Schriftwechsel wie die ersten Telefonate. Im März 1974 kommt es zu klaren Vorstellungen und Abmachungen. Bonhoeffer und Wiedemann kommen mit einem Berg von verschiedenen Kinderakten zu uns nach Bad Harzburg, fordern uns auf, zum persönlichen Kennenlernen und für die Auswahl von Kindern nach Berlin zu kommen.

[65] Das Problem des Nicht-Hergeben-Könnens wurde Thema in meinem Psychologiestudium. Als dann zum ersten Mal „Bum" sichtbar produziert werden konnte, haben wir immer wieder den „Kot" im Garten „beigesetzt" und auf Wunsch gezeigt, dass er nicht weg oder verlorengegangen war. Ganz kurz sei hier das Problem auf die elementare Bedeutung von Zuwendung auch im Sinne von Stimulation und Geborgenheit für die normale menschliche Entwicklung angedeutet.

[66] In einem der Entwicklungsberichte stand: „Proportionaler Minderwuchs unbekannter Ursache". Dann „spastische Bronchitis", „Loch im Herzen" usw. Man ging sehr eingeschränkt und schonend mit dem Kind um. Rudolf Queißer, unser Kinderarzt, hat uns sehr unterstützt, dem Kind stark zugewandt geholfen und dem Ganzen zum Durchbruch verholfen: Das Kind solle seine Belastungsgrenze selber finden.

Jahren diagnostisierte der Rektor der Grundschule: „Sie wird niemals eine Schule besuchen können, es sei denn eine Sonderschule für geistig Behinderte".[67]

Eine der wichtigsten Entdeckungen der Humanbiologie unserer Zeit ist, daß sie die zentrale Rolle des vollwertigen Sozialkontaktes für die Ausformung der menschlichen Eigenart gezeigt hat. Die Hospitalismusforschung angefangen von Pfaundler über Spitz, Wolf und Aubry hat belegt, in welchem Ausmaß das psychische und körperliche Gedeihen des Menschen bereits in seiner frühen Entwicklung als eine unteilbare Einheit zu betrachten ist.[68] Dieser Forschungszweig geht davon aus, daß die körperlichen Eigenheiten der Entwicklung im hohen Ausmaß von der normalen Ausbildung des Gefühlslebens und des Sozialkontaktes abhängig sind. Den Zusammenhang von Zuwendung, Stimulation und Entwicklung noch im Alter von fünfzehn Jahren belegt die Lebensgeschichte des sagenumwobenen Kaspar Hauser.[69] In diesem Zusammenhang Konnten in dem zuvor beschriebenen Modellprojekt mit Kindern im Schulalter unvorstellbare Entwicklungsfortschritte erzielt werden.[70] So erstaunt, dass es selbst er-

---

[67] Jetzt kam der von uns mitgegründete Kinderpark Harlingerode ins Spiel. Eltern wie Erzieher wussten um die besondere Problematik von Peggy und konnten hervorragend darauf eingehen. Gegen den Willen des Schulleiters wurde Peggy mit 9 Jahren in die erste Klasse eingeschult, musste nach einem halben Jahr die Klasse wiederholen und wurde gegen unseren Willen zur Sonderschule angemeldet, was aber der zuständige Schulrat zu verhindern wusste.

[68] Zeitgleich mit Bruno Bettelheim hielt ich mich 1972 für drei Monate zum Studium der Kibbuzerziehung in Israel auf. Ich war beeindruckt von dem hohen Maß an Zuwendung, welches jedem einzelnen Kind zugute kam. Bettelheim bemerkt zum emotionalen Input und dem Problem der Hospitalisierung: „Die von Spitz untersuchten und in Institutionen erzogenen Kinder (1945 usw.) litten unter einem Mangel an Liebe, Stimulierung, Anregung und Bewegungsfreiheit und nicht unter der Tatsache, daß sie als Gruppe aufgezogen wurden. Spitz und andere betonen daher, daß es nicht nur der Mangel an Liebe ist, der die Entwicklung des Kindes stört und der es verkümmern, ja sogar sterben läßt (Krankheiten wie Hospitalismus und Marasmus können - als Folge einer völligen Isolierung des Kindes von seiner Umwelt - einen tödlichen Ausgang haben) - der Mangel an Anregung ist ebenso wichtig.... Im Kibbuz können die zwischenmenschlichen Beziehungen niemals so schlecht sein wie eine Mutter-Kind-Beziehung in unserer Kultur, da sich mehrere Personen um das Kind kümmern". Siehe Bruno Bettelheim; Die Kinder der Zukunft - Gemeinschaftserziehung als ein Weg einer neuen Pädagogik; Molden Verlag; Wien München Zürich; Seite 122 f und 125.

[69] Siehe hierzu die Aufzeichnung von Anselm von Feuerbach über das „Findelkind" Kaspar Hauser. Anselm Ritter von Feuerbach; Kaspar Hauser - Beispiel eines Verbrechens am Seelenleben des Menschen; bei J-M. Dollfuß, Ansbach 1832 S. 94. „Im Daumerischen Hause wurde er in wenigen Wochen um mehr als zwei Zoll größer". Portmann schreibt dazu: „Die selben Untersuchungen bezeugen auch, daß so ausgesprochen körperliche Eigenheiten der Entwicklung wie etwa die Gewichtskurve in hohem Maße Ausdruck der normalen Ausbildung des Gefühlslebens und des Sozialkontaktes sind". Siehe Portmann in: Flanagan; Geraldine Lux Flanagan; Die ersten neun Monate des Lebens; Rowohlt TB Verlag, Reinbek bei Hamburg, 1968 Seite 115 und 116.

[70] Diesen Zusammenhang von Zuwendung, Stimulation und Entwicklung belegen auch die Untersuchungsergebnisse in unserem Modellprojekt „Kinder in Ersatzfamilien". Nach einigen

wachsenen Menschen nach einem schweren Krebsleiden noch möglich sein soll, Gesundheit und ihr altes Längenwachstum wieder zu erreichen.[71]

Ausgehend von der Hospitalismusforschung sehe ich als ein zentrales Bedürfnis des Menschen das nach Stimulation, nach Zuwendung und Geborgenheit für die normale menschliche Entwicklung an. Zu fragen bleibt, was ihre vorherigen Krankenhausaufenthalte bewirkten und was in dem Säuglingsheim möglicherweise nicht geleistet werden konnte.[72]

Jahren gezielter Förderung und intensiver Zuwendung mit dem Medium Familie entwickelte das Kind ab dem neunten Lebensjahr ein normales Längenwachstum. Auch im Bezug der intellektuellen und emotionalen Entwicklung konnten die diagnostizierten Gutachten in vielen Punkten inzwischen widerlegt werden.

71 Eva - Maria Sanders; Leben! Ich hatte Krebs und wurde gesund; Nyphenburger Verlag; München 1997; Seite 141 f. Zur Diskussion stand die infolge des Krebsschadens eingetretene Schrumpfung der Körperlänge um 8 cm, eine mögliche Remission der Wirbelsäule. Entgegen allen wissenschaftlich gut begründeten Prognosen konnte nach Abschluß des Prozesses nicht nur die Remission, sondern ein kompletter Neuaufbau der Wirbelsäule verzeichnet werden. Seite 205.

72 Auf die detailliertere Diskussion zum Problem der unzulänglichen Sozialkontakte und des Phänomens Hospitalismus bzw. der Deprivation soll hier nicht ausführlicher eingegangen werden. Einige Literaturhinweise mögen genügen.. Vgl. u. a. dazu John Bowlby; Mutterliebe und kindliche Entwicklung; Ernst Reinhard Verlag; München Basel 1995 (3) und ders. Das Glück und die Trauer - Herstellung und Lösung affektiver Beziehungen; Klett Cotta Verlag; Stuttgart 1982; Rene Spitz; Die Entstehung der ersten Objektbeziehungen; Klett Cotta Verlag; Stuttgart 1992 und ders. Nein und Ja - Die Ursprünglichkeit der menschlichen Kommunikation; Klett Cotta Verlag; Stuttgart 1992; A. Dührsen; Heimkinder und Pflegekinder in ihrer Entwicklung; Göttingen 1977(6); Emil Schmalohr; Frühe Mutterentbehrung bei Mensch und Tier - Entwicklungspsychologische Studie zur Psychohygiene der frühen Kindheit; Kindler Verlag, 1975. 1962 erschienen als Antwort auf Bowlbys vorgelegte Materialien zur Hospitalismusforschung Ainsworths Untersuchungen vor der Weltgesundheitsorganisation. Sie weitet die Komplexität der Deprivation auf die Unzulänglichkeit und Verzerrung der Interaktion ohne Rücksicht auf die Quantität aus, desgl. auf Diskontinuität von Relationen, die durch Trennung des Säuglings von der Mutter hervorgerufen wird. Vgl. M. D. Ainsworth; The effects of material deprivation . A review of findlings and controversy in the context of research strategy; zit. nach Peter Fürstenau; Kap. 4.2 Hospitalismusforschung; in: Soziologie; Peter Fürstenau; Soziologie der Kindheit; Quelle und Meyer Verlag, Heidelberg, 1986 (4); S. 105 bis 112 bes. S. 106. „Das kleine Menschenwesen wendet in einer Zeit, wo seine rationalen und intellektuellen Fähigkeiten erst keimhaft am Werke sind, die Macht seiner intuitiven Möglichkeiten, die ganze Kraft seines Gefühlslebens auf die umgebende Sozialwelt". Siehe: Portmann in Flanagan; Geraldine Lux Flanagan; Die ersten neun Monate des Lebens; Rowohlt TB Verlag, Reinbek bei Hamburg, 1968; Seite 111 und 114. Mit Adolf Portmann ist der Mensch eine sogenannte Frühgeburt und kommt nicht nur unfertig und zu früh auf die Welt, er bedarf darüber hinaus einer zweiten, gewissermaßen einer soziokulturellen Geburt. Dieses Hineinwachsen, Befähigen oder auch Anpassen an die Gepflogenheiten des jeweiligen gesellschaftlichen Systems wird als Sozialisation bezeichnet. A. Portmann; a. a. O. S. 115 und 116. Hier galt es für unsere Familie viel aufzuarbeiten, nachzuholen.

Nun, die Schule wird für das Kind nicht leicht gewesen sein. Es saß oder stand für sich meist allein in der Klasse oder auf dem Schulhof, andere Kinder wurden strikt gemieden. (auch s. o. Kap. Jeannette, Alexander, Peggy) Dennoch, wie schon in der Elternarbeit im Kinderpark Harlingerode fanden regelmäßig Gespräche mit der jeweiligen Lehrerin, den Therapeuten, besonders mit der Ergotherapeutin Sabine Pinkepank und uns als Eltern statt. Die Lehrerin wurde noch einmal besonders in die Pflicht genommen, sie schrieb fast alle drei bis vier Wochen einen Entwicklungsbericht, worauf verwiesen wurde, was wir als Eltern, der Arzt oder die Therapeutin zusätzlich tun könnten; natürlich kam umgekehrt zur Sprache, was in der Schule von den Lehrern getan werden konnte.

So konnte in regelmäßiger Zusammenarbeit mit allen beteiligten Verantwortlichen das Kind die Grundschule, die Orientierungsstufe und die Hauptschule hinter sich bringen. In einem Schulpraktikum muss bei ihr der Wunsch entstanden sein, Tierpflegerin zu werden. Sie hat es nicht ganz ohne Schwierigkeiten geschafft, aber wurde staatlich anerkannte Zootierpflegerin. Viele Jahre konnte sie in den verschiedensten Bereichen mit Tieren eigentlich bis heute selbstständig arbeiten.[73]

Einmal äußerte sie anerkennend, wie gut sie es gefunden hätte, dass wir mit den Kindern soviel unternommen, solch tolle Reisen gemacht hätten. Sie wolle das auch mit ihren Kindern machen. Als sie noch in der Jugendgruppe der Pfadfinder war, fuhr sie mutterseelenallein 300 km von zu Hause fort in ein Bundeslager. Später besuchte sie ihre Schwester, die als Au-Pair-Mädel in Paris arbeitete und Heimweh hatte. Wie eine wunderbare Blüte ging das Mädel auf, entwickelte sich. Später fuhr sie einmal mit ihrer Tochter Tine Pauline zu ihrer Freundin nach Spanien, ein anders Mal mit der Freundin Lola nach Griechenland und später mit beiden Kindern nach Israel zu Freunden unserer Familie.

Eine andere Geschichte wäre, das Wiederkennenlernen eines Jungen aus der anfänglichen Gruppenkonstellation, die Heirat, das jahrelange Familienleben in Hamburg, die Geburt ihrer zwei Kinder Tine Pauline und Pia Theresa.[74]

Was das Kind Peggy gewollt und geschafft hat, ist eigentlich unglaublich und widerspricht den anfänglichen Diagnosen und dem Gutachten auch der jahrelang begleitenden Psychologin Frau Margaret Dross.

---

[73] Mit 18 Jahren gab das Jugendamt Peggy zur Adoption frei. So konnten wir sie nun auch rechtlich unseren Kindern gleichstellen und adoptieren.

[74] Vor der Geburt ihres zweiten Kindes Pia Theresa kam es zum ehelichen Zerwürfnis. Was sie kurz nach der Geburt alles allein unternommen und bewerkstelligt hat, setzte uns als Eltern in großes Staunen und Bewunderung.

Dennoch: Ein alter deutscher Spruch lautet: Sage mir, mit wem du gehst, und ich sage dir, wer du bist!" Als ein sehr gutmütiges und hilfreiches Wesen hilft sie allerorten und öffnet sich immer wieder den Personen, mit denen sie gerade zusammen ist. Einerseits ist und bleibt sie unsere Tochter, aber darüber hinaus ist das Entwicklungsprojekt nicht völlig abgeschlossen. Sie bedarf auch heute wieder einer festen Hand, der Zuwendung, der Liebe, der Stützung und Hilfe von außen.[75]

Für uns könnte ein Resümee sein, dass man vielen Kindern und jungen Menschen bei Kenntnis der Sachlage und einer adäquaten Begleitung in ihrer Entwicklung zu helfen vermöchte, anstatt sie fest- oder abzuschreiben. Wir durften lernen, uns und unser Menschenbild verändern. Vieles verdanken wir nicht zuletzt dem Modellprojekt, vor allem unserer Tochter Peggy und unseren anderen zwei Kindern Jeannette und Alexander, die einen Teil der Last mit getragen und ertragen haben.[76]

Ein Traum – Diesmal vom Kinderpark

Es ist der 13. Mai 2014 – ich bin nach meinem Herzinfarkt zum Jahreswechsel wieder einmal zusammengeklappt und liege beim Prof. Hausmann in der Kardiologie in Wolfenbüttel.

5.30 h – ein Traum: Eltern und Erzieher haben einen Kindergarten nach neuen pädagogischen Erkenntnissen geschaffen. Zwei Etagen in einem Haus, eine Buddelfläche im Keller für die Kinder, darüber die Etage für Eltern und Kinder. Ich darf mir den Kindergarten ansehen, Eltern beäugen mich misstrauisch. Einem Kind im Alter von etwa vier Jahren sage ich: Ich heiße Horst. Es nennt seinen Namen und fragt, warum interessiert dich unser Kindergarten? Ich erzähle, dass ich vor 40 Jahren selbst in einer Elterninitiative den Kinderpark Harlingerode mit gegründet habe. Später trifft sich die Gruppe wieder und ich bringe zwei Platten Kuchen mit, Pflaumenkuchen, Zuckerkuchen. Ein paar Stunden

---

[75] Diese sozialen Bedürfnisse spielen nicht nur in der frühen Kindheit eine bedeutende Rolle, sondern für das gesamte Leben bis hinein ins hohe Alter. Zu der Befriedigung ist Reaktion der Umwelt nötig. Fehlt diese im ersten Lebensjahr, so ist die Folge im extremsten Fall der Tod des Individuums. Fehlt sie im Verlaufe der weiteren Entwicklung des Individuums in ihrer je angemessenen Differenzierung, so wird der Mensch mit schweren psychischen und physischen Krankheitssymptomen auch im fortgeschrittenen Alter reagieren.

[76] Das Landesjugendamt in Berlin forderte von allen Teilnehmenden des Projekts, drei Jahre sich der Supervision zu unterziehen. Zu Anfängen des Modellprojekts siehe Horst Stukenberg u. a.; Sonderpflege - Erfahrungen mit einem Modell; In: Neuer Rundbrief - Zeitschrift des Senators für Jugend, Familie und Sport, Berlin 3/1975 und Horst Stukenberg u. a.; Von und mit Kindern lernen - Eine Dokumentation; Bundesverband Neue Erziehung, Bonn 1991

später im Wachbewusstsein die Frage, ja, wie war denn das damals wirklich und warum träume ich immer noch davon?

Erwachsenenbildung

Ein zusammenfassender Überblick über das Leben im Prozess des Wandels – Ohne Rücksicht auf inhaltliche Wiederholungen

Abschluß der Tischlerlehre, Arbeitslosigkeit und ein halbes Jahr auf Wanderschaft. 1952 Eintritt in die Niedersächsische Landesbereitschaftspolizei. Vater bringt mich höchstpersönlich zum Bahnhof, ist nicht nur zufrieden, sondern auch stolz auf seinen Sohn. Nun kann doch noch etwas aus ihm werden. Heimlich bekomme ich **eine** Deutsche Mark eingesteckt, für den neuen Anfang. [77] Eine Zeit von 18 Jahren des „Schutzmannsdaseins" schließt sich an. Mein eigentliches Leben gestaltet sich jedoch daneben in der freien Jugendarbeit. Hieraus entwickelt sich schließlich eine Art von Erwachsenenbildung.

Erwachsenenbildung: Angefangen hat es 1955 mit der Berichterstattung von unserer Jugoslawienfahrt. Ein jugoslawischer Offizier im Dienst der britischen Serviceeinheiten bringt uns Jungen Grundbegriffe des Serbo-Kroatischen bei, hilft bei der Vorbereitung auf Land und Leute, erbittet aber nach Rückkehr einen Vortrag vor seiner jugoslawisch-englischen Einheit. Nun wollten auch die Eltern der Pfadfinder mehr erfahren. Der Dia-Vortragsabend mit Tonbanduntermalung wird wiederholt. Und so geht es weiter, zunächst mit einem Bericht über Spanien und die Provence, dann über den Vorderen Orient, Kanada, Polen (1966). Längst ist auch eine politische Dimension dazugekommen. Die Vorträge werden kürzer, die sich anschließenden Diskussionen länger. Auch die Polizeidienststelle möchte ihre trockenen Dienstversammlungen auflockern und erbittet einen Vortrag. Volkshochschulen und Kreise wie ländliche Jugend- und Erwachsenenbildung zeigen Interesse. Aus einer anfänglichen Fahrten- und Bildberichterstattung über Land und Leute entwickelt sich im Laufe der Zeit mehr und mehr eine Art politische Bildungsarbeit.

Inzwischen bin ich verheiratet, zwei kleine Kinder sind geboren und für die Familie soll in Eigenarbeit ein Einfamilienhaus errichtet werden. Drei Jahre sind geplant. Doch die Freunde kommen von nah und fern, und gemeinsam wird das Werk in einem Jahr vollendet. Der Polizeidienst auf der einen Seite, die selbstorganisierte politische Bildungsarbeit und inzwischen leitende Tätigkeit in der Jugendbewegung auf der anderen Seite, wie eine „Schere" laufen diese beiden Bereiche immer weiter auseinander. Gesundheitsstörungen stellen sich ein, und

---

[77] Über die väterliche Zuwendung muß ich sehr erfreut gewesen sein und vermerke es anerkennend im Tagebuch. Horst Stukenberg; Tagebuchnotiz vom 15. August 1952.

es folgt eine lange Krankheitsperiode. Nach eingehender Beratung in der Familie scheide ich 1971 aus dem Polizeidienst aus.

Höchst im Odenwald, ein von Mitarbeitern der Hessisch-Nassauischen Landeskirche selbst organisiertes Sozialarbeiterstudium mit der Verpflichtung, sich neben der Theorie irgendein sozialarbeiterisches Praxisfeld zu wählen. Ehrenamtliche Bewährungshilfe und eine Untersuchung in der Lebenshilfe für Geistig Behinderte[78] sorgen für eine wechselseitige befruchtende Spannung zwischen Theorie und Praxis. Da die erworbenen Bildungsabschlüsse der Polizei nicht anerkannt werden, erfolgt die Ablehnung der Externenprüfung. Dennoch wird die Diplomarbeit geschrieben, das Studium beendet, allerdings ohne Abschluß.

Die Mitstudierenden empfehlen, unbedingt einen anerkannten Abschluß - wo es auch sei - zu erwerben. Da winkt eine Kurzausbildung zum staatlich anerkannten Erzieher ohne Aufnahmeprüfung. Drei Tage vor Beginn der Ausbildung der Anruf, die Mittlere Reife oder ähnliches sei doch erforderlich. Die vergleichbare Prüfung zur F-1 und M-1-Prüfung der Polizei werden nicht anerkannt. Drei Tage selbstorganisierte Vorbereitung zur Aufnahmeprüfung für Fachschulen der Sozialpädagogik, und mit etwas Glück wird es geschafft. Im krassen Gegensatz zum selbstorganisierten vorherigen Sozialarbeiterstudium wird nun klassischer Schulunterricht erlitten.

In den 68er Jahren: Die eigenen Kinder, aber auch viele Kinder befreundeter Eltern können keinen Kindergartenplatz bekommen. So kommt es zum Aufbau eines selbstorganisierten Eltern-Kind-Kindergartens[79] mit aktiver Elternbildungsarbeit. Wieder konnte sich Praxis mit Theorie verknüpfen, jedoch im Gegensatz zu den befruchtenden Vorerfahrungen im selbstorganisierten Studium kommt es im Rahmen von schulisch orientierten Ausbildungsvorstellungen der Erzieherausbildung ständig zu Konflikten. Es wächst der Wunsch nach einem soliden wissenschaftlichen Studium. Der ärgerliche Unterrichtsprozess wird jedoch bis zum Abschluß weiter erlitten und gleichzeitig genutzt für die Vorbereitung auf die Immaturenprüfung.

---

[78] Horst Stukenberg; Eine Untersuchung der Gründe, warum Eltern geistig Behinderter ihre Kinder nicht zur Einrichtung für geistig Behinderte, dem „Haus der Lebenshilfe Goslar und Umgebung GmbH" schicken. Die Untersuchung geschieht im Hinblick auf eine mögliche Entwicklung der Einrichtung für die 80er Jahre; Goslar, Haus der Lebenshilfe, September 1971.

[79] Horst Stukenberg; Theorie und Praxis der Elternarbeit und Elternbildung im Kindergarten des DPWV Bad Harzburg - Möglichkeiten und Versuche; Ein Praktikumsbericht, Bad Harzburg Juni 1976.
Ines Schubert; Möglichkeit und Probleme der Elternarbeit; Diplomarbeit im Fachbereich Sozialpädagogik, FHS Braunschweig-Wolfenbüttel, 1976.

Nach der staatlichen Anerkennung zum Erzieher Beginn des Studiums der Soziologie, Psychologie, Erziehungswissenschaft. Einen offiziellen Schwerpunkt bilden die Erwachsenen- und außerschulische Jugendbildung. Ein eher informeller Schwerpunkt liegt vor allem in der Elternbildungsarbeit und der Familienbildung, der allerdings im Alleingang selbst erarbeitet werden muß.

Während des Studiums kommt es zur Zusammenarbeit mit dem Landesjugendamt Berlin. Mit drei Familien beteiligen wir uns an dem Modellversuch „Kinder in Ersatzfamilien".[80] Fünf schwerstgeschädigte ältere Kinder aus der Heimerziehung werden in unseren Familien aufgenommen. Wieder kommt es zu einer wechselseitigen Befruchtung von Theorie und Praxis. Mit dem Medium Familie gilt es in einer überschaubaren vertrauten Atmosphäre zu prüfen, in wieweit und unter welchen Bedingungen schwerstgeschädigte oder gestörte Kinder gefördert werden können und ob überhaupt tiefgreifende Prozesse von Veränderungen und Entwicklung möglich sind. Zur Grundbedingung gehört aber, daß alle an diesem Modellversuch Beteiligten sich selbst und ihr erzieherisches oder therapeutisches Verhalten einem längerfristigen Supervisionsprozess unterziehen. Alle drei Wochen eine längere Supervisionssitzung, wechselseitig mal in Hamburg, mal bei Braunschweig, mal bei uns in Bad Harzburg.

Brav oder weniger brav studiere ich in Braunschweig, Lüneburg, Hannover und letztendlich an der Uni in Kassel. Glaubte ich anfangs überhaupt nicht daran, dass ich einmal die Diplomprüfung schaffen würde, konnte ich wohl wieder mit viel Glück das Vordiplom mit einer Eins abschließen. Als es in die Phase zum Hauptdiplom ging, drehte ich durch, bekam Angst und was, wenn ich das nicht schaffe, dann hätte die Familie alles umsonst mitgemacht. Das war meine Situation, ich verkroch mich ins Bett, und Marlis sagte, du bist ja blöd, das wirst du allemal schaffen. Dazu passt eine kleine Episode.

> Eines Tages bin ich doch nach Braunschweig gefahren, nach Wenden hinter Braunschweig wollte ich. Fuhr über die stark befahrene Kreuzung Wendenstraße – Hamburgerstraße. Mit Blaulicht kommt ein Streifenwagen der Polizei angerast, setzt sich vor mich, Haltekelle, und ein junger Beamter springt raus und schreit mich an, sind Sie denn wahnsinnig geworden, bei Rot über diese Kreuzung zu fahren? Da kommt gemächlich ein etwas älterer Beamter hinterher und sagt, Stuki, was ist denn mit dir los? Komm, steig bei mir in den Streifenwagen, der Kollege wird deinen Wagen zur Wache fahren, du musst erst einmal einen Kaffee trinken. Mein ehemaliger Kollege von der Mot. Herbert Günther kocht mir Kaffee,

---

80 Nanne und Klaus Mewes / Irmtraud und Axel Reinke / Marlis und Horst Stukenberg; Sonderpflege - Erfahrungen mit einem Modell; In: Neuer Rundbrief, Berlin 1975.
Martin Bonhoeffer/Peter Wiedemann (Hrsg.); Kinder in Ersatzfamilien; Ernst Klett Verlag, Stuttgart 1974.

teilt mit mir sein Frühstücksbrot und nach zwei Stunden bietet er an, mich nach Hause zu fahren. Eine Erfahrung, an die ich mich immer wieder erinnere, die ich auch nicht missen möchte. Habe ich hier doch wieder etwas lernen dürfen, was mir hilft, andere Menschen in ihren schlimmen Situationen ein wenig besser verstehen zu können.

Nach einer weiteren gesundheitlichen Krise in meinem Leben kommt, wie es wohl kommen sollte, die Ausbildung zum Therapeuten der Initiatischen Therapie bei Prof. Karlfried Graf von Dürckheim dazu.

Auf dem Wege zur Erwachsenenbildung

BNE – Der Bundesverband Neue Erziehung Bonn

Unmittelbar an den Studienabschluß schließt sich eine vierzehnjährige Mitarbeit im „Bundesverband Neue Erziehung in Bonn" an.[81] Zuerst in der konkreten pädagogischen Arbeit, dann aber auch in der Koordination von Weiterbildung, Seminarveranstaltungen, Erarbeitung von Materialien für die Elternbildungsarbeit, Familienbildung und Familienpolitik. Hin und wieder stellt sich das Gefühl ein, zwischen den Stühlen zu sitzen. Für die Kollegen beim Bundesverband erscheine ich als Theoretiker, für die Kollegen im universitären Bereich als Praktiker. Im Auftrage und in Zusammenarbeit mit der Bundeszentrale für gesundheitliche Aufklärung kommt es zu einem groß angelegten Modellprojekt, der Mobilisierung von Elterninitiative und -aktivität für die psychische Gesundheit von Eltern und deren Kindern.[82] In der Eigenschaft als stellvertretender Vorsitzender des Familienverbandes von 1980 bis 1993 kommen für mich zu den psychosozialen und pädagogischen auch verbands- und gesellschaftspolitische Problemstellungen hinzu.[83]

---

81 Monika Knilli/Horst Stukenberg; Der Bundesverband Neue Erziehung - was er ist und was er tut; in: eltern kinder und erzieher; Bundesverband Neue Erziehung, Bonn 1980.

82 Renate Blank; Psychische Gefährdungen und Verhaltensauffälligkeiten im Kindesalter - Aktivierung von Selbsthilfepotentialen bei Eltern, Grundlagenstudie; Bundeszentrale für gesundheitliche Aufklärung, Köln 1979. Desgleichen; Eltern helfen Eltern - Arbeitsmappe mit Informationen, Beispielen und Tipps für Selbsthilfegruppen; BzgA Köln, 1. Auflage 1980, 2. Aufl. 1983. Ebenso Walter Gerhardt; Das Projekt „Eltern helfen Eltern"; in: eltern kinder und erzieher; Bundesverband Neue Erziehung, Bonn 1980.

83 Da meine Amtszeit 1994 abgelaufen ist, verlasse ich den BNE und wende mich wieder stärker meiner eigenen theoretischen und praktischen Arbeit in der Erwachsenenbildung zu. Der BNE siedelt von Bonn nach Berlin um. Und es dauert nicht mehr lang, da hört der Verband auf zu existieren. Meine gesamten Vorstandsunterlagen habe ich dann dem Archiv der Bundesrepublik Deutschland in Koblenz übergeben.

Parallel zur Arbeit mit und im Bundesverband kommt es zum Aufbau eines Landesverbandes in Niedersachsen.[84] Im Gegensatz zum Bundesverband steht kein eigener Haushalt zur Verfügung, sind Mittel aus öffentlichen Förderungsprogrammen nicht zu erhalten. Lediglich Seminarveranstaltungen können über die Zusammenarbeit mit anderen Trägern der Erwachsenenbildung gering bezuschußt werden. Ein eigenständiges Seminarkonzept, eng an meine Konzepte angepasst wird entwickelt,[85] und ähnlich wie in der freien Jugendbewegung entstehen Aktivitäten zunächst auf Grund von Interesse, Identifikation, persönlichen Kontakten und einer wachsenden Beziehung der Interessierten untereinander. Unabhängig von den Regularien finanzieller Unterstützungen entwickelt sich eine relativ authentische Bildungs- und Verbandsarbeit, die sich allerdings mehr und mehr um die Institutionalisierung des Landesverbandes bemüht.

Gleich nach der „Wende" wird versucht, auch in der ehemaligen DDR die „Neue Erziehung" bekannt zu machen. Die nachfolgenden Zeilen mögen vielleicht einen kleinen Einblick über die ersten Schritte vermitteln.

Nach der Wende in der ehemaligen DDR – Neue Erziehung - Ein erstes Seminar und Folgen

Nach der „Wende" 1989 strömten viele Einzelpersonen, wirtschaftliche und gesellschaftspolitische Interessengruppen aus dem Westen Deutschlands in die ehemalige DDR. Wie andere Verbände und Großorganisationen hatte auch der Bundesverband ein gewisses Interesse daran, Informationen über das Leben und Wirken in den Neuen Bundesländern zu bekommen und gegebenenfalls über die Gründung von Arbeitskreisen und Initiativgruppen einen Beitrag zur Neuorientierung und zum Aufbau der neuen Gesellschaft zu leisten.

Als Vorstandsmitglied des BNE reise ich in den „Osten". In der Lutherstadt Wittenberg ergab sich am 26. November 1990 ein Kontakt zum Leiter des Amtes für Soziale Dienste.

Er zeigte sich an einer Zusammenarbeit mit dem BNE sehr interessiert, und sein Ausspruch: „Sie rennen offene Türen ein", führte in der Folge zur Vorbereitung

---

84 Horst Stukenberg; Arbeitskreis Neue Erziehung Niedersachsen - Neue Erziehung in alten Formen - oder?; In: German and English Newsletter, by Monika Knilli (Hrsg.); Berlin 1982.

85 Horst Stukenberg; Zielgruppenentwicklung und Teilnehmerorientierung; in: eltern kinder und erzieher; Bundesverband Neue Erziehung, Bonn 1981.Siehe auch Irene Hommel / Dieter Berdelsmann; Reflexionen zur Durchführung von Seminaren mit Erwachsenen und Kindern; In: eltern kinder und erzieher; Bundesverband Neue Erziehung, Bonn 1983.

sowie bereits einen Monat später zur Durchführung eines ersten Seminars des Bundesverbandes Neue Erziehung in Zusammenarbeit mit der Familienbildungsstätte der Arbeiterwohlfahrt Essen.

Als Themenvorschlag wählten wir dann den Titel: **„Was soll - kann - darf Neue Erziehung sein?"** Mit diesem Titel wollten wir zunächst einen doppelten Bezug herstellen: einmal zum Bundesverband „Neue Erziehung" selbst, und zum anderen zu Fragen und Nöten, die sich möglicherweise über die Umstellung von einer einheitlich gelenkten sozialistischen Erziehung hin zu anderen Formen und Inhalten ergeben könnten.[86] Die Teilnehmerzahl sollte auf höchsten 20 Personen begrenzt sein.

Es war anzunehmen, dass wir als aus dem Westen Kommende noch einmal mit ganz besonders kritischen Augen betrachtet würden. Weiterhin war anzunehmen, dass viele TeilnehmerInnen in der vorangegangenen Lebensphase Erfahrungen gemacht hatten, die eine geringere Beteiligung an der Mit- und Ausgestaltung ihres eigenen Weiterbildungsgeschehens zuließen. So war es von Anfang an klar, zur Grundlage dieses Seminars auch das Konzept der Selbstgestalteten Bildungsarbeit zu nehmen.[87]

In der offenen Stuhlrunde sitzen 22 Personen. Die Atmosphäre scheint spannungsgeladen. Auf eine großartige Einführung wird verzichtet, überhaupt soll auf all das verzichtet werden, was den sonst wohl üblichen Abstand zwischen sogenannten Referenten und Teilnehmern vergrößern könnte. Das Konzept der Selbstgestalteten Bildungsarbeit ist hier Grundlage, und da geht es um Beteiligung, das Verbindende wird gesucht, es geht um Nähe und ein Von- und Miteinanderlernen. Dann wird relativ ausführlich und offen darüber berichtet, wie es zu diesem Seminar kam und welche Absprachen zunächst getroffen wurden.
Wir gehen auf das Phasenkonzept ein und erklären, was es mit der Tapete und dem „Visualisieren" auf sich hat.[88]

Ja, der Golfkrieg tobt – es wird ein Appell an den Westen, aber auch an den Osten gerichtet - im Osten geht es um politische Lösung und die Bitte an Gorbatschow, keine Gewalt zur Lösung der Probleme in

[86] Siehe; Horst Stukenberg u. a.; Dokumentation des ersten Seminars vom Bundesverband Neue Erziehung in den neuen Ländern - Von und miteinander lernen; Bonn/Wittenberg 1991, Seite 1 – 77 hier Seite 7.
[87] Horst Stukenberg; Reihe Theorie und Forschung Erwachsenenbildung, Horst Stukenberg; Selbstgestaltete Bildungsarbeit in der Erwachsenenbildung – Der Mensch im Zentrum von Lernen und Veränderung; Roderer Verlag, Regensburg 1999,
[88] Vgl. Dokumentation Wittenberg; Vier Phasen der Selbstgestalteten Bildungsarbeit und Tapetenbahnen - Helfer in der Prozeßgestaltung; Seite10 - 13.

den baltischen Republiken anzuwenden.[89] Mit Kerzen in der Hand zieht das Seminar durch die Straßen der Stadt - immer mehr Menschen kommen hinzu - ein gewaltiger Zug bewegt sich in Richtung Stadtkirche - anschließend ein Friedensgebet - ja, wir lernen gemeinsam und jeder für sich Wittenberg und einige der WittenbergerInnen besser kennen.

Der Wunsch wird geäußert, dass weitere Seminare in dieser Form sich anschließen. Bedenken werden angemeldet: Es wird so kommen, daß keiner aus diesem Kreis daran teilnehmen kann, erst wird man die anderen pädagogischen Mitarbeiter aus den anderen Einrichtungen „zulassen". Darauf erklären einige spontan, einen eigenen Arbeitskreis in Wittenberg gründen zu wollen, um so etwas selbstbestimmt fortsetzen zu können. Andere Interessierte, Eltern, ErzieherInnen usw. könnten ja dazustoßen. Weitere Veranstaltungen sollten selbst initiiert und organisiert werden.

- Der angestrebte Arbeitskreis wird in Wittenberg gegründet und trifft sich bis auf den heutigen Tag. Von hier aus werden weitere Seminare initiiert und organisiert (Wittenberg 1991, Heiningen 1991, Wittenberg 1992, Pretzsch 1995 etc.).
- Die Stadt Wittenberg hat zunächst alle Kindereinrichtungen erworben und auch alle 540 Beschäftigten übernommen.
- Zum Erhalt weitere Kindereinrichtungen wird ein eigenes Kindertagesstättenwerk gegründet, wo im Rahmen der Selbstorganisation unter finanzieller Beteiligung von Stadt und Land sich elf Einrichtungen zusammenschließen.[90]
- Im Rahmen ihrer Weiterbeschäftigung können die MitarbeiterInnen sich „weiterqualifizieren" oder freistellen lassen. Für sie werden neue sozialpädagogische Tätigkeitsfelder z.B. Bewährungshilfe, Frauenhaus, Beratung, Behinderteneinrichtung, offene Jugendarbeit, Verwaltung etc. geschaffen. Erreichen Beschäftigte das Rentenalter, scheiden diese aus. In der Regel werden diese Stellen nicht mehr neu besetzt. So ist es zu erklären, dass es in Wittenberg erst um1996/97 und nur vereinzelt zu ersten Entlassungen gekommen ist.
- Ein Landesverband Neue Erziehung wird in Sachsen-Anhalt gegründet.

---

[89] Vgl. Pressebericht in: Mitteldeutsche Zeitung Wittenberg (MZ); Jede deutsche Beteiligung am Golfkrieg wird entschieden abgelehnt; Wolfgang Stahl; 24.1.1991 „Gestern Abend waren nach einem Jahr wieder Kerzen in den Wittenberger Straßen zu sehen ... „. Vgl.; Pressebericht; Friedensdemonstration zum Golfkrieg; Dokumentation; Seite 39 -41; ebenda 24.1.1991.

[90] Vgl. Betriebsvereinbarung und Zuwendungsvereinbarung zur Bewirtschaftung von Kindertagesstätten in der Lutherstadt Wittenberg und das Gutachten zur Finanzierung; Wittenberg, den 9.10.1992.

Eine Seminarteilnehmerin nimmt in einem Brief Stellung zum ersten Seminar:

Sonntag, den 10.3.1991

Lieber Horst!

Heute möchte ich endlich mal schreiben. Es kam nach dem Seminar immer etwas dazwischen. Bei unserem letzten Treffen am 27. Februar (vom Seminar aus) erzählte Brunhilde, daß sie die Einzigste war, die Dir geschrieben hat. Sie sagte daß Dir noch die Zeitungsartikel vom Friedensgebet in der Stadtkirche fehlen. Also habe ich die Zeitungsartikel von unserem Nachbarn besorgt. Sie hatten die Zeitung noch. Ich hoffe, sie kommen nicht zu spät.

Du wolltest noch mal unsere Eindrücke über das Seminar erfahren. Was für mich neu oder anders war? Mir hat das Seminar sehr gut gefallen, auch persönlich sehr viel gegeben, z.B. etwas mehr nachdenken über zwischenmenschliche Beziehungen.

Das Seminar lief in einer lockeren Form, es war eine tolle Atmosphäre. Dafür war der 1. Tag des „Kennenlernens" wichtig. Neu war, daß es bei uns in Wittenberg das 1. Seminar für Krippenerzieherinnen und Kindergärtnerinnen war. Dadurch hat man sich näher kennengelernt und die „kleinen Reibungen", die zwischen uns bestanden, verschwanden.

Der gemeinsame Aufbau des Ablaufs war auch neu. Jeder konnte ihn mitbestimmen. Da waren dann Vorschläge von allen enthalten. Keiner konnte sagen: „Ich hätte mir das anders vorgestellt".

Auch die „Auswertung unserer Gedanken" am nächsten Morgen über das Seminar war neu und ließ eine persönliche Atmosphäre entstehen, man hat die Gedanken bei den anderen kennengelernt.

Ich denke oft an unsere „Runde" zurück. Wir haben uns jetzt schon das 2. Mal getroffen. Die Hälfte war jeweils anwesend. Am 27. Februar haben Helga, Sidonia, Petra Euere Tagung in Potsdam ausgewertet. Das war ja auch gut. Die Freude war natürlich auch groß, Euch wiederzusehen.

Wir treffen uns jetzt wieder am Mittwoch, den 13.3.91. Unser Ziel ist es einen Arbeitskreis aufzubauen, mit konkreten Aufgaben an dem viele teilnehmen können. Auch nicht nur Erzieher, sondern vielleicht auch Eltern oder andere Interessierte. Wir haben schon kleine Erfolge zu verzeichnen. Die Leiterin von „Flax und Krümel" (die 1. Kindertagesstätte in Wittenberg, die wir uns vom Seminar anschauten) arbeitet bei uns mit, auch die Verantwortliche für Kinder-

221

gärten. Also, unser Kreis hat sich erweitert. Die Stadt Wittenberg gab jetzt "Richtlinien oder Grundlinien, Satzungen für Kindertagesstätten" heraus. Diese wurden in den Einrichtungen diskutiert. Wir haben auch unsere Meinungen und Forderungen (von unserem Kreis) formuliert. Die Ute Schmidt, die Leiterin von "Flax und Krümel" hat diese dann auf der Stadtverordnetensitzung vorgetragen im Namen von uns allen und eine Stellungnahme von der Verantwortlichen gefordert. Wir haben uns übrigens Arbeitskreis "Kinderland" genannt. Uns fiel erst kein Name ein. Nun haben wir erst mal einen. Am Mittwoch kommen dann noch einige Erzieherinnen aus anderen Einrichtungen dazu.. Wie es aussieht, werden wir noch mehr. Mal sehen, wie es sich entwickelt.

Ich hab Mitte Februar an einem Seminar teilgenommen, daß über "Rhinozeroo" lief. Das Thema war "Umweltspiele". Es hat auch viel Spaß gemacht. Wir haben die verschiedenen Spiele kennengelernt u. natürlich mitgespielt. Am letzten Tag haben wir aus "Müll" gebastelt, z.B. aus Bierdeckeln- Rasseln und aus Toilettenpapierrollen Tiere als Tischschmuck. Jede Gruppe hat auch selbst ein Spiel für Kinder entworfen. Das Seminar war sehr interessant, aber so persönlich wie "unser" Seminar war es nicht. Zum Kennenlernen habe ich unsere Namen - Stadt - und Lieblingsspeise - Spiel vorgeschlagen. Da gab es auch viel zu lachen.

*Eh ich es vergesse. Du wolltest doch noch wissen, welche Rollenspiele wir gestalteten und was wir noch Mittwochabend in der Kneipe "Schloßfreiheit" spielten. Wir gestalteten Rollenspiele zu folgenden Themen: .....
......So, mehr fällt mir jetzt nicht mehr ein. Ich lege Dir die Zeitungsartikel mit rein. Ich hoffe, ich konnte Dir damit helfen.*

> *Tschüß*
> *Anke "*[91]

Mitglieder des Arbeitskreises wirken in Zusammenarbeit mit Mitarbeitern des Sozialamtes auf ein Kindergartengesetz für das Land Sachsen-Anhalt hin. Sie können eine Gesetzesvorlage erstellen, die mit einigen Modifizierungen angenommen und zum Kindergartengesetz für das Land Sachsen-Anhalt wird.

Am 25. Juni 1993 gründen Seminarteilnehmerinnen, Initiatoren des Seminars aus Rat und Verwaltung in Zusammenarbeit mit dem Bundesverband Neue Erziehung Bonn den "Landesverband Neue Erziehung Sachsen-Anhalt".[92]

---

[91] Ebenda; Seite 71 - 74.

[92] Vgl. Einladung vom 21. Mai 1993 und Gründungsprotokoll vom 25.6.1993, 4600 Lutherstadt Wittenberg, Sternstraße 70.

Vor mir waren andere,
nach mir werden andere
sein,
aber ich bin stets auch in
mir!
Bin ich auch in anderen?

Was bewegte und verdichtete sich in den eigenen Lebens-, Lern- und Bildungsprozessen?

Mit an Sicherheit grenzender Wahrscheinlichkeit ist anzunehmen, daß enge und interdependente Beziehungen bestehen zwischen den eigenen frühen Kindheitserinnerungen, den sozialisierenden Einflüssen in Kindheit und Jugend bis hin zu den Aktivitäten in der Erwachsenenbildung oder den daraus entwickelten Interessen am Methodischen und der Erwachsenensozialisation.

Ich beabsichtige nicht, die eigene Biographie zu analysieren, um sie gegebenenfalls „richtig" einordnen oder um hieraus möglicherweise allgemeingültige schlüssige Aussagen für das Thema dieser Arbeit ziehen zu können. Sicherlich aber können fragmentarische Aufzeichnungen von Erinnerungen[93], Stationen, Prozessen in der biographischen Entwicklung nützlich sein für ein weiteres Bewusstwerden von Zusammenhängen der eigenen Lebens- und Lerngeschichte. Vielleicht können diese Bruchstücke auch hilfreich sein beim Aufspüren von Verknüpfungen, Verdichtungen und Prägungen. Möglicherweise können Sackgassen oder ein gewisser Circulus vitiosus erkennbar werden. Vielleicht lassen sich Hinweise ableiten für das so entstandene eigene Menschenbild,[94] für eigene

---

[93] Zur einschränkenden Betrachtung von Erinnerung und in Bezug auf sogenannte Rückschaufehler der meist vergeblichen Bemühungen um Fehlerreduzierung wie zur Differenzierung der verschiedenen Erinnerungstypen Vgl. Rüdiger Pohl; Der Rückschaufehler - Eine systematische Verfälschung der Erinnerung; in: Report Psychologie 21, 8/1996, Seite 596 - 609.

[94] Gleich von vorn herein soll einschränkend darauf verwiesen werden, daß ein Bild immer ein Bild ist und bleibt. Es ist somit eine Abbildung einer Sicht von Wirklichkeit, des Selbst, der Gesellschaft, des Menschen oder was es auch sein mag. Der Gegenstand selbst kann noch einmal etwas ganz anderes sein. Festzuhalten ist hier jedenfalls, daß es eine Differenz geben wird zwischen dem Menschenbild und dem, was sich dahinter oder darunter verbergen kann.
Mein sogenanntes Patenkind Thekla Kipping aus Hude bei Oldenburg musste eine Achtklassarbeit schreiben. Sie wählte ihren Patenonkel Horst Stukenberg. Drei Tage führte sie ein Interview und nahm viele Unterlagen wie Tagebücher, Briefe etc. mit, um diese auszuwerten. Siehe Thekla Kipping; Leben und Wirken von Horst Stukenberg, Waldorfschule; Oldenburg 1999.

„blinde flecken", für die Farbtönung der eigenen Brille, durch die die Welt gesehen, wahrgenommen und einzuordnen versucht wird.

Vielleicht aber - und das soll auch versucht werden - können einzelne Fragmente als Leitfaden dienen für das Erarbeiten von Ansätzen einer am Menschen orientierten Erwachsenenbildung, für organisierte und informelle Lern- und Bildungsprozesse in der Tagungs- und Seminararbeit mit Erwachsenen.

Wandlungen oder berufliche Sozialisation

Neben den Arbeits- und Bildungsprozessen im Bereich des Bundesverbandes Neue Erziehung und seiner Bundes- und Landesverbände und einem Lehrauftrag an der Universität Hannover zur Soziologie der Elternarbeit wurde 1979 ein Arbeitskreis zur Elternbildungsarbeit im Heimatort gegründet. In diesem selbstorganisierten und selbstgestalteten Langzeitprojekt konnten über eigene Lernprozesse hinaus auch ständig neue Erfahrungen in Bezug auf die inhaltlich methodische Arbeit mit Erwachsenen und die Gestaltung authentischer Seminarprozesse gewonnen werden.

Ich möchte auf eine für mich sehr bedeutende Erfahrung hinweisen, die sicherlich beteiligt ist an einer Wende meiner Weltsicht, an meinem persönlichen Paradigmenwechsel. Als stellvertretender Vorsitzender des Bundesverbandes Neue Erziehung Bonn nahm ich im Mai 1988 an dem Kongress "Geist und Natur" in Hannover teil. Reingeschlichen habe ich mich wiederum, als das Licht aus war und der Kongress bereits begonnen hatte. Die Rationale Komponente meines Studiums, die allgemein anerkannte wissenschaftliche und gesellschaftliche Sicht von Mensch und Gesellschaft konnte mit der Erkenntnis, der „Mensch sei ein Wesen bestehend aus Körper, Geist und Seele" noch nicht viel anfangen. Geist und Natur, dieser Kongress setzte neue Akzente. Im Allgemeinen und in kleineren Arbeitsgruppen kam ich wieder mit Hugo M. Enomya Lassalle, aber auch mit Ivan Illich, von Engelhardt und Karl-Friederich von Weizsäcker zusammen.

Als spätabends in unserer kleinen Arbeitsgruppe ein junger Mann bewundernd zu Weizsäcker sagte, es sei enorm, wie er in so später Stunde so energiegeladen und frisch hier noch mitwirken könne, da antwortete er frank und frei: „Wenn ich heute Morgen bei Lassalle nicht gesessen hätte, wäre das sicherlich nicht so ohne weiteres möglich."[95] Ich war bass erstaunt, dass der Physiker und gesell-

---

[95] In einschlägigen Kreisen wird mit dem Begriff des Sitzens das Meditieren bezeichnet. Ich habe mich bis dahin gehütet, dies öffentlich mir oder anderen zu zuzugestehen, dass ich ebenfalls meditiere.

schaftlich hoch anerkannte Mensch öffentlich so frei zugab, dass er selbst meditiere. Dieser Kongress war für mich ein bedeutender Schritt zur Öffnung für ein ganzheitlicheres Menschen- und Weltbild.

1985 kann in mir nach einer schweren Krankheit (Herzinfarkt) für eine gewisse Zeit Ruhe einkehren, aber auch ein neuer Zugang zur Erwachsenensozialisation und Erwachsenenbildung im Rahmen einer selbstorganisierten Weiterbildung in der Initiatischen-Bildungs- und Begegnungsstätte Todtmoos-Rütte erschlossen werden.[96] Hierauf folgt eine mehrjährige Zusammenarbeit in einer aus der Deutsche Gesellschaft für Erziehungswissenschaft (DGfEW) entstandenen Arbeitsgruppe für Humanistische Pädagogik und Psychologie an.

Mein Menschen- und Weltbild scheint sich erweitert zu haben. Auf einer dieser Tagungen werde ich aufmerksam auf eine Tagung der Internationalen Jean-Gebser-Gesellschaft in Rastede. Ich werde Mitglied und nehme von da an regelmäßig an den Veranstaltungen der Gesellschaft teil. So wachse ich über die Jahre auch in diese Thematik hinein.[97] Ein Ausspruch von Gebser muss es mir besonders angetan haben: „Grundbedingung für das Leben jedes Einzelnen ist und bleibt, dass er selber versuche sich zu wandeln. Daß er lerne, die Knüppel, welche man ihm vor die Füße wirft, nicht als Hindernisse, sondern als Sprungbretter zu benutzen."[98] Nach einigen Jahren meiner Mitarbeit werde ich zwar

---

[96] Rütte ist über eine Stätte der Weiterbildung hinaus ein Raum der Begegnung, ein Ort des persönlichen Reifens und Werdens. In einer eher „frotzeligen" Darstellung meines damaliges Krankheitsgeschehen gliederte ich die eineinhalb Jahre des Wiedergesundwerdens in drei Abschnitte und sagte: In dem Gemeinnützigen Gemeinschaftskrankenhaus Herdecke stellte man mich wieder auf die Beine, in der Herz-Kreislaufklinik Radolfzell lernte ich wieder das Laufen und in Rütte lag der Beginn einer neuen Orientierung, wohin ich zu laufen gedenke. Vgl. Karlfried Graf Dürckheim; Der Alltag als Übung; Verlag Hans Huber; Bern, Stuttgart, Wien 1984 und Rüdiger Müller; Wandlung zur Ganzheit; Herder Verlag Freiburg/Basel/Wien 1981. So war es fast zwangsläufig, dass ich nach einem längeren Prozess selbst die Ausbildung zum Psychotherapeuten abschließen konnte.

[97] Jean Gebser (*1905 Posen, gestorben 1973 in Bern) ist vor allem bekannt durch sein kulturphilosophisches Hauptwerk «Ursprung und Gegenwart». Gebser beschreibt in diesem Werk die mehrfache und vielfältige Strukturiertheit unserer Welt und unseres Bewusstseins, die reiche Fülle der Bewusstseinskräfte, die nicht auf Verstand und Vernunft reduziert werden dürfen. Das besonders Spannende und Fruchtbare an seinem Ansatz ist sein Versuch, eine über das Mental-Rationale hinausgehende Bewusstseinsmöglichkeit zu beschreiben: Das integrale Bewusstsein, das die Wahrnehmung der Zeit und damit der dauernden Veränderung zulässt, das dualistische Entweder-Oder, die rationalen Eindeutigkeiten nicht verneint, aber überwindet und sich öffnet für die Transparenz des geheimnisvollen Ganzen.

[98] Jean Gebser, Gesamtausgabe, Bd. VII, S. 324. Am 22. Februar 2006, 10:54 schreibt der Vorsitzende der Internationalen Jean Gebser Gesellschaft Prof. Dr. Peter Gottwald, seine Amtszeit würde mit der demnächst anstehenden Tagung enden. Ich werde gefragt, ob ich nicht für die nächste Periode den Vorsitz der Internationalen Jean Gebser Gesellschaft über-

vom Vorstand gebeten, für die kommende Periode den Vorsitz der Internationalen Jean-Gebser-Gesellschaft zu übernehmen, doch ich habe noch zu viel Arbeit um die Ohren, hab eine eigene Familie und vor allem fühle ich mich dieser Aufgabe noch nicht gewachsen. Trotz mehrfachen Insistierens seitens des Vorstandes kann ich bei meiner Ablehnung bleiben.

Während ich langsam älter werde, kommen im Rahmen meiner bisherigen Arbeit beim Bundesverband Neue Erziehung wie bei einem rollenden Schneeballsystem noch weiterer Tätigkeiten hinzu. So fallen mir als freiem Mitarbeiter in der Erwachsenenbildung völlig neuen Aufgaben - und Themenbereiche zu. All dies führt zur weiteren Wandlung und löst immer wieder neue Lern-, Bildungs- und Veränderungsprozesse aus.

Seminararbeit unter einem anderen Bildungs-Konzept

Zur finanziellen Absicherung war der Bundesverband Neue Erziehung Bonn bemüht, mit anderen Trägern der Bildungsarbeit zusammenzuwirken. Anfang der 90er Jahre verhandele ich in Braunschweig mit dem Bildungswerk der DAG. Da platzt mitten in die Verhandlungsrunde ein Mitarbeiter herein und flüstert dem Vorsitzenden etwas ins Ohr. Ein Seminarleiter ist ausgefallen, das Seminar droht zu platzen. Ich erfahre, dass es um die Thematik der „Zweiten Lebenshälfte" geht. Gesagt wird: „Willst du nicht das Seminar übernehmen, ein wenig Praxis tut dir doch auch gut?" Ich, 57 Jahre alt und die Zweite Lebenshälfte, nein, das ist noch nichts für mich. Zu Hause besinne ich mich und sage drei Tage später zu das Bildungsurlaubsseminar zu übernehmen. [99].

Das erste Seminar ist recht erfolgreich, in der Folge kommt es jährlich zu ein bis zwei weiteren Seminaren dieser Art. Andere Bildungsträger erfahren davon, und unter dem Titel „Plötzlich spürst du, dass du älter wirst" entwickelt sich auch daraus die Thematik der „Zweiten Lebenshälfte" in einem Zeitraum von 25 Jahren Seminartätigkeit. Weitere Themen kommen dazu, so zum Beispiel „Familie Leben und Gestalten". Von jedem dieser Seminare wird eine je eigene Dokumentation erstellt, die dann allen Teilnehmern zugeschickt wird. Die Besucher dieser Seminars bekommen „Appetit" auf ein Mehr an thematischer Aufarbei-

---

nehmen würde? Ich könnte auf seine weitere Mithilfe und die der zwei Vizepräsidenten sowie auf das Büro mit Stephanie Bergold zählen. Ich solle doch zusagen.

[99] Unter Bildungsurlaub ist eine - in den verschiedenen Ländern der Bundesrepublik - unterschiedliche gesetzliche oder tarifliche Regelung zur Freistellung von Arbeitnehmern zu verstehen, um an Maßnahmen der allgemeinen, beruflichen oder politischen Bildung teilnehmen zu können. Vgl. zur Idee, Entwicklung und Regelung von Bildungsurlaub mit weiterführender Literatur; Horst Stukenberg; Erwachsenenbildung und Erwachsenensozialisation; a. a. O.

tung, so dass es zu ständigen Nachfragen kommt, was zur Durchführung selbstorganisierte Nachfolgeseminare führt. Eine zeitfüllende, aber hochinteressante Arbeit im Rahmen der Erwachsenenbildung, natürlich nach den Ansätzen meines Konzepts zur Selbstgestalteten Bildungsarbeit.

Zu fragen bleibt, welche vordergründigen Erfahrungen und Erkenntnisse aus den Lebensprozessen von früher Kindheit bis zu einem gewissen Alter sich herauslösen lassen, um diese möglicherweise - zunächst natürlich mit aller Vorsicht - in einen Bedeutungszusammenhang für Seminarprozesse oder für eine authentische und am Menschen orientierte Erwachsenenbildung stellen zu können.

Der eigene Lernprozess in Verknüpfung mit der Entwicklung meines Konzepts „Selbstgestaltete Bildungsarbeit in der Erwachsenenbildung"

Die Entwicklung des Konzepts der Selbstgestalteten Bildungsarbeit ist eng verbunden mit dem eigenen Lernprozess. Deswegen erscheint es angebracht, einige Anmerkungen auch aus der Metaperspektive über den eigenen Lernprozess hinzuzufügen. Allgemein ist zunächst festzustellen, dass jeder menschliche Entwicklungsweg gekennzeichnet ist von bestimmten Erfahrungen und Erkenntnissen, die sich nicht nur strukturierend auf die je individuelle Sicht von Mensch, Gesellschaft und Welt, sondern auch auf den je persönlichen Werdegang auswirken. Mein Interesse an authentischen Handlungsbezügen, dem sogenannten „Learning by doing" (aus der Pfadfinderwelt), oder dem Lernen aus Betroffenheit, der Wertschätzung einer gewissen Selbstbegrenzung, die gebührende Beachtung des Beziehungsaspekts in Kommunikationsprozessen und letztlich bis hin zur Umsetzung dieser Aspekte in den eigenen theoretischen und praktischen

228

Arbeitsbereich hinein basieren auf meinen sich wechselseitig bedingenden - emotionalen wie rationalen - Erkenntnissen und Erfahrungen, sie wurzeln also auch in der eigenen emotionalen Geschichte. Zu nennen sind hier vor allem:

- eigene Lern-, Bildungs- und Handlungsprozesse, in denen ich mich als Mithandelnder aufgehoben fühlen konnte und die gekennzeichnet waren von einer gewissen „Nähe", Unverstelltheit, Anteilnahme, Echtheit und Authentizität.
- Prozesse, die geprägt sind von individueller und gemeinsamer Betroffenheit, die auf einer Basis von Vertrautheit, Offenheit und tragfähiger Beziehung zu sich selbst, zu anderen und zur Umwelt beruhen.
- Handeln (und Erkenntnis) in der Gruppe, das die Dimension der Erfahrung und die je eigene Persönlichkeitsgeschichte der Gruppenmitglieder immer mithineinnimmt: Erfahrungsorientierung.

Mein Interesse richtete sich zunächst auf die Arbeit mit Kindern und Jugendlichen im Bereich der Pfadfinderbewegung und der Jugendgruppenleiterbildung. Aus der anfänglichen Fahrtenberichterstattung entwickelte sich wie bereits erwähnt die Vortragstätigkeit in Volkshochschularbeit und Stätten der Jugend- und Erwachsenenbildung. Hieraus ergaben sich - vermutlich zusammenhängend mit den persönlichen Kindheitserfahrungen im Krieg - die Schwerpunkte der politischen Bildung in Auseinandersetzung mit Völkerkonflikten. Zu einem Zeitpunkt, als Marlis und ich noch kleinere Kinder hatten, wurde die Elternbildungsarbeit ein Schwerpunkt, um dann auf den Bereich der allgemeinen und politischen Bildungsarbeit mit Erwachsenen überzugehen. In der Ausdifferenzierung dieses Arbeitsschwerpunktes entstanden Interessen an Themen zunächst der globalen industriellen und gesellschaftlichen Entwicklung in ihren kontraproduktiven Erscheinungsformen, dann der Persönlichkeitsentwicklung, des Paradigmenwechsels in Wissenschaft und Erwachsenenbildung und schließlich an Themen zur „Zweiten Lebenshälfte".

Der sogenannte Montagskreis steht als begleitendes Kennzeichen für diese Entwicklung in den verschiedensten Arbeitsschwerpunkten. Wissenstheoretisch ausgedrückt ließe sich sagen, der Montagskreis hat für mich auch die Rolle des begleitenden Chors in der Entwicklung meiner Arbeitsschwerpunkte gehabt. Aus ihm floß für mich die fortlaufende Kraft der Erkenntnis, daß authentische Lern-, Bildungs- und Handlungsprozesse quasi von selbst zu den „richtigen" Erkenntnisfortschritten führen, denn zum Durchbruch kommt, was im jeweiligen Lebens- oder Entwicklungsschritt „ansteht". Aus all diesen Erfahrungen und Interessen entwickelte sich sukzessive ausgeformt der Ansatz der „Selbstgestalteten Bildungsarbeit". Je sicherer die Ziele in der Arbeit wurden, desto wichtiger wurden das methodische Element. Je stärker sich die Methodenentwicklung ausformte, desto unwichtiger wurden die Inhalte und Zielformulierungen, desto unwichtiger wurde der institutionelle Rahmen und dessen Bezüge (dessen Eigeninteressen in den ersten Stufen jeweils viel Energie absorbierten), desto wichtiger wurde der konkret anwesende Mensch. Die weitere Form meines Arbeitens, der Umgang mit Gruppen und neu gestellten Aufgaben wurde authentischer, schlüssiger, angemessener und klarer.

Mitten in diesen immer klarer werdenden Bezügen „erwischte" mich 1985 unvermittelt und plötzlich eine schwere und lange Krankheit. Je mehr ich mich damals dagegen aufbäumte, desto weniger konnte ich tun. Das Signal des körperlichen Zusammenbruchs konnte schließlich als Weichenstellung für weitere Bewusstwerdungsprozesse begriffen und akzeptiert werden. Das führte auch zum Entschluss, mich an die Arbeit heranzubegeben und mein eigenes Konzept der „Selbstgestalteten Erwachsenenbildung – Der Mensch im Zentrum von Lernen und Veränderung" zu entwickeln. Dass ich nun auch eigene Lern- und Veränderungsprozesse zu beschreiben versuche, verdanke ich der dringenden Bitte von Frau Elsbieta Dubas, meine biographischen Erfahrungen für die Arbeit der polnischen Andragogik zur Verfügung zu stellen. Bereits jetzt muß ich sagen, ich bin ihr zu großem Dank verpflichtet.

Im Verlauf dieser Arbeit stieß ich u. a. immer wieder auf Problemkonstellationen, die sich einerseits aus einer gewissen persönlichen Distanzierung zur Technik ergaben, andererseits aber in dem allgemeinen Ausgeliefertsein auf eine am Markt orientierte und damit diametral dem Konzept der Selbstgestaltung entgegenstehenden Wirkung zu tun haben. Über die Benutzung und Auseinandersetzung mit der modernen Schreib- und Speichertechnik musste manche Niederlage eingesteckt und verkraftet werden. Das war ärgerlich bis nervenaufreibend, das hat mich gefordert, bereichert und immer wieder vor neue Lernaufgaben gestellt. Diese hatten allerdings wenig mit „Bildung" und erst recht nichts mit einem persönlichen Paradigmenwechsel zu tun.[100]

---

[100] Zum Beispiel wurde Joseph Weizenbaum, einer der Pioniere dieser elektronischen Revolution gewissermaßen vom Saulus zum Paulus. Weizenbaum warnt inzwischen vor dem unbedenklichen Einsatz dieser Technik in bestimmten Bereichen und stellt fest, „die Macht, die der Mensch durch seine Naturwissenschaft und Technik erworben hat, hat sich in Ohnmacht verkehrt". Es handele sich auch „nicht darum, was man mit dem Computer alles machen kann und was nicht. Respekt, Verständnis und Liebe sind keine Probleme, die mit Technik zu tun haben". Vgl. Joseph Weizenbaum; Die Macht der Computer und die Ohnmacht der Vernunft; Kap. 10, Gegen den Imperialismus der instrumentellen Vernunft; Frankfurt/M. 1980, 8. Aufl. bes. Seite 352. Seinen persönlichen Paradigmenwechsel belegte Weizenbaum beeindruckend auf dem internationalen Symposium 1986 in Kassel. Vgl. ders.;"Wir Informatiker dürfen den harmlosen Märchen nicht glauben; In: Heinrich Dauber (Hrsg.), Bildung und Zukunft - Ist das Universum uns freundlich gesonnen?; Deutscher Studien Verlag; Weinheim 1989, Seite 135 - 142 bes. Seite 136 f.

Auch andere Probleme, die sich eher in der eigenen Person begründen lassen, wollten bewältigt werden. War sonst Delegierung oder Ausweichen angesagt, galt es sich nun unausweichlich auch mit den unliebsamen Dingen auseinanderzusetzen. Der oft von Karlfried Graf Dürckheim geäußerte Spruch in Bezug auf die Entwicklung der eigenen Persönlichkeit: „Was Du kannst, kannst Du ruhig sein lassen, kümmere Dich um das, was Du nicht kannst, was Dir Schwierigkeiten bereitet", konnte in seiner tieferen Bedeutung erfahren und durchlebt werden.[101]

Über die intensive Beschäftigung mit all dem, was mit dem Menschen, mit Gesellschaft und der Erwachsenenbildung zu tun hat, ist mir völlig aus dem Blick geraten, dass meine handwerkliche Ausbildung zum Tischler mit einem handfesten und praktischen Bezug zum Holz mich ebenfalls sehr geprägt haben muß. Diese fundamentale Grundlage ist mir in vielen Lebenslagen sehr hilfreich gewesen, und dennoch scheint dieser Komplex völlig verdrängt oder ist von dem „Schutzmannsdasein" überlagert worden. Erst gegen Ende dieser Arbeit ist mir dies in einem Gespräch über das Verbundensein des Menschen mit elementaren Dingen wieder bewusst geworden.

Insofern handelte es sich für mich um einen wertvollen und heilsamen weiteren Lernprozess, an dessen vorläufigem Ende möglicherweise eine weitere selbstbestimmte, selbstgestaltete authentische Bildungsarbeit oder vielleicht etwas völlig Neues stehen kann. Gewissermaßen ist im Sinne des Konzepts der Selbstgestal-

---

101 Anzumerken ist hierzu, daß Lernen ein Prozeß ist, der oft eines besonderen Anlasses bedarf. Oft ist Leid der Motor. Wir lernen aber von Kummer soviel wie von Freude, von Krankheit soviel wie von Gesundheit. Ist der Mensch sich allerdings seiner selbst bewußt, kann er mit sich und seiner Zeit besser umgehen, können sich sicherlich auch selbstbestimmtere Lernprozesse rechtzeitig ergeben. Andererseits scheint mir, daß im Sinne einer höheren Ordnung Menschen gerade mit dem konfrontiert werden, wo sie selbst etwas zu lernen haben, oder wovon zu lernen ist, um weiter in einem lebendigen Prozess der Entwicklung sich bewegen zu können hin zum Selbst. Eine wenn auch gewagte These könnte lauten: Je ungehinderter und fließender ein Mensch sich in seinem Leben - auf der inneren wie auf der äußeren Ebene - weiter entwickeln kann, desto geringer sind Konflikte nötig, die ihn aus gewohnten Bahnen werfen müssen, um auf Anstehendes zu stoßen.
Noch ein ganz anderer Punkt hat mich nachdenklich gestimmt. Wenn bewusst und erfahrbar wird, daß es eine Getrenntheit zwischen der eigenen und der sie umgebenden Welt gibt, hat das Konsequenzen: Ich mache mir ein Bild von Welt. Was aber Welt als solche letztlich ist, kann ich im Grunde gar nicht ermessen. Mag dies nicht zu einer völlig neuen Demut gegenüber Welt und Natur, dem Lebendigen, dem Menschen führen? Die Bilder, die ich mir von Welt mache, sind insofern immer nur Versuche von Annäherungen an eine mich umgebende Komplexität. Auf das alltägliche Beziehungsgeschehen zwischen Menschen, auch auf Seminarsituationen gewendet würde dies laufend die Frage provozieren, wo Situationen, die mich belasten oder erfreuen, nur meiner „Konstruktion von Wirklichkeit" entspringen (vgl. Berger; Peter L./Luckmann; Thomas; Die gesellschaftliche Konstruktion der Wirklichkeit - Eine Theorie der Wissenssoziologie; S. Fischer Verlag; Frankfurt/Main 1970). Konstruiere ich mir nicht den Anderen, um mit meinem Weltbild leben zu können?

teten Bildungsarbeit auch diese Aufarbeitung insgesamt gesehen ein Bestandteil der sogenannten 5. Phase, der sogenannten Nachfolgephase.[102] Und wenn hiermit der Prozess zu Ende ist, so kann auch hier wiederum gefragt werden, war es das oder war möglicherweise da etwas nicht in Ordnung, welche Bedeutung hat diese Arbeit für meine weitere Erkenntnis oder Entwicklung?

Nachfolgend werden einige Aspekte und Überlegungen des Konzepts zur „Selbstgestalteten Bildungsarbeit zu finden sein.

Zum Konzept der Selbstgestalteten Bildungsarbeit in der Erwachsenenbildung

Aus der kurzen Zusammenfassung meines theoretischen Ansatzes lässt sich ebenfalls ein Stück Biographie, aber vor allem auch die Konsequenz aus dem Werdeprozess ableiten. Wenn hin und wieder von Erwachsenenbildung und Selbstgestaltung die Rede gewesen ist oder von Zeit zu Zeit darauf verwiesen wird, soll eine kurze Zusammenfassung meiner Theorie und praktischen Arbeit den Hintergrund noch einmal beleuchten.

Von der eigenen Biographie und den Erfahrungen einer fast 40jährigen Arbeit in der Jugend- und Erwachsenenbildung ausgehend, werden Theorieaspekte aus anthropologischer, soziologischer und tiefenpsychologischer Sicht aufgearbeitet und in Beziehung zur erfahrenen Praxis gesetzt. Dabei wird der gesammelte Schatz an Erfahrungen (von der Innensicht einer Biographie her) verknüpft mit wissenschaftlichen Erkenntnissen (Außensicht) und nutzbar gemacht für ein eigenständiges Konzept einer selbstbestimmten und selbstgestalteten Bildungsarbeit.

Nach dem biographischen Teil werden Grundannahmen über Mensch, Gesellschaft und Natur herausgearbeitet, und im Anschluss an C. G. Jung wird davon ausgegangen, dass die vorrangigste Aufgabe des Menschen ist, sich seiner selbst

---

[102] Ist mit dem eigentlichen Bildungsprozess eine „Geschichte" zu Ende, muß gefragt werden, was nicht in Ordnung war. Oft jedoch ergeben sich weitere Begegnungen, ist die gemeinsame Zeit so etwas wie ein Einstieg zu etwas, ein Anfang, der individuell oder gemeinschaftlich in den verschiedensten Formen weiterzuführen ist· Hierzu sind die verschiedensten Aktivitäten oder persönlichen Entwicklungen zu zählen (individuelles Sich-Weitermühen, persönliche Kontakte, Nachfolgeveranstaltungen / individuelle oder gemeinsame Projekte / Veröffentlichungen / Weiterbearbeitung der Reste etc.). In diesem Sinne kann auch mein Bemühen, über meine Lebensfelder – Lernfelder - Geschichte und Geschichten eines Lebens im Wandel etwas zu schreiben, weitere Ansätze zum Weiterlernen beinhalten.

bewusst zu werden. Dies ist im Prozess einer fortschreitenden Individuation angelegt. Im Blick auf die soziale Determiniertheit des Menschen werden Sozialisationstheorien durchkämmt und dem Individuationsprozess zur Seite gestellt. Die Bedeutung der Polarität von Gemeinschaft und Distanz (CLAESSENS, BLOCH) wird herausgearbeitet und festgestellt, der Mensch ist eine Körper-Geist-Seele-Einheit = Leibsubjekt (PETZOLD), angewiesen auf die kommunikative Distanzierung im Zeichen der stetigen Wandlung (DÜRCKHEIM). Die Verwirklichung als „Selbst" vollzieht sich im gesellschaftlichen, aber auch im intrapsychischen Sinn. Am Beispiel von Hermann HESSE wird der Prozeß der Individuation einleuchtend dargestellt und „festgehalten" an der Aussage PLESSNERS, „der Mensch muß sich zu dem, was er ist, erst machen".

An die anthropologischen Grundaussagen schließt sich eine Analyse der gesellschaftlichen Wirklichkeit angesichts einer gefährdeten Zukunft an. Sie ist durch eine „neue umfassende Fremdheit im Menschsein" (HEIPCKE) gegenüber sich selbst und der Natur gekennzeichnet. Bezugnehmend auf BECKs Definition der gegenwärtigen Gesellschaft als einer „Risikogesellschaft", wird, was Beck für die große Politik, für Wirtschaft und Wissenschaft darlegt, auch für die Alltäglichkeit der Bildungspraxis gefordert: Demokratisierung, Subpolitik, Selbstermächtigung und Übernahme von Verantwortung. Die elementaren Ansätze dazu sind in den zugrundeliegenden Prinzipien des Konzepts der Selbstgestaltete Bildungsarbeit enthalten und in der Bildungswirklichkeit erprobt.

Einflussgrößen von Entfremdung und Unauthentizität (ETZIONI), von Befriedigung bestimmter menschlicher Grundbedürfnisse (z.B. Geborgenheit u. Autonomie) sowie die Berücksichtigung grundlegender Muster und Kategorien von Kommunikation (BATESON, WATZLAWICK u. a.) werden für die Gestaltung optimaler Bildungsprozesse untersucht. Hieraus abgeleitet sind dynamische Prinzipien und Strukturelemente zur Gestaltung einer Lernkultur (DAUBER), in der zunächst Vertrauen wachsen und relativ offen und angstfrei gelernt werden kann. Mit den Phänomenen Emotionalität Kommunikation, Zeit und Demokratisierung werden weitere theoretische Elemente zur Untermauerung für eine andere Bildungsarbeit aus neuer Perspektive geliefert. Zeit ist Leben, und wenn Menschen in Bildungsprozessen sich nicht nur beteiligen, sondern derart einbringen können, dass die eigene Beteiligung Wirkung erzeugt, wird der eigene Beteiligungsgrad nicht nur zum Phänomen von kurzer oder langer Zeit, sondern er wird zum Merkmal von schöpferischer Betätigung.

Eine ausführliche Darstellung der Erwachsenenbildung im Wandel der Zeit (SIEBERT) zeigt ihre Eingebundenheit in die jeweilige Zeitströmung. Hier ist Erwachsenenbildung auch als Erwachsenensozialisation zu begreifen, wobei Aspekte von Macht und/oder Emotionalität sowie das Schaltstellenkonzept (GRIESE) für Lern- und Veränderungsprozesse Erwachsener eine große Rolle spielen. Festgestellt wird, dass die extreme Polarisierung der 70er Jahre zwischen einer institutionalisierten formalen Erwachsenenbildung und Formen von Selbstorganisation und Selbststeuerung scheinbar an Bedeutung verloren hat. Konzeptionelle Überlegungen der Selbstgestalteten Bildungsarbeit sind im Lauf der Jahre auch in den offiziellen Mittelpunkt der institutionalisierten Erwachsenenbildung gerückt. Die sich hieraus ergebenden Konsequenzen für eine subjektive Didaktik sind im Anschluss an KÖSEL ausgeführt. Als eine der vordringlichsten Aufgaben einer am Menschen orientierten Erwachsenenbildung wird demzufolge gefordert, sich darüber bewusst zu werden, welche Faktoren das Zusammensein von Menschen auf Zeit fördern oder behindern.

Das Kernkapitel der Arbeit beinhaltet das gegenwärtige Konzept der Selbstgestalteten Bildungsarbeit in seiner Phasenabfolge:
- 1. Vorbereitung und Einstimmung;
- 2. Einstieg, gemeinsame und gleichberechtigte Planung;
- 3. Abarbeitungs- und Verlaufsphase;
- 4. Bewusstwerdungs- oder Übergangsphase und
- 5. Nachfolgephase.

Hier bestätigt U. HERMANNS Annahme, dass in der Reflexion einer erfahrenen Lebensproblematik „erziehungswissenschaftliches Wissen erzeugt wird, das handlungsleitende und situationsverändernde Wirkung haben kann". Ausführlich wird dies an fünf Praxisbeispielen aus verschiedenen Bereichen der Erwachsenenbildung dokumentiert und mit dem Einsatz vielfältiger Methoden reflektiert: „Der Montagskreis" oder die Arbeitsgemeinschaft Elternbildungsarbeit, Tagungs- und Seminarpraxis in der Verbandsarbeit der „Neuen Erziehung", „Das erste Seminar des Bundesverbandes Neue Erziehung in der ehemaligen DDR", „Eine Tagung (mit deutschen und polnischen Hochschullehrern) als konkreter Prozess der Erwachsenenbildung" und Das Bildungsurlaubsseminar „Die zweite Lebenshälfte".

Darüberhinaus werden in der Arbeit verwandte Modelle und Konzepte dargestellt und mit dem Konzept in Beziehung gesetzt (Erlebnispädagogik der Pfadfinder, Langauer Modell von Friedrick Wolf mit Eltern behinderter Kinder, TZI nach Ruth COHN, Grundkonzepte und Modelle des Gestaltansatzes, der Zukunftswerkstatt). All diese Ansätze oder Modelle - wie auch eben das Konzept der Selbstgestalteten Bildungsarbeit fühlen sich gemeinsam einem bestimmten Paradigmenwechsel verbunden. Für diese wie für ein neues Denken und Handeln bekommt ein sich wandelndes Bewusstsein (i. S. von Jean GEBSER) hin zum Integralen und vor allem der Wandel vom Einzelnen zum Ganzen, von der Struktur zum Prozess die herausragende Bedeutung für ein Lernen für die Zukunft (DAUBER).

Emotion und Gefühl in der Erwachsenenbildung

Erscheint die Dimension und Begrifflichkeit von Emotion und Gefühl der allgemeinen Pädagogik oder besser der Erziehungswissenschaft gewissermaßen suspekt, so darf es nicht verwundern, dass auch die organisierte klassische Erwachsenenbildung hiermit bisher nicht viel im Sinn hatte. Habe ich zuvor stärker über Grundlagen und Dimension von Emotion, Gefühl, Geist und Beziehung geschrieben, gilt es nun den Stand, die Forschungslage und das Erkenntnisinteresse aus dem Blickwinkel der klassischen Erwachsenenbildung kurz zu beleuchten. Dieser Komplex spielt nicht nur eine große Rolle in meinem Leben, sondern hat eine zentrale Bedeutung für das Konzept der Selbstgestalteten Bildungsarbeit.

In einer frühen Arbeit über Theorieaspekte der Erwachsenenbildung setzt sich Horst Siebert 1972 auch mit der Bedeutung der Emotionalität - bei ihm Affektivität - auseinander und warnt vor der Emotionalität. Er schreibt, daß Erwachsenenbildung sich auf den kognitiven Lernbereich konzentrieren solle. "Affektive Lernziele sind also nur im Zusammenhang und im Dienst kognitiver Ziele zu sehen. ... Im Sinne einer Gegensteuerung sollte Erwachsenenbildung deshalb das Maß an Rationalität bei Wertungen und Haltungen zu verstärken versuchen".[103] Wiltrud Giesecke steuert 25 Jahre später dem ein wenig entgegen und schreibt: „Die Bedeutung von Emotionen für Bildungsprozesse ist, was die Entwicklung der Persönlichkeit, ihre Motivierung, die Frustrationstoleranz bei Lernanstrengungen, die Verarbeitung von Erfahrungen, die Wahrnehmungsfähigkeit und die Gedächtnisleistung betrifft, für die Erwachsenenpädagogik bisher nicht aufgearbeitet worden".[104]

In ähnlicher Weise wirkten beispielsweise die durch Schule und/oder in Familie verursachten Verletzungen auch in den Lernprozessen Erwachsener weiter. Über Begleitforschungen mit arbeitslosen jungen Erwachsenen, die eine problematische Bildungsbiographie aufweisen, werden von Giesecke emotionale neuralgi-

---

[103] Siebert; Horst; Erwachsenenbildung - Aspekte einer Theorie der Erwachsenenbildung; Bertelsmann Universitätsverlag; Düsseldorf 1972. Allerdings widmet Siebert 25 Jahre später in seinem großen Werk über das didaktische Handeln der Emotionalität - nun auch nicht mehr als Affektivität bezeichnet - ein eigenes Kapitel mit immerhin acht Seiten. Eine Wiederentdeckung der Emotionalität infolge der technologischen Modernisierung ließe sich beobachten. Die Technisierung fordere einen emotionalen Ausgleich. Das komplexe Thema wird allerdings weniger aus der Sicht des konkret betroffenen Menschen, vielmehr aus einem gewissen Institutionalisierungsinteresse ... reduziert.

[104] Wiltrud Giesecke; Emotionalität in Bildungsprozessen Erwachsener; in: H. Faulstich-Wieland/E. Nuissl/H. Siebert/J. Weinberg (Hrsg.); Report 35 - Literatur- und Forschungsreport Weiterbildung; Deutsches Institut für Erwachsenenbildung, Frankfurt/M. 1995, S. 38.

sche Situationen im Lernverlauf sichtbar gemacht, emotionale Widerstände beschrieben und emotionale Beziehungen als eine Ursache für gelungene oder auch mißlungene Lernprozesse identifiziert. „Man kann sogar zu der Aussage kommen, daß die Beachtung von Emotionen in Arbeits- und Lernangeboten mit dem Anspruch der Lernmotivation und das Lernverhalten zu fördern, einen wichtigen Hinweis auf angemessenes erwachsenenpädagogisches Handeln gibt (Giesecke u.a. 1989, Giesecke 1991)". [105]

Giesecke formuliert für die klassische Erwachsenenbildung treffend, worauf die Erwachsenenbildungsforschung bereits aufbauen könnte, was an Grundlagenforschung noch ausstünde und was für die Erwachsenenbildung allgemein vom Nutzen sei. So bedeutungsvoll, erfreulich und neuartig dieser Aufsatz von Giesecke im Forschungs- und Literaturreport der Erwachsenenbildung von 1995 auch sein mag, er scheint andererseits zu belegen, wie weit die klassische organisierte Erwachsenenbildung hinter den elementarsten Erkenntnissen des Wissens vom Menschen und den Prozessen in Gruppen hinterherzuhinken scheint. Beispielsweise zeigte Brocher bereits 1967 - also vor gut dreißig Jahren - nicht nur die Bedeutung von Emotionalität und ihrer Dynamik für die Erwachsenenbildung auf, sondern entwickelte und praktizierte hieraus ein auf- und ausbaufähiges Konzept. Andererseits scheint dieses Wissen in vielen Ansätzen und Modellen außerhalb der Erwachsenenbildung - wie zum Beispiel in der Humanistischen Pädagogik oder dem Gestaltansatz - seit Jahrzehnten allgemein theoretischer und praktizierter Standard zu sein. [106]

Wirkungen, die möglicherweise, ausgehend von Räumen, Dingen, dem Lernort als solchen, dem methodischen Vorgehen, Einsatz von bestimmten technischen Geräten oder dem Lernklima insgesamt, auf die emotionale Befindlichkeit der an einem Lernprozeß Beteiligten treffen könnten, scheinen speziell noch nicht angesprochen oder als emotionale Variable nicht im Blick zu sein. Ebenso wird auf die emotionalen Dimensionen für Prozesse des Lernens auf höheren Ebenen (Bateson 1972) oder als Fakt für die Effizienz von Lern-, Bildungs- und Arbeitsprozessen kaum eingegangen.

---

[105] Im Auftrage des Regierungspräsidenten vonLüneburg führte ich mit drei weiteren Freunden 1975 ein Modellseminar mit arbeitslosen Jugendlichen in der Heimvolkshochschule Barendorf durch. Hierauf wird weiter unten noch näher einzugehen sein. Dieses alternativ zu den damals üblichen Seminaren angelegte Modellvorhaben ging davon aus, daß die emotionale Dimension die entscheidende Rolle im wechselseitigen Lernprozeß zu spielen habe. Über die von Giesecke angesprochenen Verletzungen konnte die Bedeutung der emotionalen Dimension für den Lernprozeß allgemein und darüber hinaus für die weitere Entwicklung belegt werden. Vgl. Johannes P. Moyzes; Pädagogische und sozialpädagogische Hilfen für arbeitslose Jugendliche - Eine erziehungswissenschaftliche Expertise; Dokumentation des Modellseminars mit arbeitslosen Jugendlichen; Der Regierungspräsident in Lüneburg; Lüneburg 1976.

[106] Tobias Brocher; Gruppendynamik und Erwachsenenbildung in der Reihe Theorie und Praxis der Erwachsenenbildung; Westermann Verlag, Braunschweig 1967.

Auch die Thematik der emotionalen Intelligenz wird von Giesecke noch nicht erwähnt. Demgegenüber spricht Horst Siebert in seinem Grundlagenwerk zur Didaktik der Erwachsenenbildung immerhin - wenn auch etwas distanziert - davon, daß die US-Amerikaner zusätzlich zu dem IQ (Intelligenzquotienten) einen EQ (Emotional Quotient) entwickelt hätten. Die Hälfte aller Ehescheidungen sei auf ein Defizit an „emotional skills" zurückzuführen, und der berufliche Erfolg basiere mehr auf emotionalen denn auf kognitiven Erfolgen.[107]

In einem umfassenden Werk über die „Emotionale Intelligenz" geht Daniel Goleman davon aus, daß der Mensch zwei Seelen habe, eine denkende und eine fühlende. „Meistens arbeiten diese beiden Seelen, die emotionale und die rationale, harmonisch zusammen, und die Verflechtung ihrer ganz unterschiedlichen Erkenntnisweisen geleitet uns durch die Welt".[108] In einer kritischen Analyse geht er auf die Forschung des Fühlens ein und stellt fest, die Forschung habe den Stellenwert des Fühlens im mentalen Leben seit jeher erstaunlich gering eingeschätzt, so daß die Emotion für die wissenschaftliche Psychologie - und ich erweitere getrost - ebenso sehr für die klassische Erwachsenenbildung ein weitgehend unerforschter Kontinent geblieben sei.[109]

Zur theoretischen Einordnung von Gefühl und Emotionen und ihrer Bedeutsamkeit für das Konzept der Selbstgestalteten Bildungsarbeit betrachte ich - über die zuvor benannten Ansätze einzelner Forschungsergebnisse hinausgehend - mit Dauber Lernen und Lehren als einen ganzheitlichen geistigen Prozeß.[110] In diesem Prozeß ist nicht nur das einzelne Individuum mit seiner je individuellen

---

[107] Horst Siebert; Didaktisches Handeln in der Erwachsenenbildung; Luchterhand Verlag; Neuwied, Kriftel, Berlin 1996.; Seite 150. „Lebenserfolg - so die vereinfachte These - hängt mehr von dem EQ als dem IQ ab. Der EQ sei vor allem in dem limbischen System unseres Gehirns, der IQ vor allem im Neocortex, dem Großhirn verankert. EQ und IQ sind keine Gegensätze, sie schließen sich nicht aus. Viele Personen haben sowohl einen niedrigen (oder hohen) EQ als auch IQ. Zu den EQ gehören insbesondere zwei Fähigkeiten: die emotionale Selbstwahrnehmung und die emotionale Fremdwahrnehmung. Das Selbstverständnis der eigenen Gefühle - wann und warum bin ich fröhlich, traurig, ärgerlich? - kann durchaus pädagogisch gefördert werden. ... Auch die Sensibilität für Emotionen anderer ist lernbar". Seite 150.

[108] Daniel Goleman; Emotionale Intelligenz; Carl Hanser Verlag; München Wien 1996; Seite 25 f.

[109] Ebenda; Seite 12. „Was die emotionale Intelligenz so wichtig macht, ist der Zusammenhang zwischen Gefühl, Charakter und moralischen Instinkten. Vieles spricht dafür, daß ethische Grundhaltungen im Leben auf emotionalen Fähigkeiten beruhen. Das Medium der Emotionen sind Impulse, und der Keim aller Impulse ist ein Gefühl, das sich unkontrolliert in die Tat umsetzt". Seite 12 unten.

[110] Dauber; Heinrich; Lernfelder der Zukunft; Klinkhardt Verlag, Bad Heilbrunn 1997, Seite 83. Übrigens ist dieses Werk auch ins Polnische übersetzt worden.

Körper-Geist-Seele-Einheit als ein Ganzes beteiligt, sondern das Zusammenwirken von Menschen in ihren Ganzheiten in einem Lern-, Bildungs- oder Handlungsgeschehen stellt einen komplexen, mannigfach miteinander verwobenen interdependenten emotional-geistigen Prozeß dar. Dieser Betrachtungsweise liegt eine in Umrissen von Gregory Bateson entwickelte, an Beziehungen und Mustern von Beziehungen orientierte Erkenntnistheorie zugrunde. Bateson geht von der Gültigkeit der Idee aus, daß eine „Strukturierung der Erkenntnistheorie, der Evolution und der Epigenese überhaupt möglich ist" und, „daß das Problem von Körper und Geist auf ähnlichen Linien wie den hier skizzierten lösbar ist".[111]

„Zur Identifizierung geistiger Prozesse bzw. von ‘Geist’, einer Metakategorie, die nicht mit Denken verwechselt werden darf und sich nachhaltig an der Anordnung von materiellen Teilen festmacht, hat Bateson eine Reihe von Definitionskriterien vorgeschlagen"[112], die Dauber in Anlehnung an Bateson für das Konzept des Integrativen Lehrens und Lernens als geistigen Prozeß thesenartig charakterisiert.

Auch an dieser Stelle bleibt zu fragen, ob die in pädagogischen Prozessen so gern und häufig angewandten Methoden, d. h. geschickt eingebaute pädagogische und emotionale Kniffe zur Effektivitätssteigerung, möglicherweise den von Etzioni bezeichneten - absichtlich herbeigeführten oder unabsichtlich sich ergebenden - Verfälschungen gleichzusetzen sind. Sie erhöhen jedenfalls den Grad der Unauthentizität und rauben dem einzelnen wie dem authentischen Prozeß somit Ressourcen. Wenn wir demgegenüber davon ausgehen, daß eine wichtige Voraussetzung für Veränderungs- und Lernprozesse - besonders auf höheren Ebenen - Authentizität und Emotionalität sind, so muß uns daran gelegen sein, Bildungsarbeit in Formen zu leisten, die Emotionalität ermöglichen und die Gefahr der Instrumentalisierung tendenziell gering halten.

Ich möchte noch darauf hinweisen, dass Christian Ankowitsch ein leicht verständliches Buch geschrieben hat, zum Thema Gefühl, Emotionen und Körper. Natürlich sind auch hier weiterführende Literaturhinweise zu finden.[113]

Beziehung

---

[111] Gregory Bateson; Geist und Natur. Eine notwendige Einheit; Suhrkamp Verlag; Frankfurt/M., 1982, S. 113.

[112] Dauber; Lernfelder; a.a.O.; S. 83.

[113] Christian Ankowitsch; Warum Einstein niemals Socken trug – Wie scheinbar Nebensächliches unser Denken beeinflusst; 5. Auflage Rowohlt Verlag Berlin 2015.

Ein weiteres breites Feld, wo Emotionen und Gefühle elementar beteiligt sind, ist das der Beziehung. Auch hier möchte ich nicht weiter auf die in der Soziologie entstandene Theorie der Beziehungslehre eingehen oder die Emotionspsychologie durchforsten. Es gilt lediglich einige Aspekte herauszugreifen und in Bezug auf ihre Bedeutung für den pädagogischen Prozess oder für das Zusammensein und -wirken von Menschen zu erörtern. Generell lässt sich sagen, dass an einem Beziehungsgeschehen eine ganze Reihe emotionaler wie intellektueller Faktoren beteiligt sind. Ich sehe daher Beziehungen auch nicht nur als einen mehr oder minder schnell vorübergehenden Zustand zwischen Lebewesen, in Form von Verbindungen oder Distanzierungen, sondern immer auch im Sinne einer Verbindung bzw. einer gewissen Verwurzelung. Auch das Beziehungsgeschehen ist wiederum als ein ganzheitlicher Prozess zwischen Lebewesen, Menschen und Dingen zu betrachten, welcher im günstigen Fall Ressourcen freizusetzen vermag oder andernfalls Kosten erzeugt.

Von daher erhält dieser Komplex für das Konzept der „Selbstgestalteten Bildungsarbeit" wie für Lernprozesse allgemein eine wesentliche Bedeutung, besonders in Bezug auf das Kommunikationsgeschehen, wie für den gesamten Prozessverlauf. Darüber hinaus ist aber dem Phänomen Beziehung auch eine Bedeutung für sachliche Dinge oder Bereiche beizumessen. Zu nennen wäre hier beispielsweise der jeweilige Lernort, also die Gestaltungskraft von Räumen und Gegenständen.

In dem Gestalt-Ansatz jedoch bekommt der Begriff Beziehung für die methodische Praxis, besonders für das geleitete pädagogische Handeln und Lernen eine große Bedeutung. Der Beziehungsbereich wird hier auch weniger auf Gefühl und Emotionen eingeschränkt, sondern umfassend mit dem Komplex des Kontaktgeschehens und der dialogischen Beziehung als „Grundstruktur des Lebens" verbunden.[114]

---

[114] Nach Fuhr bestünde jedoch noch einmal ein deutlicher Unterschied zwischen den Begriffen „Kontakt" und „Beziehung". Beziehung ist demnach der umfassendere Kontext, innerhalb dessen sich Kontakt ereignen kann. „Kontakt ist unser Lebenselixier. Im Organismus/Umwelt findet im Verlauf der Gestaltbildung ein Prozess statt, der für den Lebenserhalt und das Wachstum des Organismus unerlässlich ist. Wir sind aber auch über unsere Sinne, über Hören, Sehen, Riechen, Schmecken und Tasten sowie über unsere Sprache im Kontakt mit dem, was wir in der jeweiligen Situation als Umwelt wahrnehmen". Im Normalfall und in den pädagogisch-therapeutischen Bereichen entstünden Beziehungen jedoch in erster Linie über Kontakte. Die Kontakterfahrungen gingen in das Gedächtnis der Kontaktpartner ein und machten einen wesentlichen Teil der Beziehung aus. Fuhr; Reinhard/Gremmler-Fuhr; Martina; Gestalt-Ansatz - Grundkonzepte und -modelle aus neuer Perspektive; Edition Humanistische Psychologie, Köln 1995; S. 79. Natürlich kann man auch eine Beziehung zu einem längst Verstorbenen haben. „Nach der Theorie von Rupert Sheldrake existieren solche 'Gedächtnisfelder' auch unabhängig von einzelnen Personen, die 'morphogenetischen Felder'. Auf sie können wir in ähnlicher Weise zurückgreifen, wie man mit einem Fernsehgerät Programme empfangen kann ... .Es handelt sich um kollektive Gedächtnisfelder, die wir abrufen

Es gilt herauszustellen, dass in einem Kontaktgeschehen, wenn es sich um zwischenmenschliche Kontakte handelt, die Dimension der Beziehungen der Menschen untereinander den größten Einfluss hat. Diese Annahme würde durch eine ganze Reihe von Untersuchungen, angefangen bei Martin Buber (1979) über Paul Watzlawick u.a. (1969), Maurice Friedmann (1987) und Irvin Yalom (1989) belegt und wird ja auch durch alltägliche Erfahrungen stets aufs Neue bestätigt.[115]

Beziehung als Prozess zwischen Personen, Dingen und der Welt ist meines Erachtens nicht nur für den pädagogischen Prozess, sondern für Leben, Wahrnehmung und Erkenntnis eine der elementarsten Dimensionen überhaupt. In diesem Zusammenhang kommt dem Leib als Wahrnehmungs- und Erkenntnisorgan eine wesentliche Bedeutung zu. Nach Dauber wenden wir uns von unserem Körper aus der Welt zu, stiften zwischen uns und der Welt eine Beziehung, um uns diese schließlich einzuverleiben.[116] Menschen bringen so ständig ihre eigene Welt

---

und selbst durch unsere Erfahrungen und ihre Verarbeitung speisen können". So könnte man sich vorstellen, daß es auch kollektive Gedächtnisfelder für Beziehungen gäbe, die uns in der Gestaltung unserer alltäglichen Beziehungen stark beeinflussten. Allerdings gäbe es auch in der jeweiligen Lebensgeschichte personelle Erfahrungen, die in das Gedächtnisfeld Beziehung eindringen und darüber hinaus Beziehungserfahrungen, die in der Menschheits- und Kulturgeschichte oder der eigenen Sippengeschichte begründet lägen. „All diese Erinnerungen - viele, wenn nicht gar die meisten davon, bleiben uns unbewußt - machen den Hintergrund für die Bedeutungen aus, die wir den jeweiligen Kontakterfahrungen geben". Sheldrake; Rupert; Das schöpferische Universum - Die Theorien des morphogenetischen Feldes; Meyer Verlag; München 1984; 3. Auflage; Originaltitel; A New Science of Life; Blond & Briggs Limited; London..

115 Frage man nach Fuhr beispielsweise Schüler, weshalb ihnen der Unterricht in dem einen Fach Freude bereite und in einem anderen Verdruß, würde schnell deutlich, daß die Schüler-Lehrer-Beziehung ein wesentlicher, wenn nicht gar der wichtigste Faktor sei. Und diese Erfahrung ließe sich auf alle Lehr- und Lernsituationen in analoger Weise übertragen: „Zwischenmenschliche Beziehungen sind eine der bedeutendsten Dimensionen des Grundes für das Verständnis aktuellen Kontaktgeschehens" Fuhr; a.a.O.; S. 105. Bereits im ersten Teil dieser Arbeit sind wir auf diesen Aspekt anhand der eigenen biographischen Erfahrungen eingegangen, haben im weiteren Verlauf mehrmals hierauf hingewiesen. Im Zusammenhang von Erwachsenensozialisation und der Kommunikationsforschung müsste darauf noch einmal eingegangen werden.

116 „Erkenntnis ist das In-Szene-Setzen einer zirkulären Beziehung zwischen uns und der Welt. Beziehung ist jedoch nur möglich als verkörperte Beziehung, als einfühlende Einverleibung. In diesem Sinne ist Einfühlung (griech. Em-pathie) die Grundlage aller Erkenntnis". Dies würde konsequenterweise bedeuten, daß wir zu falschen und irreführenden Ergebnissen kämen, solange wir an analytischen oder mechanistischen Vorstellungen festhalten, so als ob Beobachter und Beobachtetes unabhängig voneinander existieren könnten. Dauber; Grundlagen; a.a.O.; S. 79 und 80.

hervor, indem sie der Welt, d.h. den Dingen, den anderen Menschen, sich selbst und den Beziehungen dazwischen, Bedeutung verleihen.[117]

Die elementare Bedeutung, die der Beziehung für den Balanceakt des menschlichen Lebens zukommt, beschreibt auch Dauber am Beispiel der Erziehung, indem er feststellt: „Selbständigkeit und verbunden zu sein kann nur gelebt werden, wenn wir in Beziehung stehen. Indem wir uns abgrenzen und indem wir uns begegnen, sind wir als Menschen ständig in Beziehung. Wo Beziehungslosigkeit vorherrscht, gelingt uns weder das eine noch das andere. Die Kunst der Erziehung besteht in nichts anderem, als im Konflikt wie in der Übereinstimmung eine lebendige menschliche Beziehung aufrecht zu erhalten, sie weder abzubrechen, noch miteinander zu verschmelzen: die jeweilige Grenze zwischen Ich und Du, mir und dir, zwischen meinen und deinen Wünschen klar zu bestimmen und sich dabei gegenseitig zu respektieren. Das ist der alltägliche Balanceakt der Erziehung".[118]

Logische Kategorien von Lernen und Kommunikation - Lernen als Kommunikationsprozeß

Wenn nun dem umfassenden Komplex von Kommunikation, Lernen und Beziehung ein breiterer Raum gewährt werden soll, so ist das die eine Seite meines eigenen Lebens und Lernens. Andererseits beinhaltet dieser Bereich Kernaspekte des Konzeptes der Selbstgestalteten Bildungsarbeit von der Wirksamkeit der Kommunikationsprozesse per se. Zurückgegriffen werden soll hier zunächst auf die von Gregory Bateson[119] bereits Anfang der 60er Jahre entwickelten logischen Kategorien von Lernen und Kommunikation. Danach wird auf die eher

---

117 Dauber; Lernfelder; a.a.O.; S. 17.

118 Dauber; Grundlagen; a.a.O.; S. 16. Zum Beispiel haben neuere Forschungen der Kriminologie erbracht, daß Kriminalität im Sinne einer Identitätstheorie als diskrepantes zwischenmenschliches Verhalten anzusehen ist, welche sich in der Beziehungslosigkeit von Menschen begründet. „Da diskrepantes zwischenmenschliches Verhalten in der Verletzung des Andren besteht, man beim anderen aber nur verletzen kann, was man selbst hat, also ein bei allen Menschen identisches Gut, ist Kriminalität Identitätsverletzung. ... Je weiter die Person des Anderen hinter Institutionen, Vermögensmassen und (politischen, juristischen oder anderen) Fiktionen verborgen ist, um so mehr tritt die Identität zurück und um so weniger handelt es sich um Identitätsverletzung". Vgl. Joachim Hellmer; Verdirbt die Gesellschaft - Kriminalität als zwischenmenschliches Verhalten; Edition Interom, Zürich 1981, bes. Seite 99.

119 Vgl. Gregory Bateson; Ökologie des Geistes; - Anthropologische, psychologische, biologische und epistemologische Perspektiven; Suhrkamp TB Wissenschaft; Frankfurt/Main 1985; Die logischen Kategorien von Lernen und Kommunikation; S. 262 - 395, bes. S. 371. Originalausgabe: Steps to Ecology of Mind; by Chaudle Publ. Comp.; hier bes. Die logischen Kategorien von Lernen und Kommunikation, Seite 363.

pragmatische Ausformung der Kommunikationstheorie von Watzlawick, Beavin und Jackson einzugehen sein.

Mit Bateson gehe ich davon aus, daß **alles Verhalten, alle Reaktionen und alles Lernen als dem Wesen nach kommunikativ** angesehen werden muß und daher den großen Verallgemeinerungen von Gesetzen unterliegt, die sich auf Kommunikationsphänomene anwenden lassen. „A priori kann man so argumentieren, dass alle Wahrnehmung und alle Reaktionen, alles Verhalten und alle Klassen von Verhalten, alles Lernen und alle Genetik, alle Neurologie und Endokrinologie, alle Organisationen und alle Evolution - ein vollständiges Themengebiet - als dem Wesen nach kommunikativ angesehen werden muß und daher den großen Verallgemeinerungen oder 'Gesetzen' unterliegt, die sich auf Kommunikationsphänomene anwenden lassen".[120] Lernen als Teil des Kommunikationsprozesses kann zunächst einmal ganz einfach bezeichnet werden als Veränderung. Die einfachste und bekannteste Form von Veränderung ist Bewegung. Auf der physikalischen Ebene kann sie zwar mit Hilfe von verschiedenen Positionen bestimmt werden, aber Veränderung bedeutet auch Prozess, und Prozesse sind selbst der Veränderung wiederum unterworfen.

Diese Überlegungen führten dazu, dass Bateson die Stufen des Lernens unterscheidet und sie in eine Ordnung von drei bzw. vier Kategorien einteilt. „Wenn wir die durchgängige Vorstellung akzeptieren, daß alles Lernen (außer dem Lernen null) in gewissen Maß stochastisch ist (d. h. Komponenten von 'Versuch und Irrtum' enthält), dann folgt, dass eine Ordnung der Lernprozesse auf eine hierarchische Klassifizierung der Irrtumstypen gestützt werden kann, die in den vielfältigen Lernprozessen korrigiert werden sollen. 'Lernen null' wird dann zur Bezeichnung für die unmittelbare Grundlage all jener (einfachen und komplexen) Akte, die nicht der Berichtigung durch Versuch und Irrtum unterworfen sind".[121]

0. Auf der untersten Stufe steht somit das allereinfachste „Lernen" bei Computern, Ratten und Menschen. „Das ist der Fall, bei dem ein Einzelwesen minimale Veränderung in seiner Reaktion auf eine wiederholte Einheit der sensorischen Eingabe zeigt". Das Wort „Lernen" wird so in gewöhnlicher nicht-technischer Redeweise zwar benutzt, wird hier jedoch als die Stufe des „Lernen null" bezeichnet. [122]

---

[120] Ebenda; Seite 366.

[121] Ebenda; Seite 371.

[122] Ebenda; Seite 367. Eine Definition des „Lernens null" beruht weder „auf der logischen Typisierung der Information, die der Organismus empfängt, noch auf der logischen Typisierung der adaptiven Entscheidungen, die der Organismus treffen kann. Ein sehr hoher (aber
242

I. Relativ einfach ausgedrückt handelt es sich in folgedessen bei Lernen I um die unterste Stufe von Lernmöglichkeiten, die durch die Berichtigung von Versuch und Irrtum erfolgt. Jede Wahrnehmung oder Verhaltenseinheit kann hier ein Reiz, eine Reaktion oder auch eine Verstärkung sein. Das hängt allerdings davon ab, wie genau die gesamte Interaktionsfolge interpunktiert wird, wie ein jeweiliger Kontext gesetzt, gesehen und bewertet wird. Zu beachten ist, dass bei allen Fällen des Lernens I auch eine Annahme über den „Kontext" steckt.

Durch Erfahrung läßt sich auch Wahrnehmung bereits auf dieser Stufe verändern. Bateson formuliert das so: „Beim Lernen I kann jede Wahrnehmung oder Verhaltenseinheit Reiz, Reaktion oder Verstärkung sein, je nachdem, wie genau die gesamte Interaktionsfolge interpunktiert wird. ... Wahrnehmung kann immer durch Erfahrung verändert werden ... Lernen I ist somit Veränderung in der spezifischen Wirksamkeit der Reaktion durch Korrektur von Irrtümern der Auswahl innerhalb einer Menge von Alternativen".[123] Für diese Stufe des Lernens gilt, was in der Lernpsychologie als ein Gemeinplatz bezeichnet wird: Lernen ist gut möglich und das Subjekt lernt auch schneller, wenn es bei jeder richtigen Reaktion verstärkt wird. Aber, und das scheint das Fatale dabei zu sein, dieses Lernen verschwindet auch ziemlich schnell wieder, wenn die Verstärkung ausbleibt.

II. Auf der nächsten Lernstufe ist wesentlich mehr an Veränderung möglich. Das Auftreten von Lernen II kommt in menschlichen Situationen mannigfaltig vor, aber auch hier wird es wohl eher noch um mechanisches Lernen, um die Anpassung an den jeweiligen Kontext gehen. Eine kontextübergreifende tiefergehende Veränderung kann noch nicht erfolgen. In der Regel bestehen stillschweigende Übereinkünfte zwischen den Personen hinsichtlich der Natur ihrer Beziehung und wie die Lernkontexte interpunktiert werden - oder aber

---

endlicher) Komplexitätsgrad kann adaptives Verhalten charakterisieren, das auf nichts Höherem als dem 'Lernen null' basiert". Bateson; Ökologie; a.a.O.; Seite 369.

[123] Ebenda; Seite 378 f. Zum Beispiel vollziehen sich im Bereich des Erziehungshandelns verschiedene Formen eines einfachen Reiz-Reaktions-Lernens. In der pädagogischen Auseinandersetzung mit gesellschaftlichen Problemen dominieren nach Dauber heute (wie in der Geschichte der Pädagogik) zwei Formen der Auseinandersetzung. Die erste Form bezeichnet er als den „Erziehungs-Ansatz" und die zweite als den „Pädagogik-Ansatz". Das im ersten Fall zugemutete Lernen wird als „Problemlernen" benannt, welches sich nach dem einfachen Schema eines Reiz-Reaktionsmusters gestaltet. „Dieses Lernmodell mag für einfache Alltagshandlungen hinreichend sein; schon zur Beschreibung menschlicher Interaktionen, die stets mehr sind als lineare Reiz-Raktions-Ketten, taugt es wenig; zur Bewältigung komplexer Systemkrisen ist es völlig untauglich". Schon beim sogenannten „Pädagogik-Ansatz" werden genannte Probleme nicht nur isoliert und kurzfristig lösbar gesehen, sondern in ihrem jeweiligen Kontext, wobei die Kontextanalyse bereits eine Rolle spielt. Vgl. Heinrich Dauber; Selbstinitiiertes Lernen; a.a.O.; Seite 87 und 89.

eine stillschweigende Übereinkunft durch Kontextmarkierungen, was bedeutet, dass diese Kontextmarkierungen für beide dasselbe bedeuten.

„Was wir als 'Kontext' bezeichnen, schließt sowohl das Verhalten des Subjekts als auch die äußeren Ereignisse ein. Aber dieses Verhalten wird durch früheres Lernen II beherrscht und wird daher so geartet sein, den gesamten Kontext dergestalt zu formen, dass er zu der zu erwartenden Interpunktion passt. Kurz gesagt, dieses selbständige Charakteristikum des Inhalts von Lernen II hat die Auswirkung, dass solches Lernen fast unauslöschlich ist. Es folgt, dass Lernen II, wie es in der Kindheit erworben wird, sich tendenziell im ganzen Leben durchhält. Umgekehrt müssen wir damit rechnen, dass viele der wichtigen Charakteristika der Interpunktion von Erwachsenen ihre Wurzeln in der frühen Kindheit haben".[124]

III. Knüpfen wir noch einmal bei der vorangegangenen Ebene an. „Lernen II ist Veränderung im Prozeß des Lernens I, z. B. eine korrigierende Veränderung in der Menge von Alternativen, unter denen die Auswahl getroffen wird, oder es ist eine Veränderung in der Art und Weise, wie die Abfolge der Erfahrung interpunktiert wird. Lernen III ist Veränderung im Prozess des Lernens II, z. B. eine korrigierende Veränderung im System der Mengen von Alternativen, unter denen die Auswahl getroffen wird".[125]

Beim Lernen auf der Stufe III geht es also um mehr, um die **Umstrukturierung des Charakters**, dies ist in der Regel bei menschlichen Wesen schwierig bis selten. Über das einfache Dazulernen kommt aber auf dieser Stufe dem Verlernen, Umlernen, über das Verlassen des vertrauten Kontextes dem tiefergehenden Verändern oder wie es zuweilen in meiner Arbeit benannt wird, dem **Lernen auf höheren Ebenen** die entscheidende Bedeutung zu. Das Lernen auf dieser Stufe hat für das Konzept der Selbstgestalteten Bildungsarbeit, wie für Prozesse der Erwachsenensozialisation und Erwachsenenbildung eine Bedeutung im Sinne der Individuationsprozesses nach C. G. Jung. Es ist die Stufe des Lernens, die ich in dieser Arbeit mit tiefergehender Veränderung oder dem Lernen auf höheren Ebenen bezeichne.

Am Rande soll angemerkt werden, daß es sich bei dem Individuationsprozeß nach C. G. Jung und dem Lernen nach Bateson auf dieser Stufe um zwei Perspektiven handelt, die zusammengesehen werden müssen. Was bei Bateson beispielsweise mit dem Lernen auf der Stufe III und dem Verlassen des vertrauten Kontextes, dem tiefergehenden Verändern gemeint ist, ist für C.G. Jung das Erkennen und Integrieren des Schattens, der sozialen Komponente

---

[124] Bateson; Ökologie; ebenda; Seite 389.
[125] Ebenda; Seite 379.

des Lebens und die Auseinandersetzung mit den Archetypen wie dem kollektiven Unbewußten. Die Entwicklung zum Selbst oder das Lernen auf der Stufe III setzen Kräfte frei, die es dem Menschen ermöglichen, nicht nur stärker im Selbst zu sein, sondern auch in der Einheit die Vielheit zu erleben.

IV. Vollständigkeitshalber soll nun auch noch kurz auf die vierte und letzte Ebene der logischen Kategorien von Lernen und Kommunikation hingewiesen werden. Lernen IV ist die Veränderung im Lernen III und dies käme vermutlich bei keinem ausgewachsenen lebenden Organismus auf dieser Erde vor. Bateson stellt hierbei fest, dass der Evolutionsprozess Organismen hervorgebracht habe, deren Ontogenese sie zum Lernen III befähige. Jedoch erst die „Verbindung von Ontogenese und Phylogenese erreicht in der Tat Ebene IV".[126]

Zur Lernfähigkeit von Systemen und zur Bildung von größeren Ganzheiten wie zur Bewusstheit ist anzumerken, dass ein System, welches Bateson mit Geist bezeichnet, aufgrund seiner selbstregulierenden Möglichkeiten über die Fähigkeit der Zwecksetzung und der Auswahl verfüge. „Darüber hinaus wird das System lernen und sich erinnern, es wird Negentropie aufbauen ... Schließlich wird das System in der Lage sein, sich mit anderen ähnlichen Systemen zu vereinigen, um noch größere Ganzheiten zu bilden" Zum Schluss stellt Bateson in seinem Kapitel über Kriterien des geistigen Prozesses die Frage nach der Bewusstseinsfähigkeit von Systemen und bringt zum Ausdruck, dass über das Bewusstsein in diesem Zusammenhang bisher wenig gesagt wurde, dass aber die Wahrnehmungsprozesse nicht bewusst seien, wohl aber ihre Produkte.[127] Damit möchte ich die eher formale Ebene der Systematisierung verlassen und mich der stärker pragmatisch orientierten Seite von Kommunikation und Lernen als einem Beziehungsgeschehen zuwenden.

Angemerkt werden kann an dieser Stelle, dass nach dem Konzept der Selbstgestalteten Bildungsarbeit erste Ansätze bereits in der Harzburger Elternarbeit und Erwachsenenbildung praktiziert wurden. Tagungen und Seminare beim Bundesverband Neue Erziehung gestalteten sich entsprechend. Nicht zu vergessen sind die von Bildungswerken und Volkshochschulen abgeforderten Seminare zu den verschiedensten Themenbereichen der Bildungsarbeit. Kontinuierlich wurden hier seit Ende der 80er Jahre in der Regel monatlich zwei bis drei Seminare durchgeführt. Dies auch über einen Zeitraum von 25 Jahren.[128]

---

[126] Dauber; Selbstinitiiertes Lernen; a.a.O.; Seite 379.

[127] Bateson; Geist und Natur; a.a.O.; S. 162.

[128] Da zum Konzept die Anfertigung jeweils einer eigenen Dokumentation gehört, haben sich über die Jahre hunderte von bebilderten Dokumentationen angesammelt. Diese füllen die Regale und können bei bestehendem Interesse unter bestimmten Bedingungen zur Verfügung gestellt werden.

Eine polnische Stimme zur Theorie und Praxis der Selbstgestalteten Bildungsarbeit

Prof. Dr. Antoni Gladysz von der Schlesischen Universität - Niederlassung Cieszyn – hat für eine polnische Zeitschrift über die Selbstgestaltete Bildungsarbeit in der Erwachsenenbildung eine Buchrezension geschrieben (Horst Stukenberg; Roderer Verlag, Regensburg 1999, 448 Seiten).

„Ich möchte den polnischen Erziehungswissenschaftlern das Buch von Horst Stukenberg unter dem oben angeführten Titel empfehlen. Der vielversprechende Titel lässt sich am besten so zusammenfassen: „Selbstverwirklichung im andragogischen Prozess. Der Mensch im Zentrum des Lernens und der Veränderung". Horst Stukenberg ist den meisten polnischen Andragogen als Autor von 15 Publikationen über Erwachsenenbildung und „neue Erziehung" in Westdeutschland und aus jahrelangen Kontakten mit Erziehungswissenschaftlern, vor allem von der Universität Lodz, aber auch wegen seiner Initiative, die erste deutsch-polnische andragogische Tagung in Sonnenberg im September 1989 unter Teilnahme von deutschen und polnischen Dozenten (jeweils 16 Personen) zu veranstalten, bekannt.

Das erwähnte Werk ist eine Art Synthese der Lebenserfahrungen und wissenschaftlichen Überlegungen des Autors, der weitgehender – mehr darüber unten – Autodidakt war. Daher besteht auch der Inhalt des in sechs Kapitel geteilten Buchs zur guten Hälfte aus eigenen wissenschaftlichen und methodologischen Erkenntnissen.

Den grundsätzlichen Ansatz der sich selbstverwirklichenden (autonomen) Bildung hat der Autor in der Einleitung auf eigene Kindheit zurückgeführt. Als dreijähriges Kind ging er auf seinem Dreirad auf Reisen in die „große Welt" und kam nach drei Kilometern auf Braunschweiger (Sachsen) Straßen zum Arbeitsort seines Vaters. Dann hat er frühzeitig Tischlerei gelernt, bei dem Wiederaufbau seiner Stadt geholfen und von 1952 im lokalen Polizeidienst gedient. Das meiste hat er aber, wie er selber schreibt, bei den Pfadfindern gelernt, insbesondere bei der landeskundlichen Bewegung. Später machte er Abitur, heiratete, absolvierte das Fernstudium. Eine solche Biographie bildet eine gute Fundierung für sein Konzept: das der autonomen Andragogik.

Im dritten Kapitel „Aspekte der Bildung und Sozialisation der Erwachsenen" konzentriert sich der Autor auf die Perspektive des menschlichen Lebens im XXI. Jahrhundert und betrachtet die Probleme des Lernens als Kommunikationsprobleme, wobei er hier den Begriff der „subjektiven Didaktik" einführt und ihn weiter entwickelt; dabei ist er seinem Grundsatz treu und stellt das Lebensschicksal der Individuen immer in den Vordergrund, indem er das Kommunizieren und Lernen als „elementare Ereignisse zwischen den Menschen" darstellt.

Er zeigt präzise die überlegene Bedeutung der Handlung (und Wirkung) im Verhältnis: der Mensch + Institution und nicht : Institution, die über den Menschen gestellt wird.

„Zum entscheidenden Anfang werden, meiner Meinung nach, um den Prozess des Werdens zu ermöglichen – nicht die extern gesetzten Ziele und extern bestimmte Mittel. Den Ausgangspunkt bildet immer der konkrete Mensch mit seinen aktuellen Interessen, Wünschen und Bedürfnissen" (S. 226).

Stukenberg folgt dieser Denkweise und weist auf die Notwendigkeit drei wesentliche Faktoren zu berücksichtigen hin: Institutionen, Teamer, Teilnehmer. Er unterstreicht u. a. die differenzierte Rolle dieser Faktoren; sie ist im Fall der sog. klassischen Andragogik (die von Institutionen dominiert ist) anders als die im Fall der durch die informelle Gruppe z.B. eine Milieugruppe initiierten Rolle.

Über ¼ Text widmet Stukenberg den von ihm innerhalb von 14 Jahren, unter Teilnahme von gewonnenen Teams umgesetzten praktisch-theoretischen Animationsmaßnahmen, die unter Erwachsenen realisiert wurden. Die meisten Beispiele knüpfen an die so entwickelte – unter Unterstützung der Regierung – Aktion des Verbandes der Neuen Entwicklung an. Dabei wurden einige Konzepte der autonomen Bildung geprüft und ausgebaut. U. a. hat man innerhalb von 6 Jahren das Thema Eltern-Kinder-Erzieher bearbeitet, wobei nicht nur das Interesse selbst angesprochen war aber es wurden dank der Presse und Massenmedien auch praktische Lösungen dieser Probleme bundesweit multipliziert.

Einer der zahlreichen Arbeitskreise des Verbandes Neue Erziehung – der Berliner Arbeitskreis – entwickelte eine andere Aktion, die in Bad Harzburg, der Heimatstadt von Stukenberg, unter dem gemeinsamen Namen „Montagskreis" initiiert wurde. Solche lokalen Begegnungen von Eltern, Lehrern und Freiwilligen haben zahlreiche Probleme, sogar Konflikte ans Licht gebracht und manchmal zu ihrer Lösung beigetragen. Dieses ganze Reichtum an den so gesammelten Erfahrungen und gefundenen Ideen kann man in der Veröffentlichung „Die Eltern helfen den Eltern" in der ersten Auflage von 3000 dann sogar von 80 000 Exemplaren wiederfinden.

Ziemlich viel, denn sogar 18 Seiten widmete der Autor den Erfahrungen und Ergebnissen der hier schon erwähnten deutsch-polnischen andragogischen Tagung in Sonnenberg.

Das umfangreiche letzte Kapitel des Buches u. d. T. „Ausgewählte Modelle und Konzepte" verdient eine ausführlichere Besprechung, die aber jedoch hier den Rahmen einer allgemeinen Buchrezension sprengen würde; somit möchte ich nur erwähnen, dass der Autor zum gemeinsamen Nenner der hier besprochenen Modelle das englische „Learning by doing" (S. 405) gewählt hatte.

Für mich persönlich war der bahnbrechende Ansatz in Bezug auf den Horizont des menschlichen Schicksals im XXI. Jahrhundert von größter Bedeutung. Der Autor zitierte aus dem Buch von Ken Wilber „Eros, Kosmos, Logos" (Frankfurt/Main 1996): „Alle vergangenen Jahrhunderte kannten nur beschränkte Fragmente der Erde, schauten von der engeren auf die breitere Nachbarschaft und daraus auf das große UNBEKANNTE. All dies, so kann man sagen, war auf Inseln beschränkt. Heutzutage ist unsere Sichtweise nicht mehr durch den genauen Standort auf dem Erdball beschränkt. Mit einem Blick fassen wir die Ganzheit unseres Planeten. Das Horizont ist verschwunden und dies ist das NEUE." (S. 412) Und hinter dieser schon neuen „Logik der Betrachtung" – fügt Stukenberg hinzu – kann man schon den Übergang von einer kulturellen Episode in die nächste sehen, aber dies ist schon Umwandlung einer Kulturperiode in eine neue." (S. 412).

Antoni Gladysz

Einbruch in meine Zeit – Kritische Gedankensplitter

Dienstag, der 3. Juli 2001

Es geht schon wieder ein wenig besser, aber ich liege im Bett und viele Gedanken durchschwirren meinen Kopf. Ruhe möchte ich bekommen, da die Gedanken sich nicht abschalten lassen, schreibe ich sie schnell nieder und mein Kopf wird wieder frei. An was denke ich da, noch krank liegend und auf Schonung bedacht?

Im Mai haben wir die Garage und viele unfertigen Dinge unseres Hauses fertiggestellt. Willi war wieder in Hochform und ich versuchte - natürlich auch im eigenen Interesse - Schritt zu halten. Wladimir und Konstantin waren da und haben tüchtig geholfen. Vier Wochen lang, gab es für mich keine andere Arbeit als das Handwerkliche, besser gesagt, oft das „Handlangerische". Zwischendurch war ich mit Karl Heinz zusammen, er war zum 100. Geburtstag von Muttern aus Canada gekommen, mit Wendy und Heidis Tochter Mika. Dafür habe ich auf dem Bau vor oder nachgearbeitet. Alle - auch die terminlichen Arbeiten blieben liegen. Nach dem die Baugeschichte fertig war, kam die Mahnung von der Universität Lodz, wo denn mein Referat bliebe, sie wollen veröffentlichen und die Tagungsunterlagen verschicken. Relativ zügig konnte ich dieses Kapitel bearbeiten, beenden. Vom letzten Seminar lag die Anfertigung der Dokumentation - diesmal zum größten Teil in meiner Hand. Also, auch die wollte soweit fertiggestellt werden. Ist inzwischen geschafft.

Hadda ruft an, unser alter Pfadfinderfreund Will liegt im Sterben. So fahre ich nach Böblingen und es war gut so. Er wurde gerade zu der Zeit, als ich da war, vom Krankenhaus ins Hospiz überführt. Alte und nicht nur gute Erinnerungen an die Sterbens- und Leidenszeit vom Axel brechen auf. Auch seine Familie hat ihn ins Hospiz gebracht. Ihm und mir war das nicht recht. Und nun Willi wieder. Gut, ich habe als nicht direkt Betroffener gut reden. Nachdem wir miteinander gesprochen haben - und es gab viel zu bereden - starb der Willi ein paar Tage später. Dabei hatte man an eine längere Zeit des Übergangs gedacht. Ich übrigens auch.

Am 27.6. fuhr ich zu Barbara und Awad nach Darmstadt. Großer Bahnhof, im wahrsten Sinne des Wortes. Barbara, Awad und Ibrahim, sie standen oben am Bahnsteig und erwarteten mich. Barbara hatte den Horst Volker informiert, er kam auch nachmittags zum Kaffee. Es war eine schöne Runde. Barbara hatte eine leckere Rhabarbertorte gebacken, es gab noch Käsekuchen und Zitronenschnitten. Dazu wieder den herrlichen Kakao. Auch unsere Gespräche waren sehr interessant.

Bei der Diskussion über den Menschen bekamen wir uns allerdings doch ein wenig in die Haare. Ich provozierte wohl zu sehr, konnte mich wohl auch nicht gut verständlich machen und sagte u. a.: Die Studenten der Medizin, der Psychologie, der Theologie, der Pädagogik usw. haben in ihrem Studium nicht viel vom Menschen gehört. Da ging Ibrahim hoch. Er, der Sanftmütige, der immer Ausgeglichene, den ich noch niemals seit den fast 40 Jahren unsere Freundschaft so erlebt hatte. Wir kamen auf das Menschenbild, das die moderne Wissenschaft hat und weitergibt, zu sprechen. Auf unser Menschenbild, welches wir haben. Ich erzählte vom Kongreß der Humanistischen Medizin in Garmisch-

Partenkirchen. Wolf Eberhard Büntig sprach wohl davon, daß die Mediziner, die nur den Körper betrachten, die die Seele und das Geistige nicht mit einbeziehen in den Untersuchungs- und Heilungsprozeß, daß sie auch ruhig als Veterinärmediziner bezeichnet werden könnten. Das war zu viel. Awad versuchte zu vermitteln, heute würde an der Uni das auch schon gelehrt.

Der Mond war aufgegangen, Barbara, Awad und ich, wir saßen, nachdem Horst Volker mit Ibrahim nach Hause gefahren war, noch eine Weile zusammen. Wir kamen auf unsere Kinder zu sprechen. Muna macht ihr Examen und ist dann fertig, Sie geht zunächst für acht Monate nach Potsdam. Gespräch wurde auch Alexander, seine damalige Situation in Göttingen, seine Offenbarung und die Dimension des Schwulseins. Im ersten Moment war ich betroffen, wollte es nicht wahrhaben, wiegelte ab, bot aber meine Hilfe an und habe mich voll zu meinem Sohn bekannt. Nein, das stimme nicht, von mir hätte er keine Unterstützung bekommen, die Marlis hat von Anfang an zu ihm gehalten. Nun, ich sah es anders und wir konnten auch ganz ruhig und sachlich darüber reden. Ich mag meinen Bengel, so wie er ist, sehr gern.

Dann sprachen wir über Peggy und Jeannette. Ich mag meine Töchter alle beide auch sehr. Auf Jeannette bin ich sehr stolz, sehe seit Jahren aber auch Dinge, die nicht gut laufen. Als sie damals aus Paris nach vier Wochen zurückkam, war ich betroffen. Hätte sie das - so schlimm es auch in der Familie gewesen sein mag - durchgehalten, hätte sie sicherlich auch vieles andere später im Leben leichter packen können. Als sie dann in Braunschweig studieren wollte, war ich sehr gegen den Studienort Braunschweig. Hannover, Kassel, ja, aber die empirische Schule in Braunschweig, das ist nicht zeitgemäß, das ist viel zu trocken. Und ich hatte das Gefühl, Jeannette war sehr gut eingestiegen, kam sehr gut voran und brach dann - aus wer weiß was für Gründen - ab.

Sie suchte ihren Weg und fand ihn. Hat in Goslar gelernt, war geachtet und fleißig. Hat zudem den Ausbilderschein gemacht und zeitweise für drei Bürokräfte gearbeitet. Aber seit Jahren beobachte ich auch sehr nachdenklich, was nicht so gut läuft. Jeannette hatte zu mir - und ich denke, auch ich zu ihr - immer einen guten Draht, zur Mutter war das nicht so bombig. Jetzt verstehen die beiden Frauen sich sehr gut. Worauf es ankommt, das war mein Denken seit jeher, daß sie, die Jeannette ihren eigenen Weg finden und gehen muß. Dafür ist es vielleicht hilfreich und richtig, zu den Eltern und Geschwistern einen guten Draht zu haben, aber auch zu echten Freunden. Dann kann es sicherlich für die eigene Entwicklung sehr hilfreich sein, vom Elternhaus etwas weiter weg zu leben, um erst einmal auf die eigenen Beine zu kommen und das eigene Leben in die eigene Hand nehmen zu können. Aber, auch das ist wichtig, wie es auch ist, es ist, wie es ist.

Schön, wenn man sich seiner Situation selbst bewußter werden kann, schön, wenn einem die alten Freunde zur Seite stehen. Nun gut. Auch das war Thema und Barbara hat zu recht gesagt, daß sie seit längerer Zeit sähe, daß Jeannette krank und daß Hilfe notwendig sei. Das ist auch meine Sicht, nur, wie der Weg aussehen könnte, welche Hilfe von wem und wie gegen oder genommen werden könnte, das sehen wir beide wohl noch einmal unterschiedlich. Es war ein schönes Gespräch, eine schöne Situation da draußen auf der Terrasse mit den beiden.

Sigmund Freud hat in diesem Jahrhundert das Unbewußte des Menschen entdeckt, und das Fatale daran ist, daß das Unbewußte, das, was wir nicht kennen und wovon wir fast nichts wissen, unser Denken und Handeln steuert. Was hat meinen Einbruch hervorgerufen? Was für eine Bedeutung hat das alles wieder einmal? Was hat mich in den letzten Tagen oder Wochen tiefergehend betroffen gemacht und ein Ungleichgewicht hervorgerufen?

Aber zunächst noch weiter in der Beschreibung des Ablaufs bis heute. Am Donnerstag den 28.6. fuhr ich nach dem Frühstück gestärkt und wohlgemut nach Böblingen zur Beerdigung von Willi. Bei Inge wurde ich gut aufgenommen, wir haben uns nach der Trauerfeier sehr gut noch austauschen können. Willi kam dabei nicht zu kurz. Mit vielen Menschen gab es Gespräche, ich war gut drauf. Dann mußte ich zum Zug, bat darum, zeitig auf dem Bahnhof zu sein. Zeitig genug fuhren wir los. Stau, zwei Minuten vor Abfahrt kamen wir auf dem Bahnhofsvorplatz an. In der letzten Sekunde erreichte ich den Zug, kam wieder mit Verspätung in Stuttgart an, ein zweites Mal rannte ich mit meinem Gepäck und schaffte es wieder auf die letzte Sekunde. Das gleiche noch einmal in Mannheim. Abends schmeckte mir das leckere Abendbrot bei Barbara nicht so wie am Vorabend. Ich sehnte mich nach dem Bett, schlief schlecht, hatte Schmerzen im linken Thorax, schwitzte wie verrückt und fühlte mich am Morgen bei dem Frühstück nicht so wohl.

Auf dem Bahnhof rief ich mir die Telefonnummer von Dr. Golzo ins Gedächtnis und erkundigte mich, ob ich, wenn ich in Bad Harzburg ankommen würde, ihn noch anträfe? Er wäre dann weg, riet aber unbedingt, den Notarzt aufzusuchen. Marlis sondierte und sagte mir, daß ich zur Praxis Dr. Koch gehen sollte. Das tat ich. Die Schilderung meiner Beschwerden, EKG, und zu 80 % wurde ein Herzinfarkt ausgeschlossen. Sollte ich in der Nacht noch einmal derartige Probleme haben, sofort ab ins Krankenhaus.

Wann gehe ich schon einmal zum Arzt? Wann fahre ich schon mit der Taxe nach Hause? Ich habe es getan, weil nach dem Unwohlsein, nach der beschwerlichen Bahnfahrt viel Kraft mich verlassen hatte. Ich fühlte mich saft- und kraftlos.

Gleich ging es ins Bett, nichts mehr hören und sehen. Getrunken habe ich viel. Essen konnte ich nichts, das Schlafen war schlecht. So ging es weiter am Samstag bis Sonntagmittag. Langsam kam etwas Lebenskraft zurück, ganz langsam. Der erste Bissen, das erste etwas inhaltsvollere Gespräch mit Marlis, der feste Vorsatz, am Montagmorgen gehst du auch noch einmal zum Dr. Golzo.

Montagmorgen: Noch einmal ein EKG, das Abhorchen, die Empfehlungen. Viel Ruhe, Wärme, viel Trinken, nahrhafte Säfte, den Arzt schnell aufsuchen, wenn es Not tut. Er ist am 23. Juli wieder zurück, dann noch einmal ein Belastungs-EKG. Vielleicht ist doch etwas mit dem Herz, mit dem Kreislauf, vielleicht eine Vireninfektion. Vielleicht ist aber auch nichts mit dem Herz, nichts mit dem Magen, nichts mit dem Kreislauf, keine Vireninfektion. Was, wenn organisch soweit alles in Ordnung ist? Ich war ziemlich fertig, ganz alle, das ist gewiß, das bestätigte auch Dr. Golzo. Ins Bett, hat er gesagt, ganz sachte und langsam wieder auf die Beine kommen. Sich verwöhnen lassen, keine Belastung, kein Ärger, keine Leistung usw. Ja und, was war?

Wie gesagt, Freud entdeckte das Unbewußte. Ja, was war mit mir nicht in Ordnung? Klar denken vermag ich die ganze Zeit über, psychisch geht es mir recht gut. Vielleicht fehlte bloß die Energie? Aber was ist in diesem Fall Energie? Und das alles in einer Zeit, als die großen Brocken vom Schreibtisch sind, als die wichtigsten Arbeiten am und um das Haus fertig sind, wo seit Jahren große Hoffnung besteht, das Zeug, was überall im Haus herumliegt, ordnen zu können und auch damit einen Schritt dort weiter zu kommen. Also, ein Einbruch zu einem Zeitpunkt, wo es große Hoffnung gibt.

Mit Marlis gab es ein sehr schönes Gespräch. Sie sagte: Ich habe die letzten vier Wochen nichts von Dir gehabt. Das stimmt. Wir kommen ins Gespräch und nehmen uns beide vor, das zu ändern. Wir wollen uns mehr Zeit schenken, wollen miteinander uns mehr austauschen, wollen besprechen, was nicht in Ordnung ist, wollen Absprachen treffen und versuchen, uns daran zu halten. Und wenn das dann nicht mehr klappt, wollen wir wieder miteinander sprechen, wieder neu versuchen, auf einen Nenner zu kommen, und wieder neu versuchen, das zu tun, was wir abgesprochen haben. Gut, da gilt es sicherlich Federn zu lassen, Abstriche zu machen, eine neue Balance herzustellen. Auch das war ein gutes Element.

Da kommt Jeannette, kommt die Marlis, kommt der Andre vom Studium nach Haus, kommt Juri, der Dr. aus Belarus, und alle fragen, wie geht es dir, was fehlt dir? Ich sage, was war, was ist und daß ich mich schon etwas besser fühle. Aber ob ich verstanden worden bin, ob ich mich klar ausdrücken konnte, das ist nicht gewiß.

Vielleicht haben Andre und Juri es besonders schwer zu verstehen und sie fragen sich untereinander noch einmal, was hat er? Da kommt mir ein Gedanke, und als er kam, da fing ich an zu schreiben. Andre und Juri verstehen viel von Autos. Vielleicht kann ich ihnen und mir selbst über dieses Beispiel etwas verdeutlichen.

Also Andre: Da ist ein Auto, welches für sein Alter noch ganz gut fährt. Hier und da gibt es eine Roststelle, aber der TÜV hat den Wagen abgenommen, alles o. k. Es gibt kein Schiebedach, keine vier Türen und keine Klimaanlage. Aber der Wagen fährt ganz passabel. Nach dem Besuch seines Freundes kommt der Fahrer wieder raus, steigt ins Auto und will den Motor anlassen. Geht nicht. Hupen, geht nicht. Licht anmachen, damit die anderen nicht auf einen drauf fahren, geht auch nicht. Was ist passiert? Benzin ist genug im Tank, der Motor in Ordnung, ebenso die Reifen, das Gestell, die Karosse, Getriebe, alles ist in Ordnung. Ist die Batterie entladen, fehlt es an Strom? Du wußtest es schon längst - die Batterie war entladen. Na klar, dann kann es auch nicht funktionieren. Aber warum konnte sich die Batterie entladen? Funktioniert die Lichtmaschine nicht, gibt es einen Wackelkontakt oder einen Defekt, der die Batterie blitzschnell entladen hat. Denn, wie gesagt, auch die Batterie ist erst ein Jahr alt.

Nun, ein Mensch ist kein Auto, er ist ein Wesen, bestehend aus Körper, Geist und Seele. Was ist aber, wenn man diesen Vergleich duldet? Batterie, Entladung, Stromausfall, keine Energie? Was ist beim Menschen die Energie, die Batterie? War vielleicht ein Kurzschluss, was geht da verloren? Kann man sagen: Energie oder Lebenskraft? Wo fließt sie entlang, welche Schwachstellen gibt es da? Hin und wieder sage ich, mir ist zumute, als wäre ich ein Eimer, wo unten ein großes Loch drin ist und das Wasser hinausfließt.

Genug der Rede, Schluß mit dem Gedankensplitter über den Einbruch in meine Zeit. Ich habe zu prüfen, was ich daraus lernen kann, was ich zu verändern habe. Auch ich möchte auf meinen eigenen Beinen, stehen und so Gott will, möchte ich gern noch eine Weile unter euch bleiben und mit euch mich austauschen dürfen, ohne euch allzu sehr zur Last zu fallen.

Lies diese Zeilen, mach dir deine Gedanken, und wenn Du magst, sage, erzähle, schreibe mir doch deine Sicht. Wenn nicht, ist es auch in Ordnung.

Mit lieben Gruß
Dein

Horst

(aus einem Brief an Andrei)

Noch einmal Vorgeschichten und zum Katholischen

Traum von der Familie Böker

Heute Nacht träumte ich von der Familie Böker und dem katholischen Glauben. Vorweg einige Bemerkungen. Braunschweig in den 40er Jahren des letzten Jahrhunderts - die Menschen meiner Umgebung sind alle evangelisch - in unser Haus in der Hagenstraße 27, später Steinbrecherstraße, ziehen in die oberste Wohnung des Achtfamilienhauses Bökers ein - sie sind katholisch. Wie das so üblich ist, gibt es Vorbehalte gegenüber Menschen, die nicht zur eigenen „Sorte von Mäusen" gehören - neben den Vorbehalten gesellen sich stets auch Vorurteile. Natürlich ist der eigene Haufen immer der bessere. Damals: Krieg, Bomben, Nächte in der Waschküche. Der Hauswirt Herr Willecke ist meist nicht da, er hat Verwandte in Denkte an der Asse und weiß sich immer rechtzeitig in Sicherheit zu bringen.

Herr Böker ist Lehrer. Die Familie hat viele Kinder: Hans ist der Älteste, dann kommen Fritz, Bernd und Maria. Hans und Fritz sind für mich noch außer Reichweite, zu groß. Maria noch unbedeutend, erstens sehr klein und zweitens ein Mädchen. Aber Berndchen, mit dem habe ich öfters gespielt. So war ich auch oft oben in der Wohnung. Meine erste Begegnung mit einer katholischen Familie, mit dem katholischen Glauben.

Noch einmal Bökers - Mein Traum vom 6. zum 7. Februar 2005

Heute Nacht habe ich ausgiebig von Bökers geträumt. Ich bin oben in der Wohnung im vierten Stock, genau über der unsrigen gelegen. Wir sind im eifrigen Gespräch. In der Küche wirkt die Mutter, sie hantiert herum und steht auf dem Terrazzofußboden. Wir sind hinten zur Heinrichstraße im Wohnzimmer. Gesprochen wird über eine Arbeit, die ich schreiben und abliefern muß. Das Wie und Wann ist Thema, aber auch, ob ich meinen Beitrag für eine wissenschaftliche Publikation als Ganzes oder in Kapiteln fertigen und abschicken soll. Vater Böker, Hans und Fritz sind bei der Beratung dabei. Fazit: Gut, ich liefere in Kapiteln und stelle danach das Ganze zusammen.

Daran schließt sich ein Gespräch über den Glauben an. Wir sitzen in der Stube, ich sehe den alten Schrank an der Wand. Hier bewahrt Vater Böker seine Kostbarkeiten auf. In diesem Moment erinnere ich mich an einen Besuch vor einigen Jahren. Ja, es ist die gleiche Stube wie damals, als ich Herrn Böker ein paar Mal besuchte.

Dann treten wir auf den langen Flur hinaus. Vatern und Hans bleiben im Zimmer. Fritz begleitet mich zur Korridortür und sagt etwas hämisch: „Na ja, dann bleib du man beim Buddhistischen". Etwas verwundert stehe ich noch im Treppenhaus und sinne über seine Worte nach. Da sehe ich die Treppenstufen, jede zweite hat in der Nähe des Innengeländers eine kleine Kuhle. Ach ja, Frau Nothdurft, die hatte etwas mit der Hüfte, und wenn sie die Treppen rauf oder runter ging, drehte sie immer den einen Fuß und hat so wohl die Kuhlen erzeugt.

Mir ist, als ob ich unendlich lange geträumt habe. Komisch, ich kann mich nicht erinnern, jemals von Bökers oder von der Steinbrecherstraße geträumt zu haben. Also, dieser Traum will aufgeschrieben werden. Noch im Bett liegend schließe ich weitere Gedanken an.

Nach dem Traum – Erinnerungen schießen durch den Kopf

Im Folgenden werde ich völlig ungeordnet einfach das aufschreiben, was mir nach und nach in den Sinn kam. Rein zeitlich könnte ich mir das jetzt nicht erlauben, denn, noch immer bin ich - wenn auch freiberuflich - an vielen Orten in unterschiedlichen Funktionen tätig. Aber es muß schon einen tieferen Grund haben, dass gerade jetzt – noch dazu nachts - die Bökers mir in den Sinn kommen. Die Erinnerungen münden in einen Brief an Bökers.

Ja, damals, als ich nach dem Tod von Frau Böker den Vater Böker ein paarmal besuchte, da saßen wir in der Stube zusammen, von der ich eben träumte.

- Da waren ein großer Tisch und daneben ein Schrank. Nach einigem Kramen holte er aus einer kleinen Kiste einen Brief hervor. „Das ist für mich die größte Anerkennung, die ich bekommen kann", sagt er damals. Es ist der Brief einer ehemaligen Schülerin, die sich als Erwachsene erinnerte und nun noch einmal ganz herzlich für all das bedankte, was der Lehrer ihr als Schülerin vermittelt hatte. Noch mehrere Briefe liegen in dem Kästchen. „Das ist für mich mehr wert als jede Medaille".
- Vater Böker, per Fahrrad fuhr er sehr oft in seinen Garten (war das der Weinberg Broitzumer Str.?) – so wurde Obst und Gemüse transportiert - hin und wieder traf ich ihn unten im Keller, ganz vorsichtig wurden die Äpfel in ein Regal gelegt – stets mit der Blüte nach oben - oh, wie es im Keller duftete – auch ich lege heute -an Vater Böker denkend- beim Apfelpflücken die Äpfel mit der Blume nach oben in den Karton.
- Während des Krieges war er mit seiner Schulklasse evakuiert, in Winnigsstedt – dort lebte auch meine Tante Friedel, und wir hörten, was man

über den Lehrer aus der Stadt erzählte – er sei ein sehr guter Lehrer und täte viel für seine Schüler.

- Irgendwann nach dem Krieg, ich muß wohl schon größer gewesen sein, da unterhielten wir uns im Hausflur vor unserer Korridortür über das Lehrerdasein – viel verdiene man da nicht, aber die Besoldung würde jetzt heraufgesetzt.

- Wie war das mit Bernd? Während wir hier in Bündheim wohnen, hat Marlis zweimal jemanden nicht in unser Haus hineingebeten – die Haustür hat eine Klinke und steht stets offen. Einmal war es der alte Pfadfinderfreund Henk aus Holland, der mit seinem Köfferchen ihr vorkam wie ein Handelsvertreter und einmal war es Bernd. Sie hatte den Namen nicht verstanden oder war in Eile. Auf jeden Fall haben wir lange darüber gesprochen. Zweimal in 38 Jahren ist verzeihbar. Mit Henk ist alles wieder o. k., ihn besuchten wir dreimal in Fortalesa/Brasilien. Mit Bernd ist kein intensiver Kontakt zustande gekommen. Unser Vorhaben, ihn in Duderstadt zu besuchen, ist auch noch nicht in die Tat umgesetzt worden. Später klappte es einmal, aber unser Kontakt blieb oberflächlich.

- Wir wohnten schon eine Weile hier in Bündheim, da haben wir alle ehemaligen Nachbarn von der Steinbrecherstraße eingeladen. Da waren Maria mit dem Vater Böker, Fehrkes, die Tochter von Herrn Garzmann mit Ehemann, Frau Martha Willecke, Familie Imbs/Gillmann, Tante Friedel; war auch Frau Rosenthal noch dabei? Die Geschwister Nothdurft waren schon gestorben.

- Vom Krieg wurde erzählt, von der alten Hausgemeinschaft, wo man zusammenhielt, sich austauschte und sich etwas zu sagen hatte. Bei Bökers wohnte die Familie Ebeling, der Sohn hatte nur einen Arm. Keiner konnte die Adresse angeben.

- Der erste Bombenangriff traf Grotian Steinweg in der Zimmerstraße. Es rumste und bumste ganz schön. Berndchen und ich sollen in der Waschküche immer auf dem umgedrehten Deckel des Waschkessels gehockt haben. Als Entwarnung ertönte, sind wir hinaus auf die Straße gestürmt, sahen das große Feuer in Richtung Bültenweg. Feuer, Feuer habe ich geschrien und wollte mit Berndchen gleich dort hinlaufen, aber unsere Eltern hatten wohl etwas dagegen.

- Im Dezember 2004 rief ein gewisser Herr Eckhardt aus Wolfenbüttel an. Ob ich einen Herrn Horst Stukenberg kennen würde, der wäre bei der Polizei gewesen. Meine Antwort: Maikikki, wie geht es Dir? Tage später kam er mit Frau zu Besuch und wir erzählten vom Bandenkrieg, vom Spielen hinter dem Trümmergrundstück vom Rechtsanwalt Macke. Ein Gegenbesuch in Wolfenbüttel, da kramte Dieter ein altes Familienalbum hervor. Zu sehen waren die Bilder von unserem „Ort": „Ort", so nannten wir unsere aus dem Trümmerschutt errichtete Stadt mit Straßen, Häusern, Geschäften, Autos, Menschen aus Wäscheklammern, mit Kleidern usw.

Ich habe im Anfangskapitel schon davon berichtet. Inmitten der zerbombten Stadt Braunschweig haben wir unsere Welt erschaffen, eine heile Welt. Wir haben in den Trümmern gespielt, kein Erwachsener störte. Was mag in den Köpfen oder Seelen der damaligen Kinder vorgegangen sein? Kindergeld gab es, wir kauften, verkauften, mit kleinen Wagen lieferten wir die Ware aus. Einmal wollten Eltern auch die Stadt der Kinder sehen. Besuchszeit von 16 bis 18.00 h, Eintritt einen Groschen.

- Früher schon müssen wir beide, Berndchen und das Horstchen, viel zusammen gespielt haben. Noch heute höre ich manchmal die Stimmen aus dem oben oder unten geöffneten Fenster von Mutter Böker oder von meiner Mutter: „Horstchen, Mittagessen"! Ein paar Minuten früher oder später der Ruf von oben: „Berndchen, Mittagessen"! Wir wollten spielen, Reingehen und Essen waren eine Störung. Zumindest galt das für die Zeit, wo es noch genug zu essen gab.

- Klaus Lattermann oder so ähnlich hieß ein Junge, der an der Ecke Husarenstraße/Rosenstraße wohnte. Er besaß - wer weiß woher - einen kleinen Filmapparat. Es muß um 1946/47 gewesen sein, Kino beim Klaus, umsonst. Im Keller wurden Stühle aufgestellt, andere Kinder kamen dazu. Licht aus, der Film begann. Neben mir saß Berndchen. Als das Licht wieder angeschaltet wurde, sah ich eine riesengroße Pfütze von Spucke auf dem Fußboden. Das muß Berndchen gewesen sein, warum bloß? Scheuertuch und Eimer, bald war alles wieder aufgewischt, die Stühle wieder fortgebracht und alles war in Ordnung.

- Oberhalb des Bodens gab es eine Luke, da konnte man auf das Dach des Hauses hinaussteigen. Flachdach und dann eine Schräge bis zur Dachrinne. War das ein Ausblick, fünf Etagen hoch über der Stadt! Manchmal musste uns der Teufel geritten haben, wir rutschten die Schräge herunter und standen in der Dachrinne. Tief unten die Straße. Ich glaube, Berndchen war auch dabei?
- Das Spielen mit Berndchen wurde seltener. Ich begann meine Tischlerlehre und ging zu den Pfadfindern. Nach 1952 war es die Polizei und dann die Welt der Pfadfinder, die mich in Anspruch nahm. Hin und wieder ergaben sich jetzt mehr Kontakte zu den größeren Brüdern, zu Hans und Fritz.
- Hans ist Lehrer geworden und war in der politischen Arbeit bei der CDU tätig. Mein Pfadfinderfreund Hans Rahlfs war auch in der CDU und so ergab sich hin und wieder ein Gespräch über diese Verbindung. Ansonsten war er der Große, der Ältere und stets etwas weiter weg.
- Etwas anders war es mit Fritz. Auch er ist Lehrer geworden und arbeitete in einer Schule in der Gartenstadt. Ich war schon bei der Mot. Verkehrspolizei, bei den weißen Mäusen und hatte meinen Streifenwagen. In der Schule gab es ein Problem. Na schön, ich werde dich morgen mit dem Streifenwagen besuchen und dann werden wir ja mal sehen. Damals hatte die Polizei noch einen guten Ruf und wir beide mussten einen ungeheueren Eindruck hinterlassen haben. Danach gab es Ruhe.
- Maria ist natürlich wie Bernd auch Lehrerin geworden. In der Nähe von Helmstedt habe ich sie in ihrer Wohnung einmal besucht, oder war es in der Schule? Hin und wieder haben wir uns in der alten Wohnung in der Steinbrecherstraße gesehen. Sie hat sich so um den Vater gekümmert, wie habe ich das bewundert.
- Albert Böker, der Lehrer war sehr vorausschauend. In der Kasernenstraße gab es eine Begegnungsstätte für Bildungshungrige oder Ältere. Hatte er diese nicht ins Leben gerufen? Dort wurde ich hingebeten und sollte von meiner Pfadfinderarbeit oder von den Reisen in fremde Länder berichten. Erst war ich skeptisch, dann hat es mir sehr gefallen.

Ja, was doch so ein komischer Traum auszulösen vermag! Das alles liegt nun bald mehr als 40 Jahre zurück und sicherlich hat sich die eine oder andere Geschichte ganz anders zugetragen. Im Stillen fragte ich mich, haben Bökers auch ähnliche Erinnerungen? Allzu gern hätte ich einmal erfahren, wie Du, Bernd mich damals erlebt hast, was Du oder Ihr noch von dem Horstchen wisst?

Ich werde diese Zeilen nun ausdrucken, ohne sie noch einmal Korrektur zu lesen, verschicken (wohl wissend, dass das bei Lehrern sehr mutig ist). ... Genug der Worte, die Zeit drängt. In ein paar Minuten muß ich aus dem Haus, um 20.00 h beginnt mein Seminar. Vielleicht bis bald einmal

mit einem lieben Gruß
  Dein/Euer

Horst

        oder das Horstchen

VI. Polen

Unser östlicher Nachbar – Erste Begegnungen in und mit Polen

Mit dem Stadtjugendring der Stadt Braunschweig begannen meine Kontakte und meine Zusammenarbeit mit Polen. Mit den Leitern der Braunschweiger Jugendverbände fuhren wir als Pfadfinderführer 1966 erstmals nach Polen. Wir wollten mit unseren Jugendverbänden dazu beitragen, dass Versöhnung und Verständigung zu unserem östlichen Nachbarn frei nach dem Vorbild des Deutsch-Französischen Jugendwerks möglich werden kann. Angestrebt wurde der gegenseitige Jugendaustausch zwischen polnischen und deutschen Jugendlichen. Ein Jahr später konnte ich für die Jugendgruppenleiter der Pfadfinder eine zweite Reise nach Polen organisieren.[129] Im Zusammenhang noch mit meinem Studium der Sozialarbeit in Höchst organisierten wir 1972 eine vierwöchentliche Reise für Sozialarbeiter und Lehrer aus Hessen.[130] Begann es auf der Ebene der Jugendgruppenarbeit, so kamen zugleich auch viele Kontakte auf ganz unterschiedlichen Ebenen zustande. Zu Hause in Deutschland wurden die Erfahrungen zu einem Lichtbildervortrag verarbeitet, der in vielen Stätten der Jugend- und Erwachsenenbildung gehalten werden konnte. „Polen, unser östlicher Nachbar". Besonders die sich anschließenden Diskussionen gingen oft bis spät in die Nacht und sorgten für wachsendes gegenseitiges Verständnis bei den Teilnehmern.

Elternbildung in Polen

Eine zweite Ebene: Als stellvertretender Vorsitzender des Bundesverbandes Neue Erziehung Bonn (ein Verband für Familienbildung, Elternarbeit und Familienpolitik) hörte ich Jahre später davon, dass Elternbildung überhaupt ihren Ursprung in dem Posener Schulkinderstreik von 1901 bis 1906 hatte. Eltern, Kin-

---

[129] Vgl. Jochen Sperber; Eine Dokumentation; Drei Wochen nach Polen im Kalten Krieg - Polenfahrt des Bundes Deutscher Pfadfinder (Braunschweig) - 25. Juli bis 8. August 1967. Anzumerken ist, dass ich wieder einmal zwischen zwei Stühlen zu sitzen kam. Ein Jahr vorher war ich zwar als Pfadfinderführer, aber beruflich noch als noch Polizeibeamter tätig, in Polen. Der polnische Geheimdienst mag sich gefragt haben, und was will der denn nun schon wieder in Polen? Mein Visum wurde mir verweigert. Die Polizei bzw. der Verfassungsschutz verweigerte mir den Urlaub in das sozialistische Ausland und die Ausreise aus der BRD. So musste die Gruppe zwar gut vorbereitet, aber ohne mich fahren.

[130] Das Besondere daran war, dass ich mit dem Leiter des „Museums" vereinbaren konnte, dass erstmals junge Deutsche und junge Polen in Auschwitz gemeinsam eine Woche zusammen arbeiten, leben und sich austauschen konnten.

der und Lehrer wollten damit einen vernünftigen Schulunterricht in polnischer Sprache erzwingen. Auch gegenwärtig – so wurde berichtet - habe die Elternbildung in Polen ein hohes Niveau erreicht.[131] So reiste ich 1979 „auf eigene Faust" und „eigene Rechnung", allerdings mit einer Legitimation des Bundesverbandes im Gepäck wieder nach Polen. Dort erkundigte ich mich in Verbänden, Universitäten und der Akademie der Wissenschaft in Warschau nach entsprechenden Ansätzen. Dabei lernte ich einige Persönlichkeiten kennen und schätzen. Daraus entwickelte sich ein intensiver Informationsaustausch, es kam zu ständigen Begegnungen, u. a. auch auf den Konferenzen der polnischen Hochschullehrer der Erwachsenenbildung.

Lehren und Lernen ein wechselvolles fruchtbares Geschehen

Im Zusammenhang mit der Einladung 1984 an die Universität Lodz hielt ich dort meinen ersten Vortrag und danach ebenso auf allen weiteren Konferenzen auch an anderen Universitäten. 2005 feierte der Lehrstuhl der Erwachsenenbildung an der Universität Lodz sein 25 jähriges Bestehen. Diesen Vorvortrag möchte ich hier ungekürzt wiedergeben.

---

131 Horst Stukenberg; Informationen zur Elternbildung in Polen: In: German and English Newsletter; Parents in Poland 1906 und 1979, Hrsg. Monika Knilli, Berlin (West) Mai 1980.
262

Vortrag an der Universität Lodz - Erwachsenenbildung im Wandel der Zeit - 25 Jahre Erwachsenenbildung an der Universität Lodz [132]

Beginnen werde ich mit meinem persönlichen Bezug zu Polen, zur Universität Lodz und zur Erwachsenenbildung – Es folgt ein kurzer Abriss zur Erwachsenenbildung im Wandel der Zeiten und führt dann zu einem nicht ganz einfachen Komplex, zum Paradigmenwechsel in Wissenschaft und Forschung. Kurz werde ich auf Sprünge in der Intelligenzforschung eingehen, um mit einem perspektivischen Ausblick zu enden.

Mein persönlicher Bezug zu Polen, zur Universität Lodz und zur Erwachsenenbildung

1966 zog es mich erstmals als Jugendgruppenleiter des Bundes Deutscher Pfadfinder nach Polen. Frei nach dem Vorbild des Deutsch-Französischen Jugendwerks wollten wir zum Jugendaustausch zwischen polnischen und deutschen Jugendlichen beitragen. Auf der Ebene der Jugendgruppenarbeit und dann auch privat kamen viele Kontakte zustande.[133]

Als stellvertretender Vorsitzender eines Verbandes für Eltern- und Familienbildung hörte ich Jahre später davon, daß die Elternbildung ihren Ursprung in dem Posener Schulkinderstreik von 1901 bis 1906 genommen hat. Eltern, Kinder und Lehrer wollten damit einen vernünftigen Schulunterricht in polnischer Sprache erzwingen. Auch gegenwärtig – so wurde berichtet - habe die Elternbildung in Polen ein hohes Niveau erreicht.[134] So reiste ich 1979 wieder auf „eigene Faust" und Rechnung nach Polen.

In Warszawa zu Gast bei Prof. Dr. Mikowaj Kozakiewicz - der war damals Vorsitzender der Polnischen Gesellschaft für Pädagogik - und dem Ehepaar Brown von der Erwachsenenbildung, wurde mir erzählt, Frau Olga Czerniawska von

---

[132] Vortrag anläßlich der Internationalen Konferenz der Hochschullehrer der Erwachsenenbildung vom 17. – 18. November 2005 an der Universität Lodz.

[133] Zu Hause in Deutschland wurden die Erfahrungen zu einem Lichtbildervortrag verarbeitet, der in vielen Stätten der Jugend- und Erwachsenenbildung gehalten werden konnte. „Polen, unser östlicher Nachbar". Besonders die sich anschließenden Diskussionen gingen oft bis spät in die Nacht und sorgten für gegenseitiges Verständnis.

[134] Horst Stukenberg; Informationen zur Elternbildung in Polen: in: German and English Newsletter; Parents in Poland1906 und 1979, Hrsg. Monika Knilli, Berlin (West) Mai 1980.

der Universität Lodz habe gerade neuere Forschungen zur Elternbildung veröffentlicht. So fuhr ich nach Lodz, klopfte in der ul. Universitecka 3 bei Frau Czerniawska vorsichtig an die Tür, wurde hereingebeten und sollte Platz nehmen. Wenige Minuten später kam Brygida Butrymowicz von der Sozialpädagogik und übersetzte unser Gespräch.

Das war der Beginn einer fruchtbaren Zusammenarbeit über Sprachen und Grenzen hinweg. Es war auch der Beginn einer Freundschaft und eine enge Verbundenheit mit dem Land Polen. Somit sind 25 Jahre Erwachsenenbildung an der Universität Lodz für mich zugleich 25 Jahre Kontakt und Zusammenarbeit mit dem Lehrstuhl.

Erwachsenenbildung - Aspekte einer Zusammenarbeit

Am Anfang stand die Elternbildung, stand die Veröffentlichung von Olga Czerniawskas Arbeit.[135] Ein reger Schriftwechsel setzte ein, wissenschaftliche Materialien und Literatur wurden ausgetauscht und immer wieder kam es zu gegenseitigen Besuchen, zur Teilnahme an Besprechungen oder an Konferenzen.[136]

Zur ersten Konferenz 1984 an der Universität Lodz wurde ich eingeladen und gebeten, einen Vortrag über das Thema „Ältere Frau und Bildung" zu halten.[137] Das war gewissermaßen eine Auftragsarbeit. Ich forschte, brachte meinen Beitrag und dann passierte mir etwas in diesem Zusammenhang, ich entdeckte - damals 51 Jahre alt zwar mein eigenes Älterwerden, meine eigene „Zweite Lebenshälfte" ohne dies jedoch akzeptieren zu wollen.

---

[135] Olga Czerniawska; Der Titel ist in Vergessenheit geraten.

[136] Vgl den ersten Brief vom 30.XII 1980; „Geehrter Herr" oder vom 13.9.1981; „Verheirateter Herr". Eine Zusammenstellung und Auswertung dieses hochinteressanten und umfangreichen Schriftverkehrs ist in Arbeit, wird allerdings nicht vor Anfang 2016 abgeschlossen sein. Beachtenswert erscheint, daß sich eine junge Wissenschaftlerin im Selbststudium der deutschen Sprache bemächtigt hat, um für den Lehrbereich diesen Kontaktaustausch führen zu können. Deutlich wird u. a., wie schwer es unter den damals gegebenen herrschenden politischen Verhältnissen war, zum freien Austausch von Wissen und wissenschaftlichen Materialien zu kommen. Übrigens benötigte ein Brief in der Regel vier Wochen bis er den Empfänger erreichte und noch einmal vier Wochen für die Antwort. Telefonieren war nicht möglich. Wollte man mal vom Postamt telefonieren, galt es das Gespräch anzumelden und in der Regel um die sechs Stunden auf die Verbindung zu warten.

[137] Referat auf der Internationalen Konferenz der Universität Lodz in Zusammenarbeit mit der Polnischen Gesellschaft für Gerontologie zum Thema: Vorbereitung auf das Alter, Universität Lodz, vom 18. - 19. Oktober 1996. Siehe ACTA UNIVERSITATIS LODZIENSIS; Folia Paedagogica Et Psychologica 14, 1986, Ältere Frau und Bildung, Seite 211 – 240.

Ein Jahr später fand der zweite internationale Kongreß in Lublin statt. Mein Beitrag handelte von der „Teilnehmerorientierung und Selbststeuerung in der Erwachsenenbildung".[138] Etwa 70 Wissenschaftler kamen von fast allen polnischen Universitäten sowie aus dem östlichen und westlichen Ausland. Eine breit angelegte, erstaunlich offene und sehr informationsreiche Konferenz konnte stattfinden. Lassen Sie mich eine Sequenz dieser Konferenz – es war für mich sehr ungewöhnlich – kurz schildern.

Nach einem Museumsbesuch war eine Wanderung angesetzt. Alle Teilnehmer erhielten einen langen Stock. Wofür denn das, war die bange Frage. Beim Anblick eines im Wald lichterloh brennenden Lagerfeuers wurde es klar. Der Stock diente zum Grillen der dicken Würste. Da standen die ernsthaften Wissenschaftler im Kreis, fuchtelten mehr oder minder unwissenschaftlich mit ihren Würsten herum. Zaghaft erklang eine Melodie, immer lauter, und bald sangen alle mit. Immer wieder wurden neue Lieder angestimmt, es kam zum Tanzen und Spielen. Waren das die gleichen Teilnehmer von der Erwachsenenbildungskonferenz am Vormittag? Ja, sie waren es, und man spürte deutlich, eine ganz andere Ebene des menschlichen Seins durfte ins Spiel kommen.

Für eine internationale Zeitschrift schrieb ich einen Artikel über diese Konferenz. In einem handschriftlichen Nachtrag meines Manuskripts steht zu lesen: „Für mich wurde klar, der Mensch ist weit mehr als die Summe seiner intellektuellen Leistung, er ist ein Wesen, immer wieder angewiesen auf Andere, ein Wesen mit Körper, Geist und Seele".

Frau Czerniawska formulierte in einem abschließenden Beitrag: Die Leute seien sehr aktiv, und sie zeigte sich über das außerordentlich hohe Niveau dieses Kongresses sehr befriedigt. Es sei auch richtig, daß die Menschen Neues suchen und sich frei von Vorgaben oder anderen Meinungen zu bewegen versuchen. Viele Jahre habe es keinen Kongreß zur Andragogik gegeben und hier in Lublin, sei dies der zweite gewesen. Wissen wollte man, was in anderen Ländern passiert, wie weit man dort in der Theorie, der Methodologie sei und wie es um die Praxis stünde. In Polen sei es immer sehr schwer, an Zeitschriften der Erwachsenenbildung oder Publikationen der angrenzenden Wissensgebiete heranzukommen. Man brauche den lebendigen Meinungsaustausch und gute Kontakte

---

[138] Horst Stukenberg; Self Detemrination and Participant Orientation in Adult Education - Teilnehmerorientierung und Selbststeuerung in der Erwachsenenbildung; in: Monika Kraker-Knilli Tobias Rülcker; German and English Newsletter, Bd 25/26 März/Sept., Berlin (West) 1986. Die Konferenz in Lublin bedeutete auch für mich einen Höhe- und Wendepunkt zugleich. Wenige Tage nach dem ich das Manuskript über die Tagung für die internationale Zeitschrift Newsletter geschrieben habe, bekam ich einen Herzinfarkt und war für lange Zeit schwer krank. Mein Leben veränderte sich und leitete einen persönlichen Paradigmenwechsel ein.

zu den anderen Wissenschaftlern. Der Trend in Polen gehe aufwärts und vielleicht wäre Lublin ein Meilenstein in der polnischen Erwachsenenbildung. Die nächste Konferenz solle dies möglicherweise 1987 in Polen belegen.[139]

So durfte ich regelmäßig Gast auf den verschiedensten Konferenzen in Polen sein. Die Kontakte weiteten sich aus, und nach jeder Konferenz wurden die ausländischen Gäste von Frau Olga Czerniawska - bei ihr zu Hause oder bei einer anderen Mitarbeiterin - zu einem Empfang in privater Atmosphäre, zur Diskussion quasi auf der Metaebene eingeladen.

Ich erinnere mich, daß wir im Oktober 1994 nach Abschluß der Konferenz bei Brygida Butrymowiz zusammensaßen. Auch unsere Freundin Wislawa Sieczych war mit ihrem Mann zugegen, es war das letzte Mal, daß wir uns gesehen haben. Kurz danach ist sie und inzwischen auch Wislawa Sliwerska - die Frau meines Freundes Boguslaw - und mein Freund und Wegbegleiter Antoni Gladycz - Rektor der Universität in Cieszin – ebenfalls verstorben. Als ich die Heimreise antrat, war mein Kopf voll mit neuen Eindrücken, Impulsen, Referaten, voll mit neuem Wissen. Aber etwas anderes war auch noch da, ein gutes Gefühl, wieder mit Menschen zusammen gewesen zu sein, zu denen es eine gute Beziehung gab, die mir ein Gefühl von Nähe, Geborgenheit und Zuwendung vermitteln konnten. Viele der hochinteressanten Informationen habe ich vergessen, aber das Gefühl der Verbundenheit, der Geborgenheit und Nähe, das ist geblieben.

Eins soll noch erwähnt werden. Vieles, was in den Anfangsjahren sich gestaltete, wurde auf den Schultern der Menschen getragen, denen es ein persönliches Anliegen war, Erwachsenenbildung und wissenschaftlichen Austausch voranzubringen. Manchmal ging es gar nicht anders, als die institutionelle Ebene einfach außen vor zu belassen.

Zehn Jahre nach unserer ersten Begegnung 1979 in Lodz - fünfzig Jahre nach dem Überfall der deutschen Truppen auf Polen - fand im Internationalen Haus Sonnenberg in Deutschland die erste gemeinsame Tagung mit 16 Hochschullehrern der Erwachsenenbildung aus Polen und mit 15 Kollegen aus Deutschland statt. (s. o.)Von polnischer Seite wurde gewünscht, sich neuen Methoden der Erwachsenenbildung zuzuwenden. Zehn Tage haben wir es zusammen ausgehal-

---

[139] Siehe Horst Stukenberg; unveröffentlichtes Manuskript für German and English Newsletter; „Konferenz der Erwachsenenbildner zu theoretischen und methodologischen Problemen der Andragogik"; Bad Harzburg, September 1985. Die Tagungsbeiträge wurden sehr einfühlend und engagiert von einem Dozenten der Germanistik übersetzt. Verblüffend war, wie viele der Tagungsteilnehmer ein ausgezeichnetes Deutsch sprachen und sich auch immer wieder einmischten. Beschämend für uns Deutsche, wie wenig wir in den Jahren der Kontakte Polnisch gelernt haben.

266

ten, eine Woche intensives Arbeiten auf dem Sonnenberg im Harz und anschließend drei Tage in den Lebens- und Arbeitswelten der deutschen Teilnehmer.

Die Presse berichtete sehr konkret: „Die Dozenten praktizierten neue Methoden der Erwachsenenbildung, ließen sich selbst zum Gegenstand des Von- und Miteinander Lernens werden".[140]

Der damals amtierende Parlamentspräsident von Polen, Prof. Dr. Mikowaj Kozakiewicz, fasste in seinem Vorwort zum Reader über diese Tagung den Entwicklungsprozeß der bisherigen 10-Jährigen Zusammenarbeit und das Ergebnis dieser Tagung in treffenden Worten zusammen:

„Die Zusammenarbeit polnischer und deutscher Wissenschaftler und Erwachsenenbildner, die mittlerweile auf eine zehnjährige Dauer (seit 1979) zurückblicken kann, ist der beste Beweis für das Bestehen einer neuen Form der Beziehungen zwischen den beiden Ländern. Es ist wahr, daß die 16 polnische Wissenschaftler zählende Gruppe, die die Zusammenarbeit aufgenommen hat, nur ein Tropfen auf den heißen Stein der Bedürfnisse ist. Es ist aber ebenso wahr, daß die allergrößten Flüsse am Anfang nur kleine Bächlein sind....

Diese deutsch-polnische Zusammenarbeit, die noch sporadisch ist, stellt eine Absage an die in ganz Polen verbreitete zentralistische Praxis dar, denn: Die Verantwortung für die Gestaltung dieser Form von Erwachsenenbildung wurde nicht von ‚oben' durch die Leitung diktiert, sondern baute ganz auf die freiwillige Verpflichtung der Teilnehmer auf. Die konkrete Erwachsenenbildung während der Konferenz ist nicht unter dem Zwang von Richtlinien und Anordnungen entstanden, sie ist von den Teilnehmern selbst entwickelt worden auf dem Hintergrund ihrer Lebenspanoramen, ihrer Aufgaben und eventuellen Probleme. ... Die Erwachsenenmethoden hatten den Charakter eines demokratischen Prozesses, der

---

140 Interessant wäre für die Gäste aus Polen auch das Rahmenprogramm mit dem Besuch der alternativen Bildungsstätte `Kraftzwerk`, der Akademie für Führungskräfte in Bad Harzburg usw. gewesen. Siehe Harzburger Zeitung, Dienstag, 12. September 1989. Von der Tagung wurde in den verschiedensten Fachzeitschriften der Erwachsenenbildung in Deutschland und in Polen ausführlich berichtet. Vgl. auch Horst Stukenberg; Eine Tagung als konkreter Prozess der Erwachsenenbildung, in: Hartmut Griese und Horst Siebert (Hrg.) unter Mitarbeit von Olga Czerniawska und Elzbieta Dubas; Erwachsenenbildung im Spannungsfeld zwischen biographischen Interessen und globaler Herausforderung – Methodisch-inhaltliche Schwerpunkte der ersten polnisch-deutschen Erwachsenenbildungskonferenz; Bundesverband Neue Erziehung, Bonn/Hannover 1991.

*dem jetzt im ganzen Land stattfindenden Prozeß der Demokratisierung um viele Jahre vorauseilte".*141

Unterbrechung meines Vortrages – Umfrage an die Teilnehmenden als methodischer Einbezug der Anwesenden

Zettel und Stifte werden verteilt
„Jede Person hier im Saal hat eine gewisse Beziehung zur Erwachsenenbildung in Lodz und möglicherweise zu einzelnen Personen!
Frage: Was kommt mir spontan in den Sinn,
wenn ich an die Erwachsenenbildung in Lodz,
an Olga Czerniawska, an damalige MitarbeiterInnen denke?
Bitte, schreiben Sie ganz unkompliziert ein Wort, einen Satz auf einen Zettel und dann ab damit in die Kiste.

Die Unterbrechung muß gut getan haben – alle Anwesenden haben sich auf diesen für sie ungewöhnlichen Prozeß einlassen können. Die Ergebnisse konnten zu einem späteren Zeitpunkt ausgewertet und zurückgespiegelt werden. Weiter im Thema:

Erwachsenenbildung im Wandel der Zeiten – Einige historische Aspekte

Werfen wir einen kurzen Blick zurück zur Entwicklung der EB in Europa. Hier möchte ich nur einige wenige Aspekte herausgreifen, um festzuhalten, daß die Erwachsenenbildung von ihrem Anfang her dem ständigen Wandel unterworfen war und es auch weiter sein wird. Am Anfang stand gewissermaßen Comenius –

---

141 Prof. Dr. Mikowaj Kozakiewicz, polnische Akademie der Wissenschaften, Warschau - Marschall des Parlaments (Parlamentspräsident) der Republik Polen; siehe Vorwort zum Reader der ersten polnisch-deutschen Erwachsenenbildungskonferenz, a.a.O. Seite 5 – 7. Nun möchte ich doch ganz gern von der Stunde unseres Kennenlernens und dem Beginn einer innigen Freundschaft berichten. Nun, Handys ga es zu der Zeit noch nicht. Von einer Telefonzelle in der Marschalkowski aus rief ich „den Herrn Prof." an und bat um die Unterlagen seiner jüngsten Untersuchung zu den häufigsten Familien Problemen in Polen. „Kommen sie zu mir in die … Straße um 19.00 h." Ich klingelte, da macht mir ein Herr mit einer Schürze vorm Bauch auf und sagt: „Ich koche für uns." Auf dem Tisch steht ein kleiner Fahnenmast mit der hochgezogenen Flagge der BRD. Wernika, seine Ehefrau spendiert einen Wodka, zwei Wodka etc. Das ist der Beginn einer jahrelangen Freundschaft bis zum Staatsbegräbnis auf dem bekanntesten und historisch bedeutendsten **Powązki-Friedhof** (polnisch: *Cmentarz Powązkowski*) in Warschau.

268

übrigens lebte und wirkte er nach seiner Vertreibung in Lissa, polnisch Leszno. Schon vor 400 Jahren trat Comenius in der „Pampedia" für Schulen in jedem Alter ein. Er wollte damit älteren Menschen helfen, in ihre „Menschlichkeit" hineinzufinden.[142] In den späteren Jahren verband sich Wandel aber auch stets mit Interessen und Macht – sowohl Einzelner oder auch der Gesellschaft.[143]

Gehen wir von der Arbeiterbildung im Frühsozialismus aus, so haben die Betroffenen am Anfang sich noch selbst organisiert.[144]

In der Weimarer Zeit galt es, Grundlagen für eine Demokratie zu schaffen, und erste Ansätze führten auch schon zur Akademisierung der Erwachsenenbildung im Universitätsbereich.[145]

Im III. Reich lag es im Interesse der Nationalsozialisten, die freie Volksbildung und ihre Institutionen zu zerschlagen, um eine Volk-Bildung zu erschaffen.[146]

---

[142] Klaus Schaller; J. A. Comenius – Vater der Erwachsenenbildung; in: Erwachsenenbildung in Österreich, Jahrgang 43, Heft 4. Die „Schule des Mannesalters" von Comenius hatte vor allem die Aufgabe, die Schüler auf den dreistufigen Weg des Wissens (Theorie, Praxis und Cresis) zu bringen.

[143] Vgl. Wolfgang Seiter; Normalität des Lernens – Perioden der Volks- bzw. der Erwachsenenbildung von 1800 – 1990, in: Grundlagen der Weiterbildung Heft 5, 1993. In drei Momentaufnahmen von 1800, 1900, 1990 zeigt Seiters vom Volksaufklärung an vielfältigen Lernorten über das „naturwüchsigen Lernen (um 1800) über die popularisierte wissenschaftliche Bildung (1900) den Weg bis hin zu der Idee der Lebenslangen Bildung für alle, mit einer universalen, den Alltag durchdringenden Erwachsenenbildung.

[144] Vgl. Hildegard Feidel-Mertz; Zur Ideologie der Arbeiterbildung; Europäische Verlagsanstalt, Frankfurt/M 1964 oder Artur Meier; Proletarische Erwachsenenbildung; Spartakus GmbH, Hamburg 1971. Zur Geschichte der Erwachsenenbildung mit umfangreichen Quellenmaterial vgl. u.a. auch Horst Dräger; Volksbildung in Deutschland im 19. Jahrhundert oder ders.; Die Gesellschaft für Verbreitung von Volksbildung – Eine historisch-problemgeschichtliche Darstellung von 1871 – 1914; Ernst Klett Verlag, Stuttgart1975.

[145] Vgl. die Habilitationsschrift von Martha Friedenthal-Haase; Erwachsenenbildung im Prozess der Akademisierung – Der staats- und sozialwissenschaftliche Beitrag zur Entstehung eines Fachgebietes an den Universitäten der Weimarer Republik; Lang Verlag, Frankfurt/M, Bern, New York 1991.

[146] Vgl. Hildegard Feidel-Mertz; Erwachsenenbildung im Nationalsozialismus; in: Handbuch Erwachsenenbildung; Leske und Budrich Verlag, Opladen 1944, Seite 40-51. Hier beleuchtet die Autorin den Verdrängungsprozess der freien EB mit der Zerschlagung der Institutionen und der damit verbundenen Berufsverbote für Leiter und Mitarbeiter. Schrittweise haben die Nationalsozialisten die EB zu einem Instrument ihrer Politik umfunktioniert. Vgl Helmut Keim/Dietrich Urbach; Volksbildung in Deutschland 1933 – 1945, Westermann Verlag, Braunschweig 1976. Hier wird über die dargelegten Dokumente deutlich, wie über eine eher äußere Disziplinierung des jungen Menschen, also über den bloßen Drill hinaus, im Arbeitsdienst die Volk-Bildung angestrebt wird, um eine Tiefenwirkung zu erreichen, die über eine bloße Herrschaftsordnung hinaus zur „Volksordnung" wird.

Nach dem Krieg waren die Siegermächte in Westdeutschland daran interessiert, die Erwachsenen- sowie die Politische Bildung zur Umerziehung der Deutschen zur Demokratie und zur Zivilcourage einzusetzen.[147] Die unterschiedlichsten Positionen der Erwachsenenbildung spiegelten eine Pluralität mit den dahinter stehenden Interessen und Bedürfnissen wider. Natürlich stand die Bildungsarbeit bereits damals unter dem Primat der institutionellen Eingebundenheit in finanzielle Zwänge und gesetzliche Auflagen.[148]

In Polen hat während der deutschen Okkupation/Besetzung die Erwachsenenbildung eine wichtige Rolle für den Widerstand, für Bildung und Weiterbildung im Untergrund gespielt.[149] In Frankreich entwickelte die „Resistance", die französische Widerstandsbewegung, sogar eine eigene Methode/Entrainement Mental, um mit Menschen aus unterschiedlichen Herkunftsbereichen gemeinsam und erfolgversprechend lernen und handeln zu können.[150]

Der Weg führte weiter von der Pädagogik und Bildung für Erwachsene über die Erziehungswissenschaft zur Weiterbildung, Professionalisierung und Kommerzialisierung von Bildung.[151]

---

[147] Vgl. Jörg Wollenberg; Die Hohen Schulen der zweiten Republik – Umerziehung und Erwachsenenbildung im Nachkriegsdeutschland; Mitteilungsblatt der Volkshochschulen Heft 2 1993

[148] Vgl. Horst Siebert; Positionen – Zum Aufgabenverständnis der Erwachsenenbildung, LV der Volkshochschulen, Hannover 1975 und ders.; Theorien für die Bildungspraxis; Klinkhardt Verlag, Bad Heilbronn 1997.

[149] Nach freundlicher Information von Eleonore Sapia-Drewniak vgl.: Jarek Chrobacczynski; Praca Oswiatowym w Krakowie 1939-1945. Sytudium o polityce okupanta, „podziemiu oswiatowym" i postawach spoleczensstwa; Krakow 1986 desgl. Maria Pawlikowska-Blaszczykowa; Oswiata doroslych w dzialalnosci samorzadu Warszawy w latach 191501940; Warszawa 1977; weiter red. Czeslaw Madajczyk; Problemy oswiaty podziemnej w okresie okupacji Torun 1974; J. Draus, R. Terlecki; Oswiata na Rzeszowszczyznie w latach 1939-1945; R. Wroczynski; Dzieje osiwaty polskiej 1795-1945; Warszawa 1996; Historia wychowania, red. J. Miaso; Warszawa1980.

[150] Vgl. C. Brunke; Entrainement Mental; In: Methodik der Erwachsenenbildung im Ausland - Entrainement Mental; Pädagogische Arbeitsstelle des Deutschen Volkshochschulverbandes; Frankfurt/M. 1965, Heft 10, Seite 11 - 31.

[151] Die Sektion Erwachsenenbildung in der Deutschen Gesellschaft für Erziehungswissenschaft hat seit 1973 sieben Tagungen der Diskussion um die Standortbestimmung und ihre theoretischen Grundlagen gewidmet. Hierbei wurden auch die verschiedenen Ansätze wie z. B. systemtheoretische, konstruktivistische, kritisch-theoretische, subjektorientierte und andere Ansätze der Bezugswissenschaften rezipiert. Zur Momentaufnahme der heutigen Erwachsenbildung vgl. Bernd Dewe/Gisela Wiesner/Christine Zeuner (Hrsg.), Theoretische Grundlagen und Perspektiven der Erwachsenenbildung – Dokumente der Jahrestagung 2004; Literatur – und Forschungsreport Weiterbildung; 28. Jahrgang, Report 1/2005

Inzwischen zeichnet sich in der Weiterbildung an den deutschen Universitäten ein doppelter Trend ab. Im Zuge des Bolognaprozesses wird künftig der Student nicht mehr Student sein, sondern Kunde. Und wenn nach den ersten Abschlüssen ein weiteres Studium ansteht, soll Weiterbildung als Erwachsenenbildung kostenpflichtig werden. Neben der Forschung und Lehre scheint die deutsche Universität sich auf dem Wege zu befinden, im Konkurrenzkampf mit anderen Universitäten „Marktanteile" zu gewinnen. Es wird um Gewinn und Kaufmännisches Rechnen gehen müssen.[152] Andererseits hat auch im Universitätsbereich ein Paradigmenwechsel stattgefunden, auf den ich später noch einmal näher eingehen werde.

Auch in der Praxis der Erwachsenenbildung, in Volkshochschulen, Bildungswerken und anderen Einrichtungen weht ein scharfer Wind. Oft geht es nicht mehr um Bildung, um zu vermittelnde Werte oder Inhalte, sondern im Vordergrund steht oft das nackte kaufmännische Rechnen. Ob Kurse angeboten werden, hängt dann nicht mehr von der Bedeutsamkeit ab, die man ihnen zumisst, sondern davon, ob ein Kurs sich trägt oder was er einbringt. Angebote finden sich wie in einem Warenhauskatalog. Bildung und Mensch auch hier als Ware?

Von der Rationalität zum Subjektiven - Oder vom Paradigmenwechsel in Wissenschaft, Forschung und Erwachsenenbildung

Wenden wir uns nun noch einem ganz anderen Wandel zu. Noch während meines eigenen Studiums an dem renommierten Lehrstuhl der Erwachsenenbildung, bei Prof. Siebert in Hannover, galt nur, was rational zu erfassen und rational begründbar war. Gern erinnere ich mich an die heftigen Auseinandersetzungen mit dem späteren Kollegen Siebert. Über die Köpfe der Studenten hinweg haben wir uns gefetzt und ereifert, immer dann, wenn es um den Themenkomplex Rationalität versus Affektivität/Emotionalität ging. Ich höre es noch deutlich: „Herr

---

152 Ludger Großschulte; „Darf es ein bißchen mehr sein? - Die andere Sicht"; in: Deutsche Gesellschaft für Wissenschaftliche Weiterbildung; Hochschule und Weiterbildung - 1/2005, S. 127. „ ... Was hätten Sie denn gern? EFQM, oder lieber Tagungs-Managment? Hier haben wir noch einen Ladenhüter: 'Emanzipatorische Erwachsenenbildung mit einer Anleitung zur Selbstperfektionierung'. .... Hier habe ich noch etwas für die Generation 'Geiz ist geil'. Ein kleines schickes Angebot, frisch reingekommen ... ... Was, Sie wollen einen Èxecutive Master'und akkreditiert soll er auch sein? Sagen Sie mal, haben Sie eigentlich im Lotto gewonnen, gibt das Ihr Portemonnaie überhaupt her? ... Bar Cash oder Master Card, ohne das läuft gar nichts ... Bildung für alle sagen Sie? Okay, für alle, die das Geld dafür haben und die sich das leisten können. ... Schauen Sie mal wieder rein, wenn Sie besser bei Kasse sind".

Stukenberg, Emotionalität hat in der Erwachsenenbildung keinen Platz". Alles, was nicht messbar war, wurde ausgeblendet.[153]

Jahrelang hatte ich zuvor im Rahmen der Jugend- und Erwachsenenbildung eigene Seminare angeboten. In den Bildungsprozessen ging es zunächst immer darum, daß die Teilnehmer miteinander etwas vertrauter wurden, daß ein angenehmes warmes Lernklima entstehen konnte. Erst wenn eine tragende Basis zum Lernen, Umlernen oder Neulernen geschaffen war, erst dann begann der eigentliche Lernprozeß.[154]

Kurz nach unserer polnisch-deutschen Tagung auf dem Sonnenberg 1989 – an der auch Prof. Siebert verantwortlich teilnahm - übergab er mir seinen Aufsatz über den Konstruktivismus. Radikal wurde da das Rationale als allein seligmachendes Element in Frage gestellt, Subjektivität und Emotionalität kommen aus konstruktivistischer Sicht ins Spiel.[155] Angemerkt werden muß, daß bei meiner Untersuchung pädagogischer Wörterbücher Anfang der 90er Jahre Begriffe wie Emotionalität oder Gefühl noch nicht vorkamen.[156]

---

153 Vgl. Horst Siebert (Hrsg.); Praxis und Forschung in der Erwachsenenbildung insbesondere das Kapitel Untersuchungsergebnisse zum Lehr- und Lernverhalten, Westdeutscher Verlag , Opladen 1977.

154 In entsprechenden Lektüren hatte ich mir wohl alternatives Wissen über Blockaden beim Lernen, über Gruppenprozesse etc. selbst angeeignet. Vgl. beispielsweise Tobias Brocher; Gruppendynamik und Erwachsenenbildung; Westermann Verlag, Braunschweig 1967. Siehe auch Horst Stukenberg; Lernen aus neuer Perspektive; In: Horst Stukenberg; Reihe Theorie und Forschung Erwachsenenbildung, Selbstgestaltete Bildungsarbeit in der Erwachsenenbildung – Der Mensch im Zentrum von Lernen und Veränderung; Roderer Verlag, Regensburg 1999.

155 Siehe Horst Siebert; Ökopädagogik aus Konstruktivistischer Sicht – Kernaussagen des radikalen Konstruktivismus; Verlag Ökopäd, Hannover 1989 und vor allem; Horst Siebert; Vortrag über Erwachsenenbildung aus Konstruktivistischer Sicht; Jahrestagung des Arbeitskreises Universitäre Erwachsenenbildung, Universität Leipzig 2003.

156 Meine Sichtung der einschlägigen Litratur ergab u. a.: Heinz-Jürgen Impfling; Grundbegriffe der pädagogischen Fachsprache; Ehrenwirth Verlag; München 1974, S. 321. Erstaunlicherweise erscheint in den „Grundbegriffen der pädagogischen Fachsprache" weder der Begriff „Emotion" noch das Wort „Gefühl", obwohl es sich um Grundphänomene handelt, die im Erleben und Lernen eine wesentliche Rolle spielen. Lediglich das Stichwort Affekt wird erwähnt, jedoch nur im Zusammenhang mit Strafe. Auch das „Wörterbuch Kritische Erziehung" kennt diese Begriffe nicht. Selbst im Zusammenhang mit dem Stichwort Aggression wird diese Thematik nicht aufgegriffen. Wörterbuch Kritische Erziehung; Herausgegeben von Eberhard Rauch/Wolfgang Anzinger; Werner Raith Verlag; Starnberg 1972. Ebenso befaßt sich das „Handbuch Erwachsenenbildung" (1994) nicht mit der emotionalen Thematik oder führt Stichwörter wie Affekt, Gefühl auf oder aus. Vgl. Rudolf Tippelt (Hrsg.); Handbuch Erwachsenenbildung/Weiterbildung; Leske und Budrich; Opladen 1994. Überhaupt scheint in der bisherigen Sozialisationsforschung ein erstaunliches Defizit bezüglich der Untersuchung gefühlhaft bestimmten Erlebens und Verhaltens zu bestehen. Nach Mertens scheint es sich hier wohl um einen Bereich der wissenschaftlichen Tabuisierung zu handeln. Wolfgang Mer-

In einer erweiterten Neuauflage des erstmals 1994 erschienen Bandes "Lernen als Konstruktion von Lebenswelten" stellt Siebert heraus, daß es sich bei dem Konstruktivismus um eine Erkenntnistheorie handelt. Sie läßt sich im Anschluß an die Neurowissenschaften umschreiben als die "Einsicht, dass uns die Wirklichkeit, wie sie 'wirklich' ist, verschlossen bleibt, daß unser Gehirn die Welt nicht 'abbildet', 'widerspiegelt', sich nicht 'aneignet', wie sie objektiv ist, sondern daß wir uns unsere eigene Wirklichkeit konstruieren, dass unsere Welt aus unseren Bildern besteht - aus Selbst,- Fremd- und Weltbildern" (S.11).[157] Siebert zufolge erfordert Lernen vor allem "die Wahrnehmung von Differenzen - zwischen mir und meiner Umwelt, zwischen meinen eigenen und fremden Konstruktionen" (S. 46). In diesem Zusammenhang kommt dem Erzählen eine elementare Bedeutung als "aktive (Re-) Konstruktion von Lebenswelten" (S. 61-64) zu.

Die spätere Bezugnahme bei Siebert auf den Autopoiese-Gedanken bei Maturana/Varela und auf die "neurophysiologische Hirnforschung" (S. 23) in den 90er Jahren erfolgte vor allem, um die Bedeutung der Selbsttätigkeit und der Selbstorganisation bei Lern- und Bildungsvorgängen hervorzuheben (S. 29).[158]

Auch nach Brödel kommt derjenige, der die Erwachsenenbildung zu einer Theorie lebenslangen Lernens weiter entwickeln will, an der auslotenden Rezeption des Konstruktivismus nicht vorbei. Die bei einem Bildungsvorgang mit Erwachsenen virulent werdende "lebensgeschichtlich und kulturell geprägte Pluralität der Wahrnehmungen und Wirklichkeitssichten" (S. 19)

---

tens; Emotionale Sozialisation; In: Klaus Hurrelmann und Dieter Ulich (Hrsg.); Handbuch der Sozialisationsforschung; Beltz Verlag, Weinheim Basel 1982, Seite 669. Unter dem Einfluß neuer Erkenntnisse aus den verschiedensten wissenschaftlichen Disziplinen hat die Gefühlsforschung allerdings vielerlei neue Impulse bekommen. Bemerkt werden muß noch einmal, daß es mit dem Einfluß der neurophysiologischen Erkenntnisse, der Hirnforschung, der Ergebnisse der Aktivationsforschung und der in der Zwischenzeit erheblich verbesserten psychosomatischen Möglichkeiten zur Beobachtung und Beschreibung subjektiver Welten einen Durchbruch gegeben hat.

157 Rainer Brödel zitiert in einer sehr ausführlichen Buchbesprechung Horst Siebert; Der Konstruktivismus als pädagogische Weltanschauung - Entwurf einer konstruktivistischen Didaktik; Verlag für Akademische Schriften, Frankfurt/M. 2002. Bereits in den 80er Jahren wurde in der Erwachsenenbildung eine nicht-deterministische Grundposition herausgearbeitet, die sich auf den Deutungsmusterbegriff richtet, an der Lebenswelttheorie orientiert und zur Rezeption der soziologischen Phänomenologie von Alfred Schütz oder zum Intersubjektivismus bei Georg Herbert Mead (bzw. Integration beider Ansätze bei Berger/Luckmann) in Beziehung steht.. Vgl. dazu auch die relativ frühe Diplomarbeit von Horst Stukenberg, Aspekte aktivierender Elternbildungsarbeit; Hannover, 1. August 1978.

158 Vgl. hierzu auch Horst Stukenberg; Selbstgestaltete Bildungsarbeit in der Erwachsenenbildung - Der Mensch im Zentrum von Lernen und Verändern; a.a.O..

stehen einer normativen Ingenieurwissenschaftlichen Auffassung von Weiterbildung diametral gegenüber.[159]

Voller Hochachtung ist festzustellen, dass Horst Siebert einen persönlichen Paradigmenwechsel vollzogen und diesen noch einmal auf dem Kongreß des „Arbeitskreises Universitäre Erwachsenenbildung" 2001 in Leipzig dezidiert der Fachöffentlichkeit vorgestellt hat. Hat damit die Erwachsenenbildung insgesamt eine neue Sicht gewonnen?[160]

Von der rationalen Intelligenz zur Spiritualität

Gehen wir noch einen Schritt weiter und nehmen den übergreifenden Paradigmenwechsel in Wissenschaft und Forschung mit ins Blickfeld.[161] Während der 25 Jahre Erwachsenenbildung am Lehrstuhl in Lodz hat sich auch in der Intelligenzforschung ein rasanter Wandel vollzogen.

Zur Erfassung des geistigen Niveaus der Offiziersanwärter im Heer wurde 1919 in den USA ein Intelligenztest entwickelt. Es galt, das **logisch-rationale Intelligenzvermögen (IQ)** der Testpersonen zu erfassen und zu bewerten. Nach Simone de Beauvoir war es die Geburtsstunde des Intelligenztests und des IQ, die bis heute noch in aller Munde sind.[162]

---

159 Vgl. die ausführliche Buchbesprechung von Rainer Brödel im Literatur- und Forschungsreport Weiterbildung 50, Dezember 2002. Seite 1/1.
160 Ogburn prägte den Begriff vom „culture-Lag". Ein "cultural lag" tritt ein, wenn von zwei miteinander in Wechselbeziehung stehenden Kulturelementen das eine sich früher oder stärker verändert als das andere und dadurch das zwischen ihnen bisher vorhandene Gleichgewicht stört. Theorie der Kulturverspätung. Vgl. Ogburn, W. F. (1992): Social Change: With Respect to Culture and Original Nature. New York.
161 Ludwig Fleck zeigte in einer Abhandlung über die wissenschaftliche Tatsache bereits 1935, daß es eigentlich keine objektive Wissenschaft gibt, sie bleibt gewissermaßen immer an eine zeitbedingte „Brille" gebunden, durch die sie auf die „Fakten" blickt. Thomas S. Kuhn nahm diesen Gedanken auf und beschrieb die großen Umbrüche anhand der Paradigmenwechsel in der Geschichte der Wissenschaft. Die jüngsten Umbrüche im 20. Jahrhundert sind z. B.in der Realtivitätstheorie von Einstein und der Quantenphysik Werner Heisenbergs zu dokumentieren. Siegmund Freuds Entdeckung, daß der Verstand nicht unbedingt Herr im eigenen Haus ist, läßt sich über die Entdeckung des Unbewußten und der unbewußten Motive belegen. Vgl. u.a. Carola Meier-Seethaler; Zur Anatomie der Geistesgeschichte am Beispiel von Jean-Gebsers und Erich Neumanns, Vortrag auf der Internationalen Jean Gebser Konferenz, Bern, Oktober 2005.
162 Simone de Beauvoir; La Vieillese, Edition Gallimard, Paris 1970, Deutsch: Das Alter; Rowohlt Verlag; Reinbek bei Hamburg, 1977, Seite 30 ff..

Die Zeit ging weiter. In den 80 er Jahren wagte Daniel Golemann es - auf Forschungen von Salroy und Mayer aufbauend – an der Dichotomie zwischen der rationalen Intelligenz und Emotionalität zu rütteln. Er legte eine umfassende Forschungsarbeit über die **Emotionale Intelligenz (EQ)** vor.[163] Wie zuvor bereits beschrieben, rückte auch in der Erwachsenenbildung die Emotionale Intelligenz stärker ins Blickfeld und erfuhr - wenigstens in Teilbereichen - eine höhere Wertschätzung.

2001 erscheint das Buch von Danah Zohar und Ian Marshall über die **Spirituelle Intelligenz (SQ).** Der „God Spot" im menschlichen Gehirn mit den damit verbundenen neurologischen Prozessen, die der „Sinngebung" dienen, wird entdeckt. Neuere Erkenntnisse der Hirnforschung belegen somit die Vermutung, daß diese dritte fundamentale Intelligenz es uns ermöglicht, größere Zusammenhänge zu sehen, Werte zu setzen und Regeln und Muster nicht nur zu erkennen, sondern sie auch zu brechen. Damit könnten neue Möglichkeiten des Denkens und Seins entwickelt werden.[164]

Jean Gebser zeigt ebenso wie Erich Neumann[165], Ken Wilber[166] und andere eine Entwicklungsgeschichte des menschlichen Bewußtseins im Laufe der Jahrtausende auf (ausgehend vom archaischen, magischen und dem mythischen Bewußtsein bis zur gegenwärtig herrschenden mentalen Bewusstseinsstufe). Bei der Analyse einzelner Wissenschaftsbereiche und der Kunst kam Gebser zu der Feststellung, die Menschheit befindet sich wiederum an der Schwelle zu einer neuen Bewusstseinsstufe, hin zum Aperspektivischen, zum Integralen Bewußtsein.[167]

---

163 Daniel Goleman; Emotional Intelligence – Why it can matter more than IQ; Bantam Books, New York 1995, Deutsch: Emotionale Intelligenz; Carl Hanser Verlag, München Wien 1996

164 Danah Zohar . Ian Marshall; SQ – The Ultimate Intelligence; by Blomsbury, London; Deutsch: SQ – Spirituelle Intelligenz; Scherz Verlag, Bern München Wien 2000.

165 Erich Neumann; Ursprungsgeschichte des Bewußtseins; Fischer Verlag, Frankfurt/M. 1984.

166 Wilber; Ken; Bd. 1 der Trilogie Eros, Kosmos, Logos - Ein Vision an der Schwelle zum nächsten Jahrtausend; Wolfgang Krüger Verlag; Frankfurt/M. 1996.
Wilber; Ken; Halbzeit der Evolution - Der Mensch auf dem Weg vom animalischen zum kosmischen Bewußtsein - Eine interdisziplinäre Darstellung der Entwicklung des menschlichen Geistes; Goldmann Verlag; Gütersloh 1990.

167 Zur Entwicklungsgeschichte des menschlichen Bewußtseins siehe Jean Gebser; Gesamtausgabe Bd. 1 - 8, Novalis Verlag, Schaffhausen 1986, bes. Bd. IV, 3. Kap.: Die Bewußtseinsmutationen, S. 70 - 165. Desgleichen Erich Neumann; Ursprungsgeschichte des Bewußtseins; Fischer Verlag, Frankfurt/M. 1984 und Günter Baumann; Die Evolution des Bewußtseins - Vom religiösen zum tiefenpsychologischen Weltbild, Edition Böhner, 1995.

Leider kann an dieser Stelle nicht weiter auf die Begrifflichkeit und die Implikationen dieses umfassenden neuen Forschungsgebietes eingegangen werden. Siehe daher im Fußnotentext die weiterführenden Hinweise.[168]

In der Deutschen Gesellschaft für Erziehungswissenschaft haben sich in der Arbeitsgemeinschaft „Transpersonale Psychologie und Pädagogik" Hochschullehrer zusammengeschlossen, für die Begriffe wie Transpersonales, Holismus, Spiritualität, Immanenz etc. inzwischen keine Fremdwörter mehr sind.[169] Im März 2004 fand in Zürich eine gemeinsame Konferenz der deutschsprachigen Gesellschaften für Erziehungswissenschaft statt (Deutschen Gesellschaft für Erziehungswissenschaft (DGfE) , Schweizerische Gesellschaft für Bildungsforschung, Schweizerischen Gesellschaft für Lehrerinnen- und Lehrerbildung, Österreichischen Gesellschaft für Forschung und Entwicklung im Bildungswesen). In einer Arbeitsgruppe referierte Prof. Dr. Traugott Elsässer von der Universität Freiburg/Schweiz über die UNESCO-Charta, in der inzwischen die oben erwähnten Begriffe zum festen Bestandteil gehören.[170]

In der gegenwärtigen Erwachsenenbildung wie in Forschung und Wissenschaft zeichnen sich zumindest zwei aktuelle Trends ab: Eine Hinwendung und Zunahme des Wissens um die Ganzheitlichkeit von Mensch und Universum, ein Wandel hin zur Anerkennung des Emotionalen und der spirituellen Intelligenz.

---

[168] Ohne auf die für eine zukünftige Erwachsenenbildung bedeutsamen Begriffe wie „vierdimensional" oder gar den der „Vierten Dimension" - als die sich die „Zeit" physikalisch darstellt - noch eingehen zu wollen, soll doch darauf verwiesen werden, daß mit einem neuem Erkenntnisinteresse oder einer neuen Lebenshaltung nicht einfach der Ausstieg aus der zweckbetonten rationalen Leistungsgesellschaft gemeint sein kann, oder daß es eine Einladung und Aufforderung zu einem Zurückfallen in praerationales Verhalten darstellt. Vgl. dazu Jean Gebser Gesamtausgabe; Bd. 1 - 5; a.a.O.; und Jean Gebser; Einbruch in die Zeit; Herausgegeben von Rudolf Hämmerli; Novalis Verlag, Schaffhausen 1995, Seite 11 und 85 f.
Zur fortschreitenden Entwicklung der Bewußtseinsevolution zu höheren Stufen bietet das bahnbrechende Werk von Ken Wilber einen Überblick. Von der postmodernen Welt mit den unüberschaubaren zersplitterten Einzeldisziplinen ausgehend, versucht Wilber in einer Zusammenschau eine kreative Synthese der bisherigen Erklärungsmodelle eine wegweisende Vision für das menschliche Denken im dritten Jahrtausend zu entwerfen. Vgl. Ken Wilber; Bd. 1 der Trilogie Eros, Kosmos, Logos - Ein Vision an der Schwelle zum nächsten Jahrtausend; Wolfgang Krüger Verlag; Frankfurt/M. 1996.

[169] Als Vorstandsmitglied des BNE besuchte ich in den 80er Jahren die Konferenz „Geist und Naturwissenschaft" in Hannover. Ich war zwar neugierig, wollte mir jedoch keine Blöße geben und schlich mich quasi heimlich in den Kongresssaal hinein. Heute, gut zwanzig Jahe später ist das kaum noch vorstellbar. Auch in der Erwachsenenbildung ist es inzwischen ganz selbstverständlich vom Menschen als einem Wesen zu sprechen mit Geist, Körper und Seele.

[170] Vgl. Traugott Elsässer; EGO – TAO – ÖKO und die UNESCO-CHARTA; Vortrag auf der Konferenz in Zürich; Traugott.Ellsaesser@unifr.ch die „Nürnberger Erklärung" der Deutschen UNESCO-Kommission; Online-Magazin der Deutschen UNESCO-Kommission, Ausgabe 11, November 2002, www.unesco-heute.de/1102/erklaerung.htm.

Andererseits besteht ein Wandel von einer am Menschen orientierten Erwachsenenbildung hin zur sogenannten „Professionalisierung", zur wie auch immer de-
finierten „Quantitätssicherung", hin zum Merkantilen und damit verbunden zur
Benutzung des Menschen als ein nach marktwirtschaftlich geltenden Regeln
verwertbares Produkt.

Auch der Lehrstuhl hier in Lodz hat im Laufe der letzten 25 Jahre einen Wandel
erfahren und wird weiterhin Wandlungsprozessen ausgesetzt sein. Auch hier
werden sich Trends abzeichnen, die in die eine oder andere Richtung weisen.
Vielleicht wird es darauf ankommen, allen noch geltenden Paradigmen zum
Trotz vorausschauend den Menschen selbst in seiner Eingebundenheit in ein
übergeordnetes Ganzes nicht aus dem Auge zu verlieren. Mögen die Verantwortlichen des Lehrstuhls vorausschauend, selbstbewußt und mit viel Eigensinn
den Zwängen der Anpassung zum Althergebrachten, Eingrenzenden oder besser
Ausgrenzenden standhalten, und mögen sie die Idee des Menschen in seiner
Ganzheit und übergeordneten Eingebundenheit nicht verraten.

Ausblick und Ausklang

Will die Erwachsenenbildung auf der Höhe der Zeit wirken, dann wird sie nicht
umhin können, sich in Forschung, Theorie und Praxis mit einer neuen Bewusstseinsstufe zu befassen, sich auf eine Zeit einzustimmen, die vom Integralen und
dem A-Perspektivischen geprägt ist. Der Mensch der Zukunft wird sich umschreiben lassen als der Quantenmensch, denn das Wissen über die potentiellen
Möglichkeiten des Menschen ist inzwischen so groß wie nie in der Geschichte
jemals zuvor. Allerdings ist dieses Wissen über die verschiedenen Fachdisziplinen verteilt. Es lohnt, sich in diesem Zusammenhang einmal mit dem Werk von
Michael Murphy, dem Begründer des Esalen Instituts in Kalifornien, zu befassen.[171]

Ich lasse jetzt den ungekürzten Wortlauf eines anderen Vortrages folgen, den ich
2010 in Lodz gehalten habe.

---

[171] Michael Murphy; The Future of the Body; Published by Jeremy P. Tatcher; Inc, Los Angeles. Deutsch Michael Murphy; Der Quanten Mensch – Ein Blick in die Entfaltung des
menschlichen Potentials im 21. Jahrhundert; Integral Verlagsgesellschaft, Wessobrunn 1994
(3. Auflage Juni 1994

***Vortrag zum 80. Geburtstag von Olga - Lernen fürs eigene Leben –
Erwachsenenbildung im Spannungsfeld zwischen Gesellschaft und
Individuum –***

Überblick

Nach einer kurzen Einleitung möchte ich über Gesellschaften und Erwachsenenbildung im Wandel sprechen, um dann zur eigentlichen Thematik zu kommen: Der Mensch und Erwachsenenbildung in der Beschleunigungsgesellschaft.
Es folgt ein Blick zur modernen Hirnforschung. Was hat sie zu dieser Thematik
zu sagen? Kurz ist auf die Problematik von Lernen und Verändern einzugehen,
um mit einem Fazit zu schließen. Einige Exemplare meiner schriftlichen Fassung liegen aus, versehen mit einem umfassenden Literaturverzeichnis und er-
läuternden und weiterführenden Anmerkungen.

Vorspiel oder Einleitung

Sehr geehrte Frau Prof. Dr. Olga Czerniawska, meine liebe Olga, anlässlich
Deines 80. Geburtstages findet hier auch diese Tagung statt. Zunächst möchte
ich Dir herzlich gratulieren. Für den kommenden Lebensabschnitt wünsche ich
weiterhin Geborgenheit im Kreise Deiner Familie, aber auch Muße und Aktivität, und zwar in einem gesunden Verhältnis zueinander.

Von Deinen 80 Jahren war es mir vergönnt, Dich immerhin 31 Jahre zu kennen.
In Deutschland war damals von der vorbildlichen polnischen Elternbildung die
Rede. Da wollte ich lernen und fuhr 1979 auf eigene Faust wieder einmal nach
Polen/Poznan,[172] Warszawa und dann Lodz, Uniwersytecka 3. Ich klopfte an,

---

172 Horst Stukenberg; Zur Elternbildung in Polen; in: German and English Newsletter, by
Monika Knilli (Hrsg.); Berlin 1980

mir wurde aufgetan im wahrsten Sinn des Wortes. So lernten wir uns kennen und schätzen, sind miteinander verbunden bis auf den heutigen Tag.

1966 besuchte ich erstmals Polen. Ähnlich der deutsch-französischen Freundschaft wollte ich versuchen, mit Jugendgruppenleitern zur Verständigung, Versöhnung, zum Austausch zwischen polnischen und deutschen Jugendlichen beizutragen.[173]

In den letzten Jahrzehnten stand dann die Erwachsenenbildung im Zentrum meines Interesses. Ich war zu Gast auf den internationalen Kongressen der Hochschullehrer der Erwachsenenbildung in Polen. Zusammen gestalteten wir auch eine Tagung in Deutschland und über viele Jahre waren ein lebendiger Austausch und eine gegenseitige Unterstützung an der Tagesordnung.

Der damalige Parlamentspräsident schrieb in einem Vorwort zu einer dieser Tagungen: (auch s. o.).

„Die Zusammenarbeit polnischer und deutscher Wissenschaftler und Erwachsenenbildner, die mittlerweile auf eine zehnjährige Dauer (seit 1979) zurückblicken kann, ist der beste Beweis für das Bestehen einer neuen Form der Beziehungen zwischen den beiden Ländern. Es ist wahr, daß die 16 polnische Wissenschaftler zählende Gruppe, die die Zusammenarbeit aufgenommen hat, nur ein Tropfen auf den heißen Stein der Bedürfnisse ist. Es ist aber ebenso wahr, daß die allergrößten Flüsse am Anfang nur kleine Bächlein sind....

Diese deutsch-polnische Zusammenarbeit, die noch sporadisch ist, stellt eine Absage an die in ganz Polen verbreitete zentralistische Praxis dar, denn: Die Verantwortung für die Gestaltung dieser Form von Erwachsenenbildung wurde nicht von ‚oben' durch die Leitung diktiert, sondern baute ganz auf die freiwillige Verpflichtung der Teil-

---

[173] Vgl. Jochen Sperber, Marlis Stukenberg u. a.; Nach Polen im Kalten Krieg 1967; in: 56 Geschichten, eine Idee; Stiftung Pfadfinden, vdl Verlag, Wesel 2009. Eine dritte Fahrt gestaltete sich 1972. Mit 35 Jugendgruppenleitern und Lehrern fuhr ich wieder nach Polen. In Auschwitz, besonders im Lager, Birkenau kam es zur ersten Zusammenarbeit von polnischen und deutschen jungen Menschen.

nehmer. Die konkrete Erwachsenenbildung während der Konferenz ist
nicht unter dem Zwang von Richtlinien und Anordnungen entstanden,
sie ist von den Teilnehmern selbst entwickelt worden auf dem Hinter-
grund ihrer Lebenspanoramen, ihrer Aufgaben und eventuellen Prob-
leme. ... Die Erwachsenenmethoden hatten den Charakter eines de-
mokratischen Prozesses, der dem jetzt im ganzen Land stattfindenden
Prozeß der Demokratisierung um viele Jahre vorauseilte".174

Von Veränderungen wird heute die Rede sein. Immer stärker ist in Europa, in Polen wie in Deutschland, eben in allen industrialisierten Ländern der Welt ein erschreckender Wandel zu erleben.[175]

Gesellschaften im Wandel

Definitionen von Gesellschaften im Wandel gibt es viele.[176] Heute ist oft die Rede von einer Wissens- oder Informationsgesellschaft und vor allem von der Beschleunigungsgesellschaft. Hier spielen ein „Immer Schneller" und Formen des Konsumierens eine große Rolle. Immer schneller, noch mehr, noch besser, verbunden mit der Trennung vom Lebendigen zugunsten wesenloser Schnelligkeit, ist das Hauptcharakteristikum. Geht als um eine gesellschaftliche Beschleunigung an sich und nicht mehr um eine für etwas Bestimmtes?[177] Dieses stellt auch die Erwachsenenbildung möglicherweise wieder vor ganz neue Aufgaben.

---

[174] Siehe Prof. Dr. Mikolaj Kozakiewicz, Präsident der polnischen Gesellschaft für Pädagogik und Marschall des Parlaments der Republik Polen; in: Vorwort zu; Erwachsenenbildung im Spannungsfeld zwischen biographischen Interessen und globaler Herausforderung – Methodisch-inhaltliche Schwerpunkte der ersten polnisch-deutschen Erwachsenenbildungskonferenz, Bundesverband Neue Erziehung, Bonn 1991, Seite 5 – 7.

[175] Vgl. Peter Burscheid; Das Tempo-Virus – Eine Kulturgeschichte der Beschleunigung; Campus Verlag Frankfurt, New York, 2004.

[176] Beispielsweise wurden Gesellschaftsformen benannt als Arbeitsgesellschaft, Konsumgesellschaft, Wegwerfgesellschaft, Wohlstandsgesellschaft, Risikogesellschaft, Zweidrittel Gesellschaft, Freizeitgesellschaft, Erlebnisgesellschaft, Informationsgesellschaft etc.

[177] Siehe Paul Virilio, 1989, Seite 34 f.

Erwachsenenbildung im Wandel der Zeiten

In einem historischen Aufriss der Erwachsenenbildung würde deutlich werden, welche Aufgaben sich die Erwachsenenbildung im Zuge der Aufklärung stellte. Sollte EB am Anfang der persönlichen Entwicklung des Individuums dienen, stellte ihr später auch die Gesellschaft Aufgaben. So war sie von an Anfang an - je nach Aufgabenstellung - einem ständigen Wandel unterworfen. Nicht immer geht es im Rahmen von Erwachsenenbildung um den konkreten Menschen und um sein Dasein. Im Laufe der Zeit hat sich Erwachsenenbildung immer wieder mit gesellschaftlichen Interessen und mit Macht verbunden. [178]

Wird heute der Mensch selbst zur „Ware", interessant nur noch in seiner Verwertbarkeit unter den Prämissen des „homo Oeconomicus"?[179]

Zum Wandel der Erwachsenenbildung habe ich bereits 2005 an der Universität Lodz referiert. „Erwachsenenbildung im Wandel der Zeit - 25 Jahre Erwachsenenbildung an der Universität Lodz". (s o. im Text)

Nun zur Begründung des Nichtstuns

Der Prozess der Beschleunigung ist inzwischen ein Problem für die gesamte Gesellschaft geworden. [180] Dieser Prozess hat inzwischen auch die sogenannte

---

[178] Vgl. Wolfgang Seiter; Normalität des Lernens – Perioden der Volks- bzw. der Erwachsenenbildung von 1800 – 1990, a.a.O. (s. o.).

[179] Als homo oeconomicus wird nach der klassischen Wirtschaftstheorie eigentlich ein Akteur bezeichnen, der eigeninteressiert und rational handelt, seinen eigenen Nutzen maximiert, auf Restriktionen reagiert und feststehende Präferenzen hat. Hier meint es den Menschen, der selbst zur Ware wird unter den Prämissen der maximalen Verwertbarkeit

[180] Hartmut Rosa; Beschleunigung – Die Veränderung der Zeitstruktur in der Moderne; Suhrkamp Verlag, Frankfurt/Main 2005. Der in Jena und an dem Department of Sociology

„Dritte Welt" erfasst. Wenn die Uhren dort auch noch langsamer ticken, sie ticken eben in diesem Rhythmus und stehen unter dem gleichen Primat. „Nicht Geld, nicht Macht, Beschleunigung regiert die Welt", sagt der Soziologe und Beschleunigungsforscher Hartmut Rosa. Überall breitet sich das Gefühl aus, permanent unter Druck zu stehen und sich kaum eine Atempause gönnen zu dürfen. Immer schneller, immer effektiver, und damit eng verbunden ist auch ein Wandel der Werte.181

Den Wissenschaftlern geht es so, wie dem Rest der Gesellschaft. Zeiten der Muße werden so zur bedrohten Ressource. Ein gutes Beispiel aus dem Bereich der Wissenschaft mag die Kommunikationswissenschaftlerin Miriam Meckel von

der New School University in New York lehrende und forschende Soziologe hat mit seiner Untersuchung der Zeit eine monumentale Theorie der Moderne vorgelegt. Er ist bemüht, die sich potenzierende Dynamisierung der gesellschaftlichen Verhältnisse, wie sie in der jüngsten politischen und digitalen Beschleunigungswelle etwa unter dem Stichwort „Globalisierung" firmiert, systematisch zu erfassen und sie in ihren kulturellen und strukturellen Ursachen ebenso wie ihren Auswirkungen auf die individuelle und kollektive Lebensführung zu analysieren. Entwickelt wird die These, dass die zunächst befreiende und befähigende Wirkung der modernen sozialen Beschleunigung in der Spätmoderne ins Gegenteil umzuschlagen droht. Individuell wie kollektiv verändert sich die Erfahrung von Zeit und Geschichte. An die Stelle einer gerichteten Vorwärtsbewegung tritt die Wahrnehmung einer gleichsam bewegungslosen und in sich erstarrten Steigerungsspirale.
Zur Kritik der kritischen Theorie und dem Versuch, mit der Aufklärung der Moderne die Probleme zu lösen, die mit der Aufklärung entstanden sind, siehe auch Peter Gottwald; Zum Problem der Handlungstheorien – Vortrag im Rahmen einer Ringvorlesung zu Habermas' 80. Geburtstag, Universität Oldenburg, 2009.
Bereits 1984 analisierte Andre´ Gorz die zukünftige Situation der sich über die Automatisierung verringernden Arbeit auf allen Gebieten. Vgl. Andre`Gorz; Wege ins Paradies – Thesen zur Krise, Automation und Zukunft der Arbeit, Rotbuchverlag, Berlin 1984; französischer Originaltitel; Les chemins du paradis; Editions Galileé, Paris.
181 Die Zeit wird uns wirklich knapp, und zwar aus drei Gründen: Erstens nimmt die technische Beschleunigung zu, das Auto ist schneller als das Fahrrad, die E-Mail schneller als der Brief, wir produzieren immer mehr Güter und Dienstleistungen in immer kürzerer Zeit. Das verändert den sozialen Erwartungshorizont: Wir erwarten von einander auch eine höhere Reaktionsfrequenz. Dazu kommt, zweitens, der soziale Wandel. Leute wechseln ihre Arbeitsstelle in höherem Tempo als früher, ihre Lebenspartner, Wohnorte, Tageszeitungen, ihre Gewohnheiten. Wir sind ungeheuer flexibel - und finden immer weniger Verankerung in stabilen sozialen Beziehungen. Und drittens ist insgesamt eine Beschleunigung des Lebenstempos zu beobachten. Wir versuchen, mehr Dinge in kürzerer Zeit zu erledigen. Wir essen Fast Food, statt in Ruhe zu kochen, machen Multitasking auf der Arbeit, power nap statt Mittagsschlaf oder lassen die Pausen gleich ganz weg. Vgl. Hartmut Rosa; Suhrkamp Verlag, Frankfurt/Main 2005.

der Universität St. Gallen sein. 2009 beschrieb sie die Folgen des täglichen Termindrucks und des Trommelfeuers der Dauerkommunikation.182 Sie kannte sich also mit den „Fallen" der Beschleunigungsgesellschaft bestens aus. Und was passiert, wenn das Gleichgewicht zwischen Anforderungen und Überforderungen aus der Balance gerät? Trotz ihres Wissens um die Funktionsprinzipien unserer Gesellschaft bricht diese Erfolgsfrau ein Jahr nach der Veröffentlichung des beachtlichen Werkes urplötzlich zusammen. In einem weiteren eigentlich für sich selbst geschriebenen Buch werden die persönlichen Erfahrungen dokumentiert.183

Vielleicht ist man zunächst geneigt, dies als ein rein individuelles Problem zu sehen. Es ist jedoch auch ein kollektives, gesellschaftliches, dem sich der Einzelne nur nicht ganz einfach zu entziehen vermag.

Schon der große Ökonom und Berater einiger Premierminister und Präsidenten Ernst Friedrich Schumacher forderte bereits 1977 nach seinem persönlichen Paradigmenwechsel die Rückkehr zum menschlichen Maß.184 Auch die Ökonomie oder Wirtschaft wird nicht umhinkönnen, einen anderen Weg einzuschlagen. Segelte doch die Weltwirtschaft 2008/09 haarscharf an einem Zusammenbruch vorbei. Die Beschleunigungsfalle hatte das Bankwesen erfasst. Eine Auszeit von dem „Immer so weiter" rettete die Börse.185 Eine solche Auszeit ist also nicht immer eine verlorene Zeit.

---

182 Miriam Meckel; Das Glück der Unerreichbarkeit; Goldmann Verlag, München 2009.

183 Miriam Meckel; Briefe an mein Leben – Erfahrungen mit einem Burnout; Rowohlt Verlag, Reinbek März 2010.

184 Ernst Friedrich Schumacher; Die Rückkehr zum menschlichen Maß – Alternativen für Wirtschaft und Technik – Small is beautifull; Rowohlt Verlag, Reinbek bei Hamburg, 1977. Er formulierte u. a. Nachhaltigkeit im Gegensatz zur Verschwendung als fundamentalen Begriff der Begrenzung, forderte eine nachhaltige Entwicklung als Leitprinzip der Vereinten Nationen für das 21. Jahrhundert.

185 Der Wert des Innehaltens zeigte einen vorläufigen Erfolg. Die Stabilisierung der Hypo Real Estate gelang letztlich nur, weil die Börsen am Wochenende geschlossen wurden und das Aktiengetriebe zum Stillstand kam. Ebenso konnte der totale Zusammenbruch der Mün-

Aus meiner Kindheit in Braunschweig kenne ich noch zwei Sprüche, die sich eingeprägt haben, aber widersprüchlich sind: „Eile mit Weile, die Ruhe ist dem Menschen heilig, nur Verrückte haben es eilig". „Eile mit Weile". Und „Müßiggang ist aller Laster Anfang". Muße zum Nachdenken, zum Kreativen ist da nicht gefragt. Vielleicht müsste man heute sagen können: „Müßiggang ist aller Ideen Anfang."186 Die Frage bleibt: Warum haben viele Menschen es verlernt, der Muße zu pflegen? Eine Analyse unserer eigenen Widersprüchlichkeit wird zeigen, dass wir auf der einen Seite bei allen Klagen über fehlende Muße die Vorzüge der Beschleunigung des Lebens genießen, aber auf der anderen Seite von den hektischen Gewohnheiten nur schwer lassen können.

Zwischenspiel zur Eigen–Zeit für die Teilnehmer der Tagung

> Bitte, finden Sie sich kurz zu zweit oder zu dritt zusammen. Einfach mal den Kontakt zum Nachbarn aufnehmen und sich kurz austauschen. Wie ist das bei mir mit der Beschleunigung? Und wie sieht es bei mir mit Muße und Zeit zum Verweilen aus? Wie viel Zeit nehme ich mir und wofür? Verging meine Zeit mal langsamer oder schneller? Welchen Spruch zur Muße kenne ich aus meiner Kindheit?

Vier Hürden zur Selbsterforschung

---

chener Bank über eine Atempause verhindert werden. Der arbeitsfreie Sonntag Anfang Oktober 2008 bot der Bundesregierung die Gelegenheit, mit einem Milliardenschweren Rettungspaket die Bank vor dem totalen Bankrott zu bewahren. Als die Börse am Montag wieder öffnete, war die in der Welt befürchtete Kernschmelze aller Börsenkurse verhindert.

186 Der französische Dichter Saint-Pol-Roux hängte, wenn er der Ruhe zu pflegen gedachte, an seine Tür das Schild: Poet bei der Arbeit; denn er wusste, Müßiggang ist aller Ideen Anfang. Wirklich schöpferische Einfälle kommen einem am ehesten dann, wenn man sie nicht zu erzwingen versucht.

284

Weiter geht es mit vier Hürden zur Selbsterforschung. Wenn Erwachsenenbildner oder in der Erwachsenenbildung Tätige sich mit dem Problem der Entschleunigung unseres Lebens und mit den Mechanismen auseinandersetzen wollen, gilt es zumindest vier Hürden zu erkennen, die dem entgegenstehen.[187]

- **Erstens:** Es gilt zu erkennen, dass es sich nicht nur um ein individuelles Problem handelt, welches sich durch eine persönliche Verhaltensänderung allein leicht lösen ließe. Das Gefühl des ständigen Gehetztseins ist längst kein persönliches, sondern bereits ein kollektives Problem. Deshalb leiden selbst jene unter Zeitnot, die darüber eigentlich bestens Bescheid wissen (vgl. Miriam Meckel).

- **Zweitens:** Ein weiteres Hindernis kann es dann geben, wenn Menschen Zeit der Muße nur als Wellness und Aktion zur Fitness verstehen. Hier wird man sich wieder jenem Nützlichkeitsdenken unterwerfen, welches bereits den gesamten Alltag regiert. Muße wäre dann nichts anderes als eine funktionelle Methode, um die Schaffenskraft wiederherzustellen.[188]

- **Drittens**: Da ist der permanente Erwartungsdruck. Mit ihm verstellen wir uns selbst den Weg, der zum Genuss der freien Zeit führen könnte. Das Nichtstun, der nicht zweckorientierte Müßiggang, gilt als unproduktiv und öde. Und darunter leiden selbst jene, die ein Übermaß an Zeit haben, Arbeitslose, wie in Deutschland die Hartz-IV-Empfänger, also „Zwangsentschleunigte".[189]

---

[187] Siehe auch Ulrich Schnabel; Die Wiederentdeckung der Muße; in: „Die Zeit", 30. Dezember 2009.

[188] Der ursprüngliche Begriff von Muße bedeutet das „Fernsein von Geschäften und Abhandlungen" und das galt einst als edelste Haltung des Menschen.

[189] In einer Leistungsgesellschaft, die das Wachstum, den Konsum und die persönliche Erlebnismaximierung feiert, wird das Nichtstun zu einem bitteren Genuss. Andererseits stehen bei Erwerbstätigen selbst Wochenenden, Urlaub und Feiertage unter Erfolgsdruck. In diesen Zeiten will schließlich all das nachgeholt werden, was im Alltag zu kurz kommt. Dazu gehören auch Erfahrungen der Familie, Innigkeit in der Beziehung, Musizieren, Sport etc., und man wundert sich, dass die langersehnte innere Ruhe sich nicht einstellen will.

- **Viertens**: Oft strengt uns das gerade an, was eigentlich als Glücksversprechen gedacht ist: die schier unendliche Vervielfältigung der Möglichkeiten.[190] Das Abwägen der verschiedenen Alternativen kostet nicht nur Zeit, sondern verbraucht auch ein hohes Maß an Energie. Mit dem Abwägen von Alternativen muß man zwangsläufig auf andere Möglichkeiten verzichten, und Verluste schmerzen mehr, als Gewinne erfreuen. Kaum hat man sich entschieden und wohlmöglich einen neuen Computer oder eine Digitalkamera gekauft, fällt einem ein Sonderangebot ins Auge, das noch günstiger gewesen wäre usw.[191]

Wahrscheinlich gilt es mit der fatalen Logik des Immer-Mehr zu brechen und das trügerische Freiheitsversprechen der Multioptionsgesellschaft zu durchschauen. Wenn es gelingen kann, eine Form der Selbstbestimmung zu erarbeiten oder zu bewahren, dann dürfte man am ehesten auch jene innere Ruhe finden, nach der gesucht wird. Die Kunst der Muße hat nichts zu tun mit der Zahl der freien Stunden, sondern mit einer Haltung. Muße ist die Intensität des Augenblicks, der sich zu Stunden, Tagen ausdehnen kann, um sich auf ein Einziges zu

---

[190] Früher ist nicht alles besser gewesen. Müßiggang war schon immer die Ausnahme, nicht die Regel. Die große Masse schuftete von früh bis spät, wenn auch mit einem verminderten Druck von innen her. Ein Bergarbeiter kam selten dazu, die Seele baumeln zu lassen. Aber die moderne Beschleunigungsgesellschaft hat in einigen Ländern auch ein hohes Maß an Wohlstand beschert, ja, und den möchte man nicht missen.

[191] Der amerikanische Psychologe Barry Schwartz zeigte, dass ein Zuwachs an Wohlstand, sobald er ein gewisses Grundniveau überschreitet, die Menschen eher unglücklich macht. Ein Grund dafür sei die gestiegene Wahlfreiheit. Wer zwischen einer kaum zu überschaubaren Zahl von Fernsehkanälen und Joghurtmarken wählen muß, gewinnt nicht an Freiheit, sondern erhöht den Stresspegel. Kurioserweise wird versucht, den Frust eben mit dem Mittel zu bekämpfen, der ihn beschert hat: mit weiterem und möglicherweise noch mehr erhöhtem Konsum. Wer sich gestresst fühlt, bucht den Entspannungskurs, wer Hausmusik vermisst, gönnt sich eine neue CD, wer unter Zeitdruck leidet, kauft den Ratgeber zum Zeitmanagement, so, als ob man sich mit dem Buch, der CD die Zeit zum Entspannen gleich mitkaufen könnte. Barry Schwartz; Anleitung zur Unzufriedenheit – Warum weniger glücklich macht; Ullstein Verlag, Berlin 2006.

konzentrieren, auf Eigenzeit.[192] Diese Eigenzeit kann vieles sein – ein intensives Gespräch ebenso wie Musikgenuss oder ein spannendes Arbeitsprojekt, sie kann spielerisch oder auch ernsthaft sein, zielorientiert oder suchend, aber sie wird immer charakterisiert durch eine Eigenschaf: „Muße ist die Übereinstimmung zwischen mir und dem, worauf es in meinem Leben ankommt."[193] In den letzten Jahren konnte auch die Hirnforschung zu dieser Thematik Wesentliches beisteuern.

Zur Hirnforschung

Hirnforscher betrachten den Zustand der Muße (der möglicherweise als verschwenderischer Luxus angesehen werden kann) mittlerweile als Zustand, den wir dringend zur Regeneration benötigen. Unser Gehirn braucht offenbar immer wieder Zeiten des Nichtstuns, nicht zum Ausruhen, sondern um sich gesund sortieren zu können; ein gewisser Leerlauf im Kopf ist für unsere geistige Stabilität unabdingbar.

Wenn Gedanken abschweifen, kann das Gehirn mit dem sogenannten Leerlauf-Modus seine Selbstinspektion in Gang setzen.[194] Das unermüdliche tägliche

---

192 Zum Paradigmenwechsel in der Zeit, zur Intensität und Authentizität und „Zeit im Zusammenhang von Lernen, Raum und Bewußtsein"; siehe in: Horst Stukenberg; Selbstgestaltete Bildungsarbeit in der Erwachsenenbildung – Der Mensch im Zentrum von Lernen und Veränderung, Bd. 615 Theorie und Forschung; S. Roderer Verlag, Regensburg 1999.Vom Zeitsparen und vom Betrug, der die Menschen immer ärmer macht, handelt das in 18 Sprachen (auch ins Polnische) übersetzte Buch für Kinder und Erwachsene von Michael Ende; Momo; K. Thienemanns Verlag, Stuttgart, 1973.
193 Siehe Helga Nowotny; Entstehung und Strukturierung eines Zeitgefühls; Frankfurt am Main, 1995. Sieh auch die alte Thematik in: Sten Nadolny; Die Entdeckung der Langsamkeit; Pieper Verlag, Neuauflage 2007 und Peter Axt und Michaela Axt-Gadermann; Vom Glück der Faulheit. – Langsame leben länger; Goldmann Verlag; München 2002.
194 Jan Born spricht nicht vom Leerlaufmodus, für ihn ist es naiv zu denken, der Mensch würde, wenn er schläft oder tagträumt, nichts tun. Er spricht von einem Office Modus. Wenn wir in einen Leerlauf fallen, erledigt das Gehirn in dieser Situation lebensnotwendige Aufga-

Bombardement mit Informationen würde das Gehirn in ein gefährliches Ungleichgewicht stürzen, wenn es nicht Ruhepausen gäbe, in denen es sich selbst überlassen ist. Diese Chance nutzt es, um seine Netzwerke aus Nervenzellen neu zu organisieren, um das Gelernte oder Erfahrene zu ordnen und zu verarbeiten.

Kai Vogeley, der Kölner Psychiater und Neurowissenschaftler, sagt, sobald der Mensch innehält, ordnet das Gehirn sein Netzwerk aus Milliarden Nervenzellen neu. Erstaunlicherweise steigt beim Nichtstun die neuronale Aktivität in einer bestimmten Hirnregion sprunghaft an. Das wird als „Default Network" oder als „Leerlauf-Netzwerk" bezeichnet.[195] Interessant ist außerdem, dass dieser Bereich des Gehirns aufgrund der guten Durchblutung nur selten von Schlaganfällen betroffen ist.

Schlaf, ziellose Träumerei, Koma haben eins gemeinsam. Hier fährt das Leerlauf-Netzwerk seine Energie kräftig hoch. Also das Fehlen von Input führt offensichtlich zu einer nach innen gerichteten Aktivität, wo das Zentrum des Gehirns mit sich selbst beschäftigt ist.[196] Wenn Vogeley davon ausgeht, diesen als Default Modus bezeichneten Zustand zu forcieren oder bewusst wieder einzu-

---

ben, es käut wieder, was vorher erlebt wurde. Im Übrigen gilt es diesbezüglich auf die Traumforschung von Sigmund Freud, C. G. Jung, Erich Fromm u. a. zu verweisen.

195 Kai Vogeley bezeichnet diesen Zustand als Default Network, während Markus Raichle von einem Leerlauf-Netzwerk spricht. Vgl. Kai Vogeley; Repräsentation und Identität: zur Konvergenz von Hirnforschung und Gehirn–Geist–Philosophie ; Duncker und Humblot Verlag, Berlin 1995. Markus Raichle; siehe Zeit online; Gehirnforschung – Leerlauf im Kopf: Hamburg 2009.

196 Das Gehirn ist also kein nur reflexives Organ, in diesem Zustand läuft eine Menge ab, was nichts mit äußeren Reizen zu tun hat. Dieser Sachverhalt spiegelt sich auch im Energieverbrauch des Gehirns wieder. Wenn das Gehirn mit der Informationsverarbeitung von Außenreizen beschäftigt ist, z. B. in Verkehrssituationen, wäre es sogar gefährlich, die begrenzte Arbeitskapazität auf die Pflege des Bewusstseins zu verwenden. Pierre Magistretti, Brain-Mind-Institut Lausanne; Biology Freedom; Tenzel books Verlag; Dez. 2007.

führen, dann geht diese Empfehlung einher mit den neuesten Erkenntnisses des Max-Planck-Instituts in München.[197]

Zweiter Exkurs - Kommunikation, Lernen und Verändern

Auf den umfassenden Komplex von Kommunikation, Lernen und Beziehung kann hier nur kurz, wenn überhaupt eingegangen werden. Darzulegen wäre, dass das einzelne Individuum wohl eine Chance hat, aus diesem, wenn auch gesellschaftlich bedingten Teufelskreis der Beschleunigung zu entkommen. Lernen und tiefer gehende Veränderung sind bis ins hohe Alter nicht nur möglich, sondern lebensnotwendig.[198]

Bereits Anfang der 60er Jahre wies Gregory Bateson auf logische Kategorien von Lernen und Kommunikation hin, die auf einer höheren Stufe Lernen im Sinne von Verlernen und Umlernen ermöglichen.[199]

---

[197] In diesem Zusammenhang kommt der neueren Meditationsforschung eine besondere Bedeutung zu. Vgl. beispielsweise die Forschungen von Prof. Wolf Singer, Direktor des Frankfurter Max-Planck-Instituts für Hirnforschung. Singer entdeckte einen Frequenzbereich, den er mit Gammawellen bezeichnet und wobei eine Synchronisation der Gehirnwellen über den gesamten Frontalbereich sichtbar wird. Die Frequenz von 40 Hertz, Frequenz der Stille, kann bei Meditierenden erreicht werden und ist auf dem Computertomographen sichtbar. Vgl. ebenso die neueren Forschungen von Ulrich Ott von der Universität Gießen.

[198] Vgl. Horst Stukenberg; Selbstgestaltete Erwachsenenbildung – Der Mensch im Zentrum von Lernen und Veränderung; Roderer Verlag, Regensburg 1999. Für den polnischen Sprachraum gibt es eine ausführliche Besprechung: Siehe: Antoni Gladysz; In: Edukacja Doroslych; 1999, m 4, ISSN 1230-929 X.

[199] Vgl. Gregory Bateson; Ökologie des Geistes; - Anthropologische, psychologische, biologische und epistemologische Perspektiven; Suhrkamp TB Wissenschaft; Frankfurt/Main 1985; Die logischen Kategorien von Lernen und Kommunikation; S. 262 - 395, bes. S. 371. Originalausgabe: Steps to Ecology of Mind; by Chaudle Publ. Comp.; hier bes.; Die logischen Kategorien von Lernen und Kommunikation, Seite 363. Siehe aber auch Gregory Bateson; Geist und Natur - Eine notwendige Einheit; Suhrkamp Verlag; Frankfurt/M 1984 (4). Siehe zur umfassenden Zusammenschau von Lernen und Veränderung sowie Kommunikation und Lernen als ein elementares Beziehungsgeschehnes; in: Horst Stukenberg, Selbstgestaltete Bildungsarbeit in der Erwachsenenbildung – Der Mensch im Zentrum von Lernen und Veränderung, Bd. 615 Theorie und Forschung; S. Roderer Verlag, Regensburg 1999. Vgl. dort auch die eher pragmatische Ausformung der Kommunikationstheorie von Watzlawick, Beavin und Jackson.

Mit Bateson ist davon auszugehen, dass alles Verhalten, alle Reaktionen und alles Lernen als dem Wesen nach kommunikativ angesehen werden müssen und daher den großen Verallgemeinerungen von Gesetzen unterliegen, die sich auf Kommunikationsphänomene anwenden lassen.[200] Diese Überlegungen führten dazu, dass Bateson die Stufen des Lernens unterscheidet und in eine Ordnung von drei bzw. vier Stufen einteilt.[201]

0. Auf der untersten Stufe steht somit das allereinfachste „Lernen" wie bei Computern, Ratten und Menschen. „Das ist der Fall, bei dem ein Einzelwesen minimale Veränderung in seiner Reaktion auf eine wiederholte Einheit der sensorischen Eingabe zeigt."[202]

1. Relativ einfach ausgedrückt handelt es sich in folgedessen bei Lernen I um die unterste Stufe von Lernmöglichkeiten, die durch die Berichtigung von Versuch und Irrtum erfolgt. Jede Wahrnehmung oder Verhaltenseinheit kann hier ein Reiz, eine Reaktion oder auch eine Verstärkung sein.[203]

---

[200] „A priori kann man so argumentieren, daß alle Wahrnehmung und alle Reaktionen, alles Verhalten und alle Klassen von Verhalten, alles Lernen und alle Genetik, alle Neurologie und Endokrinologie, alle Organisationen und alle Evolution - ein vollständiges Themengebiet - als dem Wesen nach kommunikativ angesehen werden müssen und daher den großen Verallgemeinerungen oder 'Gesetzen' unterliegen, die sich auf Kommunikationsphänomene anwenden lassen". Lernen als Teil des Kommunikationsprozesses kann zunächst einmal ganz einfach bezeichnet werden als Veränderung. Die einfachste und bekannteste Form von Veränderung ist Bewegung. Auf der physikalischen Ebene kann sie zwar mit Hilfe von verschiedenen Positionen bestimmt werden, aber Veränderung bedeutet auch Prozeß und Prozesse sind selbst der Veränderung wiederum unterworfen.

[201] "'Lernen null" wird dann zur Bezeichnung für die unmittelbare Grundlage all jener (einfachen und komplexen) Akte, die nicht der Berichtigung durch Versuch und Irrtum unterworfen sind", Bateson a.a.O.; Seite 371.

[202] . Das Wort „Lernen" wird so in gewöhnlicher nichttechnischer Redeweise zwar benutzt, hier jedoch als die Stufe des „Lernen null" bezeichnet. Eine Definition des „Lernens null" beruht weder „auf der logischen Typisierung der Information, die der Organismus empfängt, noch auf der logischen Typisierung der adaptiven Entscheidungen, die der Organismus treffen kann. Ein sehr hoher (aber endlicher) Komplexitätsgrad kann adaptives Verhalten charakterisieren, das auf nichts Höherem als dem 'Lernen null' basiert". Bateson; Ökologie; a.a.O; Seite 367 und Seite 369.

[203] Das hängt allerdings davon ab, wie genau die gesamte Interaktionsfolge interpunktiert wird, wie ein jeweiliger Kontext gesetzt, gesehen und bewertet wird. Zu beachten ist, daß bei allen Fällen des Lernens I auch eine Annahme über den „Kontext" steckt. Bateson; Ökologie; ebenda; Seite 372 f.
Durch Erfahrung läßt sich auch Wahrnehmung bereits auf dieser Stufe verändern. Bateson formuliert das so: „Beim Lernen I kann jede Wahrnehmung oder Verhaltenseinheit Reiz, Reaktion oder Verstärkung sein, je nachdem, wie genau die gesamte Interaktionsfolge interpunktiert wird. ... Wahrnehmung kann immer durch Erfahrung verändert werden ... Lernen I ist somit Veränderung in der spezifischen Wirksamkeit der Reaktion durch Korrektur von Irrtü-

2. Auf der nächsten Lernstufe ist wesentlich mehr an Veränderung möglich. Das Auftreten von Lernen II kommt in menschlichen Situationen mannigfaltig vor, aber auch hier wird es wohl eher noch um mechanisches Lernen, um die Anpassung an den jeweiligen Kontext gehen. Eine kontextübergreifende tiefer gehende Veränderung kann hier noch nicht erfolgen.[204]

3. Knüpfen wir noch einmal bei der vorangegangenen Ebene an. „Lernen II ist Veränderung im Prozeß des Lernens I, z. B. eine korrigierende Veränderung in der Menge von Alternativen, unter denen die Auswahl getroffen wird, oder es ist eine Veränderung in der Art und Weise, wie die Abfolge der Erfahrung interpunktiert wird. Lernen III ist Veränderung im Prozeß des Lernens II, z. B. eine korrigierende Veränderung im System der Mengen von Alternativen, unter denen die Auswahl getroffen wird".[205] Das Lernen III wird aber diese ungeprüften Prämissen zudem noch offen in Frage stellen und der weiteren Veränderung aussetzen. Bateson zählt nachfolgend einige dieser Veränderungen auf, die er als Lernen III bezeichnen möchte:

a) „Das Individuum könnte lernen, bereitwilliger jene Gewohnheiten zu bilden, deren Bildung wir Lernen II nennen.
b) Es könnte lernen, sich selbst die 'Auswege' zu verbauen, die es ihm erlauben würde, Lernen III zu umgehen.
c) Es könnte lernen, die Gewohnheiten zu ändern, die durch Lernen II erworben wurden.
d) Es könnte lernen, daß es ein Geschöpf ist, das Lernen II unbewußt erreichen kann und dies auch tut.
e) Es könnte lernen, sein Lernen II einzuschränken und zu steuern.

---

mern der Auswahl innerhalb einer Menge von Alternativen". Für diese Stufe des Lernens gilt, was in der Lernpsychologie als ein Gemeinplatz bezeichnet wird: Lernen ist gut möglich und das Subjekt lernt auch schneller, wenn es bei jeder richtigen Reaktion verstärkt wird. Aber, und das scheint das Fatale dabei zu sein, dieses Lernen verschwindet auch ziemlich schnell wieder, wenn die Verstärkung ausbleibt.

204 In der Regel bestehen stillschweigende Übereinkünfte zwischen den Personen hinsichtlich der Natur ihrer Beziehung und wie die Lernkontexte interpunktiert werden, oder aber es gibt eine stillschweigende Übereinkunft durch Kontextmarkierungen, was bedeutet, daß diese Kontextmarkierungen für beide dasselbe bedeuten. "Was wir als 'Kontext' bezeichnen, schließt sowohl das Verhalten des Subjekts als auch die äußeren Ereignisse ein. Aber dieses Verhalten wird durch früheres Lernen II beherrscht und wird daher so geartet sein, den gesamten Kontext dergestalt zu formen, daß er zu der zu erwartenden Interpunktion paßt. Für diese Stufe des Lernens gilt, was in der Lernpsychologie als ein Gemeinplatz bezeichnet wird: Lernen ist gut möglich und das Subjekt lernt auch schneller, wenn es bei jeder richtigen Reaktion verstärkt wird. Aber, und das scheint das Fatale dabei zu sein, dieses Lernen verschwindet auch ziemlich schnell wieder, wenn die Verstärkung ausbleibt.

205 Bateson; a.a.O. Seite 379.

f) Wenn Lernen II ein Erlernen der Kontexte für Lernen I ist, dann sollte Lernen III ein Erlernen der Kontexte dieser Kontexte sein".[206]

Beim Lernen auf der Stufe III geht's also um mehr, um die Umstrukturierung des Charakters, um das Lernen auf höheren Ebenen. Dies ist in der Regel schwierig, aber auch in Prozessen der Erwachsenenbildung immer möglich.[207]

Über das einfache Dazulernen kommt auf dieser Stufe dem Verlernen, Umlernen, über das Verlassen des vertrauten Kontextes dem tiefergehenden Verändern oder, wie es zuweilen benannt wird, dem Lernen auf höheren Ebenen die entscheidende Bedeutung zu. Das Lernen auf dieser Stufe hat für das Konzept der Selbstgestalteten Bildungsarbeit wie für Prozesse der Erwachsenensozialisation und Erwachsenenbildung eine Bedeutung im Sinne des Individuationsprozesses nach C. G. Jung.[208] Ist hier vornehmlich der begrenzte Individuationsprozeß des Menschen vor allem nach C.G. Jung herausgearbeitet worden, so gehen unter anderem Murphy[209], Gebser[210] und Wilber[211] davon aus, daß auch die

---

[206] Bateson bemerkt dazu, daß in dieser Liste eine Paradoxie stecke. Denn Lernen III (Lernen über Lernen II) könne entweder zur Verstärkung des Lernens II oder zu einer Einschränkung und vielleicht zu einer Reduktion des Phänomens führen. Es müsse sich jedenfalls in einer größeren Flexibilität bei den Voraussetzungen niederschlagen, „die durch den Prozeß des Lernens II erworben wurden - nämlich in eine Freiheit von ihrer auferlegten Knechtschaft. ... Aber jede Freiheit von der Knechtschaft der Gewohnheit muß auch eine tiefgreifende Neudefinition des Selbst kennzeichnen. Wenn ich auf der Ebene des Lernens II stehenbleibe, bin 'ich' die Gesamtheit derjenigen Charakteristika, die ich als meinen 'Charakter' bezeichne. 'Ich' bin meine Gewohnheiten, im Kontext zu handeln und die Kontexte zu gestalten und wahrzunehmen, in denen ich handle. Individualität ist ein Resultat oder eine Ansammlung aus Lernen II. In dem Maße, wie ein Mensch Lernen III erreicht und es lernt, im Rahmen der Kontexte von Kontexten wahrzunehmen und zu handeln, wird sein 'Selbst' eine Art Irrelevanz annehmen. Der Begriff 'Selbst' wird nicht mehr als ein zentrales Argument in der Interpunktion der Erfahrung fungieren." Bateson; a.a.O. Seite 392 f.

[207] Vgl. Horst Stukenberg; Selbstgestaltete Bildungsarbeit; a.a.O. ; besonders Kap. Erwachsenensozialisation Seite 189 ff und Beispiele aus Theorie und Praxis, Seite 244 ff.

[208] Am Rande soll angemerkt werden, daß es sich bei dem Individuationsprozeß nach C. G. Jung und dem Lernen nach Bateson auf dieser Stufe um zwei Perspektiven handelt, die zusammengesehen werden müssen. Was bei Bateson beispielsweise mit dem Lernen auf der Stufe III und dem Verlassen des vertrauten Kontextes, dem tiefer gehenden Verändern gemeint ist, ist für C.G. Jung das Erkennen und Integrieren des Schattens, der sozialen Komponente des Lebens und die Auseinandersetzung mit den Archetypen wie dem kollektiven Unbewußten. Die Entwicklung zum Selbst oder das Lernen auf der Stufe III setzen Kräfte frei, die es dem Menschen ermöglichen, nicht nur stärker im Selbst zu sein, sondern auch in der Einheit die Vielheit zu erleben. Es ist die Stufe des Lernens, die ich in meiner Arbeit mit tiefer gehender Veränderung oder dem Lernen auf höheren Ebenen bezeichne. Vgl. auch Verena Kast; Wir sind immer unterwegs – Gedanken zur Individuation; Walter Verlag, Zürich und Düsseldorf; 1997.

[209] Über die verschiedensten Fachdisziplinen und -wissenschaften verteilt ist das Wissen des Menschen über die Entwicklung und seine potentiellen Möglichkeiten inzwischen so groß,

Menschheit als Ganzes einem Prozeß des Wandels und der Entwicklung des menschlichen Bewußtseins unterworfen seien.

4. Vollständigkeitshalber soll nun auch noch kurz auf die vierte und letzte Ebene der logischen Kategorien von Lernen und Verändern - hingewiesen werden. Lernen IV ist die Veränderung im Lernen III und dies käme vermutlich bei keinem ausgewachsenen lebenden Organismus auf dieser Erde vor. Bateson stellt hierbei fest, dass der Evolutionsprozess Organismen hervorgebracht hat, deren Ontogenese sie zum Lernen III befähigt. Jedoch erst die „Verbindung von Ontogenese und Phylogenese erreiche in der Tat Ebene IV".[212]

Spannt man den Bogen also noch etwas weiter und beachtet die vierte Stufe des Lernens nach Bateson, dann kommt die Kulturanthropologie von Jean Gebser ins Blickfeld. Die Menschheit ist aktuell wieder einmal im Begriff der Wandlung, der Mutation und des Hineinwachens in eine neue Stufe des Bewusstseins, des Integralen Bewusstseins.[213]

---

wie nie in der Geschichte zuvor. In einem umfassenden Werk fügt Michael Murphy, der Begründer des Esalen Instituts in Kalifornien, einige der Teile dieses Puzzles zusammen. Michael Murphy; Der Quantenmensch - Ein Blick in die Entfaltung des menschlichen Potentials im 21. Jahrhundert; Integral V. M. Verlagsgesellschaft; Wessobrunn 1994, 3. Aufl., S. 15. Titel der Orginalausgabe: The Future of the Body; Publ. by Jeremy P. Tartcher, Inc., Los Angeles 1992.

210 Jean Gebser hat eine umfassende Geschichte der Entwicklung des menschlichen Bewußtseins erarbeitet und stellt in diesem Zusammenhang fest, daß die Menschheit sich wieder vor dem Umbruch zu einer neuen Bewußtseinsphase befindet. Jean Gebser; Gesamtausgabe; a.a.O.; bes. Bd. IV; Die Bewußtseinsmutationen, Seite 70 - 165. Vgl. in diesem Zusammenhang aber auch Erich Neumann; Ursprungsgeschichte des Bewußtseins; a.a.O..

211 Ken Wilber; Bd. 1 der Trilogie Eros, Kosmos, Logos - Ein Vision an der Schwelle zum nächsten Jahrtausend; Wolfgang Krüger Verlag; Frankfurt/M. 1996

212 Heinrich Dauber; Selbstinitiiertes Lernen - Eine Alternative zum System der Weiterbildung; in: Zentrale Einrichtung für Weiterbildung der Universität Hannover; Konzeptionen der Erwachsenenbildung angesichts technologischer und gesellschaftlicher Veränderungen; Heft 11, Hannover 1985, Seite 75 - 104. Bateson weist zum Schluß noch darauf hin, daß es keine formale Theorie gäbe, die sich mit analoger Kommunikation allein befasse, und insbesondere kein Äquivalent der Informationstheorie oder der logischen Typenlehre. Denn, in „der natürlichen Welt ist Kommunikation nur selten rein digital oder rein analog. Oft werden diskrete digitale Kerne zu analogen Bildern verbunden ..."; Ökologie des Geistes; a.a.O.; Seite 376.

213 Jean Gebser hat eine umfassende Geschichte der Entwicklung des menschlichen Bewußtseins erarbeitet (archaisches, magisches mythisches, mentales Bewusstseins) und stellt in diesem Zusammenhang fest, daß die Menschheit sich wieder vor dem Umbruch zu einer neuen Bewußtseinsphase befindet. Zur Entwicklungsgeschichte des menschlichen Bewußtsein siehe Jean Gebser; Gesamtausgabe Bd. 1 - 8, Novalis Verlag, Schaffhausen 1986, bes. Bd. IV, 3. Kap.: Die Bewußtseinsmutationen, S. 70 - 165. Desgleichen Erich Neumann; Ursprungsgeschichte des Bewußtseins; Fischer Verlag, Frankfurt/M. 1984 und Günter Baumann; Die Evolution des Bewußtseins - Vom religiösen zum tiefenpsychologischen Weltbild, Edition Böh-

Fazit

Sich **Zeit** nehmen, wird somit nicht nur ein Zeichen der Autonomie zu sehen sein, sondern vor allem eine Möglichkeit, wieder sich einem lebenswerten gesunden Leben zu nähern. Ebenso gehört der umfassende Komplex des Konsumverzichts dazu. Entschleunigung ist für mich kein Unwort, sondern eher ein Schlagwort, welches den Menschen wieder auf sich selbst besinnen lässt. Übrigens ist Zeit das kostbarste Geschenk, welches wir anderen Menschen schenken können. Zeit ist Leben und wer da sagt, er habe keine Zeit, der hat kein Leben. Wohin eine weitere Steigerung des Tempos führen mag, erkannte bereits Michael Endes „Momo" wo gesagt wurde: „Zeit ist Leben. Und das Leben wohnt im Herzen. Und je mehr die Menschen daran sparten, umso weniger hatten sie." Auch Mahatma Gandhi sagte bereits vor langer Zeit: „Es gibt Wichtigeres im Leben, als nur dessen Tempo zu beschleunigen."[214]

Unter dem Druck der Frist löschen wir ständig Feuer, machen viele Dinge gleichzeitig und steigern „die Erlebnisdichte pro Zeiteinheit." Aber was wir in der Produktion an Zeit gewinnen, müssen wir im Konsum wieder ausgeben. Damit gehen vor allem auch die ethischen Ziele des Wirtschaftens völlig verloren. Gezieltes Abschalten, Ruhephasen bewusst einlegen, der Entschleunigung dienen, Müßiggang üben, nicht nur um ein „Selbst" zu werden.

Außerdem benötigt der Mensch Auszeiten, damit das Gehirn sich neu organisieren kann. Was früher noch als verschwenderischer Luxus galt, betrachten Hirnforscher mittlerweile als Zustand, den wir dringend zur Regeneration benötigen.

---

ner, 1995 und Ken Wilber; Bd. 1 der Trilogie Eros, Kosmos, Logos - Ein Vision an der Schwelle zum nächsten Jahrtausend; Wolfgang Krüger Verlag; Frankfurt/M. 1996.
[214] Siehe u. campus a. auch Peter Borscheid; Das Tempo-Virus – eine Kulturgeschichte der Beschleunigung, Campus Verlag, Frankfurt/M. 2004.

Müßiggang unterliegt jedenfalls keiner Verwertungslogik, keinem Erfolgsdruck oder einem permanenten Erwartungsdruck. Müßiggang war und muß sich selbst genug sein.

Erwachsenenbildung hat sicherlich die Aufgabe, zur Orientierung an die kurzfristigen Anforderungen einer sich wandelnden Gesellschaft und zur Anpassung zu führen. Aber Erwachsenenbildung kann auch im aufklärerischen Sinn zur Bewusstwerdung beitragen, sich als Impulsgeber für zu kurz Geratenes verstehen und gegensteuern. Heute steht Erwachsenenbildung besonders in der Gefahr, mit der Ideologie des Lebenslangen Lernens beizutragen zu der Prämisse des Immer-Mehr, und Immer-Schneller, des Prozesses der Beschleunigung. Letztlich müsste in einem fortschreitenden Prozeß des Wandels und der Bewußtwerdung eine am Menschen orientierte Erwachsenenbildung auch diesem Prozeß Rechnung tragen. Methodisch angelegte Aspekte des Konzepts der „Selbstgestalteten Bildungsarbeit" sind hilfreich, den Interessen und Bedürfnissen der Teilnehmer zu dienen, und sind dementsprechend dann auch zu werten als eine qualitativ inhaltliche Bildungsarbeit am und zum Selbst.[215]

Im Spannungsfeld von Erwachsenenbildung und Individuum wurde über Aufgaben und Möglichkeiten der Erwachsenenbildung reflektiert. Wir haben über das Leben, Lernen und Verändern des Individuums gesprochen. Sind wir in unserer Profession und mit unseren Einflussmöglichkeiten in Bereichen der Erwachsenenbildung auch gefragt, so wird es bedeutungsvoll, sich selbst in das Zentrum des Lernens und Veränderns zu stellen. Gilt es da nicht, selbst einmal innezuhal-

---

[215] Wenn im Rahmen dieser Arbeit die Thematik auch nicht weiter ausgeführt werden kann, so ist doch festzuhalten, daß Aussagen aus der Religionswissenschaft, der Kunst und der Tiefenpsychologie übereinstimmend eine kultur- und religionsübergreifende Feststellung treffen. In allen Religionen und Kulturen sind die beschriebenen drei Stufen der menschlichen Entwicklung mit dem Ziel der Überwindung des Ichs und dem Einswerden mit dem Ganzheitlichen anzutreffen. Siehe Horst Stukenberg; Selbstgestaltete Bildungsarbeit; a.a.O.; Seite 47.

ten, für sich selbst etwas zu tun, um nicht in die Fallen zu tappen, die das System der Beschleunigungsgesellschaft bereithält? Vielleicht auch mal Ausbrechen aus dem immer schnelleren Alltag? Lernen für das eigene Leben, um selbst Muße zu erfahren und sich selbst zu entschleunigen.

Vom Benediktinermönch und Prior Pater Leon Knabit zum Freund Leon

Pater Leon Knabit. Nach unserer Bekanntschaft bei unseren Freunden Korpals in Poznan/Polen war er öfters bei uns zu Besuch. Unsere Tochter Jeannenette heiratete in Braunlage Thomas. Thomas ist katholisch. Pater Leon kam für vier Tage aus Krakau und übernahm den katholischen Part der ökumenischen Trauung. Bei Aarons Taufe war es ebenso, später bei der Taufe von unseren Enkelkindern Tine Pauline, Pia und Celina auch so.

Nun wird es etwas konkreter. Vor vielen Jahren bitten Korpals, dass ihre Großnichte für ein paar Tage zu uns kommen soll. Sie soll ein Praktikum in Deutsch absovieren.

In Polen sind fast alle Menschen katholisch. Damit zusammenhängend müssen meine eigenen Erinnerungen und Begegnungen mit katholischen Menschen wieder lebendig geworden sein.

Am Samstag den 6.2.05 –vor meinem „Bökertraum" – kommt Jowita an. Für fast alle Polen ist es bedeutsam, wenigstens am Sonntag in die Kirche zu gehen. So ist auch eine ihrer ersten Fragen: Wann und wo ist am Sonntag Gottesdienst? Marlis schaut in der Zeitung nach: Um 10.00 h in der evangelischen Schlosskirche, um 10.30 h in der katholischen Liebfrauenkirche. Ihr ist es egal und mir ist die Schlosskirche vertrauter. So besuchen wir die Schlosskirche St. Andreas und erleben unseren alten Bekannten Pastor Leu. So viel zunächst zum Katholischen oder zum Evangelischen.

Nun soll es noch konkreter werden. Unser alter Freund Tadeusz Szymanski aus Warschau hat am 16. Juli 2014 Geburtstag. Kurz entschlossen wollen wir zu ihm fahren und dabei gleichzeitig einige unserer Freunde in Polen besuchen. Pater Leon ruft aus Tyniec an. Eine Bitte wird ganz vorsichtig geäußert.

> Ein bekannter Schriftsteller in Warschau, Pawel Zuchniewicz, möchte ein Buch über ihn schreiben. Ob ich die Zeit zu einem Interview in Warschau fände? Vielleicht könne man in diesem Zusammenhang etwas aussagen über den Elfenweg in Bad Harzburg, seine Menschen und was sich da in den Jahren zugetragen hat?[216]

Ich sage ja und schaue in Alexanders Zimmer nach, was sich in den 30 Jahren an Korrespondenz angesammelt hat. Es sind mehr als 200 Briefe, Ansichtskarten aus aller Welt und Fotos, die fein säuberlich von der Marlis abgeheftet worden sind. Aber vieles, was uns bewegt hat, was wir im Laufe der Zeit miteinander erlebt haben, ist eigentlich unbeschreiblich.

Um nicht ganz unvorbereitet für das Interview in Warschau zu sein, setze ich mich hin und schreibe einen Artikel über all das, was sich im und am „Elfenweg" mit Pater Leon zugetragen hat. Die Korrespondenz, einige Nachbarn und Familienmitglieder stehen helfend beiseite und ergänzen.[217]

Ein paar Worte vorweg: Leon lebt vor allem in der geistlichen Welt des Glaubens, die Welt der Innerlichkeit, des Lebens im Orden der Benediktiner. Es ist für mich die unendliche Liebe, die er ausstrahlt. Aber Leon kennt auch die äußerliche Welt und verschließt sich nicht dem Alltäglichkeiten, den Menschen in ihren Sorgen und Nöten. Es ist schon erstaunlich mit welcher Intensität er auch im Weltlichen sich zu Hause fühlt, den Menschen im Alltäglichen Nahe zu sein vermag. Nachfolgend ein paar Passagen, wie wir zusammengekommen sind und was sich im und am Elfenweg und „umzu" (umzu ist Hamburger Platt und meint was noch dazu gehört) gestaltet hat. Hier wird vor allem vom Weltlichen die Rede sein können.

---

[216] Wir hatten ein langes intensives Interview in Warschau bei Tacikowskis geführt. Etliche Passagen sind in dem Buch enthalten. Siehe Pawel Zuchniewicz; Zakochany Mnich; Kraków 2015.

[217] Horst Stukenberg; Eine weitere polnische Variante oder wie aus dem Benediktinermönch und Prior Pater Leon Knabit der Freund Leon wurde; Eigendruck Bad Harzburg, 2014, 61 Seiten die hier auf 34 Seiten gekürzt wurden.

298

Zur ersten Begegnung bei Korpals in Poznan/Posen

Ich erinnere mich an die erste Begegnung Anfang der achtziger Jahre. Marlis und ich, wir besuchten wieder einmal unsere Freunde Regina Janusz Korpal in Poznan/Posen. Morgens sagte Janusz: „Heute bekommen wir zu Mittag noch einen Gast". Gut, na und? Regina ist Ärztin, eine Freundin von ihr Kardiologin. Der Mittagsgast hätte große Probleme mit seinem Herzen und zu ihr hätte sie den Gast vermittelt.

Pater Leon war der Prior vom Benediktinerkloster Lubin. Bedeutende Funde machten es erforderlich, dass dort Ausgrabungen stattfanden. In diesem Zusammenhang ist der als Fotograf bekannte Janusz Korpal in Aktion getreten, dokumentierte, was es zu dokumentieren galt und lernte so den Prior Pater Leon kennen.

Mittagszeit - ein hochgewachsener magerer recht freundlicher Mensch in der Kutte der Benediktiner kommt herein. Die Begrüßung ist herzlich und schon sitzen wir zusammen und speisen. Vorweg soll gesagt werden, dass ich in den letzten Jahren immer langsamer zu essen pflege. Mir bleibt bald mein Mund offen stehen und ich werde verleitet zum Schauen und Staunen, mit welcher Geschwindigkeit dieser Gast sein Essen – na ja, sagen wir – verzehrt. Ein sehr nettes Gespräch schließt sich an. Gesagt wird: Im Kloster lernt man schnell zu essen. Wenn der Prior oder Abt mit dem Hämmerchen klopft, ist es für alle vorbei. Ja, aber. Ja, gesünder ist es schon, langsamer zu essen.

Wir erzählen noch von Freunden in Karnkow zur deutschen Zeit Amrsdorf/Nähe Wroclaw/Breslau, die wir besuchen wollen „Da kommen Sie fast an meinem Kloster vorbei, besuchen Sie uns doch ganz einfach". Unsere unverbindliche Antwort: Wir werden sehen, vielleicht, wenn es sich einrichten lässt.

Drei Tage später sind wir mit dem Auto auf dem Wege zu unseren Freunden Golonkas in Karnkow/Armsdorf. Da lesen wir ein Hinweisschild nach Lubin und entschließen uns kurzerhand, wir besuchen das Kloster und Pater Leon. Die Tageszeit haben wir dabei überhaupt nicht beachtet.

Das altehrwürdige Benediktinerkloster Lubin

Nirgends ist eine große Pforte zu sehen. Eine kleine Hintertür, wir klopfen vorsichtig an. Es öffnet eine ältere Frau und ruft laut, nie ma. Die Tür wird geschlossen, doch ein Fuß dazwischen weiß es zu verhindern. Prosze können wir auf Polnisch sagen. Prosze, Pater Leon. Sofort wird die Tür wieder aufgerissen, jedna minuta (einen kleinen Moment)!

Da erscheint Pater Leon, zuerst nimmt er die Marlis, dann mich in den Arm. Der Empfang ist überwältigend. Er sagt: Wir sind gerade am Speisen. Bitte, kommt mit, mit hinein in die Klausur. Aber, wir Benediktiner essen schweigend und auch ihr dürft während des Essens nicht sprechen. So sitzen wir erstmalig in einem Benediktinerkloster mitten unter den Mönchen. In der Ecke steht ein Bruder und liest. Er muß solange lesen, bis der Prior die Tafel aufhebt. Das berühmte Hämmerchen. Es ist nicht zu fassen, diese unterschiedlichen Gesichter der Mönche, alles drumherum einfach fantastisch. Ich schaue und schaue, daneben esse ich in meinem mir gewohnten Rhythmus. Plötzlich ein Fußtritt unter dem Tisch. Na, habe ich wohl etwas Wichtiges übersehen? Ich schaue erneut in die Runde. Der Prior Pater Leon schaut zu mir rüber und lächelt verständnisvoll. Ich esse schweigend weiter. Er weiß ja inzwischen um den Segen des langsamen Essens. Da, der zweite Fußtritt unter dem Tisch. Was ist nur?

Das Klopfen des Hämmerchens beendet die Mahlzeit. Der „Vorleser" geht, auch wir gehen hinaus. Das Schweigen ist gebrochen. Da faucht mich meine Marlis an: Du sitzt da, isst in aller Ruhe und der Mönch da vorne muß lesen, lesen. Alle sind fertig, nur du nicht!

1988 - Kloster Lubin und Bad Harzburg

Der erste Kontakt ist zustande gekommen. Wir besuchen uns nun gegenseitig. Pater Leon braucht wohl wegen seiner angeschlagenen Gesundheit -die Probleme mit dem Herzen machen es erforderlich- eine längere Auszeit. Er kommt zu uns nach Bad Harzburg. Dennoch, wie sich das für einen Benediktiner gehört, jeden Tag eine Messe. In Deutschland herrscht ein Priestermangel. Der Dechant Reis von Bad Harzburg weiß, dass Pater Leon hier weilt und bittet ihn, auszuhelfen. Wir fahren jeden Tag in die eine oder andere Kirche im Umfeld von Bad Harzburg. Die eine oder andere Messe wird gelesen oder ein Gottesdienst gehalten.

kurze Situationsbeschreibung: Bündheim, mein Arbeitszimmer, manchmal sitzen wir dort zusammen und bereiten die eine oder andere Predigt vor.

Leon fragt nach, schreibt oder spricht man das so oder so aus? Wir schreiben, üben und es ist eine dichte fruchtbare Arbeitssituation. Man denke nur, der Benediktinermönch und der zwar evangelisch getaufte, aber dem üblichen Kirchgang ausweichende Mensch Horst, sie erarbeiten zusammen einen katholischen Gottesdienst aus. Oft fahren wir danach auch zusammen zu den Gemeinden, zu den verschiedenen Messen oder Veranstaltungen. Still sitze ich dann in einer der hinteren Bankreihen und meditiere.

Eines Tages besucht uns unser alter, damals wohl noch katholischer Freund Manny und fragt: „Pater Leon, weiß denn Ihr Abt oder der Heilige Vater, dass sie hier in einer protestantischen Familie sind?" Die Antwort lautete in etwas so: Der Abt kennt den Horst und der Heilige Vater weiß um die Familie Stukenberg.

Oft sind wir zu Gast bei unseren Freunden oder besuchen gemeinsam einen Kreis der Erwachsenenbildung, den Montagskreis. Auch eine Bauféte[218] wurde

---

218 Von unserer Tante Friedel, die nebenan wohnt, bekamen wir den halben Garten geschenkt, um in ihrer Nähe ein Haus zu bauen. Wir hatten kein Geld, keine finanzielle Möglichkeiten. Von meiner Pfadfinderarbeit habe ich mich für drei Jahre verabschiedet, um für meine Familie das Haus bauen zu können. Vom Beginn der Bauarbeiten an bis zum Ende waren an jedem Wochenende um die 10 – 15 Freunde gekommen und haben geholfen. Das gesamte Haus wurde von uns selbst gebaut. Von der Architektur, der Statik, Heizung und Installationsarbeiten bis hin zur letzten Ausgestaltung. Nach einem Jahr war es fertig und wir veranstalteten ein großes Fest. Wie bei den Pfadfindern üblich in der Form eines großen Spiels. Das Haus war versehen mit Schildern wie Oberdeck, Unterdeck, Kombüse, Kojen usw. Eben wie auf einem großem Schiff nämlich der „MS Bremen" auf ihrer Fahrt nach Dakar de Cruja. Diese Feier wiederholte sich nach 10 Jahren, dann alle fünf Jahre und jetzt

gemeinsam vorbereitet. Von all dem muß wohl auch berichtet worden sein. So auch von des Paters geistiger Arbeit in den verschiedensten Gemeinden in und um Bad Harzburg. Briefe kommen vom Heiligen Vater aus Rom zurück, u. a. die Aufforderung etwas verkürzt ausgedrückt „ruhig in Ökumene zu machen".

Fast 25 Jahre haben wohl der heutige Papst und Pater Leon in Krakau zusammengewirkt. So manches Mal sitzt Pater Leon unten bei Peggy in seinem Zimmer, studiert geistliche Lektüre oder schreibt und berichtet in manch einem Brief seinem Freund in Rom von dem Aufenthalt hier in Bad Harzburg. Berichtet wird von gemeinsamen Wanderungen in die Berge oder oder oder. Einmal habe der Papst geschrieben, dass es sicher nicht leicht sei, ihn, den Papst, auf Leons Wanderungen im Rucksack mit über den Harz mitzunehmen. Er trage auf seiner Schulter die Probleme der Welt, und das sei schon ein großes Gewicht und erschwere ihm das Wandern usw.

Wenn Pater Leon zu den Gemeinden kommt, sind die Kirchen voll. Viele Menschen aus der alten Heimat warten schon darauf, mit ihm einmal ein Gespräch führen zu können. Aber nicht nur polnische Landsleute verehren ihn, auch Deutsche und Andersgläubige.

Jeden Montag traf sich dieser Kreis. Siehe dazu weiter vorn zur Elternarbeit in Bad Harzburg. Wenn Pater Leon in der Nähe weilte, ließ er es sich nicht nehmen, auch hier immer dabei zu sein. Dann als Teil der Gruppe konnte er eine andere Welt erfahren, hat sicherlich viel Neues gehört, aber ebenso kräftig und gleichberechtigt mitgewirkt.

---

war es die Feier nach 25 Jahren. Pater Leon war nicht nur feste dabei, er hat bei allen Vorbereitungsarbeiten geholfen und diese seinem Freund in einem sechs Seiten langen Brief geschildert.

Lubin, am 30. Januar 1992

Meine Alle Liebsten,

Wer ammeisten arbeitet, der bleibt
zu Hause alleine gesund, um noch
mehr arbeiten zu müssen, wenn die

Die Diät dauert.

Andere krank sind, nicht wahr, Frau Marlis? Ich hoffe doch, daß nun
alles geht schon besser. Den Brief von 15.I habe ich schon 23.I erhalten.
Vielleicht inzwischen haben Sie auch meinen Brief aus 9.I, wo ich über
den Besuch P. Borowiecki mit meiner Bagage geschrieben habe - bekommen. Alles war in der besten Ordnung, nur P. Borowiecki war erkältet.

Das Wetter ist bei uns immer dasselbe: nicht zu kalt, meistens feu-
nebelhaft und unangenehm. Doch, für die ärmeren Leuten so ist es be-
Man kann Kohlen und Elektrizität sparen. Zum Glück bin ich auch
relativ gesund. Kein Schnupfen, kein Husten, nur die Hände oft küh
Immer aber sehr wenig Pflichten und keine Messen in der kalten Kirche.
Vielleicht noch ein "Semester" in Sanatorium und dann kann ich zu
Arbeit gehen, nach der Möglichkeiten. Nach 10. Februar will ich eine
Begegnung mit der Frau "von der Diät" haben. Viele Sachen werden
dann klar und vielleicht bekomme ich dann auch die Hinweis
was meine Ernährungsweise betifft.

Die Briefüberschwemmung ist im Januar kleiner geworden.
Bis heute habe ich nur 96 Briefe und Karten erhalten. Die UNICE
Ausschnitten sind sehr nützlich. Herzlichen Dank Frau Marlis.
Nochmals! Herrn Heinze lege ich eine Karte bei. Dazu auch 8 Fotos
Ein für die Tochter der Gestorbenen, wie Mammi gebetet hat und die Re
für die Familie. Die letzte sind noch nicht entwickelt. Das Film
ist noch nicht geendet. Ich schicke sie später zu.

Herr Gottschlich steht mir immer vor den Augen. Die Brille dienen täglich sehr gut. Herzlicher Gruß für Ihn und seine Frau.

Von Österreich habe ich ein Tibet-Roman „Das dritte Auge" von Lobsang Rampa - bekommen. Ich lese es langsam und finde ganz interessant.

Zu Hause in Siedlce alles geht relativ gut. Vielleicht werde ich mein Haus besuchen am 23. Februar wegen der Taufe meines Neffesohnes. Und in Mai - können wir uns in Polen sehen?

Der Hl. Vater hat schon auch sehr nett geschrieben. „Das Gebet ist die einzige Waffe der Kirche..."
Also ich bebe auch für die Alle - immer dankbar für diese Gemeinschaft, welche auch ein Teil meines Wesens geworden ist. Ich hoffe, daß das Verständnis unter Ihnen wird immer wachsen. Das wünsche ich vom Herren.

Ganz herzlich grüße ich Frau Marlies, Herr Horst, Jeannette, Tante Friedel, Alexander und Peggy, den Montagskreis und Frau Benchel, auch LEOS und die Nachbarn. Alles? Ah - noch auch Gotzo's.
Seien Sie Alle gesund, geduld und gefällig
                                    miteinander

Mit freundlichem Gruß
                Ihr
                fr. Leo ofs..

KLASZTOR BENEDYKTYNÓW
LUBIŃ K/KOŚCIANA

Lieber Herr Horst mit der ganzen FAMILY,

was soll ich schreiben, wenn ich Ihrem
ausführlichen Brief schon am 11.März -
nach dem Rückkehr von Rom - gelesen habe und erst heute antworte ?

Mit LÖWES Gesundheit ist es ein bisschen
besser und gleich ist die Arbeit zwei bisschen grösser geworden. Darum mit der Briefwechsel liege ich vielmehr als stehe.
Zum Glück, habe ich schon im April zur Tanta Friedel geschrieben. Ich kann hoffen, dass Sie alle also wissen etwas über
mich. Ich antworte /=habe geantwortet/ auch endlich Christine Golzo, die mir Ihre Absichte mit Jeannette beschrieben
hatte. Auch Frau Olga hat mir wiederholt, dass Horst' Anwe-
sentheit wegen seiner Güte, seines Strahlens, Wohlwollens,
Verehrung gegen der anderen Menschen, Takts und pädagogischen
Talents /Hören Sie, Frau Marlis!/ in Łódź unerlässlich sei!
Fahren Sie dann! Vox populi!

Der Schneewinter ist schon lange Vorbei.
Jetzt ist es sehr grün und trocken. Auch in diesem Jahre
droht die Dürre. Ich habe viel Ausreisen, durchschnittlich
eine Hälfte jedes Monates bleibe ich draussen. Die Exerzitien
und Konferenzen für verschiedenen Gruppen von Laien, Ordens-
schwestern, Seminaristen und Priester von Stettin durch Biła
Podlaska / 160 km östlich von Warschau / bis zum Rom, wo ich
die zweite Serie der Exerzitien für die polnischen Nonnen
führte - das ist meine specialité de la maison. Eine Ausruhe
in Sanatorium ist erwünscht. Vielleicht am 27. Juni fahre
ich nach Bad Altheide - Polanica Zdrój, wie immer.

Von hm, seit 27. Februar haben wir
einen neuen Pater Abt.Adam Kozłowski ist 50 Jahre alt, Doktor Theologie, Maler /er war von mehr als zwanzig Jahren

---

C|S **KLASZTOR BENEDYKTYNÓW**
P|B ul.Mickiewicza 6   64 - 007 Lubiń   tel.(0-65) 170-222 ; 170-425

ein Assistent in der Kunstakademie in Warschau/. *Ich habe Ihn in das Mönch-leben als Novizenmeister eingeführt!*

Der neue Abt besuchte schon Lubiń zweimal. Es scheint, dass mein Aufenthalt in Lubiń endet sich bald. Nach der Kur soll ich zur meine erste Liebe – Tyniec – zurückkehren.

Und in Rom habe ich auch zwei schöne Begegnungen mit dem Papst gehabt: erstens im zusammen Mariänsgebet den 6.III abends und dann, am 7.III während dem Mittagessen mit zwei anderen polnischen Geistlichen. Welche Freude und Lehre war es für mich!

Die politische und soziale Lage der Völkern ist beider- seits der Oder ungünstig. Die Regierungen sind meistens ratlos. Die Rettung liegt also in den Händen der einfachen Leuten. Dieser, welche fest glauben und Mut haben! Heute haben wir in Fernsehen von 15 bis 18.00 das Familyfest gesehen. Ganz in- terresantes Programm aus der ganzen Welt über die Familienfrage. Das Zentrum war in Paleur in Rom. Durch Satelliten schalteten sich verschiedene Kontinente und wichtige Personen ein. Die Ret- tung geht von unten?

Wo und wann werden wir uns sehen? Gott weiss es. Inzwi- schen denke ich an Sie alle ganz herzlich und freue mich sehr über alles Gute, die in Ihre liebe Familie geschieht.

Ich grüsse und umarme Sie alle – Frau Marlis, Jeannette, Peggy, Alexander und Tante Friedel ganz herzlich.

Bis gleich!
                    Ihr ergebener und dankbarer
                            P.Löwe *L Leo OSB.*
PS Und künftige PLZ von Bad Harzburg?
    Meine Adresse zur Zeit immer gültig.

Lubiń, den 6 Juni 1993

Nachbarin Karen Aydin

Wissend, dass ich nach Warschau fahre und für den Pater Leon etwas Geschrie- benes mitnehmen soll, setzt sich die Nachbarin hin und stellt schnell ein paar Seiten zusammen.

„Das Leben zeigte uns unsere Grenzen auf. Nach viel zu viel Stress im Job und im Alltag wurden wir beide sehr krank. Es war uns klar: Es muss eine Wende her!

Wir wussten, das schaffen wir nur zusammen … Kurzerhand gaben wir beide unsere Arbeit auf, packten unsere sieben Sachen und zogen nach Bad Harzburg. Wir merkten, dass es uns gesundheitlich von Tag zu Tag besser ging.

In dieser schwierigen Phase stellte uns unser Nachbar, Horst Stukenberg, Pater Leon vor, der gerade bei ihm eine „Kur" zur Stärkung machte.

Schon bei der Begrüßung merkten wir, dass Pater Leon eine gewisse Aura umgibt! Er hörte, dass wir frisch verheiratet waren und segnete uns kurzerhand. Es war ein ganz besonderer Moment. Mit Pater Leon sind wir zusammen in einer anderen Welt. Er guckt ins Herz, sieht den Menschen anders als wir. Nicht die Religion ist entscheidend, sondern der Mensch! Für uns beide, Ali ist Moslem, Karen evangelisch, ist dies eine enorme Bereicherung.

Wir bedanken uns heute bei ihm, denn er gab uns die Stärke, die wir in unserer Situation brauchten. Er brachte für uns die Wende im Leben. Heute leben wir glücklich in Bad Harzburg. Pater Leon ist für uns immer präsent, selbst wenn er nicht da ist! Er ist immer bei uns und steht uns mit Rat und Tat zur Seite.

Wenn wir gefragt werden, wann wir ihn kennengelernt haben, antworten wir: Wir kennen ihn doch schon immer…

Es grüßen Ali und Karen Aydin aus Bad Harzburg."

Der Hausarzt Dr. Golzo und die Tochter Christine

Hin und wieder wurde auch ein Arzt aufgesucht. Unser Hausarzt war gern bereit, zu untersuchen und entsprechend der Diagnosen weiterzuhelfen. Des Öfteren waren wir so in seiner Praxis. Die Tochter Christine arbeitete in der Praxis als Arzthelferin. Manchmal bat sie im privaten Rahmen um einen Besuch, um ein Gespräch bei uns. Zu erwähnen sei, dass Christine über die Jahre die Verbindung zum Pater Leon gehalten hat und schließlich zum katholischen Glauben konvertierte. Heute führt sie eine Naturheilkundliche Praxis in eigener Regie, und zwar in den alten Praxisräumen ihres Vaters.

Auf Spurensuche nach der alten Klosterbibliothek von Lubin

Des Öfteren war ich nun Gast im Kloster, mal kurz, mal etwas länger. Ich fragte einmal nach der alten Klosterbibliothek. Da erfuhr ich, dass zur Zeit der Auflösung aller Klöster in Preußen die umfangreiche Bibliothek abhanden gekommen sei. Hier galt es nun für mich dem Kloster zur Seite zu stehen und in Deutschland zu forschen, ob und wo die Bibliothek noch zu finden sei. Nach einer umfangreichen Recherche führte ein Hinweis zur Staatsbibliothek „Preußischer Kulturbesitz" nach Berlin. Der für die Bibliothek in Lubin zuständige Pater konnte oder wollte nicht reisen. Nachdem es uns gelungen war, herauszufinden, wo eventuell wertvolle Bücher des Lubiner Klosters sein könnten, fuhr ich mit Pater Leon zusammen nach Berlin. „Wir klopften an und es wurde uns aufgetan".

Kloster Huysburg – Pater Paul Hauke und die Novizen von Pater Leon

Eigentlich, so kann man sagen, ist Pater Leon der geistige Vater der Neugründung des Benediktinerklosters Huysburg bei Halberstadt. Es ist übrigens das einzige Kloster, welches in der 40-Jährigen Geschichte der DDR gegründet wurde. Pater Leon war der Novizenmeister der ersten sechs Priester, die ihr Noviziat im Kloster Tyniec unter Pater Leon Knabit absolvierten. Ein sehr inniges Verhältnis muß entstanden sein.

So besuchten wir, so oft es möglich wurde, die Patres auf der Huysburg und waren sehr erwünschte Gäste. Nun, von Bad Harzburg bis zur Huysburg sind es nur um die 40 km. So war es ein leichtes, dorthin zu fahren. Gleich nach der Grenzöffnung zur DDR war es ein besonderes Erlebnis. Die ehemaligen Novizen wie Pater Benedikt, Bruder Reinhard, Pater Paulus, der später ja der Prior des Klosters wurde, und andere besuchten wir. Als später Pater Paulus im Krankenhaus in Elbingerode lag, war die erste Handlung, dort einen Krankenbesuch abzustatten.

Paulus stammte aus Breslau. Gern hätte er noch einmal das Kloster Tyniec und seine Heimatstadt Breslau besucht. Pater Leon regte an: „Spreche Sie doch einfach mit Frau Marlis, die Stukenbergs fahren oft nach Polen". Zaghaft kam die Frage, ob er einmal mitfahren dürfe und die Antwort war klar und deutlich. Aus dem Pater Paulus wurde unser Freund Paul, mit dem wir wunderbare Tage in seiner Heimatstadt Breslau verbrachten. Der Direktor des Breslauer Zoo Antonios Gucwinski war ein Bekannter von uns, er führte uns persönlich durch seinen Zoo. Wir besichtigten die Jahrhunderthalle in Breslau, das Haus seiner Familie hinter dem Japanischen Garten, wo die polnischen Bewohner ihm freundlich Einlass gewährten. Wir besuchten die Dominsel, wo Paul als junger Mann die Orgel gespielt hat, waren bei den Benediktinerinnen im Kloster Grüssau und an vielen Orten im Land. Gegenseitige Besuche waren nun an der Tagesordnung, auch später, als der Prior aus Trier regierte, durfte er immer wieder für einige Tage zu uns nach Bad Harzburg kommen. Bis zu seinem Tode und darüber hinaus waren wir eng miteinander verbunden.

Der Oberger Altar

Eines Tages kam Leon mit einem der Reisebusse aus Polen und wurde bei der Autobahnraststätte Wendeburg abgesetzt. Wie verabredet, fuhr ich dort hin. Der

Arme ist die ganze Nacht durch gefahren. In der Nähe wohnt und arbeitet Sabine Pinkepank Appel. Ganz in Schwarz Leon, mit wehendem Mantel in Weiß der Horst. Sabine bereitete sofort ein Frühstück. Sie war so beeindruckt, dass sie sich etwas später mit ihrem Künstlerkollegen Antonio Caprano an die Arbeit machte und den Oberger Altar für das Kloster Lubin schaffte und stiftete.

O. Leon Knabit OSB
ul. Benedyktyńska 37
30-375 Kraków

tel. +48 12 688-52-11
0509531381
e-mail: leon@benedyktyni..pl

Tyniec, den 3 Juni 2008

Watykan 27 Februar 2002

+Lieber Horst,

Endlich kann ich einige Zeilen Dir (und Marlis, natürlich!) einige Zeilen schreiben. Danke für die Nachricht von den letzten Weilen und Beerdigung unseren Freunden, P. Paulus. Jenseits ist ein wenig heller geworden und bei uns – ein Loch. Doch wir glauben, daß die gute Verbindung dauert auf immer. Ich habe gar keine Möglichkeit in der Beerdigung teil zu nehmen. Nur Gebet in Tyniec....

Trotz meinen relativ bewegten (78,5!) Alter habe ich immer viel zu tun.. In diesem Jahre erscheinen acht Bücher von mir geschrieben oder mitgeschrieben. Darum habe ich viele Begegnungen mit den Lesern –Erwachsen und Kindern. Dazu die Exerzitien - längere Konferenzen in verschieden Städten, auch in Wien und Rom. Viele Fernsehen- und Radio sendungen bitten oft um die Interviews und die Zeitungen um die Artikeln... Zum Glück das Gesundheitzustand ließ das alles sogar leicht ertragen.

Kann ich hoffen, das Du und Marlis wohl leben? Auch wenn ich nicht schreibe, meine große Dankbarkeit dauert immer.

Und wann werden wir uns wieder sehen?

Das weiß nur Gott...

Mit herzlichen Umarmung für Euch Beiden und die ganze Familie

Euer

Br. Leon OSB

313

Pater Leon als Prior von Lubin und Pater Karol Meißner -
Die Geschichte mit dem deutschen Soldatengrab

Mein Bruder Hans-Joachim war als junger Kerl von 17 Jahren ganz in der Nähe vom Kloster Lubin in einer Kaserne stationiert. Auch daran musste ich denken, als Pater Karol Meißner vom deutschen Soldatengrab in der Nähe erzählte. In den letzten Tagen des Krieges sind 16 oder 18 deutsche Soldaten im Wald erschossen und eingegraben worden. Pater Karol hat die Erkennungsmarken der Soldaten ausgegraben, sie dem Suchdienst zugeschickt, das Grab hergerichtet und ein Kreuz daraufgestellt. Das gefiel der polnischen Geheimpolizei nicht, sie hatte ihn auf dem Kieker. Seine Verhaftung erfolgte allerdings nicht mehr, denn im Zuge der Wende ging dieser Kelch an ihm vorbei.

Etwas später kam ein Brief aus Lubin, beigefügt das wunderschöne Foto mit Aufschrift.

Pater Leon schreibt auf der Rückseite: Unser Garten im September! Wie im Paradies – so fruchtvoll und zum Glück ohne Eva und Schlange. Und so ist Leo gerettet, nicht wahr?

Aus der Ursprungsfamilie der Knabits

Jahre später besuchen wir Freunde in Warschau. In der Nähe der Jugendherber-

ge befindet sich heute das als Museum hergerichtete ehemalige Gestapogefängnis Pawiak. Vor dem Gebäude steht ein verbrannter Baum, und daran hängen Schilder, die an die ermordeten Gefangenen erinnern. Plötzlich lesen wir Alexander Knabit. Wir sind sehr betroffen, kann das der Vater von Leon sein? Als wir danach Leon davon berichten, ihm das Foto überreichen, erzählt er die Geschichte seines Vaters. Er wurde als Geisel erschossen. Ob er von dem Schild des Vaters gewusst hat oder ob wir das erst entdeckt hatten, ist bis heute ungewiss.

Betreff:	ODP: Nachtrag
Absender:	O. Leon Knabit oSB
Empfänger:	520022291463-0001@t-
Datum:	01. Nov 2002 21:10

Lieber Horst,
Die Karte von Hahnenklee ist auch glücklich angekommen. Danke schön!
Jeannette hat mir aus Polen, auch teilweise polnisch geschrieben. Welche ist Ihre e-mail Adresse? Ich will Ihnen Beiden auch PKW senden.
Kann man hoffen, dass bei Euch in Elfenecke alles gut geht?
Ich denke an Sie beide besonders mit grössten Dankbarkeit...
Meine Schwester Krystyna hat am Mittwoch die Herzoperation begehen. Bis heute geht ihnen gut.
Im Oktober habe ich eine Akupunkturkur in Gdynia gehabt (zwei Wochen).
Am Sonntag fahre ich nach Lublin mit den geistlichen Vorträgen für den hiesigen Priestern.
Die Wahlen waren ein wenig besser, wie damals.
Mit herzlichen Küssen für Dich und Marlis
verbleibe ich
Euer
Br. Leon OSB

Ihr Lieben,
Kann ich so schreiben?

Wenn ein Löwe brüllt, das ist gefährlich, wenn er aber schweigt, das ist mehr gefährlich. Was macht er dann und was kann er noch ganz leise machen? Es ist also die Zeit gekommen, dass ich weder brülle noch schweige. Endlich schreibe ich einen KOMPUTERBRIEF!. Ja, in meine Zelle habe ich solches Gerät, das mich als Schreibmaschine dient. Zu viel kann ich noch nicht ausdenken, das ist schon aber viel.

Genau von sieben Monaten habe ich den ersten Ihren Brief (mit dem Briefträger, der noch bei mir wohnt) erhalten. Am 12 Dezember ist dazu auch Rundweihnachtenbrief gekommen. Haben Sie ganz herzlichen Dank für Ihre Geduld. Ich bin schon ein wenig alter Mann. Die Pflichte sind immer viele. Man muss gut aufpassen, um mit allem in Ordnung zu sein. Alles fast klappt, nur die Regularität der Korrespondenz ist so schlimm, wie niemals früher. Wenn man aber viele Exerzitien spricht, in vielen Tagungen teilnimmt, viele Begegnungen mit den jugendlichen bedient und auch viele Artikel schreiben MUSS, viele Interviews autorisiert und auch sogar das zweite Buch geschrieben hat (heute sind die erste Exemplare aus Drückerei herausgegangen), dann ist alles klar. Natürlich dazu führt man ein normales Klosterleben mit den Hauspflichten.

Von 1. bis 4 ~~Juni~~ August besuchte ich Ungarn. Dort habe ich eine Konferenz über die Aufgaben der Jugend auf die Schwelle des dritten Milleniums ITALIENISCH gehalten. Es waren dort fast 500 junge Leute aus Spanien, Italien, Ungarn, Tschechen, Slowakei, Rumänien und Polen gesammelt. Dort haben wir auch eine Bussandacht in der benediktinischen Abtei Pannonhalma gefeiert. Es war eine grosse Freude einen Freund von mehr als dreissig Jahren zu Begegnen. Pater Godefridus ist auch ein Subprior. Im November habe ich in Gdynia eine Akupunkturkur ertragen. Vielleicht darum habe ich noch keine Grippe erlitten. In Łódź habe ich Frau Olga Czerniawska begegnen. Sie hat mir gesagt, dass Horst ist nach Polen eingeladen. Vielleicht nähert sich endlich unsere Begegnung? *o?! eine Überraschung! Warum so?*

KANN ICH HOFFEN, DASS BEI IHNEN ALLES IN ORDNUNG IST? ICH FREUE MICH SEHR, DASS PEGGY ENDLICH EINE ANSTÄNDIGE FRAU VON TILO IST (UND UMGEKEHRT). ELFENECKE ERWACHT SCHON UND IN MANCHEN WOCHEN WIRD BLÜHEN, ZWITSCHEN, TIRILIEREN, SINGEN, SPRINGEN, MUSICIEREN. FRÜHLING WIRD SCHON EINMARSCHIEREN, NICHT WAHR? IN TYNIEC IST ES ZUR ZEIT WARM UND SONNIG. VIELE KLEINE BLUMEN BLÜHEN UND DIE GRAUE FARBE WIRD LANGSAM DURCH DIE GRÜNE ERSETZT WORDEN.

IN SIEDLCE ALLES RELATIV GUT. WIR SEHEN UNS KURZ VON ZEIT ZU ZEIT. POLANICA HABE ICH SEHR LANGE NICHT GESEHEN. NACH DER ÜBERSCHWEMMUNG IST DORT VIEL ZU VERBESSERN UND RENOVIEREN.

EIN BUCH "SCHODY DO NIEBA" (DIE TREPPE ZUM HIMMEL) IST SCHON

FÜR SIE VORBEREITET. DAS ZWEITE,"SPOTKANIA Z WUJKIEM KAROLEM" (BEGEGNUNGEN MIT ONKEL KAROL) WENN ICH DIE VERFASSEREXEMPLÄRE BEKOMME, WIRD AUCH NACH BÜNDHEIM WANDERN.

SO LANGE HABE ICH NICHT DEUTSCH GESCHRIEBEN. KANN MAN SICH VORSTELLEN, WIE MEIN DEUTSCH HEUTE AUSSIEHT!..

ALSO – ZUM SCHLUSS SENDE ICH IHNEN ALLEN HERZLICHSTE OSTERWÜNSCHE: VIEL NEUE HOFFNUNG UND NEUE KRAFT VON DEM AUFERSTANDENEN HEILAND!

MIT VIELEN UMARMUNGEN UND KÜSSEN MIT BESTEN GEFÜHLEN GEGEN UNVERGESSBARE PLÄTZE UND LEUTE (FAMILIE, FREUNDE, BEKANNTE, MONTAGKREIS) VERBLEIBE ICH IMMER DANKBARER UND ERGEBENER WENN ICH BRÜLLE, SCHWEIGE ODER SCHREIBE

IHR

+ Leo osb

Meine Kollegin Prof. Dr. Olga Cerniawska - Die eigentlich Wegbereiterin der Polnischen Universitären Erwachsenenbildung im Gespräch mit Pater Leon

Tyniec 1992

Wille – unser Tantchen

Wille, unsere Tante Friedel, Marlis, Leon und Jeannette

Tante Friedel und Leon, sie mochten sich sehr gern. In ihrem gemütlichen Haus wurde so mach Schwätzchen geführt. Mit ihren 90 Jahren ging sie fast jeden Tag die 3 km zu Fuß in die Stadt. Einmal trafen sie sich auf der Straße, und Wille soll gesagt haben, ich höre nicht so gut, das Hörgerät ist von meinem Schwager. Mit dem Sehen ist es auch nicht so toll, die Brille ist von meiner Schwester. Da hat Leon gefragt, und von wem ist das Gebiss?

Ewa Widerska – Eine junge sehr alte Freundin

Ewa Widerska lebt mit ihrem Mann Pawel Pawlowski und Sohn Leonard in Braunlage. Eines Tages fahren wir in den Oberharz, und die Bitte wird geäußert, ob wir nicht einmal nachforschen können, nach der Ewa, der Tochter eines alten Bekannten aus dem Kloster Tiniec? Der Ehemann Pawel spiele in der Kurkapelle. So war es ein leichtes, die Familie ausfindig zu machen. Arnikagrund 1. Wir sitzen zusammen und erzählen. Der Vater war Tischler und war angestellt im Kloster Tyniec. Sehr früh ist er mit 54 Jahren schon gestorben und Leon kümmerte sich so auch um diese Familie. Die Freude ist groß und viel gibt es zu erzählen.

Zudem ergab es sich, dass der Onkel von Pawel Pawlowski , Romuald Pawlowski aus Krakow, ein alter Bekannter von uns war. Er war Intendant am Theater und nach seinem Rausschmiss wegen Zugehörigkeit zur Solidarnosc[219] Fremdenführer auf dem Wawel. Wir lernten ihn kennen, als er einer Gruppe von Jugendlichen aus der DDR die christlichen Motive der Wandteppiche, Aras, anschaulich erklärte. In der Folge war er auch öfters zu Gast bei uns in Harzburg und wir besuchten ihn und seine Familie in Krakau.

Bis auf den heutigen Tag haben wir zu Ewa und Pawel Leonard eine sehr gute Beziehung. Ebenso pflegen Jeannette, unsere große Tochter, und Ewa ihre Freundesbeziehung. Bei unserem letzten Besuch zeigte sie uns die Lieblingshose ihres Sohnes eine Jeanshose. „Wisst ihr, woher die stammt? Von eurem Sohn Alexander. So lange ist das schon her", hat sie gesagt.

Alexander schreibt kurz und bündig: „Gedanken an Pater Leon von dem Sohn Alexander Stukenberg - Pater Leon habe ich zuerst im Sommer 1988 auf unserer Polenreise mit Arledia Martin aus Kanada und Horst und Marlis Stukenberg kennen gelernt. Wir haben ein Kloster gesucht und ihn dort einfach getroffen. Später hat uns Pater Leon öfters in Bad Harburg besucht - war ab und an bei Familienfeierlichkeiten dabei und wurde mehr und mehr ein Teil unserer Familie Stukenberg. Da ich seit 1988 nicht mehr zu Hause wohne, habe ich nicht

---

219 Solidarność [sɔliˈdarnɔɕt͡ɕ] ◀Aussprache[?/i] (poln. „Solidarität"; offizieller Name *NSZZ „Solidarność"*, polnisch *Niezależny Samorządny Związek Zawodowy „Solidarność"* [ɲezaˈlɛʐnɨ samɔˈʐɔndnɨ ˈzvjɔ̃zɛk zavɔˈdɔvɨ sɔliˈdarnɔɕt͡ɕ]; deutsch: *Unabhängige Selbstverwaltete Gewerkschaft „Solidarität"* ist der Name einer polnischen Gewerkschaft, die 1980 aus einer Streikbewegung heraus entstand, und an der politischen Wende 1989 entscheidend mitwirkte. Sie stellt die erfolgreichste unabhängige freie Gewerkschaft im ehemaligen Ostblock dar. Siehe; Wikipedia.

wirklich mehr viel Kontakt mit ihm gehabt. Ich schätze ihn als Mensch, der offen für alles ist und jeden seinen Weg gehen lässt, so wie er es mag.
Alex"

Foto geschickt von Leon aus Tyniec – Auf der Rückseite stand: *„es war damals..."*

Die jüngste Tochter Peggy ruft an und sagt: „In Hannover war doch die Expo 2000. Pater Leon und meine Familie, wir alle sind zusammen dorthin gefahren. Diese Lebendigkeit vom Pater Leon, das war total lustig und hat sehr viel Saß gemacht. Er war so fröhlich und lieb".

Die älteste Tochter Jeannette, Thomas und die erweiterte Familie

Die Beziehung zur ältesten Tochter Jeannette und zum Schwiegersohn Thomas gestaltete sich immer intensiver. Thomas ist katholisch, Jeannette evangelisch. Die beiden haben sich zusammengetan, den Sohn Aaron geboren und nach und nach auch die Feierlichkeiten nachgeholt. Dazu später mehr.

Predigt anlässlich der Taufe des „Patenkindes" Aaron Theodor <u>Leon</u> Alexander

Inzwischen konfirmiert - Da ist er, der Aaron Alexander Leon Rehmer, ein ganz lieber Kerl von fast 1,90 m – zur Konfirmation 2014

Pater Leon Knabit, O.S.B
September 2000

Braunlage, am 14.

Trinitatiskirche

Es ist für mich eine große Freude und Ehre, dass mein Bruder, Pastor Christian, hat mir gnädig zum heutigen Aarons Tauffest eingeladen.
„Aaron - Der erste Aaron war der Bruder von Moyzes. Er half Moyzes und unterstützte ihn während des Auszuges aus Ägypten. Er war ein guter Sprecher, er hatte eine deutliche Aussprache.
Als Benediktinermönch erinnere ich mich auf den anderen Aaron, den ersten Abt von meinem Kloster Tyniec. Dieser stammte aus Deutschland und als Benediktiner in Köln zum Bischof ordiniert zog nach Polen mit einen Mönchengruppe, um dort im Krakau dem Prinzen Kasimir in Wiederaufbau des Staates und der Kirche zu helfen.
Es war alles noch vor der Kirchentrennung.
Man kann hoffen, dass unser kleiner Aaron, der gleich ein neuer Mitglied der großen christlichen Familie sein wird, wird auch gut und schön sprechen und in Erneuerung des Glaubens in den Familien in dritten Tausendjahrhundert helfen.

Dein
Pater Leon

Taufe von Pia Theresa, Tine Pauline und Celina Rehmer

Taufe von Celina, Tine Pauline und Pia Theresa 2012 in Bündheim

Zuerst war die Taufe von Aaron am 14. September 2000, dann die Hochzeit am 24. August 2002 von Jeannette und Tomas. Noch später, in der Sorge um die Kinder von Peggy, die Taufe von Tine Pauline und Pia Theresa mit der von Celina zusammen. Stets war auch der evangelische Pastor Christian Leu (noch ein Löwe) mit im Geschehen. Die beiden Geistlichen haben sich nicht nur gut verstanden, sie haben sich wohl auch gemocht.

OPAT TYNIECKI
ul. Benedyktyńska 37; 30 – 398 Kraków; tel. (048) (12) 267 59 77; 267 55 26; fax 268 08 01

✠

Pax

Kraków-Tyniec 22.06.2002 r.

Verehrter Herr Doktor,

Ja , es ist möglich, daß Pater Leon in der Trauung Ihren Tochter mit meinen Segen und Erlaubnis teilnehmen kann. Er hat in diesen Sommermonaten nicht zu viel Zeit, aber ein paar Tage können wir zu diesem wichtigen Zweck finden.
Bei der Gelegenheit danke ich Ihnen, Verehrter Herr Doktor, daß Pater Leon von Zeit zu Zeit bei Ihnen ausruhen kann. Ich lade Sie auch ganz herzlich zu uns ein, wenn Sie Polen besuchen werden.
Und was der Reise betrifft, werden Sie das unmittelbar mit Pater Leo besprechen.

Mit herzlichen Gruß für Sie, Verehrter Herr Doktor, Ihre Frau und ganze Familie verbleibe ich hochachtungsvoll
Ihr

+ Marek S-- OSB

o. Marek W. Szeliga OSB
Opat Tyniecki

Jan, Piotr und Janusz aus Warschau haben ihr Kommen zugesagt. Sie wollen gern Pater Leon aus Krakau mit nach Braunlage nehmen und auch wieder zurückbringen.

Alles ist abgesprochen, alles vorbereitet, der sogenannte Polterabend findet vorher statt, viele Freunde sind aus „aller Welt" gekommen. Das riesige Zelt steht, der große Regen kommt und alle bleiben trocken. Bei vielen Gästen findet Pater Leon Beachtung, Bewunderung, denn er ist mitten dabei und sehr fröhlich. Ein sehr schöner Polterabend gestaltet sich bis in die Nacht hinein.

Die Hochzeit in der Braunlager Trinitatiskirche: Der Organist Herr Kalvas war bestellt, die Kirche ist voll und man wartet und wartet. Doch nichts geschieht. Der Organist ist noch nicht da. Dann wird er angerufen und zu erfahren ist, Herr Kalvas hat es völlig verschwitzt, er sitzt in der Sauna. Was nun? Auf der Straße werden Passanten angesprochen, ob jemand Klavier oder Orgel spielen kann. Nichts da. Die Hochzeitsgesellschaft wird befragt, wer vielleicht Orgel oder Klavier spielen und helfen könnte. Schließlich stellt sich heraus, dass Muna und Irina Klavier spielen können. Muna mag nicht. Irina, eine Weißrussin ist zum ersten Mal in ihrem Leben in einer Kirche. Sie setzt sich an die Orgel, zum ersten Male in ihrem Leben, Muna blättert die Noten um. Ein feste Burg ist unser Gott, oh wie langgezogen und langsam das klingt? Aber, der Organist ist ersetzt und wir sind gerettet. Die Feierlichkeiten nehmen anschließend im Haus Hubertus ihren Verlauf. Gut hundert Gäste sind gekommen doch das Personal scheint

überfordert. Mit dem Kaffee klappt es überhaupt nicht. Nach dem Abendessen überzeugen die vielen Darbietungen und Andrei führt durch das Programm. Ein tolles Fest. Viele der Gäste übernachten im großen Ferienhaus des Nachbarn Rolf Schurig , so auch Pater Leon. Ein wirklich würdiges und schönes tolles Fest. Leider sind alle Fotoaufnahmen einem Virus auf dem PC von Jeannette zum Opfer gefallen. Hier die beiden anlässlich einer anderen Feierlichkeit.

Immer wieder wenn der Thomas mit Pater Leon in seiner Kutte zusammen durch Braunlage gehen, nehmen die Leute verwundert Anteil. Thomas Rehmer und ein Mönch.

Einmal war da das Schützenfest. Jeannette hatte ihre kurze Lederhose an, Pater Leon würdevoll in seiner Kutte. Jeannette sagt, ich kann doch so nicht zum Schützenfest gehen, aber Leon sagt: „Ach was, das macht doch nichts" und sie gehen gemeinsam in Lederhose und Benediktinerkutte zum Schützenfest.

Die Familie der Stukenbergs vom Elfenweg

Es war einmal an einem 1. Advent - die Familie der Stukenbergs

Die Polnischen Landsleute ehren ihren Pater Leon Knabit – Der Ritter -

Im Polnischen Fernsehen hat Leon zu vielen Menschen gesprochen. Besonders die jungen Leute waren es, um die es ihm ging. So war er im ganzen Land gut bekannt. Außerdem hat er in den letzten 20 Jahren sehr viele Bücher geschrieben. Ein weitere Grund, bekannt und vor allem beliebt zu sein.

Eines Tages schickt mir, Stanislaw, ein alter Freund der inzwischen in Holland lebt, eine Mail:
---Ursprüngliche Nachricht---

Von: "Kruszynski Stanislaw" <stanislaw@kruszynski.speedxs.nl>
An: "Stukenberg Horst" <horst.f-w-stukenberg@t-online.de>

Betreff: Ritter Leon Knabit
Datum: 26. Dec 2009 07:25

Aus Wikipedia, http://pl.wikipedia.org/wiki/Leon_Knabit
Blog von Pater Leon Knabit, http://ps-po.pl/category/blog-ojca-leona/

Knabit 80 Jahr alt, Leon Knabit, eigentlich Stefan Knabit, geboren 26. Dezember 1929 in Bielsk Podlaski, Polen, Benediktiner, Abt in Tyniec 2001-2002, Journalist.

Der Vater von Knabit war Postbeambte gewesen, er ist durch die Gestapo ermordet worden. Leon ist in den Jahren 1945-1948 Pfadfinder in Siedlce gewesen. Dort hat er auch das Abitur gemacht.

Nach 6 Studienjahren auf dem Priesterseminar in Siedlce wurde er 1953 zum Priester geweiht. Einige Monate in 1954 har er die katholische Gemeinde in Gronkow geleitet und in 1955 in die Gemeinde in Brzegi, geleitet.
In 1955 hat er auch in die gemeinde Rozwadowka gewirkt, geholfen.
In 1956 ist er der Spiritual vom katholische Gymnasium in Siedlce gewesen.

Von 1956 bis 1958 war er Rektor des Bistumshaus in Pewel Mala,
In dieser Periode ist er ein Benediktiner in Tyniec geworden. Von 1959 bis 1990 hat er gearbeitet als Religionslehrer.
Von 1963 bis 1970 war Knabit der Pfarrer von der Gemeinde Tyniec.
Von 1983 bis 1983 was er Prior von dem Benedikktinerkloster in Lubin, West-Polen. Von 1988 bis 1991 was er der Pfarrer von der Gemeinde Lubin. In 2007 hat er den Krakauer-Lorbeer-Preis bekommen,

Knabit ist bekannt über seine Offenheit, guten Kontakt zu jungen Leuten und ein gutes Gefühl für Humor. Er war ein guter Bekannter des Papstes John Paul II. Er ist der Autor vieler Publikationen, Aktiv in den Medien. Sein "Buchgeheimnisse der Mönche, Richtlinien für ein glückliches Leben" ist in Januar 2008 das Monatsbuch von Krakau gewesen. Er hat eigene Programme im Polnischen Fernsehen gehabt.

Auf 23 Dezember 2009 „in der Anerkennung des hervorragenden Beitrags zu den Tätigkeiten von die Seelsorge, für die Förderung des Glaubens und der moralischen Grundregeln unter Kinder und junge Leute" hat er das Ritterkreuz Polonia Restituta bekommen,
http://de.wikipedia.org/wiki/Orden_Polonia_Restituta

Manchmal, wenn eine größere Feierlichkeit in Braunlage stattfand, stellten die Nachbarn, Familie Schurich, ihr Ferienhaus für die Gäste der Rehmers zur Verfügung. Als polnische Gäste einmal erfuhren, dass jemand in dem Bett geschla-

326

fen hat, wo Pater Leon schon einmal geschlafen hatte, da waren die polnischen Landsleute ganz aus dem Häuschen, der eine sagte: „Und ich durfte auch in diesem Bett vom Pater Leon schlafen, ich bin so glücklich."

Ein Bericht von Pater Leon über Bad Harzburg, den Elfenweg und „umzu".

A w Górach Harzu w Niemczech środkowych. Najwyższy ich szczyt, Brocken, według wierzeń miejscowej ludności był miejscem, gdzie odbywały się sabaty czarownic, a całe góry roiły się od diablików, duchów i duszków, elfów i tym podobnych stworów. Tam to właśnie, w uzdrowisku Bad Harzburg, skąd przed wiekami cesarz Henryk IV wyruszał z pielgrzymką pokutną do Canossy, aby otrzymać do papieża Grzegorza VII uwolnienie od ekskomuniki, mogłem spędzić dwa tygodnie urlopu. Na zaproszenie Redakcji chcę przekazać drogim Czytelnikom garść wrażeń.

Zaprosiła mnie znana mi od kilku lat rodzina ewangelicka. Zadziwiło to zresztą jednego ze znajomych Niemców, który był przedtem członkiem Kościoła katolickiego, ale potem z niego wystąpił, zrażony fundamentalistyczną postawą swoich współwyznawców. Zdumiony, spytał mnie: „Co przełożeni na to, że mieszka Ojciec u innowiercy." - No nic – odpowiedziałem. To też człowiek, który zresztą od czasu do czasu bywa w Polsce, odwiedza nasz klasztor, w którym medytuje, modli się i którego urokowi się poddaje. Kiedy jestem u niego, zawsze mogę liczyć na czynną pomoc, jeśli mam odprawić Mszę świętą. W Niemczech w dzień powszedni nie zawsze jest to takie proste. Zresztą nieraz bywa na niej obecny.

Poziom życia naszych zachodnich sąsiadów na ogół jest oczywiście wyższy niż u nas, ale jeśli ktoś ma skłonności do narzekania, narzeka i tam. Niegdyś parę kilometrów na wschód od Bad Harzburg przechodziła granica między Niemcami Wschodnimi a Zachodnimi. Kontakty z „tymi ze wschodu" są więc bardzo żywe. Niektórzy bardziej przedsiębiorczy potrafili się już urządzić. Państwo, wciąż przecież bogate, przeznacza wiele pieniędzy na budowę doskonałych autostrad i linii telekomunikacyjnych. Mniejsze miasta zwykle odnawia się, począwszy od rynku, często pięknego, zabytkowego. Potem powoli zmienia się wygląd dawnych szarych, zaniedbanych, enerdowskich ulic. Sporo jednak ludzi, przyzwyczajonych do

Z niemieckimi przyjaciółmi

Felieton Ojca Leona

Gdzie czarty i wiedźmy

otrzymywania wszystkiego za cenę posłuszeństwa czerwonej władzy, choćby zewnętrznego, wzdycha do dawnych czasów, kiedy stał mur berliński i choć granica była pilnie strzeżona, otrzymywało się jakąś pomoc z RFN, co pozwalało na zupełnie znośne życie. Hasło „Komuno, wróć!" jest jak widać nie tylko specjalnością niektórych Polaków.

Dzisiaj w mieście prawie nie widać młodzieży. Kto tylko może, ucieka do większych ośrodków, by znaleźć jakąś pracę, co wcale nie jest zadaniem łatwym. Oczywiście jest bardzo czysto. Ulice i domy zadbane. Wciąż się coś buduje, odbudowuje, przerabia, unowocześnia...

I tu jednak nie brak zwykłych trosk i kłopotów. Wiele osób starszych i młodszych choruje na raka, wiele już z tego powodu umarło. I dlatego ciekawe wykłady odbywające się w Domu Zdrojowym poruszają nie tylko zagadnienia z dziedziny kultury, ale próbują także odpowiadać na pytania o sens życia i śmierci. Zawsze znajdzie się parędziesiąt osób – zarówno spośród kuracjuszy, jak i stałych mieszkańców – chętnych do ich wysłuchania i zabrania głosu w dyskusji.

Wszyscy są niezwykle grzeczni. Przy pożegnaniu zawsze z uśmiechem życzą sobie dobrego dnia, dobrego popołudnia czy dobrej nocy. Ile w tym zewnętrznej, formalnej grzeczności, a ile prawdziwej życzliwości do drugiego człowieka – trudno ocenić. W każdym razie taki styl bycia na pewno czyni życie trochę milszym.

W rozmowie bardzo często powtarzają słowo genau, co mi przypomniało nasze powtarzane dzisiaj w porę czy nie w porę słowo DOKŁADNIE. Notabene śmieją się niektórzy, że i w najbliższych tłumaczeniach Pisma świętego w miejscu, gdzie Samuel przyszedł do Betlejem, by namaścić Dawida na króla i wyszła naprzeciw niego wylękniona starszyzna miasta, na zapytanie jednego z nich: „Czy twe przybycie oznacza pokój?" (1 Sm 16,4), znajdziemy odpowiedź „DOKŁADNIE".

Oczywiście wszędzie można spotkać Polaków, którzy na ogół grzecznie, acz krótko gotowi są porozmawiać z gościem z dawnej ojczyzny. Zazwyczaj bardzo cenią sobie otaczający ich dobrobyt, a troska o pomnożenie bogactwa wydaje się zajmować ich całkowicie. Nie brak też innych cudzoziemców. Włoch ma wiel... sklep z lodami, Grek – restaurację, a na ulicac... spotkać można fizjonomie i stroje z Dalekieg... i Bliskiego Wschodu. Dla niemieckiego społe... czeństwa stanowi to narastający problem... Z jednej bowiem strony Niemcy nie wykazuj... szczególnej chęci do zajmowania się tak zwa... nymi „podrzędnymi" pracami, z drugiej zaś... jeśli podejmują się ich cudzoziemcy, gotow... pracować za pięć marek na godzinę, podcza... gdy Niemcowi trzeba by było zapłacić dw... dziecia i więcej, powstaje narzekanie, że c... dzoziemcy zabierają pracę swoim, a więc n... należy ich wpuszczać, a tych, którzy już są... usuwać. Co bardziej krewcy, zwłaszcza młod... nacjonaliści, dopuszczają się aktów gwał... i przemocy. W samym Bad Harzburg o wybry... kach skrajnie nacjonalistycznej młodzieży je... nak nie słyszałem.

Większość miasta jest ewangelicka. Są dwi... parafie protestanckie i dwie katolickie. Obi... parafie katolickie obsługiwane są przez jedne... go tylko proboszcza, już po siedemdziesiątc... Wystarczają dwie Msze święte – w parafii św... Grzegorza VII odprawiane są w sobotnie popo... ludnie, w parafii Matki Bożej w niedzielę prze... południem. W dni powszednie Msze odbywaj... się raz tu, raz tam, a niekiedy wcale. Duchow... i świeccy obu wyznań żyją w zgodzie.

Rodzina, u której mieszkałem, zaprosił... mnie nawet do udziału w chrzcie wnuczka... Obrzędy podobne do katolickich. Po kazani... pastora za także powiedziałem kilka słó... i podzieliliśmy się wezwaniami modlitwy wier... nych.

Wielkie zaniepokojenie spowodował jed... nak ostatni dokument Stolicy świętej Pan Je... zus. Podczas dyskusji w gronie katolicko-ewan... gelickim padały pod moim adresem gwałtown... pytania, czy teraz znów zacznie się prześlado... wanie innowierców i zapłoną stosy. Nie znałem... wtedy jeszcze tekstu oświadczenia kardynał... Ratzingera, nie mogłem więc udzielić wyczer...

Dokończenie na stronie 1...

Gdzie czarty i wiedźmy

Dokończenie ze strony 9

Fot. O. Leon Knabit

pującej odpowiedzi. Zaniepokojonym dyskutantom zwróciłem jedynie uwagę, że między przekonaniem o wyłączności swojej religii a stosunkiem do innowierców istnieje zasadnicza różnica. Bywa, że ludzie, którzy nie wykazują specjalnego przywiązania do swej religii, żywią niechęć, a niekiedy wręcz nienawiść do osób odmiennej wiary. Ci jednak, którzy do końca przekonani są o słuszności i wyłączności swej religii, potrafią uszanować odmienne przekonania każdego człowieka, otaczać go miłością i nie obawiać się dialogu z nikim.

Przykładem takiej postawy jest sam Ojciec Święty i zresztą nie On jeden. Kiedy Mu opisałem przebieg ekumenicznej dyskusji w Niemczech, w odpowiedzi napisał: „To prawda, że dokument *Dominus Jesus* wywołał gorące dyskusje, ale może dla wielu będzie jasnym drogowskazem wśród niepewności wyboru dróg. Duch Święty czuwa nad Kościołem".

*

Podczas moich niemieckich wakacji miałem też możność przebywania przez sześć godzin na Wystawie Światowej EXPO 2000 w Hanowerze. Oczywiście w tak krótkim czasie niewiele można było zobaczyć, uderzyła mnie jednak dbałość uczestniczących państw (chyba około 160) o przedstawienie w możliwie najatrakcyjniejszy sposób swego dorobku. Warto też wspomnieć o bardzo miłej, radosnej,

prawdziwie braterskiej atmosferze, o życzliwości między ludźmi, wśród których tak niedawno jeszcze panowała wrogość.

Bardzo ciekawy Pawilon Polski obejrzało dwa miliony osób, co dobrze świadczyło o jego poziomie. We mnie jednak zrodziła się taka oto refleksja – kiedy zwykły człowiek, zwłaszcza stary i chory, będzie mógł dać świadectwo dobrego poziomu życia w kraju ojczystym. Aby to było jak najrychlej, z całego serca życzę przynajmniej Chorym i Personelowi Szpitala św. Jana Grandego.

O. Leon Knabit OSB
mnich tyniecki

Najtrudniej

Najtrudniej jest stać w szeregu.
Z uśmiechem czynić zwykłe rzeczy.
Nie chcieć zaszczytów i orderów.
W decydującej chwili wyrzec się awansu.
Najtrudniej jest o sobie zapomnieć.
Nie zaglądać do kufla goryczy.
Nie zazdrościć, gdy innym się powodzi.
I tak zwyczajnie po cichu służyć.

Lucjan Szczepaniak SCJ

Eine kurze Inhaltsangabe in deutsch - vom Stanislaw aus Holland

Lieber Horst,

Der Artiekl von Pater Leo's geht ganz kurz auf seine Erlebnissen mit Ökumene in Deutschland ein. Pater Leon ist die Freundschaft eingegangen mit eine evangelischen Familie in Bad Harzburg. Die Freunden sind offen für den Glauben, ja, sie helfen immer die Messe zu organisieren in einer katholischen Kirche und feiern manchmal die Messe mit. Das ist herzerwärmend was Pater Leon da schreibt. Pater Leo hat einmal schwierige Fragen bekommen von anderen evangelischen Leuten. Zum Beispiel: wünscht die katholische Kirche eine zweite Gegenreformation?

Sie sind schockiert durch die katholische Erklärung Dominus Jesus, http://de.wikipedia.org/wiki/Dominus_Iesus.

Pater Leo hat über seinen schwierigen Dialog in Bad Harzburg nach diese Erklärung mit der Papst JP2 geschrieben und der Papst hat zurück geschrieben das, er bewusst ist über diese Probleme in ökumenischen Dialog, aber der Papst hat eine andere Hoffnung, dass die Erklärung einen deutlichen Orientierungspunkt soll sein in diese dunkelen Zeit von Glaubenskrisis. Weiter sind im Artikel viel touristische Informationen. Also alles recht positiv.

Herzliche Gruessen

Stanislaw

Am Tetzelstein im Elm

Ein Trunk aus der Schwefelquelle in Bad Harzburgs

Von Harzburg aus nach Rom zum Heiligen Vater

Bei einem meiner Besuche im Kloster Tyniec sagte Leon zu mir: Und heute bekommst Du das Zimmer 16. Ein sehr schönes Zimmer mit wunderbaren alten Möbeln, WC und Bad. Am nächsten Tag: Na, und wie hast du geschlafen? Danke, sehr gut. Das ist das Zimmer vom Heiligen Vater, immer wenn er in Krakau ist, schläft er dort in seinem Zimmer.

Zunahme unserer Korrespondenz – Vier Nullen bei den Slotys gestrichen

Lieber Herr Horst,

wie Sie es sehen können, der Löwe bleibt ruhig in Rychwie und keine größere Reisen jetzt unternehmen kann. Darum ist auch meiner Ausflug mit Frau und Herr Szymański nicht möglich. Schade, aber – endlich, endlich... Wir hoffen.

Unsere Korrespondenz ist lebhaft geworden. Letztens habe ich Ihnen eine Karte geschickt. Der Brief von 27. Mai hat mir viel Freude gegeben... Diese Katzenkarte stellt eine andere Katze als Cäsar dar. Doch die Ähnlichkeit und ... liebe Tante Friedel, immer unvergesslich.

Seit 1. Januar haben wir in Polen eine Geldreforme. Vier Nuls sind abgeschnitten. Darum haben wir noch durch zwei Jahren neue und alte Zloty's und Briefmarken. Ich lege hier eine entsprechende Tabelle bei.

Gestern war bei uns ein schöner, roter Abend und heute – das Regen, die Wolken und +11°C. Vielleicht ist es gut geworden, weil im Mittelpolen herrschte schon die Gefährliche Dürre / 15% der Feuchtigkeit in Wäldern/ und der Hl. Geist kommt bald als Ursache der Liebe und der Einheit.

Bei uns verweilt jetzt ein Kapuzinerpater in einem braunen Frack, der zum Weihbischof in Ukrainien /Kamieniec/. Letztens ernannt ist P. Stanisław, ganz bescheiden und demütig, macht hier seine Belehrungstage vor der Bischofsweihe.

Ganz herzlich grüße ich Sie, lieber Herr Horst, Frau Marlis und die Kinder!

Die Briefe kommen schnell 28.V – 1.VI! Mit freundlicher Umarmung

Rychwie, 3.VI.95   Pfr. L. Lees oh.

Die Gratulation zum deutschen Papst

Eine Tages ruft Leon an und sagt: Horst, ich gratuliere dir zum deutschen Papst, aber wisse, der liebe Gott. der ist Italiener

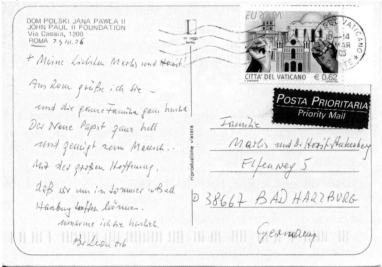

Die Geschichte einer Brille

In der Zeit des Sozialismus herrschte in Polen Knappheit, dies traf oft viele Menschen hart, Pater Leon konnte z. B. keine Brille erwerben. Im Westen gab es ja alles, und viele konnte man auch umsonst bekommen. Reinhard Gottschlich, der Optiker, passte dem Leon eine Brille an und die muß ihm viele Jahre gedient haben.

Immer wenn deutsche Gäste im Kloster Tyniec waren und vor allem, wenn Leon Zeit hatte, führte er diese Gruppen recht gern selbst.

Folgendes soll sich ereignet haben. Fragen, woher die Menschen kommen, und eine Dame: Sagte aus Braunschweig. Oh, da in der Nähe wohnt mein Freund. Können sie mir eine Bitte erfüllen? Er soll zum Optiker Gottschlich gehen und meine Brille richten lassen. Natürlich wird das gemacht. Ist der Herr, so wurde uns später von Frau Gisela Badura erzählt, ein gläubiger Katholik? Nein – ah, ein praktizierender Protestant? Nein. Bei ihm zu Hause verkehren Buddhisten, Juden, Moslems, Christen usw., er bemüht sich, Mensch zu werden. Die Dame brachte uns die Brille mit nach Bad Harzburg und erzählte die Begebenheit. Wohlbehalten soll diese besagte Brille auch wieder nach Tyniec zu ihrem Herrn zurückgekehrt sein.

Besuch im Kloster Tyniec 2014 mit Marlis

Marlis sagte im Jahr 2014 am Ende unserer Rundreise durch Polen, 15 Familien haben wir besucht. Ja, wahrlich, wir haben versucht, einige unserer polnischen Freunde zu besuchen. Angefangen in Warschau, Podnowinka und Walne bei Augustow, Lodz, Tyniec, Karnkow und zum Schluss in Klodebock. Wir wussten, Leon weilt zur Kur an der Ostsee. Bei Ewa und Pawel kehrten wir ein und erfuhren, dass besonders für Marlis - die noch nie in Tyniec war - eine Führung durch das Kloster organisiert würde.

Am 26. Juli 2014 führt uns Bruder Jaroslaw, der berühmte Musiker, sehr engagiert durch das Kloster. Er öffnet auch einige der für andere verborgenen Türen. Jaroslaw spielt Geige und Cello und hat viele Konzerte in aller Welt gegeben. Er soll wunderbar singen. „Sicher hätte ich auch Jesuit oder oder werden können, aber Gott hat bestimmt und gefügt, dass ich Benediktiner in Tyniec wurde."

Pater Leon ist nun seit 50 Jahren Benediktiner, er lebt nach der Lubiner Zeit als Prior nun wieder hier. Viele Jahre war er ein hervorragender Gregorianischer Sänger. Tief im Glauben ist er verwurzelt. Über 40 Bücher müssen es sein, die er in den letzten Jahren geschrieben hat. Er arbeitet viel, hier und auswärts und wurde mehrmals hoch geehrt. Aber er kennt auch die Welt mit seinen Sonnen- und Schattenseiten und die Menschen, die hierin leben. Fragen kann man, gibt es denn mehrere oder wenigstens zwei Welten? Wie es auch sei, in der einen Welt ist er tief verwurzelt und zu Hause. In der äußeren Welt kennt er sich gut aus, vermag die Menschen, woher sie auch stammen, anzunehmen, ihnen Kraft zu spenden und Hoffnung zu vermitteln.

Verweilt man in Tyniec, im Kloster, so kann man da etwas Besonderes spüren. Die Patres oder Brüder, die Mauern, die Atmosphäre strahlt Ergreifendes, Besitzergreifendes aus. Hat unser Freund Leon uns kurz vor Beginn unserer Reise gebeten, den Journalisten und Autor Pawel Zuchniewicz zu konsultieren und ihm möglicherweise ein Interview über den Elfenweg und „umzu" zu geben, so ist das für mich ein Freundesbeweis, und er wird da seine Gründe gehabt haben. Gut, Pater Leon oder einfach Leon kennt mich und muß zumindest erahnen, aus welcher Sicht wir zu berichten wissen. Ob dieser Bericht den Ansprüchen gerecht werden kann, ist äußerst ungewiss. Über das geistliche Leben, den von Gott erfassten Pater Leon, kann ich nicht viel berichten, wenn ich versuche, authentisch zu bleiben, und ich beschränke mich vor allem auf einige der wenigen weltlichen Aspekte und Erfahrungen.

Vor einem Jahr, 2013, besuchte ich mit Yuval aus Israel unter anderem auch unseren Freund Leon im Kloster. Für den jungen Juden, der auf den Spuren seiner Familie in Lodz und Auschwitz wanderte, ein äußerst ergreifendes Erlebnis.

Zum Abschluß dieses Besuches verabredeten wir, Leon und ich, bis zum letzten Tag unseres Lebens zu arbeiten und gesund zu sterben. Gott hat aber das letzte Wort, er wird es fügen, das wissen wir beide.

Leon, Du bist mir Freund geworden, gehörst gewissermaßen zu unserer Familie. Deinen Eltern muß ich Dank sagen, dass es Dich gibt. Dem Orden der Benediktiner ist zu danken, dass er unsere Freundschaft über die „Grenzen" hinweg gestattet hat. Gott ist vor allem zu danken, dass er es gefügt hat, dass wir zusammenkamen und zusammen sind. Darf ich Dich in den Arm nehmen und auch Dir für Deine Freundschaft und Dein Vertrauen Dank sagen? Verzeih, wenn ich zuviel „aus der Schule" oder vom Elfenweg und „umzu" geplaudert haben sollte.

Deine und Dein

Marlis und Horst

Eine polnisch - deutsche Geschichte – Golonkas Karnkow[220] - Eine weitere meiner polnischen Heimaten -

Es beginnt eigentlich 1940. Der polnische Kriegsgefangene Jozef Golonka wird mit 19 Jahren dem Bauernhof der Familie Pape, Familie meiner künftigen Frau,

in Fümmelse zugeteilt. Der Vater Julius Pape ist im Krieg. Der Großvater schon alt und schwach. Josef ist der Mann auf dem Hof, der vieles richtet, fleißig arbeitet und zur Familie gehört. Kriegsgefangene dürften eigentlich nicht am Tisch der Deutschen sitzen, das ist streng verboten. Und dennoch, er sitzt mit am Tisch und lernt die Küche von der Schwiegermutter Ilse kennen.

Da sind noch die kleine Tochter Helga, die Mutter Ilse, auf deren Schultern die ganze übrige Last liegt, und ein französisches Mädel, das zur Zwangsarbeit zugeteilt wurde. Als 1941 die Tochter Marlis geboren wird, ist Jozef zur Stelle. Er holt das Wasser, leistet Hilfsdienste. Fernerhin betrachtet er die kleine Marlis als seinen Augapfel, als seine Marlis. Als die Französin das Kind einmal an den Herd festbindet, um freier arbeiten zu können, da wird Jozef böse und befreit sie sofort. Ständig ist er um sie besorgt. Wenn Bombenangriffe kommen, trägt er sie zuerst in den Keller.

Vater Julius findet, lange nach dem Krieg einen alten Brief an oder vom Jozef. So wird Jaroslaw, unser polnischer Freund in Poznan, gebeten, Josefs Adresse in Polen ausfindig zu machen. Die Adresse wird ausfindig gemacht, er lebt in Karnkow/Armsdorf.

1979. Im Rahmen der Erwachsenenbildung habe ich öfters in Polen zu tun. Bei der nächsten Gelegenheit fahre ich in das Dorf Karnkow. Der Wagen parkt vor dem Bauernhof, ich gehe und frage, wohnt hier Jozef Golonka? Ich bin der Ehemann von Marlis Pape. Er ruft seine Frau Bronislawa und schreit, Marlis, meine Marlis und bricht in Tränen aus. Ab da gehöre ich mehr oder weniger auch zur Familie Golonka und fühle mich dort auf dem Bauernhof wie zu Hause. Bei der nächsten Fahrt nach Polen ist die Marlis mit dabei. So besuchen wir

---

[220] Das Dorf Karnkow hieß zu deutscher Zeit Armstorf und liegt 15 km von Münsterberg und 15 km von Grotkau entfernt. Bis Breslau sind es ca. 40 km.

die Golonkas jedes Jahr mindestens einmal. Es war die Zeit der Knappheit in Polen. In Deutschland begann schon der Überfluss. Wo ich das eben schreibe, kommen mir wieder einmal die Tränen.

Unsere Bar wird umfunktioniert, sie wird zur Sammelstelle für Anziehsachen, Schuhe, Haushaltsgegenstände und vieles mehr. Gleichzeitig wurden wir auch die Sammelstelle von vielen unserer Freunde. Jahre später sahen wir die Sachen, die unsere Kinder einmal getragen hatten, und solche unserer Eltern oder Freunde dort wieder, ein seltsamer, aber angenehmer Anblick. Bronislawa, wir durften einfach liebevoll „Madka" zu ihr sagen, nahm die Sachen entgegen und verstaute sie in einem Extrazimmer, verwaltete das „kostbare Gut", verteilte es sorgsam an ihre große Familie.

Es war die Zeit, als ich noch Fleisch gegessen habe. Kamen wir vor das Hoftor gefahren, rannte Madka schon mit einem Beil los und köpfte ein Huhn oder eine Ente, eine kaczka? Später gab es jeden Morgen eine Milchsuppe oder für uns beide 6 – 8 Eier in die Pfanne gehauen. Ein Stapel Brot lag auf dem blanken Tisch, dazu ein Glas Tee mit Zucker. Wir durften dort schlafen und manchmal auch auf dem Bauernhof helfen. Gleich hinter dem Haus war an dem Bach das Häuschen mit dem Herz. Mein Lieblingsort. Dort in Nähe des Baches, wo auch die Wäsche gewaschen wurde, die Enten schwammen, dort konnte ich stundenlang sitzen.

Nicht weit davon entfernt ein großer Haufen von Ästen und Holzteilen. In der Küche brannte immer der Herd, im Sommer wie im Winter. Erst war es gar nicht gern gesehen, dass ich mir das Beil suchte, Holz hackte und an den Ofen trug. Manchmal gelang es mir, einen kleinen Holzvorrat in der Scheune anzulegen. Madka hatte genug zu tun. Da waren die Kühe, die Schweine, Hühner, Gänse und vieles mehr zu versorgen. Mit ihrem Kopftuch und der Schürze wirkte sie immer adrett und ausgeglichen und gut gelaunt.

In der kleinen Kammer zur Straße lag die Oma, ihre Mutter, die auch noch versorgt werden wollte. Sie schaute nur aus dem Fenster und freute sich sehr, wenn wir ein paar Worte wechselten. Sie hatte eine besonders gute Beziehung zu der im gegenüberliegenden Haus wohnenden Nachbarin. Dort befand sich auch der Brunnen, aus dem ich so manches Mal mit einem Eimer aus der Tiefe das Wasser raufzog und zu den Golonkas auf den Flur bringen durfte. Heute wohnt dort Franciscza Zzyska, die viele Jahre in Chicago gelebt hat und in ihr Elternhaus zurückgekehrt ist. Übrigens ist das Haus völlig renoviert und schaut drinnen wie draußen sehr hübsch aus. Beim letzten Besuch ließ es sich nicht verhindern, dass ich mehrere Gläser Eingemachtes für Marlis mitnehmen musste.

Der Sohn Kacemierz lebte noch zu Hause, half dem Vater bei der Feldarbeit und ihn galt es auch zu versorgen. Ich glaube, er hatte ein schweres Leben und war nicht oft glücklich. Gern schaute er ins Glas. Im Dorf gab es eine richtige alte Kneipe vom Darek. Dort war er fast zu Hause, manchmal auch bei seiner Freundin auf dem Bauernhof nebenan.

Madka war stets bemüht, Alkohol zu verbannen oder zu verstecken. An zwei Feiern erinnere ich mich, als Kacemierz voll war wie eine Haubitze. Mariola, die Tochter des ältesten Sohnes Jan hatte Kommunion. Zu der Zeit war ich mit Hartmut Griese, wegen seines Vollbarts Marx genannt, zu Gast. Fast unfähig zu gehen, schleppen wir ihn, Hartmut rechts, ich links, bis in sein Zimmer, legten ihn behutsam auf sein Bett. Als wir bei der feiernden Familie wieder ankamen, da saß Kasemirz bereits vor seinem Bier und grinste uns an. Er kannte den Geheimweg hinten herum durch die Gärten. Ein anderes Mal, das war bei der Hochzeit des jüngsten Sohnes Edward, genannt Edek, da feierten wir im Dorfgemeinschaftshaus in Przeworno. Kacemierz hatte den Kanal voll und ich fuhr ihn weit nach Mitternacht nach Hause. Aber das ist eine andere Geschichte.

Auch Hartmut war des Öfteren mit mir bei Golonkas. Er schlief stets mit mir in einem Zimmer, und zwar unter einem Heiligenbild. Dies weckte in ihm unangenehme Erinnerungen an seine eigene Kindheit. Aber was soll man machen, es gab keine andere Wahl. Hartmut war Prof. für Soziologie und veröffentlichte in seinem Leben viele Bücher. Ein Buch über die Erwachsenenbildung in Polen hat er Jozef Golonka gewidmet. Er schrieb: „... vergessen habe ich aber auf keinen Fall unseren Freund Jozef Golonka, ein Bauer, nicht Landwirt, in der Region südlich von Wroslaw, der aufgrund seines 6-Jährigen Zwangsaufenthaltes als Kriegsgefangener in der Nähe von Braunschweig recht gut deutsch gelernt hatte, bei dem wir während unserer Polenreisen ... mehrfach übernachtet haben, seine Frau Madka nicht zu vergessen (die uns stets) bewirtet hat ... wo wir mit seiner Familie zusammen die Kommunion seiner Enkelin gefeiert haben. Jozef bedeutet für mich das, was ich **„Mensch"** nennen möchte. Bei Jozef habe ich viel gelernt, wieder gelernt, z. B. was ein einfaches, aber glückliches Leben ohne fließend Wasser, ohne Komfort und Konsum, all die technisch wissenschaftlichen Errungenschaften der „Moderne" bedeuten kann – nur: Seit 1987 steht auch bei

Jozef im kleinen bescheidenen Wohnzimmer, der alles andere, auch die Heiligenbilder und die „Schwarze Madonna" überragende, neue sowjetische Farbfernseher. Die „neuen Götter" verdrängen die alten?! So möchte ich abschließend, diesen Band, ... jenem **Jozef widmen**, wohl wissend, dass er ihn niemals lesen wird.[221] Anzumerken sei noch, dass auf dem Fernseher wie auf einem Altar die Heiligenbilder standen, aber auch ein Foto von „seiner" Marlis und später

eins von dem ehrten Bauern Julius Pape. Harte Arbeit war Hartmut nicht gewohnt. Bei der Getreideernte stand ich unten auf dem Wagen, er saß oben über dem Kuhstall und nahm die Getreidesäcke entgegen. Wir beide waren sehr dankbar, dass wir uns nützlich machen und Jozef wieder einmal helfen durften.

So waren auch viele Freunde von uns mit bei Golonkas zu Gast. Sie gehörten zu mir, also gehörten sie mit als Gäste ins Haus. Die Freigebigkeit kannte keine Grenzen. So lernten sie auch andere Menschen aus fremden Ländern kennen. Da waren die Chinesen Li und Hong aus Hangshou, die Israelis Ofra und Chaim aus Beita SHita. Awad, der große Schwarze aus dem Sudan. Pater Leon, der Prior aus Tieniec, war zu Gast und viele andere auch. Ach, bei der Gelegenheit noch eine Erinnerung: Bei Madka war es nicht immer aufgeräumt oder sauber. Auch mit dem Abwaschen des Geschirrs hielt sie es nicht so genau. Als Ofra in das Haus kam, war sie fürchterlich erschrocken und sagte in Englisch, hier schlafe ich keine einzige Stunde. Aber weit und breit gab es kein Hotel und was sollten wir machen? Wir gingen in die Kneipe von Darek, tranken einen Wodka, auf einem Bein kann man bekanntlich nicht stehen, zwei Wodka, alle guten Dinge

---

[221] Olga Czerniawska und Hartmut M. Griese (Hrsg.); Erwachsenenbildung in Polen; Verlag Burgbücherei Schneider, Baltmannsweiler 1989.

sind drei, drei Wodka usw. So kamen wir nach Hause, konnten alle ruhig in der Nacht schlafen.

In den vielen Jahren lernten wir auch andere Bewohner des Dorfes kennen. Da war der Stefan Sadek, der Korbmacher. Für die Polen war er Deutscher, für die Deutschen Pole. Im II. Weltkrieg war er beim Afrikakorps und danach einige Jahre in Gefangenschaft. Seine Frau war gestorben, die Tochter und der Sohn schon groß. Wenn ich sagte, ich gehe mal zum Stefan, dann schob Madka die Lippe vor und schnalzte verächtlich „pöh". Nun liegt er schon viele Jahre neben seinem Sohn auf dem Friedhof in Przeworno, gleich in der ersten Reihe hinten links in der Ecke.

Da war die Postlerin Urzula, die in der DDR eine Freundin kennengelernt, aber inzwischen aus den Augen verloren hatte. Sie sprach noch deutsch und bat uns ausfindig zu machen, wo wohl ihre Freundin jetzt lebt. Das gelang und sie kamen wieder in Beziehung. Auch zwischen uns entwickelte sich ein Briefverkehr. Sie sammelte nämlich Briefmarken, und damit konnten wir reichlich dienen. Unvergesslich ist ihre Kochkunst. Wir waren bei ihr und der Familie in Przeworno öfters zu Gast und wurden wieder einmal mit der polnischen Küche verwöhnt. Wenn wir mal längere Zeit nichts aus Karnkow gehört haben, wenn wir unruhig wurden, dann baten wir Urzula und sie übermittelte die Nachrichten persönlich.

Da war auch die Barbara, die Müllersfrau. Sie wohnte mit ihrer Familie am Ausgang des Dorfes nach Girow. Gegen Ende des II. Weltkrieges war ihre Familie auf der Flucht gewesen. In Karnkow blieb das kleine Kind aus wer weiß für Gründen hängen und wurde von der Bauersfamilie wie eine eigene Tochter aufgenommen und groß gezogen. Eines Tages erzählte sie der Marlis, sie habe noch irgendwo in der Welt Geschwister. Über die verschiedensten Organisationen wie DRK usw. forschten wir nach und über später konnten wir der Barbara sagen, deine ältere Schwester wohnt da und da. Sie kamen wieder zusammen und sie besuchten sich gegenseitig.

Als die Bezirksregierung in Braunschweig aufgelöst wurde, waren die elektronischen Fachleute so lieb und schenkten mir acht hochwertige Computer samt Monitoren und Drucker. Wie wir die alle in unser Auto bekommen haben, ist mir heute noch schleierhaft. PCs hatte die Schule in Karnkow noch nicht. Auch die Kinder von Beata und Eddek freuten sich über eine Anlage. Die Nachbarin von den jungen Golonkas war Lehrerin in der Dorfschule. Sie bekam einige PCs, war dankbar und schenkte uns die noch heute bei uns in der Stube, in der Fensterbank Richtung Polen schauenden Flamingos, Mutter mit Tochter. Kleine Erinnerungen, die verbinden.

Immer wenn wir aus Karnkow wegfuhren, überraschte uns Madka mit einem Geschenk. Für Jeannette, für Alexander oder, wenn ich alleine da war, für die Marlis. Mal waren es Eier, Äpfel, Kartoffeln, mal ein Kohlkopf oder ein Kuchen aus dem Dorfladen, der noch schnell besorgt wurde. Andererseits besonders vor der Wende backte die Marlis hin und wieder mal extra einen Kuchen für die Familie. Oder wir kauften in einem polnischen Städtchen bei einem Bäcker leckeren polnischen Kuchen. Jozef schwärmte für das Essen, das Mutter Ilse in Fümmelse gekocht hatte. So brachte Marlis von zu Hause auch Essenszutaten mit und kochte öfters einmal für den Jozef Kartoffeln mit Senfeiern oder eine Haferflockensuppe, wo man –wie Jozef sagte- nicht spucken brauchte. Wie beschrieben, unser Wagen war immer voll beladen mit Anziehsachen. Damals konnte man wichtige Dinge wie Farbe oder Zement überhaupt nicht in der Umgebung bekommen, obwohl einige Kilometer weiter eine Zementfabrik arbeitete. Um die Pfosten für das Tor einzuzementieren brachten wir von Bad Harzburg extra drei Sack Zement mit.

Eines Abends saßen wir in der Küche am Herdfeuer. Die Flamme flackerte und es war sehr gemütlich. An der Decke brannte eine einzelne Glühbirne. Da kam die Frage auf, wenn es heute die Möglichkeit gäbe, in euer altes Dorf im abgetrennten Polen zurückzukehren, würdest du Madka, es tun? Die Antwort kam spontan: Dort hatten wir gute Erde, einen Meter tief, hier ist der Boden hart und steinig. Zu Fuß würde ich gehen, die paar hundert Kilometer zu Fuß.
Der Hof der Golonkas gehörte früher einer deutschen Familie. Überhaupt muß

das ganze Dorf vorwiegend aus Deutschen bestanden haben. So wie die Deutschen aus ihren Häusern, von ihren Höfen vertrieben wurden, genau so erging es auch den polnischen Menschen in ihrer Heimat.

Die ehemaligen deutschen Besitzer des Hofes vom Jozef kamen viele Jahre mit Kind und Kegel zu den Golonkas zu Besuch. In der Stube wurde Quartier aufgeschlagen und sie waren gern gesehene Gäste im Haus.

Einer der Gründe, warum der Hof nicht wie früher hundertprozentig in Ordnung gehalten werden konnte, mag auch daran liegen, dass notwendige Materialien nur schwer zu bekommen waren. Aber ein anderer Grund lag sicherlich in der tief sitzenden Angst, die Deutschen kommen wieder und die Polen werden wieder vertrieben.

Ganz in der Nähe lag Klodobok. Das Dorf, wo die Brycks und Kruszynskies lebten. Eigentlich verdanken wir der Familie Golonka, dass wir auch diese Familien kennenlernten und lieb gewannen. An einem Sonntag fuhren wir alle nach Klodebock zu den Brycks. Wir waren angekommen, kamen ins Gespräch, stellten dabei fest, dass sowohl Bronislawa aus derselben Gegend der heutigen Ukraine wie die Brycks stammten. Sogar die Dörfer und Einzelheiten waren bekannt. Die Nacht-und Nebelaktion, wie die Kruszynskies ihre Heimat verlassen haben, um für den schwerkranken Sohn Christan im Westen medizinische Hilfe zu organisieren, die wäre wieder eine eigene Geschichte.

Einmal signalisierte Eddek, er brauche für seinen Wagen einen VW-Motor. Wir kauften einen, und damit wir nicht kontrolliert werden, fuhren wir nachts in Bad Muskau über die Grenze, wo die Zöllner alle schliefen. Bronislawa wollte uns dafür beschenken, was natürlich wieder abgelehnt wurde. Aber dennoch musste eine Gans ihr Leben lassen und fuhr nach Harzburg mit zurück. Das Blöde an der ganzen Geschichte war, entweder passte der Motor nicht oder er taugte nichts. Jedenfalls erfuhren wir später, der Motor konnte nicht gebraucht und musste zudem noch entsorgt werden. Eine Gans für nichts und wieder nichts, das hat mich lange sehr betrübt.

Am Ende des Dorfes hatte Jozef noch ein Stück Weide. Da wurden morgens die Kü-   he hin-   ge-

bracht und abends natürlich wieder durch das Dorf zurückgetrieben, diesmal von dem Kuhjungen Horst Stukenberg.

Kam man von Przeworno über den Berg gefahren, dann erst konnte man die ersten Häuser von Karnkow erblicken. Links die Schule, wo auf dem Dach fast immer eine Storchenfamilie zu Hause war. Vorn rechts war der Fußballplatz, da saß der Kazemierz mit seinen Freunden als Zuschauer. In späteren Jahren waren es die Kinder von Beata und Eddek, die hier selber Fußball spielten. Sah man uns, fand hier schon eine der ersten lebhaften Begrüßungen statt, und ehe wir uns versahen, war die Kunde im Dorf.

Abends oder bei Dämmerung zog es mich des Öfteren die Dorfstraße entlang. Manchmal in Begleitung, aber meist allein. Bis ans Ende des Dorfes, mal in die eine Richtung am Haus von Stefan vorbei, mal in die andere Richtung bis zu den Feldern, wo die Straße sich verliert. Die Stille war sehr wohltuend. Kaum sah ich Menschen. Ich fühlte mich geborgen und in einem höheren Sinn wie zu Hause.

Der damals noch sehr schüchterne Eddek war noch ledig, und seine Eltern sprachen davon, ihn mit unserer noch ledigen Tochter Jeannette zu verbinden. Das sei doch die richtige Frau. Später kam Mariola, die Tochter des ältesten Sohnes, in das Alter, wo Männer interessant werden. Hier war Alexander die Zielscheibe, er könnte doch die Mariola heiraten.

Damals in Fümmelse mussten die Kriegsgefangenen nach Thiede in ihr Lager zurücklaufen. Man hat dem Jozef dann ein Fahrrad geschenkt. Aber er kam damit angeschoben. Die Ventile fehlten. Bis man später merkte, dass er die selbst herausgedreht und weggeschmissen hatte. Er konnte kein Rad fahren und wollte sich nicht blamieren

Nach vielen Jahren hatte sich Jozef entschlossen, mit seinem Sohn Edek uns in Bad Harzburg und die Familie Pape in Fümmelse zu besuchen. Jahrzehnte sind vergangen, aber Jozef wusste noch genau, auf welchem Feld in Fümmelse was angebaut wurde. All das wusste kein Mensch mehr im Dorf. Julius, Marlis` Bruder, der heute Bauer auf dem Hof ist, hat auf dies Weise allerlei Informationen bekommen. Viele der Bewohner aus der Kriegszeit kannte er noch beim Namen und etliche kannten den lieben Jozef. Er kannte ganz viele Geschichten aus dem Dorf und erzählte beispielsweise vom Bollerloch, da käme man hin, wenn man mal was Böses getan hätte usw.

In Bad Harzburg mussten sich die beiden Männer doch recht wohl gefühlt haben. Nur dem Eddek wird sehr vieles neu, unbekannt, ungewohnt, vielleicht auch unliebsam vorgekommen sein. Einmal waren wir bei Karin Queißer zum

Geburtstag eingeladen. Da saßen die beiden und bewegten sich nicht vom Fleck. Was ist, keinen Hunger? Es gab ein reichhaltiges Buffet, wo man hingehen und sich seine Sachen selber holen musste. Das kannten sie nicht, Gäste wurden zu Hause selbstverständlich bedient. Also lieber nichts essen als sich blamieren. In Polen bei Golonkas war die Sitte noch nicht bekannt.

Wir besuchten auch das Dorf, wo Jozef nach der Kriegsgefangenschaft seine ersten Monate verbracht hatte, besuchten Frau Hildegard Rumpf geb. Funke in Schmedenstedt. Und natürlich die anderen Familien, die er von früher kannte. Überall war er in guter Erinnerung und gern gesehen. Als das Gesetz zur minimalen Wiedergutmachung in Kraft trat, versuchten Marlis und ich, zum Teil gegen die Widerstände einige der heutigen Nachkommen, die Unterlagen und Bescheinigungen alle zusammenzustellen. Es hat geklappt. Irgendwann bekam dann auch der Jozef noch ein paar winzige Kröten für seine jahrelange Arbeit in Deutschland.

Jozef wie auch Bronislawa waren öfters krank. Der behandelnde Arzt bat dann, aus Deutschland Arznei zu besorgen, die zu dem Zeitpunkt in Polen nicht zu bekommen war. Selbstverständlich besorgten wir Medikamente. Aber vor allem war es die viele und tägliche Arbeit, die die beiden trotz heftiger körperlicher Beschwerden immer wieder aufrecht erhalten hat. Als Jozef dann im Alter von bald 90 Jahren eines Tages vom Feld gekrochen kam, sich auf das Sofa legte und verstarb, bekamen wir sofort die Nachricht vom Tod unseres Freundes. Leider hatte ich ein Seminar auf der Nordseeinsel Baltrum. Ich konnte also nicht sofort abbrechen, um an der Beerdigung teilnehmen zu können. Als ich wenige Tage später nach Karnkow kam, war Jozef schon beerdigt, und wir konnten ihn nur noch auf dem Friedhof Siemislawice besuchen.

Es war an einem Spätnachmittag, und die Wolken zogen übers Land. Dann saß ich mit Madka zusammen lange am Grab vom Josef. Die Vergangenheit wurde wieder lebendig, viele Gedanken flogen wie die Wolken am Himmel vorbei. Wir schmückten das Grab mit Blumen. Konnte ich es fassen, dass unser Jozef nicht mehr am Leben war? Es waren auch für mich schwere Stunden. und immer, wenn ich in der Nähe von Przeworno war, besuchte ich „meinen" Jozef.

Bronsilawa lebte nun mit dem Kasmierz allein im Haus. Die tiefe Freundschaft zur Familie war nicht abgebrochen, nur übertragen auf die jüngere Generation. Wir blieben der Familie eng verbunden, und nun waren es besonders die Beata und der jüngste Sohn Edek, bei dem wir auch zu Hause sein durften.

Eddek heiratete am 6. November 1993 die Beata oder heiratete Beata den Ed-

dek. Wer weiß

das schon so genau? Für uns die erste polnische Hochzeit, die wir miterlebten. Vor dem Haus der Golonlas gab es jetzt einen Vorbau. Bei unserem Eintreffen standen dort Kasten auf Kasten, zwei Stapel bis zur Decke. Aber beileibe nicht mit Wasser, sondern mit Wodkaflaschen gefüllt. Sie alle trugen die Aufschrift „Zur Hochzeit von Beata und Eddek". Wir hatten einen normalen Golf Variant. Für dortige Verhältnisse ein Schlachtschiff. Natürlich sollte das Paar in unserem Wagen fahren. Zuerst ging es mit einer kleinen Gruppe von Musikanten in das Dorf zur Beata. Sie musste abgeholt werden. Eddek kniete nieder, der Vater erteilte den Segen und nun zur Kirche nach Karnkow. Es war spät geworden, der Pastor und die Gemeinde warteten schon in der eiskalten Kirche. Kaum waren wir aus Beatas Dorf raus, lag über der Straße ein Schlagbaum, eine Birke. Gut, die wollen etwas zum Trinken haben. Ich sprang aus dem Wagen, erlaubte mir einen Scherz und wollte ein Päckchen Kaba Sboschowa (polnischer Malzkaffee) überreichen. Das fanden die jungen Männer nun gar nicht witzig und begannen laut zu schimpfen. Eddek kam schnell angerannt, nahm hinten aus dem Wagen eine Flasche Wodka und schon konnten wir passieren. Pustekuchen. Ein paar Kilometer weiter die nächste Barriere. Und dann noch eine und noch eine. Jetzt erst wusste ich, wofür der Kasten Wodka im Auto nutze war.

Verspätet kamen wir in die Kirche. Eine sehr schöne feierliche Hochzeitsfeier. Danach begrüßte das Paar am Ausgang die Anwesenden. Nun aber schnell in das Dorfgemeinschaftshaus nach Pszeworno. Der Saal war voll, voll mit Menschen, großen und ganz kleinen. Die Kleinen sollten ja das Ereignis mitfeiern, sie sollten erfahren und lebendig in die Tradition eingeführt werden. Nicht pädagogisch, ganz natürlich und einfach so nebenbei. Ja, für die nach meiner Meinung geschätzten 200 Personen standen da Tische, die sich durchbogen. Was die polnische Küche zu bieten hat, das war aufgetragen. Bier gab es nicht, nur Wodka. Reden wurden geschwungen, Spiele gemacht, ganz toll. Und immer wieder einen Wodka, mit dem einen, mit dem anderen. Da kommt ein Nachbar zu mir an den Tisch und sagt, Horst, einen Wodka, dann gleich ein Glas Woda/Wasser. So halte ich es, und als der Kasemierz den Kanal voll hat, kann ich ihn um 2.00 h getrost nach Hause fahren. Kontrolle, Miliza, ich selbst hatte ja einige Wodkas getrunken. Hauchen, alles gut, ich durfte weiterfahren.

Diese Geschichte erzählen wir zu Hause unserer Jeannette, die zu der Zeit eine Ausbildung als Bürokauffrau bei der Fa. Breustedt in Goslar macht. Eine Weile später wird der Chef 50 Jahre alt, eine große Feier startet mit allen Angestellten. Er soll dann an Jeannettes Tisch gekommen sein und gefragt haben, Fräulein Stukenberg, trinken sie mit mir einen „Kurzen"? Ja, einen Wodka. Wodka war die erstaunte Antwort, ja, einen Wodka. Dann soll er noch mehrmals gekommen und immer auch einen Wodka mitgetrunken haben. Jeannette, Wodka und Wasser. Zu später Stunde lag der Chef besoffen unter dem Tisch, sie fuhr mit ihrem Auto brav nach Hause.

Die junge Familie Golonka wuchs, erst der eine Sohn, Krycyan, dann der zweite, Michael. So wie wir fast selbstverständlich zur Hochzeit eingeladen wurden, so folgten weitere Einladungen zur Kommunion der beiden usw. Nun war ich, waren wir häufiger auch zu Gast bei Beata und Eddek. Fast jedes Jahr bekamen wir Weihnachts- und Ostergrüße von der jungen Familie Golonka. Einige der Oblaten sind immer noch erhalten. Hin und wieder kam auch eine wunderschöne Karte, wenn man sie aufklappt, ertönt eine Weihnachtsmelodie. Vorgestern erst klappten wir eine Karte auf und siehe da, bzw. höre da, Musik erklingt nach so vielen Jahren immer noch so wie anfangs. Vor drei Tagen erreichte uns folgende Mail von Micha Golonka.

Karnków 28.02.2014r.

Szanowni Państwo Horst i Maris Stukenberg

Przepraszamy, że tak długo nie odzywaliśmy się, ale mieliśmy trochę problemów. Najpierw zachorował Kazimierz, niestety nie udało się go wyleczyć i w maju zmarł. Pod koniec listopada Bronisława zrobiła się bardzo słaba. Z dnia na dzień było coraz gorzej. Od połowy grudnia już nie wstawała z łóżka. W styczniu zabrało ją pogotowie do szpitala i tam 22 stycznia zmarła. Została pochowana obok Józefa na cmentarzu w Siemisławicach.Napisałeś że uległeś zawałowi. Mamy nadzieje że czujesz się już lepiej, życzymy szybkiego powrotu do zdrowia

Pozdrawiamy Beata Edward Golonka

Sehr geehrte Familie Horst und Marlis Stukenberg,

Unsere Entschuldigung für eine Verspätung bei unserem Bericht. Wir haben ein paar Problemen gehabt.

Zunächst wurde Kazimierz krank. Leider konnte er nicht gerettet werden und ist im Mai verstorben. Ende November ist Bronislawa sehr schwach geworden. Es wurde jeden Tag schlechter und schlechter. Seit Mitte Dezember ist sie nicht mehr aus dem Bett gekommen. Im Januar wurde sie ins Krankenhaus aufgenommen und ist dort verstorben. Sie wurde zum Friedhof von Siemislawice neben Joseph begraben.

Sie haben geschrieben, dass Sie einen Herzinfarkt erlebt haben. Hoffentlich soll es wieder besser mit Ihnen gehen.

Wir wünschen Ihnen eine baldige Genesung
Grüße von Beata und Edward Golonka

Nach Erhalt der Todesbotschaften von Bronislaw und Kazemierz war ich ziemlich betroffen und erschüttert. Ich nahm mir vor, sofort, sobald ich selbst wieder gesund und auf den Beinen wäre, mit meiner Marlis zum Grab zu fahren. Aber auch ein zweiter Gedanke schoss durch meinen Kopf. Nun soll ich einige meiner Erinnerungen an die Familie Golonka und Karnkow aufschreiben, ein kleines Büchlein soll entstehen, welches der Restfamilie als Dank zu schenken ist.[222]

---

222 Ein polnisch-deutsche Geschichte; Golonkas Karnkow - eine meiner polnischen Heimaten; in polnisch: Historia niemiecko-polska – miejscowość Karnków u rodziny Golonka – jedna z moich polskich ojczyzn, 8. März 2014. Im Eigenverlag wurden et-

Horst Stukenberg   Bad Harzburg, den 8. März 2014

In einem anderen Zusammenhang berichte ich davon, dass mein Wirken erst auf der Ebene von Jugendgruppenleitern ab 1966 in Polen, dann ab 1979 auf der Ebene der universitären Erwachsenenbildung begonnen hat. In diesen fast 50 Jahren sind mir wie auch unserer Familie sehr viele polnische Freunde ans Herz gewachsen. Mikoway Kozakiwiecz stand als Parlamentspräsident mit an der Spitze Polens und wurde ein treuer guter Freund. Aus dem entgegenstehenden Lager der katholischen Gläubigen gehörte Pater Leon Knabit als Prior, als Buch- und Fernsehautor zu den bekanntesten Geistlichen in Polen. Dann die Familien derer von Szymanski, die Tacikowskis, die Dulskis und wie sie alle heißen. Auch dort wurden wir zu Hochzeiten und anderen Feierlichkeiten eingeladen, auch da waren oder sind wir zu Hause. Von jeder der Familien oder der Universitäten mit ihren Mitarbeitern ließe sich ein eigenes Kapitel schreiben und mit vielen tollen Fotos belegen. Zumindest würde es den Rahmen dieser Geschichte sprengen. Wenn wir fast überall in Polen gute Freunde aus den verschiedensten Bereichen gewinnen konnten, dann hat die Familie Golonka in Karnkow noch einmal einen Stellenwert, der in der frühen Familiengeschichte meiner Frau mitbegründet ist. So kann es nicht verwundern, dass Jeannette, unsere große Tochter und ihre Familie einen ganz besonderen engen Bezug zu Polen, da noch einmal zu Walne und Podnowinka bekommen hat. Sie soll inzwischen sehr gut

---

wa je 30 Exemplare in polnischer und in deutscher Sprache hergestellt und nach Polen verschickt oder dort übergeben.

Polnisch sprechen, was Madka mir einmal gehörig ankreidete; „Horst, Du kommst nun so viele Jahre schon nach Polen und kannst immer noch kein Polnisch sprechen."

Jahresbriefe zu Weihnachten und Neujahr– Eine mögliche Familienchronik der Familie Stukenberg

Marlis und Horst vor der Abreise nach Portugal 2007

Bad Harzburg/Bündheim, Januar 2008/2009

Unser Freund Jürgen Paul war es, der mich vor gut fünfzig Jahren dazu inspirierte, jeden Brief, jede Postkarte, alles Geschriebene von unseren Freunden und Verwandten aufzubewahren. Jürgen wirkte gewissermaßen als Vorbild, denn er hat selbst all seine Schriftstücke aufgehoben, diese allerdings fein säuberlich gleich ab- und eingeordnet. Das war in den ersten Jahren noch möglich, später häuften sich Stapel für Stapel, bis die Marlis sich daran machte, diese Dokumente zu sichten, nach dem ABC zu sortieren und ihnen mit dem inzwischen zwei Meter langen Aktenordnerregal abzuhelfen. Angemerkt: In den letzten Jahrzehnten konnte bei so mach einer Feier auf die Originaldokumente zurückgegriffen, Possierliches oder Geschichtliches referiert werden. Nach unserer letzten Phase ist angedacht, diese Dokumente den Verfassern oder deren Nachkommen wieder auszuhändigen, mal sehen, ob das auch noch klappen kann?

Diese Briefe geben eigentlich einen groben Überblick über unser Denken und Leben in dieser Zeit. Was war für uns jeweils von Bedeutung, was stand im Vordergrund, was wollte erwähnt werden? Die Zeit von 1971 bis 1985 liegt ziemlich im Dunklen. Im September 1985 bekam Horst einen Herzinfarkt. Mit

Sicherheit ist in diesem Jahr kein Jahresbrief geschrieben worden. Was sonst ist, wissen wir noch nicht.

Den ersten gemeinschaftlichen Weihnachtsbrief haben wir Stukenbergs 1970 an unsere Freunde und Verwandten geschrieben. Dann gab es einen Brief bzw. Notizen für Marlis, sie war für ein paar Tage fort und sollte wissen, was zwischenzeitlich zu Hause geschehen ist. Nur, die alten Unterlagen sind hier nicht mehr alle aufzufinden. So stellte uns Jürgen Paul   z. B. seinen Brief von 1970 und den Notizzettel für Marlis zur Verfügung. Damit möchte ich den Reigen der Jahresbriefe eröffnen.

Im Laufe der Zeit erweiterte sich der Kreis der Freunde ständig, gen Osten, gen Süden und in der weiteren Welt. Wir sprechen beispielsweise kaum Polnisch und kein Russisch. Wir bekamen Post aus aller Welt, wollten Antwort geben und den Kontakt aufrechterhalten. Andrei war es, der erstmals in die Bresche sprang und Jahresbriefe für die russisch sprechenden Menschen mehr im Osten übersetzte. Später kamen Übersetzungen ins Englische (meist von Siegwart übersetzt) und ins Polnische (meist von Jowita übersetzt) hinzu.

Schon immer wollte ich die über die Jahre hinweg „gesammelten Werke" zusammentragen und binden, unseren Kindern schenken, aber auch für uns selbst ein Exemplar herstellen. Möglicherweise ist es aber auch ein Geschenk für uns besonders Nahestehende. Alexander jedenfalls bekam 2008 als erster seinen Band, die weitere Arbeit muss noch eine Weile warten.
Deine/Dein/Euere/Euer

Marlis und Horst

Ereignisblatt vom 1.4.1971 – Tagesnotizen für Marlis

Du bist wieder zu Hause und sollst wissen, was sich zwischenzeitlich ereignet, hier ein paar Zeilen zu Deiner Information.

- Reno ist aus dem Gefängnis entlassen worden, am 1.4. will er mit Arbeiten anfangen, am Sonntag will er um 15.00 h zu uns raufkommen.
- Ludi hat angerufen, Karten bestellt. Wenn nichts anderes mehr vereinbart wird, treffen wir uns kurz vor 20.00 h vor dem M.K.
- Monika Wallis hat angerufen und bittet darum, dass ich eine Referenz für sie abgebe, sie möchte bei der Landeszentralbank anfangen. Ob das mit dem Zimmer für Awi noch etwas wird? Wir sollten doch einmal kommen

und die Kinder mitbringen. Ich sagte, dass dies bald möglich sein könnte. Am Mittwoch wollen wir ins Theater, da könnte es möglich werden. Wenn, ruft Marlis vorher noch an.

- Am Mittwoch hat Hasso auch Geburtstag.
- Gerda Paul war am Donnerstag da, schenkte ein Buch und bedankte sich für die Karte von mir. Es sei die erste in ihrer Kur gewesen. Sie will im kommenden Jahr mit Clemens ins Theater gehen. Man könnte ja auch uns abholen oder einen von uns abholen oder gemeinsam fahren. Bea mit dem Stinkstiefel plus Starlett waren auch da. Kuchen wurde mitgebracht, Dreck dagelassen.
- Hans Rahlfs war hier. Wir sollten doch einmal seinen Bau ansehen. Er fährt für 14 Tage nach England: Hat für mich zwei Tafeln Schokolade mitgebracht.
- Vater Fritz hat zweimal angerufen. Einmal solle ich in Goslar Feuer machen, ein anderes Mal meldete er sich zurück. Bis Donnerstag waren sie dort. Herrmann Winter-Burke will uns einmal besuchen kommen. Sollen ruhig einiges vergessen.
- Haschi hat aus dem Süden geschrieben, desgleichen einmal sein Vater und seine Schwester und seine Schwester einmal. Er fühlt sich wohl.
- Die Hose war noch nicht fertig.
- Ich bin ein gutes Stück mit der Arbeit (Dipl. Arbeit Lebenshilfe) vorangekommen, heute (Do) ist es 01.00 h geworden.
- Arno fragt, wann ich fertig würde. Sie möchten die Zeit begrenzen, weil die Geldmittel zu begrenzen seinen. Hans fragte in diesem Zusammenhang, ob ich zur Lebenshilfe gehen würde? In Braunschweig oder Wolfenbüttel? Werde wohl bis Juni noch Zeit bekommen (um fertig zu werden).
- Waltraud hat 90,00 DM bezahlt. Sie will für mich schreiben. Den Fall von Reno habe ich angeboten, zwei Seiten. Es sollte mehr sein. Meine Arbeit müsste ja noch geschrieben werden, wenn sie dies machen würde, will ich ihr dafür 50,00 DM geben. Frage, ob drei Wochen Schreibarbeit dies von mir rechtfertigen würde?
- Aus Darmstadt hat Herr Marx angerufen. Es besteht noch eine Chance, dass wir ca. 2000,00 DM eventuell, voraussichtlich, vielleicht wenn noch einiges geregelt werden könnte oder so, bekommen könnten.
- Frieda hat gute Laune. Will ihr Haus verkaufen, für 80.000,00 DM, Frau Schütte hätte gesagt, ob sie blöd sei? Sie wüsste es aber nicht so genau. Ich mache mit und sagte ihr die steuerlichen Dinge noch auf.
- Erik war zuvor hier und hat nichts Besonderes wollen. Bei der Gelegenheit habe ich ihm untergejubelt, dass wir verkaufen oder vermieten wollen. Ob er nicht mit seiner Familie hier her ziehen wolle? 600,-- DM Miete monatlich? Dies wird wiederum zu Tantchen gelangt sein. Den Zweck

einer Beruhigungspille oder Drohung in Bezug auf freundliches Zusammenleben hat dies wohl erfüllt.

- Als Heimat finde ich es hier doch ganz gut. Von Zeit zu Zeit woanders hin, hier aber ständig bleiben.
- Überlege mir, ob wir nicht in Richtung Nachbarschaft aktiv werden und uns mit den anderen aussprechen und gegen den Dorfschulzen verbünden sollten?

Gute Nacht!

Horst

PS: Handschriftlich angefügt: Rechnung, Dr. Heimannsberg 10,-- DM für Alexander, 10 DM Jeanette, 65,-- DM Marlene
SPD-Versammlun und Gespräch mit Weyland, Lindemann, Wehr
Abschrift am 12. August 2009 – Original war kaum noch zu lesen.

Bündheim, den 28. Dezember 2003

VII. Beginn einer erneuten Phase des Schwächelns

Die Knüppelgeschichte vom September 2009 – Bezug zu einer Geschichte von Antoine de Saint-Exupéry

Nach meinem ersten Herzinfarkt 1985 lag ich ganz schön angeschlagen im Krankenhaus in Herdecke. Mein Stationsarzt Dr. Schitzel (einer der Mitbegründer dieses einmaligen Krankenhauses in Europa) sagte, Herr Stukenberg, nun machen Sie bitte dass was ich gesagt habe, ich komme gleich wieder und dann sprechen wir darüber. Meine Antwort: Das kann ich nicht. Er: Da will ich Ihnen mal eine Geschichte erzählen. Sie kennen doch den berühmten Schriftsteller und Piloten Antoine de Saint-Exupéry?

Sein Flugzeug stürzte damals über dem Polargebiet ab und zerschellte. Mit gebrochenen Knochen konnte er sich kaum noch bewegen. Wenn er nicht gefunden würde, bekäme seine Frau von der Lebensversicherung nichts ausbezahlt. Also musste er, um gefunden zu werden, in die Nähe einer menschlichen Siedlung gelangen. Mit zerschundenen Knochen robbte er drei Tage lang bis er ein Arbeitsgerät von Menschen sah. Da gab er auf, da fand man ihn. Und Sie, so sagte Schitzel, wollen bei einer solchen Kleinigkeit sagen, Sie können das nicht. Wenn Sie wüssten, was sie alles können, wenn Sie nur wollen. ….

Ich kam nach einundeinhalb Jahren wieder auf die Beine, es ging mir danach viele Jahre recht gut und besser als zuvor. Diese Geschichte musste sich bei mir tief eingeprägt haben. Und was er mir vermitteln wollte, hat seine Wirkung auch viel später noch voll und ganz getan.

2009 begann bei mir wieder eine schlimme Krankheitsphase, die immer noch nicht überwunden ist. 2009 hatte ich eine Thrombose bekommen, dazu eine Lungenembolie und war sehr wackelig auf meinen Beinen. Ich musste Marcumar nehmen, sicher habe ich damit schädliche Nebenwirkungen in Kauf genommen. Auf der Insel Baltrum hatte ich ein Seminar zum Thema des „Älterwerdens". Es galt regelmäßig sich zur Kontrolle beim Arzt vorzustellen. Habe ich getan. Aber als ich nach dem Seminar am Freitag wieder nach Hause kam, da verstärkte sich mein Schwächeln. Am Sonntag schwankte ich wie ein Schilfrohr im Winde, musste mich aufs Sofa legen, aber es drehte sich alles weiter. Am Montag besuchte ich unsere Hausärztin Frau Herbeck, bat um Rat und Hilfe. „Hier, nehmen Sie, wenn Ihnen wieder schwindelig wird, diese Tabletten." Dazu konnte es nicht mehr kommen.

Abends hatte ich mein übliches Montagsseminar in Harzburg. Wie auch sonst, um 19.30 h zu Fuß von zu Hause los, bis zum Wendeplatz, durch das kleine Wäldchen, über die zwei kleinen Bächlein gesprungen, bis zum Golfsplatz weitergelaufen. Da wurde mir schwindelig, ich drehte mich um meine eigene Achse und fiel um. Es schmerzte, sicherlich ist das Sprunggelenk verletzt. Ja, da lag ich mutterseelenallein auf dem Rasen, es begann zu regnen und wurde dunkel. Hier findet dich keiner. Also versuchte ich aufzustehen, noch einmal ein fürchterlicher Schmerz und dann brach ich zusammen. Möglicherweise hatte ich mein bereits angebrochenes Sprunggelenk noch weiter zertrümmert.

Da kommt mir die Geschichte damals vom Dr. Schitzel mit Saint-Exupéry in den Sinn. Sie mobilisiert sicherlich verborgene Kräfte. Ich finde einen kleinen Birkenknüppel, nicht auf allen Vieren sondern den Knüppel als Hilfsmittel benutzend, ziehe ich mich auf dem Bauch robbend Zentimeter für Zentimeter durch das Wäldchen, durch die Bäche, bis zur Straße zurück. In der Gosse kurz vor dem Nachbarhaus bleibe ich liegen, sehe aus wie ein Dreckschwein. Jetzt erst schreie ich um Hilfe. Die Nachbarin Frau Schubert hört es, allarmiert meine Marlis, die den Krankenwagen und ab geht es ins Krankenhaus nach Goslar. Wegen der Einnahme von Marcumar kann nicht gleich operiert werden.

Eine Woche später schaffen mich Marlis und Jeannette ins Krankenhaus nach Bad Harzburg. Dort arbeitet mein Freund Yuri als Chirurg und Orthopäde. Üblicherweise lässt man bei Familienangehörigen jemand anders operieren. Seine Überlegung war: Was aber, wenn dann was beim Kollegen schief geht? Dann hätte ich mir -so sagte er später - zeitlebens Vorwürfe gemacht. So argumentierte er und ging an die Arbeit. Fast drei Stunden soll er operiert und danach seinen Kittel ausgewrungen haben. Vier Wochen Krankenhaus, vier Wochen zu Hause im Bett, zwei Wochen im Rollstuhl, zwei Wochen an Krücken und so langsam kam ich wieder auf die Beine. Das gebrochene oder zertrümmerte Fußgelenk, die Spaltung des Schienbeins, alles ist sehr gut verheilt. Es gibt hier überhaupt keine Probleme mehr. Denke ich da an ähnliche Fälle, da kann ich nur sagen, Glück gehabt.

Dass die Geschichte mit Saint-Exupéry vielleicht ganz anders gewesen ist, das habe ich erst viele Jahre später mitbekommen. [223] Aber die damals so erzählte Geschichte hat ihre Wirkung erzeugt, sie hat mir geholfen, aus der Patsche rauszukommen. Sie hat mich im wörtlichen Sinn bewegt. Wie anfangs gesagt, 2009 war der Beginn einer neuen Epoche, einer Epoche meines Schwächelns.

---

[223] Aus Wikipedia. Der am 29. Juni 1900 in Lyon geborene *Antoine de Saint-Exupéry* muß bei seinem letzten Aufklärungsflug am 31. Juli 1944 nahe der Île de Riou bei Marseille abgeschossen worden sein. Antoine de Saint-Exupéry war schon zu seinen Lebzeiten ein anerkannter und erfolgreicher Autor und wurde ein Kultautor der Nachkriegsjahrzehnte, obwohl er selbst sich eher als einen nur nebenher schriftstellernden Berufspiloten sah. Seine märchenhafte Erzählung *Der kleine Prinz* gehört mit über 140 Millionen verkauften Exemplaren zu den erfolgreichsten Büchern der Welt. Er war übrigens auch Pfadfinder und in diesem Gedankengut aufgewachsen.

Unser Jahresbrief von 2015

Fritz Stukenberg - Das alte Harzburger Molkenhaus vor dem warmen Abbruch
– Vater Fritz' letztes gemaltes Bild – ein Geburtstagsgeschenk für „seine" Marlis

Bad Harzburg/Göttingen, im November 2015

Ihr Lieben, Freunde und Verwandte,

noch einmal einen Jahresbrief von uns. Bevor ich von Jeannette und Marlis nach Göttingen gebracht wurde, haben Marlis und ich uns zusammengesetzt, sind das Jahr durchgegangen und haben Stichworte für unseren Jahresbrief 2015 gesammelt. Zu Göttingen: Hier liege ich in einer riesengroßen „Maschine" (Universitätskrankenhaus), durch das große Fenster schaue ich in den sternenklaren Abendhimmel. Warum bin ich eigentlich hier? Das kommt nun noch zum Gesammelten hinzu.

Seit Dezember 2014 habe ich Schmerzen im Halsbereich. Diverse Ärzte wurden immer wieder aufgesucht, auch Heilpraktiker, eine Komplementär–Ärztin in Berlin. Auch bei einem CT und einer Sonographie im Krankenhaus war nichts festzustellen. Wochen später kommt Kazem aus Nazareth, tastet ab und sagt, da ist vielleicht eine Zyste. Erneut zum HNO-Arzt, ja, da ist etwas an der Zungenwurzel, was da nicht hingehört. Göttingen, Biopsie. Diagnose, ein schnell wachsender bösartiger Tumor am Zungengrund. Der Prof. Canis spricht offen zur Marlis, zu Jeannette und mir. Zu vermuten sei, dass ein bisher kaum bei Männern erforschtes Virus der Verursacher sei. Wir hätten nichts falsch gemacht und mit der guten Grundlage würden wir das gemeinsam schaffen. Vier Stunden wird operiert, vom Zungengrund wird einiges weggeschnitten, auch die Lymphknoten werden entfernt. Zwei Nächte später sitze ich im Bett und notiere meine Gedanken, die durch den Kopf flitzen. Stunden schleichen so dahin, aber mir wird nicht langweilig.

Das Thema „Freunde" bewegt mich. Oft bekamen wir auf unsere Jahresbriefe positive Rückmeldungen, es wurde aber auch gesagt, eure vielen Leute, die genannt werden, kennen wir ja gar nicht, was soll das? So scheint weniger zu interessieren, in welchem Beziehungsgeflecht wir leben, was uns bewegt, oder wer uns bewegt. Nun zum Thema Freunde. Reimar, meines Bruders Sohn, war mein Freund. Seine Frau, die Birgit, sagte bei Vorstellungen, das ist Quatsch, er ist dein Neffe, du bist sein Onkel. Können Freunde auch Familie sein? Können Freunde wie Familie sein? Ein sehr schönes Buch zur Freundschaft hat Max Lang geschrieben: „Freundschaft – Ein Geschenk des Lebens"; Via Nova Verlag; 2009. Ende der 50er Jahre schrieb zum 28.12. der Roverkreis mir in mein „Brechtbuch": „Wenn jemand schlecht von Deinem Freunde spricht und scheint er noch so ehrlich, glaub ihm nicht. Spricht alle Welt von Deinem Freunde schlecht, misstrau der Welt und gibt dem Freunde recht. Nur wer standhaft seine Freunde liebt, ist wert, dass ihm der Himmel Freunde gibt". Und wer da sagt: „Freunde in der Not gehen tausend auf ein Lot", der lebt am Leben vorbei.

Im Bett liegend ziehen Bilder vieler Freunde an meinem geistigen Auge vorbei. Freunde aus mehr als sechs Jahrzehnten: Sich Durchschlängelnde, Hans Dampf in allen Gassen, stets Bedächtige, religiös stark Eingebundene im Christentum und Islam, Pfadfinderfreunde, gewichtige und übergewichtige Persönlichkeiten, Kollegen aus Wissenschaft und Forschung, Weltverbesserer, in sich selbst Verfangene, Freunde aus der Polizeizeit, Araber und Juden, Farbige aus verschiedenen Welten, längst schon Verstorbene. Ein Phänomen scheint zu sein, dass immer wieder Neue dazukommen, auch Jüngere. Dann mache ich mir Gedanken darüber, wie vielen ich möglicherweise ungerecht werde? Freunde, eine wahrhaft bunte Palette von liebenswerten treuen Menschen weiblichen und männlichen Geschlechts. Menschen, denen wir nahe sein durften, die uns nahe waren in Freud und Leid, wo Verlässlichkeit keine leere Formel war. 3.25 h.

Zur Familie: Marlis wird am 24. August 2016 75 Jahre alt und wir beide sind dann am 20.8. - so Gott will - 50 Jahre verheiratet. Welch inhaltsreiche und wechselvolle Zeit! Wir wollen fliehen und in der Zeit nicht in Bad Harzburg sein. Vielleicht sind wir im Osten Europas? „Wer weiß, wo der Wind uns noch hinweht, wo keiner mehr mitgeht, der Bruder uns ist …". Weihnachten 2014 verbrachten wir mit den Kindern in Braunlage. Sylvester wurde geschwächelt und im Bett gelegen. Tine und Aaron erreichten pubertierend ihr 16. Lebensjahr. Aaron hat wohl noch nie in seinem Leben so viel gebüffelt wie jetzt für seinen Jagdschein und den Treckerführerschein. Pia wechselte zur Realschule und auch Celina hat sich prächtig entwickelt. Alexander lebt und arbeitet nun schon 8 Jahre in Holland. Mit Kazem und Stanislaw waren wir im Mai auch bei ihm in Amsterdam. Bei der Gelegenheit durften wir auch das wirklich menschengerecht angelegte bisher einmalige Demenzdorf bei Amsterdam begutachten. Hier können sich alle Patienten völlig frei bewegen, einkaufen, in Restaurants oder Therapiezentren sich aufhalten. Ein eigenes Theater steht für kulturelle Bedürfnisse zur Verfügung.

Ja Kultur. Marlis hat wohl seit 30 Jahren ihr Theaterabo und oft fahren wir zusammen nach Braunschweig. In der Regel gehen wir danach noch essen, dann bin ich mit der Gegeneinladung dran. Andrei hat sein Kulturinstitut Art-Maks toll entwickelt. Seine Kulturreisen führen in alle Welt und sind sehr beliebt. Diesmal Regensburg zur Welturaufführung der Oper Doktor Schiwago. Der ehemalige Operndirektor aus BS ist jetzt der Intendant dieses wunderbaren Hauses. Er begrüßte uns herzlich und führte auch in die Oper ein. Der ehemalige Braunschweiger Generalintendant Herr Grooper, der z. Z. ein interessantes Stück über Schule in Regensburg einstudiert, auch er begrüßte seine Braunschweiger und ließ uns unmittelbar am Geschehen teilhaben. Ein tolles Erlebnis. Dann die gewaltige Oper mit den berühmtesten Sängern aus Russland erschütterte uns und das Theater. Kräftiger Beifall, Wodka in der Runde mit dem Komponisten und anderen Prominenten gab uns das Gefühl, Teil der internationalen Theaterwelt zu sein. Kaffeetrinken bei „Gloria", Stadtbesichtigung, eine Einladung meines Regensburger Verlegers Dr. Welz vom Roderer-Verlag rundete diese Seniorenfahrt ab.

Die für 2014 geplante Großfahrt in die Mongolei kam nun nach ausgiebiger Planung zustande. 2004 die Steppe, 2012 die Wüste Gobi und jetzt in das hohe Altaigebirge. Unser Freud Geleg bereitete auch diesmal im Land wieder alles vor, den Gründer der vier Nationalparks und Direktor Herrn Atai konnte er für uns gewinnen. Man stelle sich das einmal vor, elf ehemalige Pfadfinderführer im Alter von 25 bis 86 Jahren und zwei Gitarren. Wie man ja weiß, ist die Mongolei steinreich. Abends wurden die Zweier–Zelte aufgeschlagen, nachts auf dem steinigen Boden ohne Luftmatratze geschlafen oder uns gewälzt. Manchmal haben wir uns in den eiskalten Gewässern gewaschen, morgens die Zelte wieder getrocknet und eingepackt. Weiter ging die Fahrt mit drei hochbockigen Geländewagen auf kleinen staubigen, felsigen Wegen (also keine Straßen) bis auf 3.530 m. Marlis pflegte zu sagen: „Abenteuer pur". Aber was wir erlebten, zu sehen bekamen, alte Grabanlagen der Hunnen, Menschensteine, zigtausend Jahre alte Felsmalereien, ist fast unbeschreiblich.

Folklorekonzerte, Empfänge bei der Seniorenvertretung des Distrikts, bei den Jugendlichen (Pfadfindern), zu Gast in den Jurten der unbeschreiblich gastfreundlichen zufriedenen Nomaden, hinein in entlegene Schluchten, kilometerlange Gletscher, die im Zuge der Klima-Veränderung jedes Jahr mehr und mehr schmelzen usw. Der weltberühmte Autor Galsan Tschinag hat in seiner Heimatstadt mit seinem Sohn Galtaihuu auf uns extra zwei volle Tage gewartet. Dann sein Vortrag, seine Gesang, sein Wesen stundenlang so nah, das war schon bewegend. Marlis sagte, „ … als ich ihm gegenüberstand, da lief es mir eiskalt den Rücken herunter". Auf dem Rückflug nach Berlin lernten wir noch den Stamm der Hunnen aus Berlin kennen, der mit 34 Pfadfindern mit den mongolischen Pfadfindern eine Woche im Lager, eine Woche auf Fahrt und eine Woche in den Familien war.

Das jährliche Treffen der alten BDP-Veteranen fand diesmal in Pirna statt. Um die 35 liebevolle und seit Jahrzehnten vertraute Menschen sind sich nah. Die wunderschönen Touren entlang der Elbe durch die Sächsische Schweiz mit der Bastei, dem Königsstein usw. bescherten uns gewaltige Einblicke in diese grandiose Landschaft. Erstaunlich, wie umsichtig auch diesmal das Vorbereitungsteam die nachlassenden Kräfte der „alten Säcke" berücksichtigte. Ein Höhepunkt war in der Tschechei die Führung durch das original wieder aufgebaute Geburtshaus der Familie von Josef und Maria aus Nazareth. Der bebilderte Vortrag von Pudding ließ die Mongoleierlebnisse auch in diesem Kreis noch einmal lebendig werden. Jaina, die Enkelin von Atai, die mit Hermann und ihren drei Kindern in der Nähe Erlangen lebt, wollte von uns Neues von ihrer Familie Atai aus der Mongolei hören, aber auch alle Fotos sehen, alle. Eine lange Nacht war die Folge. Da schon in der „Nähe", besuchten wir auch den kranken Kwaggs bei Stuttgart und berichteten vom BDP Treffen.

Unser Ferienhaus von Tante Friedel haben wir als solches nicht mehr an Feriengäste vermietet, sondern syrischen Flüchtlingen zur Verfügung gestellt. Als eines Morgens Marlis Wäsche ins Haus bringen wollte, zählte sie eins, zwei, drei, vier, fünf, sechs, sieben fremde Personen. Am nächsten Morgen waren es nur noch fünf Männer. Sie sollten in Aleppo zum Militär oder an die Wand gestellt werden. Ihnen gelang die Flucht noch in kurzen Hosen, ohne jegliche Habe, zu Fuß durch die Türkei, teilweise schwimmend durch den Bosporus und aus Ungarn abgeschoben. Einer hatte die Adresse von Dr. Murhaf Hazani, inzwischen ein Freund, der als Orthopäde bei Yuri arbeitet. Wirklich sehr freundliche, liebe, hilfsbereite Jungen im Alter von 22 – 39 Jahren. Nur ein wenig unbeholfen, unselbstständig. In unserer Kultur bedurften sie vieler Zuwendung und Hilfe. Jeannette hat sich sehr stark mit eingebracht, hat Formulare ausgefüllt, sie bei den Behördengängen mit begleitet. Einige alte Beziehungen kamen uns zugute und ebneten so manchen Weg. So auch später bei der Möbel-und Wohnungssuche.

Wie in jedem Jahr besuchten wir viele Freunde, feierten runde Geburtstage von immer älter werdenden Menschen oder hatten Gäste für kürzere oder längere Zeit bei uns im Haus. Hans und Haschi zum Bespiel wurden 140 Jahre alt. Mit Galtai aus der Mongolei besichtigten wir Audis Umwandlungsanlage von Strom zu Gas in Werlte. Mit fünf Mongolen von der ersten „Grünen Partei" in Asien waren wir zu Gast bei Angelika und Volker in der Hofgemeinschaft Grumersort. Hier ging es um Gewinnung von Kenntnissen zur Herstellung von Hofkäse (mehrmals bekamen Kippings den ersten Preis für den besten Käse in Deutschland). Galtai möchte im hohen Altaigebirge dazu beitragen, dass die Mongolen eine zusätzliche Einnahmequelle über die Gewinnung von gutem und haltbaren Käse bekommen.

In Bern war die Internationale Jean-Gebser-Tagung zum Thema Wandlung.[224] Marlis erreichte mich unterwegs telefonisch und ließ verlauten, unserem alten Freund Oreste Zanolari aus Zürich ginge es gesundheitlich gar nicht gut.

---

224 **Wandlung als Bewusstwerden** ... *Irene Bischof,* Psychologin und Psychotherapeutin aus Bern, setzt sich mit dem Begriff der Wandlung in der Psychologie von C. G. Jung auseinander. Schon in einem seiner ersten Werke hat Jung viel zum Thema Wandlung gesagt ... «Wandlungen und Symbole der Libido») – auch er selbst musste sich wandeln! Grundlegendes Merkmal des Lebendigen ist die Gegensatzspannung von Bewusstem und Unbewusstem, in welcher die schöpferische Qualität des Psychischen wurzelt. Dabei spielen Träume – Abfolgen von symbolischen Bildern – als Mitteilungen des Unbewussten ans Bewusstsein eine wichtige Rolle. .... Wandlung wird dabei als Bewusstwerden verstanden: Wir werden anders, wandeln uns, wenn wir bewusster werden. Ein Motor der psychischen Entwicklung ist die menschliche Kommunikation, die zwischenmenschliche Beziehung. Auch in all diesen Beziehungen entsteht Wandel: beim Hineingehen in - wie auch beim Hinausgehen aus – Beziehungsprozessen. Und ganz sicher ist im Individuationsprozess der Wandel zentral: wenn wir uns zu dem wandeln, was wir eigentlich sind, dann heißt es (mit der letzten Strophe mit der letzten Strophe des Goethegedichts aus dem West-östlichen Diwan, Selige Sehnsucht, das auch für Jung zentral war):
Und so lang du das nicht hast,
Dieses: Stirb und werde!
Bist du nur ein trüber Gast
Auf der dunklen Erde.

Verwandte von Oreste sagten mir schonend, er befände sich in einem Pflegeheim und würde kaum sprechen können. Ganz wach begrüßte er mich, gut eine Stunde waren wir im intensiven Gespräch. Dann bat er mich, fahre nicht nach Harzburg weiter, bleibe, bis ich sterbe. Mir ging es selbst nicht gut, und so konnte ich ihm seinen Wunsch nicht erfüllen. Am nächsten Morgen ist Oreste friedlich eingeschlafen, aber ich bin mit der abgeschlagenen Bitte immer noch nicht fertig und werde daran noch lange zu knabbern haben.

Ein angefülltes und erfüllendes Jahr liegt hinter uns. Vieles blieb diesmal ungesagt. Noch befinde ich mich nach der schweren Tumoroperation ziemlich schwach in der Uniklinik Göttingen. Getragen von der Familie und einem großen Kreis von Freunden sind wir zuversichtlich und dankbar. Gott wird es richten.

Mit einem guten Wunsch zum anstehenden Fest und einem guten Start in das kommende Jahr verbleiben wir
mit einem ganz lieben Gruß
Deine/Euer

Marlis und Horst

Zur Tradition der Freundestreffen – Zweimal feierten wir während der fast 60 Jahre außerhalb unseres Hauses, nämlich im Café Goldberg

Wie bereits weiter vorn, allerdings im Zusammenhang mit der Pfadfinderfahrt nach Jugoslawien beschrieben, hatte diese Großfahrt Folgen. Am 28.12.1955 trafen wir uns erstmalig zu unserem Freundestreffen bei uns zu Hause. In der Folge wurde es Tradition, sich am 28.12. eines jeden Jahres bei uns - zuerst die Jahre in Braunschweig und dann später in Bad Harzburg - zu treffen. Das geschah mit Ausnahme des 28.12.2015, wo ich kränkelte, bis auf den heutigen Tag. Der ursprüngliche Kreis hat sich über die die Jahre nicht nur erweitert, sondern auch verändert. Haben wir diese Treffen erst allein bzw. dann mit meiner Mutter zusammen gestaltet, so hat meine Frau Marlis fast selbstverständlich, so schien es, diese Tradition weitergeführt. Es galt zu organisieren, sich vorzubereiten auf eine große Unbekannte. Uneingeladen, unaufgefordert kamen die Menschen zusammen. Wer sich erinnerte und mit uns verbunden fühlte, der kam. Mal waren es dreißig, mal vierzig bis fünfzig Personen, einmal waren es mit der polnischen Musikerfamilie Stechkowski, die eigens angereist kam, um ein Konzert anlässlich des Freundestreffens und meines 60. Geburtstag zu geben, da waren wir immerhin rund 60 Personen.

Zweimal feierten wir allerdings außerhalb in dem wunderschönen, am Harzrand mit Blick auf das Harzvorland gelegenen Café Goldberg. Zum 70. Geburtstag und zum 80. Um keinem auf den Schlips zu treten und allen die Möglichkeit des Kommens zu bieten, schrieben wir in unserem Jahresbrief 2012, wer kommen möchte, möge sich bis zum März anmelden. Wir hätten entsprechend zu organisieren. Viele kamen zum 70., zum 80. waren es um die 80 Personen. Die nachfolgenden Reden können andeuten, um wen oder was es ging, wer gekommen war und was sich ereignete.

Meine Rede zum Fest am 28. Dezember 2003 – 70 er Jahre

Es ist ein eigenartiges Gefühl für mich, 70 zu werden, 70 zu sein und dabei den Erwartungen der Gesellschaft zu genügen. Einerseits führe ich ein recht lebendiges Leben, in Gedanken, Worten und Taten. Noch immer schaue ich gern hinter einem aparten Rockzipfel her, tolle bei den Familienseminaren mit den Kindern herum. Andererseits braucht vieles ein Mehr an Zeit.

Mit 49 hatte ich meine Schwierigkeiten; wenn man mich damals fragte, wie alt bist du, antwortete ich: 49, drei Jahre lang, bis Marlis eines Tages sagte: „Das hast du doch vor drei Jahren schon gesagt!" Ganz anders ist es jetzt. Bereits vor einem Jahr antwortete ich auf die Frage, wie alt, mehrmals: Fast 70. Wer weiß, wie es morgen sein wird?

Laßt uns einen kurzen Blick zurückwerfen. Mit der Tischlerlehre 1948 begann für mich auch die Pfadfinderei. Gekeilt von Günther Wulfes, einem Klassenkameraden. Er erzählte, wir Pfadfinder ziehen raubend und brandschatzend durch die Wälder, singen, schlafen in Zelten und hocken vor dem Lagerfeuer. Nach der Großfahrt 1955 - zu Fuß fünf Wochen quer durch Jugoslawien mit Affen, Zelt, Kochtopf und Beil - trifft sich am 28.12.1955 erstmals ein kleiner Freundeskreis in Braunschweig – Uta Hörnig war damals auch schon dabei. (aufstehen).

Diese Tradition haben wir auch in Bad Harzburg fortgeführt. Unaufgefordert, unangemeldet und uneingeladen kamen jedes Jahr Menschen zusammen – immer wieder andere - Menschen, die sich verbunden fühlten und die Verbindung halten oder pflegen wollten. Mal waren es 20, mal dreißig oder vierzig, und vor 10 Jahren waren es 60 Personen. Stets hat Marlis für uns alle gesorgt, jedes Mal klappte es wunderbar. Nun, nach 48 Jahren haben wir mit dieser Tradition erstmals gebrochen, feiern auswärts und baten um Anmeldung. 85 haben sich angemeldet – viele ließen uns im Ungewissen und 48 Personen sagten ab. Inzwischen kam Post, klingelte das Telefon und wir sehen etwas klarer.

- Gestern Abend rief Henk aus Brasilien an, er wollte gern dabei sein, aber die Ermordung seines Freundes Wellington, die finanzielle Notlage, es geht eben einfach nicht. Eine halbe Stunde redeten wir am Telefon.
- Eine Stunde später war Karl Heinz aus Kanada am Telefon. Er wanderte 1955 aus, seine letzten Worte damals waren: „Kümmere dich um meine Eltern". Das habe ich, das haben wir von unserer Familie aus getan. Später zog Uta zu den Eltern und hat vorbildlich mit den Eltern gelebt. Vor einigen Monaten starb die Mutter Hörnig im Alter von 102 Jahren. Sie war klar und fit, bis zuletzt, trotz eines entbehrungsreichen Lebens und ihren 8 Kindern. Marlis sagte oft: Sie hat keine einzige Falte im Gesicht. Übrigens ist das auch die Familie, wo unser Alexander während seiner Schulzeit ein Jahr in Kanada in der Familie lebte. Wendy und Karl Heinz kommen nicht, ihre Kinder sind aus Kalifornien gekommen, sie können nicht abhauen. Aber Uta, Karl Heinz' Schwester, überbrachte am 4. Advent einen Riesenkorb mit genüsslichen Dingen: Ein Gruß aus Kanada.
- So ging es munter weiter, das Telefon klingelte noch oft und alle lassen Euch heute hier ganz herzlich grüßen.
- Laßt mich noch eine kleine Geschichte aus dem Jahr 1943 erzählen. Vor ein paar Tagen, am 23.12. morgens, sechzig Jahre nach unserem

Kennenlernen, steht Herbert Mull vor der Tür – mein Freund aus Hahausen - einen Kalender seines Dorfes will er uns übereichen - 1943 wurde ich mit meiner Mutter nach Hahausen evakuiert, bis zum Kriegsende, bis 1946, lebten wir dort – täglich war ich damals mit Herbert zusammen, über die Jahrzehnte blieben wir im Kontakt – Erinnerungen werden wach - als Pimpfe standen wir ein für Führer Volk und Vaterland – täglich hingen wir am Volksempfänger und glaubten an den Endsieg - 10 Jahre waren wir alt, Jabos, Jagdbomber kommen geflogen, wir schmeißen uns in den Graben, eine Garbe geht einige Meter vor uns in die Erde, Dreck spritzt auf, wir springen auf und schreien: Hurra, der hat uns nicht getroffen – dann Abschießen einer Panzerfaust hinter seiner Scheune – nach dem Einzug der Amerikaner machen wir weiter, Kriegsmaterial wird erbeutet, (seht hier das 1945 erbeutete Telefonkabel, durchschneiden und mitnehmen, den Feind schädigen, wo es nur geht), eine wilde und doch erfüllte Zeit – doch, er wie ich, wir haben die Zeit durchlebt, haben neue Erfahrungen und eine klarere Sicht gewonnen. Wer uns kennt, weiß, worum es geht.

Ja, und wer ist nun hier, wer ist gekommen? Der hier heute versammelte bunte Haufen setzt sich zusammen aus Freunden und Verwandten – Verwandte können Freunde sein wie auch umgekehrt. Ich oder wir lernten euch in den vielfältigsten Lebens- und Arbeitsbereichen kennen und schätzen. Da ist zunächst die **Verwandtschaft:**

- Die eigene kleine Familie und alle anderen **Verwandten,** zur weiblichen und männlichen Seite/Linie gehörend - könnt ihr euch auch einmal kurz erheben? Das ist ein Teil unserer Familie.
- Dann sind da Leute, die **pfadfinderischen Dreck** am Stecken haben und aus dem gleichen Stall kommen. Uns verbinden eine gemeinsame Kinderstube, Abenteuer und vielfältige Erfahrungen – bitte aufstehen.
- 18 Jahre war ich **Schutzmann,** bis auf den heutigen Tag fühle ich mich mit der Polizei und einigen Kollegen eng verbunden. Mit einigen galt es lebensgefährliche Situationen zu meistern, noch immer stehen wir im Kontakt, noch immer bin ich auch ein Teil Schutzmann geblieben. Man sagt z. B.: Du fährst noch immer Auto so wie früher, heute nur ohne Martinshorn und Blaulicht. Eine kleine Abordnung ist mitten unter uns – bitte, einmal aufstehen.
- Viele Menschen lernte ich auf der **„Straße"** kennen, auf unseren Fahrten, auf **Reisen** durch die Welt. So ergaben sich Freundschaften eben zu Menschen aus den verschiedensten Ländern in aller Welt und den verschiedensten Religionen. Na, wer gehört denn hierzu?

- In den letzten Jahrzehnten sind wieder neue Menschen dazugekommen, die etwas mit meinem späten **Studium, mit Bildung und/oder Wissenschaft, oder mit der Seminar- oder der Tagungsarbeit** zu tun haben. - Wer ist es, bitte schön, erhebt Ihr euch.
- Dann gibt es Menschen, mit denen fühle ich mich noch auf einer ganz anderen Ebene verbunden. Hier geht es vielleicht um tiefere Erfahrungen des Menschseins, vielleicht läßt sich diese Ebene mit **Gott** und/oder einer höheren Kraft umschreiben – bitte erheben.
- Wer sich bisher überhaupt noch nicht angesprochen fühlte, sich dem einen oder anderen Bezugspunkt zuzuorten vermochte, der oder diejenige möge sich nun auch einmal erheben. Vielleicht berichtet ihr kurz, wie wir zueinander gefunden haben?

Genug davon. Wie es auch sei, eins habt ihr alle miteinander gemeinsam: Ihr alle habt uns die Treue gehalten, in guten wie in schlechten Zeiten. Ihr habt mich getragen und manchmal auch ertragen. Ich konnte von und mit euch lernen und durfte an und mit euch wachsen. Sehr viel verdanke ich meiner pfadfinderischen Kinderstube. Hier lernten wir es auch, nicht nur auf eine Person fixiert zu sein, sondern den Kontakt zu wagen, zu immer wieder neuen Menschen. Das scheint mir der eigentliche Sinn dieses Festes zu sein, sich verbunden zu fühlen – nicht nur mit uns – sich auf andere einzulassen und die Beziehung zu wagen, um ins Gespräch zu kommen.

Laßt mich zu Ende kommen. Geborgenheit war und ist für mich ein wichtiges Wort. Von Engeln behütet zu sein, sich geborgen fühlen in Gott und eingebettet in einem Kreis von lieben Menschen, ist das nicht etwas Wunderbares? Reich ist, wer Freunde hat und wo die Freundschaft über 10 Jahre angehalten hat. So betrachtet, sind wir reich, sehr reich. Danken möchte ich meinem Weib, meiner Familie und euch allen, die ihr mir Wegbereiter und Wegweiser wart.

Laßt die Gläser fröhlich klingen und gemeinsam einen angenehmen Tag gestalten. Prost oder zum Wohle.
 Dein oder Euer

Horst

Schniebel, Stuki, Horstchen oder Horst auch Langer genannt

Krankheiten - eine Anmerkung zwischendurch

In der Nach vom 24. auf den 25. Dezember 2013 liege ich neben der Marlis im Bett und bekomme einen recht schmerzhaften Herzinfarkt. Wecke ich sie und sage, was ist, dann kommt der Notarzt, und der wird mich sofort in das nächstgelegenen Krankenhaus einweisen. Aber in drei Tagen werde ich 80 Jahre alt. Wissend, dass viele ihr Kommen zugesagt haben, Flugtickets und Bahnkarten gekauft sind, möchte ich im Goldberg auf der Matte stehen. So sage ich nichts, halte durch und verspreche am nächsten Morgen meiner Marlis, wenn alles vorbei ist, gehe ich zur Ärztin Frau Herbeck. Wie bereits beschrieben habe ich das getan, und der weitere Verlauf ist bekannt. So auch die aufkommenden Schmerzen im Halsbereich, so auch die Operation des schnell wachsenden bösartigen Tumors an der Zungenwurzel, verbunden mit der Entfernung der Lymphknoten. Danach die Harnweginfektion, die abgebrochene Anschlussheilbehandlung in der Klinik Tecklenburg, Abbruch, dann zu Weihnachten wieder in die Uniklinik Göttingen. Eine bakterielle Infektion der Harnwege, der Niere und weiter den Körper befallend; Lungenembolie, Wasser in der Lunge, erneute Herzprobleme. Das alles führte ja zu einer weiteren erneuten Rehabilitationsmaßnahme in der Heliosklinik in Bad Salzdethfurt. Alles in allem war ich ziemlich fertig. Das Ganze hat mich und meinen Körper ganz schön geschwächt. So war es oft in meinem Leben. Wenn ich mich nicht aus Einsicht und freiwillig verändert habe, bekam ich einen mächtigen Schuss vor den Bug und musste mich verändern. Abzuwarten wird sein, wohin diesmal „die Reise" gehen wird.

Worte zum 80. Geburtstag im Café Goldberg[225]

Liebe Verwandte und meine lieben Weggefährten,

wir leben in einer Welt der Zahlen (so sagen es die Buschmänner von den Europäern, zu lesen in „Das Herz des kleinen Jägers") und damit hat auch der heutige Tag etwas zu tun. Ich beginne mit einer meiner ersten Erinnerungen.
Die Bande, unsere Bande, wir leben und spielten auf der Straße in Braunschweig. Die Straße war die Welt meiner Kindheit. Mein Bruder, acht Jahre älter als ich, und seine Freunde haben mich wieder einmal geärgert. Man steckte mich mit anliegenden Armen in eine Aschentonne. Hatte ich schon damals meinen eigenen Willen? Wusste ich mir zu helfen, half mir ein gewisses Fernweh? Ich war drei Jahre alt, mit meinem Dreirad bin ich drei Kilometer durch Braunschweig zu meinem Vater zum Leonardplatz gefahren. Erwachse fragten, Junge, wo willst du denn hin? Zu meinen Papi, der arbeitet auf dem Leonardplatz. Aber, das ist eine eigene lange Geschichte.

---

[225] Nachmittags, noch im Bett liegend, notierte ich diese Worte, die Alexander dann in Form gesetzt und zu Papier gebracht hat.

Der Krieg brach aus. Aus dem Lautsprecher von Helmbrechts hörte ich, es ist Krieg. Hurra schrie ich, lief ins Haus und verkündete die frohe Botschaft. Als 6. jähriger begeistert für Führer, Volk und Vaterland. Bin fast ohne Schule durchs Leben gekommen. Erlebte den Zusammenbruch in Neuekrug Hahausen, wohin ich mit Mutter evakuiert wurde. Das sind mehrere eigene Geschichten. Kam in die zerbombte Stadt zurück. Kroch mit meinen Freunden in den Trümmern herum, kam zu den Pfadfindern, ging auf Fahrt und ins Lager. Da erlebte ich eine ganz andere Welt, wurde erzogen zum Internationalen, zur Menschlichkeit. Die Pfadfinderei wurde meine Kinderstube. Jeden Tag eine gute Tat, der Pfadfinder schützt Pflanzen und Tiere, ist allem Menschen ein Freund und Helfer, gestaltet sein eigenes Leben usw.

Heute bin ich 80 Jahre alt geworden. Wenn ich an meiner Herzattacke vor drei Tagen denke, dann glaube ich es, ich bin 80. Wenn aber ein hübsches Weib vor mir auf der Straße geht, mit dem Po wackelt, oder wenn ich mit anderen Menschen zusammen im Seminar arbeite, dann weiß ich es, ich bin noch keine 80.

In einer ruhigen Stunde dachte ich zurück. Mehr als 27 liebgewordene enge Weggefährten leben nicht mehr. Heute sind wir hier an die 80 Personen. Über 180 Zuschriften liegen daheim auf dem Dielentisch. Viele haben telefoniert. Mit meiner Marlis bin ich nun 47 Jahre verbunden. Wie meine Mutter damals, so hält auch sie ein offenes Haus, duldet viele meiner Sperenzien und hält mir oft den Rücken frei. Wir durften drei Kinder großziehen, durften miteinander und aneinander wachsen.

Als wir vor 47 Jahren in der Paulikirche in Braunschweig getraut wurden, predigte unser Freund und Pfarrer Horst Jander: Zwei Dinge, die ich allerdings erst Jahre später begriffen habe, sind noch im Kopf. Mit seiner mächtigen Stimme hallte es durch die Kirche: „Dass das Eine den Anderen, mit sich selber in den Himmel bring": (Vielleicht einfach so, das der eine den andren aber sich selber auch ein wenig höher bring). Und ein zweites ist im Gedächtnis geblieben: „Hört ihr der Kirchenglockenklang, der Kirchenglocken Klang, ist der Freunde Grabgesang. Ihr müsst sie jetzt allein lassen, die brauchen sich, die Marlis und er Horst, sie müssen zueinander finden". Acht Jahre später kam Horst Jander und sagte: Meine Annegret ist im Landeskrankenhaus in Lüneburg, ich bin allein. Das, was ich über die Freunde gesagt habe, das stimmt nicht. Freunde sind ganz wichtig, ich brauche euch.

Ja, Marlis und ich, wir haben Freunde, hier und in der Welt da draußen. Habermas soll einmal gesagt haben: Reich ist, wer Freunde hat, wo die Freundschaft länger als 10 Jahre gehalten hat. Wir fühlen uns reich, sehr reich.

Als meine Mutter 1963 in Braunschweig gestorben ist, da schenkte mir meine Cousine Brunhilde ein Buch: George Bernard Shaw, Briefwechsel mit seiner Freundin Stella oder so. Brunhilde war übrigens die einzige in unserer großen Familie, die an mich geglaubt und mich unterstützt hat. Shaw schrieb in einem Brief an seine Freundin über den Tod seiner Mutter. „Der Mann, der die Urne trug, zeigte ein trauriges und würdevolles Gesicht". Shaw führte mit seiner Mutter ein Zwiegespräch. „Da geht der Mann mit Zylinder und weißen Handschuhen und ist so traurig, was soll das, er hat dich doch gar nicht gekannt, Mutter …." Das Buch gab mir Trost und Halt, Getrost konnte ich in der Leichenhalle mit meiner Mutter sprechen und Abschied nehmen.

Als dann aber bei der Trauerfeier noch einmal die Tür aufging, drei arabische Pfadfinder einen riesengroßen Kranz vor ihrem Sarg niederlegten, da war es mit meiner Beherrschung vorbei. Fuad, du warst dabei. Ich weinte bitterlich. Die, die selbst nichts zum Beißen hatten, sie kauften einen teuren Kranz für meine Mutter.

Mutter war sicherlich immer und für alle da. Pfadfinder, Studenten aus der Türkei, aus der arabischen und indischen Welt. Oft fragte sie dann, wer kommt denn heute Abend, was muß ich denn da wieder mal kochen (mal kein Rind, mal kein Schwein usw.)?

Und als ich von Marlis hörte, wer heute zur Feier kommt, was für Mühen man auf sich genommen hat, um für ein paar Stunden mit den anderen Freunden und uns zusammen zu sein, mit dem Zug für ein paar Stunden aus dem tiefen Bayern, für ein zwei Tage mit dem Flieger aus Spanien und all die anderen, aus Holland, Berlin, Heidelberg, Köln, Darmstadt, Hamburg und sogar aus Jerstedt bei Goslar usw., da kamen wir wieder die Tränen, da wurde ich wieder weich. Andererseits versuchte ich aber durchzuhalten und dabeizusein.

Ihr merkt es, ich lebe zumindest nicht nur in einer Welt, der Welt der Zahl. Ich lebe ebenso mit meinen Befindlichkeiten, mit meinen Emotionen. Mit einigen von euch bin ich mehr als 60 Jahre verbunden, andere wuchsen uns in den letzten Jahren zu. Und wenn ich daran denke, wie ihr zu uns gehalten habt, uns getragen und ertragen habt, in guten wie in schlechten Zeiten, wie Marlis und ich zu euch kommen durften, wie ihr uns mit unseren Streitereien und Klagen angenommen habt, dann werde ich wieder weich. So konnte es geschehen, dass Marlis und ich mit unseren drei Kindern zusammen es 47 Jahre ausgehalten haben, uns lieben und schätzen lernen konnten. In ganz Bad Harzburg bekam ich keine 47 rote Rosen mehr zu kaufen, aber diese 47 Blumen sollen einfach unsere 47 Jahre symbolisieren.

Ich danke euch allen und besonders meiner Marlis für die 47 Jahre. 47 Rosen waren in Harzburg nicht mehr zu bekommen, mögen die Ersatzblumen mit dazu beitragen, dass wir in Frieden und Harmonie miteinander alt werden dürfen.

Horst

Hartmuts Rede zum 80. - Horst – der „Schniebel"

Unser Jubilar, dies ist uns allen bekannt,
wird von Vielen nur der „Schniebel" genannt.
So tönt es heut' von der Dächer Giebel,
80 Jahre alt wird Horst, der „Schniebel".
80 Jahr' sind eine lange Zeit,
Da passiert schon Vieles weit und breit.

       Der Krieg hat seine Kindheit zerstört.
       Er ging selten zur Schule, wie sich's gehört.
       Und all die Wirren der Nachkriegszeit
       Verhinderten das Lernen – doch er war gescheit:
       Nach seiner ersten Handwerkslehre
       Wurde er Schutzmann – mit Beamtenehre.

Neben 18 Schutzmannsjahren,
Die sicher für ihn sehr prägend waren,
interessierten ihn Jugendarbeit und Kinder,
Angefangen hat er damit als Pfadfinder,
später als Erzieher und Pädagoge
Als Weltverbesserer und Psychologe.

       Und nach alle den Jahren pädagogischer Praxis
       Zog es ihn hinauf zur akademischen Galaxis.
       Über den zweiten Bildungsweg und recht spät
       Führte ihn sein Weg an die Universität.
       Das Studium der Erziehungswissenschaft
       Hat er in Braunschweig und Hannover geschafft.

Er war 1975 in meinem Soziologieseminar
Als dort ein bärtiger Spätstudent war
Den alles brennend interessierte
Was in Erziehung und Gesellschaft so passierte.
Es ging um „Erwachsenensozialisation"
Da traf ich Horst, Ihr ahnt es schon.

       Und im September im gleichen Jahr
       Ich erstmals bei ihm in Bad Harzburg war.
       Horst war also zuerst mein Student,
       Dann Freund und Mensch, wie man ihn kennt;
       Kollegial haben wir viele Seminare gemacht
       Da hat es manchmal auch richtig gekracht.

Andere sagten, wie es wirklich war:
Zusammen waren wir unschlagbar.
Methodisch-praktische Erfahrungen
Gekoppelt an Theorie – das war gelungen.
So glücklich vereint waren noch nie
Pfadfinderschaft und Soziologie.

Zu Horst als Pfadfinder kann ich nichts sagen,
Zum Familienmensch will ich auch kein Wort
wagen.
Das kann er selbst und besser berichten
Von Treffen, Reisen und anderen Geschichten.
Darüber berichtet er mit viel Geschick
Im schriftlich-persönlichen Jahresrückblick.

In seinem Leben gab es viel Tiefen und Höhen,
Das kann man an seiner Gesundheit sehen.
Ein Herzinfarkt hatte ihn einst erwischt
Der Teufel hat die Karten gemischt.
Durch OP, ReHa und Marlis' Pflege,
War er bald wieder der Hirsch im Gehege.
Doch der nächste Schlag kam alsbald
Es passierte hier um die Ecke im Wald:
Den Knöchel mehrfach zertrümmert und gebrochen
Auf allen Vieren ist er nach Hause gekrochen:
Doch ist ihm – mit Marlis' Hilfe! – immer gelungen.
Er ist dem Tod von der Schippe gesprungen.

Apropos Marlis, eines ist klar,
Dass Marlis der wirkliche Schutzengel war.
Sie versorgt nicht nur die Gäste,
Serviert ihnen und uns immer das Beste.
Sie hält Horst – pardon „Schniebel" den Rücken
frei
Sie ist das „Huhn", Horst nur das „Ei"!

Horst und Marlis – das ist ein Paar
Wie ein paar Schuhe – wunderbar!
Immer noch edel, wenn auch getragen,
Doch bewährt, beliebt – und will dazu sagen:
Ein Schuh alleine bringt nicht viel
Nur beide zusammen erreichen das Ziel.

Drum lieber Horst, so denk´ daran,
Ein großer einflussreicher Mann
Hat immer auch ein starkes Weib
Das seine Seel` umsorgt und den Leib.
Drum sag` ich jetzt zuletzt husch husch
Den letzten Satz mit Wilhelm Buch

**„Das Schönste aber hier auf Erden,
ist lieben und geliebt zu werden".**

In diesem Sinne alles erdenklich Gute, Gesundheit und Zufriedenheit wünscht
Dir und den Deinen Dein alter Lehrer, Freund, Mitstreiter und Kollege
Hartmut

Kunos Rede zum 80. Geburtstag

Kuno Jaeger – Ein guter Freunde und Kollege aus der Polizeizeit

Liebes Geburtstagskind, lieber Stuki, liebe Gäste!

Als Stuki mir zu meinem 60. Geburtstag gratulierte, geschah das mit den Worten: wie es Horst Volker zu sagen pflegt: „Das ist der Übergang vom Grufti zum Komposti!" Heute habe ich die Chance zu einer Retourkutsche, aber – ehrlich gesagt – ich weiß nicht wie man das noch steigern kann.

Als wir uns im Jahre 1962 durch den Polizeiberuf kennenlernten, hatte ich gerade meine Ausbildung abgeschlossen. Du warst bereits Polizeihauptwachtmeister, hattest also einen Dienstgrad, den man erst nach 12 Dienstjahren erlangt und damit eine Stellung, die für mich in den Sternen lag.
Innerdienstlich trafen hier mit Ausbildung und Einzeldienst also ungefähr zwei Welten aufeinander; denn in jener Zeit wurden Vorgesetzte bei der Bereitschaftspolizei nicht mit Namen, sondern nur mit Dienstgrad angesprochen.
Kurz und gut, ich war am ersten Diensttag dem Polizeihauptwachtmeister Stukenberg als **Flunki** zugeteilt und meldete mich ausbildungsgeübt bei ihm förmlich zum Dienst. Stuki drückte mir als Reaktion ein Fahrtenbuch in die Hand mit den Worten: „Wir fahren heute zusammmen Streife 3, hol schon mal das Auto aus der Halle!" Das war zwar ein Law-and-Order-Auftrag, aber in einer absolut ungewohnten Mundart. Ich stutzte sehr, nahm das Fahrtenbuch und ging, um das Auto zu holen, und erstattete anschließend Meldung über den ausgeführten Auftrag in Grundstellung mit Handanlegen an die Kopfbedeckung. Mein Streifen-
374

führer antwortete nicht und ging wortlos voran zum Auto. Dort angekommen sagte er: „Kannst du fahren?" Ich stutzte erneut und statt zu antworten, stotterte ich offensichtlich wirres Zeug, als ich die Worte hörte: „Na gut, dann fahre ich. – Und schon saß mein Streifenführer am Lenkrad, also dort, wo ich eigentlich hingehörte.

Wir waren gerade auf der B 4 angekommen, als mein Streifenführer am Fahrbahnrand anhielt. Aha, dachte ich, jetzt kommt die unvermeidliche Philippika; denn während der Ausbildungszeit hatten wir nichts anderes gehört als dröhnende Kampfreden über unsere Unzulänglichkeit. – Aber es wurde mir eine Hand entgegengestreckt, begleitet von den Worten: „Ich heiße Horst, wir sagen *DU* zueinander, das ist besser!"

Ich brauchte lange, um zu verkraften und zu verstehen, dass es in der Uniform einen Menschen gab, und dieser Mensch hier hieß Horst Stukenberg. Du warst einfach anders, zwar uniformiert, aber kein Uniformierter. Zwei Beispiele will ich nennen:

     1. Du hast dir einen Bart wachsen lassen, obwohl Barttragen in der
        Polizei strikt untersagt war.
     2. Du sprachst alle Vorgesetzten mit Namen an – mutig und
        unglaublich.

Wir fuhren viele Streifen zusammen. Ich bin gerne mit dir Streife gefahren, Stuki. Während wir für den inneren Frieden und die innere Sicherheit unterwegs waren, um dem Bürger Freiräume zu seiner Selbstverwirklichung zu ermöglichen, standen wir Uniformierten immer im Blickpunkt der Öffentlichkeit; denn es galt stets lageangepasst und angemessen zu handeln. Dabei waren manche Unbilden zu überwinden. Das konnte nur in Übereinstimmung gelingen, wozu Verständnis und Vertrauen zueinander erforderlich waren.

Wir lernten uns im Laufe der Zeit immer besser kennen. Ich habe von Beginn an deine menschliche Lebensart sehr gemocht. Manchmal haben wir uns während der Streifenfahrt auch Extratouren erlaubt. So lernte ich dabei den damaligen Oberbürgermeister der Stadt Goslar, Dr. Paul, kennen, einen Textilmillionär aus Bad Harzburg und Tante Friedel. Dort wurde bei einer Tasse Kaffee auch über Partnerfindung gesprochen. Du warst für damalige Verhältnisse ja schon ziemlich spät dran, vor allem weil du nebenbei durch ständiges Bemühen um positive Ergebnisse nach Pfadfinderehre gut ausgelastet warst. Es fiel der Name Marlis. Marlis aus Fümmelse. Sie ist deine Frau geworden und bis heute geblieben.

Mit der Zeit sind aus den dienstlichen fast automatisch auch sehr private Bindungen entstanden. Wir haben vieles gemeinsam erlebt, sowohl die Familienplanung des jeweils anderen, als auch nachfolgend die Seßhaftwerdung. Du warst früher dran auf dem Grundstück neben Tante Friedel. Das war ein sehr umfangreiches Unterfangen. Finanzierung, Koordinierung, Materialbeschaffung:

Schalholz, Kupferrohre, Eckventile, Trapse, es ist unglaublich, was alles für ein komplettes Haus benötigt wird. Trotz der finanziellen Klammheit habe ich dich nie jammern hören. Ausdauer und Nachhaltigkeit waren deine herausragenden Charaktermerkmale, und irgendwann war das Werk vollendet.

Anschließend hast du dich nachhaltig auch um eigene vier Wände für uns engagiert. Deine Beziehungen waren damals schon global. Mit ein wenig Glück hätten wir dadurch auch ein Grundstück in Bad Harzburg ganz in eurer Nähe erstehen können, aber mein dienstliches Gesuch zur Versetzung zur dortigen Dienststelle wurde abgelehnt.

In Essehof ist es dennoch verwirklicht worden zu einem Zeitpunkt, als unsere Familienplanung bereits abgeschlossen war. Vorher hattest du ebenfalls durch deine Kontakte für uns einen gebrauchten VW-Standard mit nicht synchronisiertem Getriebe vermittelt, der noch mit Zwischengas gefahren werden musste. Auch ein Bausparvertrag zur Anschubfinanzierung ist durch deine Vermittlung entstanden, und das fast alles zur gleichen Zeit.

Trotz einer bei mir inzwischen erfolgten Beförderung war der finanzielle Spielraum sehr eng. Am Ende des Geldes war immer noch so viel Monat übrig.

1970 ging es dann auf der Baustelle 13 in Essehof los. Der erste und lange Zeit einzige auf der Baustelle neben mir warst du. Erinnerst du dich noch an den Anfang? Wir hatten einen Graben für den Abwasserkanal ausgeschachtet und angefangen, provisorisch Tonrohre zu verlegen. Am nächsten Morgen waren die ausgelegten Rohre durch einen starken Nachtregen teils bis zur Hälfte mit Sand vollgelaufen. Ich war verzweifelt, während du wie selbstverständlich anfingst, Rohr für Rohr zu reinigen. Am Ende ist eine intakte Anlage entstanden, die bis heute störungsfrei funktioniert. Ich weiß nicht, ob das ohne deine unnachahmliche Ausdauer, Antriebsstärke und Motivationsfähigkeit zustande gekommen wäre. Auch während der gesamten Bauzeit warst du da, wenn Not am Mann war und oft auch außer der Reihe; denn es musste vieles aus Geldmangel durch Eigenleistung und Unterstützung durch zeitweise viele fleißige Helfer entstehen.

Dein Ausscheiden aus dem Polizeidienst ergab sich irgendwann zwangsläufig. Du warst in deiner Denke und dem daraus resultierenden Verhalten sowohl dem Zeitgeist voraus als auch den Vorgesetzten ein Dorn im Auge. Allerdings passte nach meiner Meinung der im Dienst zuweilen erhobene Zeigefinger dem Bürger gegenüber nicht in dein Charakterbild.
Gesundheitliche Komplikationen kamen dazu und führten zu der Konsequenz, den Abschied zu nehmen. Der bequeme Weg durch Anpassung ist sicherlich einfacher, aber er schafft keine Selbstachtung.

Ich habe dadurch einen Kollegen verloren, aber nicht den Menschen Horst Stukenberg.

Aber unser Zusammentreffen wurde danach in der Tat seltener und wenn, fand es vorwiegend in Essehof statt. Ich sehe eine mögliche Begründung darin, dass wir Essehofer häufiger zuhause anzutreffen waren.

Fortan hast du dich dem Bereich Bildung verschrieben. Bildung und Selbstbildung. Für dich selbst führte es dazu, dass du es in einem verhältnismäßig späten Lebensabschnitt noch zum Doktortitel gebracht hast. Damit darfst du dir getrost allseits Bewunderung gefallen lassen.

Bevor ich ende, möchte ich noch einen Ausschnitt aus einer E-Mail der letzten Zeit bekanntgeben. Stuki schrieb zu einem gegebenen Sachverhalt: Ich freue mich, dass du dich endlich hast überzeugen lassen, du alter Socken !
Als ich das gelesen hatte, habe ich mich freudig und genüsslich zurückgelehnt und gedacht: Endlich ist dem Stuki mal wieder eine präzise Analyse gelungen!

Ein Bekenntnis möchte ich noch nachschieben:
„Mein lieber Stuki, ich schätze dich immer noch, obwohl ich dich kenne,

D u   a l t e r   S o c k e n !!!

Hallo Stuki,

mit Freude habe ich am Telefon Deine wieder kräftiger erscheinende Stimme vernommen. An Deinem Geburtstag hatte das Schicksal es nicht besonders gut mit Dir gemeint.

Das rund um Deinen Geburtstag gestaltete Programm hat hoffentlich – wie Du es selbst am Abend noch ausgedrückt hast – Dich wieder ein wenig auf die Beine gestellt. Wir Gäste konnten alles unbelastet erleben – und es war eine starke Veranstaltung, die sicherlich allen nachhaltig in Erinnerung bleiben wird. Ich freue mich sehr, dass ich dabei sein durfte.

Viele liebe Grüße – auch und besonders an Marlis, die sehr unauffällig und trotzdem stets an Deiner Seite gestanden hat.

Wir Oldies aus Essehof Brunhilde und Kuno
Mitgeschickte Fotos aus der Bauzeit von Kunos und Brunhildes Haus

Ein verspäteter Dankesbrief - Nach der Feier die Herzoperation und Anschlussheilbehandlung

Betreff: Danke (fwd)
Von:　"Dr. Horst F. W. Stukenberg" <Horst.F-W-Stukenberg@T-Online.de>
An:　"Jeannette Rehmer" <jeannette.rehmer@gmail.com>
Datum: 19. Feb 2014 11:11

Ihr Guten, ob Verwandte, Freunde oder Bekannte,

zum 28.12.2013 habe ich, hat unsere Familie viel Aufmerksamkeit und Zuwendung erfahren. Zum Feiern selbst sind noch einmal zwischen 70 - 80 liebe Menschen - die sich 2013 auf unseren Jahresbrief zurückge- meldet haben - zusammengekommen. Mir ging es schlecht, teilweise sehr schlecht. Aber ich versprach meiner Marlis, wenn unsere Hausärz- tin wieder da ist, werde ich sie aufsuchen. Das geschah. Nach dem EKG griff Frau Herbeck zum Telefon und ab ging es in die Kardiologie nach Quedlinburg. Herzinfarkt, drei Stents, frische Thrombose. Nach zwei Wochen dort brachte mich Marlis am nächsten Tag per Bahn zur Anschluss-Heilbehandlung nach Radolfzell (Werner-Messmer-Klinik, ehemals Herz-Kreislaufklinik). Das war für uns beide keine einfache Sache.

Hier bin ich jetzt zwei Wochen und immer noch recht schwach (10 - 20 Watt, das sei so viel wie "0"). Deswegen keinen Internetnetanschluss, kein Telefon, noch keine Besuche. Trotz alledem, ich bin zufrieden und voller Hoffnung. Es war oder ist doch ernster, als ich es selbst wahrhaben wollte. Ärzte und Pflegepersonal betreuen sehr gut, aber ich schwächele noch ziemlich stark. Wenn das Internet für kurze Zeit frei geschaltet wird, bekommt Ihr hier dieses Lebenszeichen.

Bedanken möchte ich mich für Eure Aufmerksamkeit, Zuwendung und die vielen Geschenke. Wisset, der wunderbare große Gong ging in unser Eigentum über. Toll war die Einführung vom Lutze. Viele der Geschenke stehen noch unausgepackt in Bad Harzburg. Da ich meinen PC nicht anrühren konnte, blieb vieles unbeachtet. So u. a. auch eine schöne Geschichte vom Hartmut. Da er selbst zur Kur in Marienbad war, konnte er nicht kommen. Effi ist nach BS gezogen, konnte auch nicht kommen, dichtete dem Schniebel aber ein eigenes Lied, welches auf dem Fest gesungen werden sollte. Ich schrieb nachmittags im Bett liegend ein paar Stichworte für eine Rede. Alexander korrigierte und druckte diese aus. Wolfgang sprach über den Stuki. Irinas und Andres Konzert begeisterten wohl alle außerordentlich. Schön die Lieder und Beiträge von den Allerkleinsten. Dann all die unbenannten Beiträge. Kuno hielt eine für mich bewegende Rede über den Stuki als Schutzmann. Was vorgetragen wurde oder nicht vorgetragen werden konnte, findet Ihr im Anhang. Damit möchte ich mich noch einmal bei Euch allen herzlich bedanken.

Ich beabsichtige in Zukunft weniger über das Internet zu verkehren, denn mehr über persönliche Kontakte oder über die altbewährte Post. Heute schreibe ich noch einmal eine Mail und bitte, auch diejenigen zu informieren, die nicht per Mail zu erreichen sind oder eine andere Sprache sprechen. Noch bin ich in der Herz-Kreislauf-Klinik Radolfzell und muß sehen, dass ich hier über die Runden komme. Wenn jemand etwas ganz Dringendes loswerden will, bitte, nur in diesem Fall schreibt der Jeannette oder der Marlis. Mir lasst noch eine Weile Ruhe. Dennoch möchte ich Euch allen drohen, nach ein zwei Monaten muß, kann, dürft Ihr wieder mit mir rechnen.

Mit einem lieben Gruß
Dein oder Euer
Horst, Schniebel oder Stuki

PS: Eben erfahre ich von Marlis, dass das von mir mit Moustapha herausgegebene Buch noch vor meinem Infarkt vom Verlag herausgegeben wurde. Wen es interessiert: „Peter Anton von Arnim - Ein biographisches Lesebuch - Erinnerungen an den Privatgelehrten, Islamwissenschaftler und Mensch"; Roderer-Verlag Regensburg, erhältlich in allen Buchhandlungen.

PS: Liebe Jeannette, Du hast mir sehr viel geholfen - das habe ich gewusst, geahnt - aber jetzt erfahre ich immer mehr, was Du alles geleistet hast - diese Mail schrieb ich zu meiner Entlastung, nicht um Dich zu ärgern oder Deinen Verdienst zu schmälern -Die vielen Adressen habe ich auf 5 Mails verteilt.
So, nun gebe ich wieder Ruhe
Dein
Papa-

Anlagen: Kuno Jaeger.doc
         Eine Rede zu meinem 80.doc
         Effi dem Schniebel zum 80..doc
         2 Hartmuts Gedicht.doc
         Alter ist Definitionssache.doc

Worte zum Abschluss - Viel Glück gehabt

Ein Nachsatz soll noch gewagt werden. Mein Leben war nicht immer leicht, oft habe ich es mir selbst auch schwer gemacht. Nach der schweren Operation im November 2015 in der Uniklinik Göttingen brachte mich meine Marlis mit meinem alten Freund Manfred Wehr zur Anschlussheilbehandlung nach Tecklenburg. Dass ich diese Geschichte in der Klinik unterbrochen oder abgebrochen habe, gleich danach wieder, diesmal von Tochter Jeannette und Marlis, in die Uni-Klinik nach Göttingen gebracht wurde, sei am Rande erwähnt.

In Tecklenburg hatte ich eine Therapieeinheit, genannt Klangtherapie. Jede Person wurde gebeten, zu erzählen, warum man hier sei. Dann ging es auf die kuscheligen Liegeplätze, Augen zu und ganz in Ruhe warten, was kommt. Mit dem Monokord erzeugte die Kollegin auf einer bestimmten Frequenz recht monoton klingende Töne. Angenehm, wohltuend, so liege ich da. Gleich nach den ersten

Klängen taucht eine Szene sehr bildhaft und nah auf, die ich mit meinem Freunde Herbert Mull erlebt habe.

Danach begeben wir uns wieder in die Runde auf unsere Plätze und beginnen einer nach dem anderen zu erzählen, wie es uns ergangen ist. Meine gerade erlebte Geschichte kommt zur Sprache: Es muss 1945, wenige Wochen vor dem Ende des II. Weltkrieges gewesen sein. Herbert Mull und ich gehen von unserem Dorf Hahausen die Landstraße Pulvergalgen nach Neuekrug herunter. Da kommt ein feindlicher Jabo (Jagdbomber) im Tiefflug auf uns zwei Jungen zu, ich kann den Kopf des Piloten sehen. Wir schmeißen uns auf die Erde und etwa zehn Meter vor uns spritzt eine ganze Salve von Geschossen in den Acker. Die Erde spritzt auf. Wir beide springen hoch und schreien „Hurra, er hat uns nicht getroffen".

„Da haben sie aber Glück gehabt", sagt die Dame. „Wie ist es jetzt mit Ihrer Krankheit, haben Sie da nicht auch Glück gehabt? Wie war das mit dem Glück überhaupt in Ihrem Leben?"

Erstaunlich, wie plötzlich aus dem tiefen Unterbewusstsein nach gut siebzig Jahren dieses Erlebnis mir wieder vor die Augen tritt. Was will mir das wohl sagen? Ja, ich habe Glück gehabt, wenn ich an viele Momente meines Lebens - wie teilweise ja schon beschrieben - zurückdenke, immer wieder habe ich Glück gehabt. Darf ich, muss ich da nicht voller Dankbarkeit sein? Dankbar meiner Familie und unseren Freunden gegenüber, die ja auch Teil unserer Familie sind?

Eine Woche später noch einmal Klangtherapie. Und was passiert? Ein Bild meiner Mutter taucht auf, ich sehe sie deutlich in unserer alten Küche mit dem Terrazzoboden neben dem Ausguss stehen. Von der Luftmine, die das Nachbarhaus damals zertrümmerte, hat ein Splitter ein Loch in den Ausguss reingehauen, so dass man immer nur ein ganz bisschen Wasser reinlaufen lassen konnte. Meine Mutter taucht in diesem Zusammenhang auf, und gleich danach das Bild meiner Frau Marlis. Was will mir das sagen?

Und nun muss ich an die Hochzeit in Braunschweig, an die Trauung in der Paulikirche 1966 denken. Die Worte vom Pastor Jander kommen wieder in den Sinn, wie er mit donnernder Stimme ruft: „Dass das Eine das Andre mit sich selber in den Himmel bring!"

Oft kommt mir der Spruch in den Sinn, den die alten Griechen vor ein paar tausend Jahren am Tempel von Delphi anbrachten: „Erkenne Dich selbst". Das wird für mich eine Arbeit bis zum letzten Atemzug sein können.[226] Nach dem

---

[226] Im Tempel stehen allerdings noch drei weitere Sprüche, zum Beispiel Werde oder sei! Auch hier gäbe es für mich noch viel anzustreben und zu tun.

ersten Herzinfarkt 1985, ich lag noch im Krankenhaus in Herdecke, wollte ich dies oder das noch tun, dann könnte man ja Ruhe geben. Aber je mehr ich wollte, desto weniger konnte ich. Das ging bis zum totalen Zusammenbruch. Nichts lief mehr. Also was ist es, was mich da treibt? Eine andere Erkenntnis stellte sich ein: „Die ganze Welt dreht sich weiter, auch ohne dich!"

Noch einmal zum Jander, zur Ehe, zur Marlis, zu uns beiden. Glück gehabt, immer wieder Glück gehabt. Und wie ist das in unserer Ehe? Hat da nicht einer den anderen und umgekehrt ein Stückchen höher gebracht? Grund genug sich zurückzubesinnen und in Liebe dankbar zu sein. Noch einmal der alten Spruch: „Was Männer sind oder nicht sind, sind sie doch über ihre Frauen!"[227]

Vielleicht habe ich einen großen starken Schutzengel, er muss immer um mich gewesen sein. Ohne eine solche Kraft wäre so manches anderes gelaufen oder ganz anders ausgegangen. Manchmal sind es Geschichten vom Leben und Überleben. Oft ist das Gefühl da, es hat sich wieder einmal gefügt, es sollte so sein. Dann hab ich wohl sehr viel Liebe und Zuwendung in meinem Leben bekommen, fühlte mich fast immer geborgen. Vielleicht konnte dadurch ein relativ starkes Urvertrauen wachsen? Viel habe ich bekommen, so, dass ich in späteren Jahren sicherlich auch einiges wieder geben konnte.

Ist meine Geschichte aber nur meine Geschichte? Ist sie vielleicht nicht verbunden mit vielen anderen Geschichten? Und verbindet sie sich nicht mit dem ständigen Werden und Vergehen von allem, was ist? Sind wir nicht alle bemüht, mehr oder weniger glücklich zu sein und bemüht, Leiden zu vermeiden? Bei uns selbst wie auch bei anderen? So bedeutsam das eigene Leben für einen selbst auch sein mag, insgesamt gesehen ist es sicherlich nur ein Hauch im Weltgeschehen. Von daher bekommt der Spruch der alten Griechen noch einmal seine Bedeutung, erkenne Dich selbst aber auch, entwickele Bewusstsein.

---

227 Darf ich hier schmunzelnd noch einen Spruch aus dem Englischen anmerken? „ ... a wife can make a man and break a man" – oder ein Spruch aus dem Ländlichen? „... eine Frau kann mehr vom Hof tragen als ein Mann mit dem Ackerwagen einfahren kann .." Aus Lob der Frauen: „... so sieht man auf den ersten Blick, der Mann war nur das Stück zur Probe, ihr aber seid das Meisterstück."

Als kleiner Junge, sechs Jahre alt muss ich gewesen sein, da besuchte ich mit meinen Eltern das Städtische Museum am Löwenwall in Braunschweig.[228] Ich stand vor diesem Bild wie gebannt und wartete auf das Schlagen der Klöppel, vom Soldaten wie auf das vom Sensenmann, immer wieder wartete ich erneut darauf, ohne den tieferen Sinn dieses Geschehens zu begreifen. Mit unserer Familie besuchten wir nach vielen Jahrzehnten wieder dieses Museum und schauten wieder dieses Bild, auch unsere Kinder waren wie gebannt. Auch da ist mir jedenfalls eine tiefere Bedeutung nicht in den Sinn gekommen. Vielleicht gilt es nun geduldig und zuversichtlich abzuwarten, bis die Glocke im übertragenen Sinn wieder geschlagen wird, jedoch diesmal vom Sensenmann allein.

Das Hobellied

Viel haben wir bei den Pfadfindern gesungen. Mit dem begnadeten Pfadfinderführer Willi Carius auch das Hobellied. Das muss sich mir eingeprägt haben, ist noch in Erinnerung und soll nun den Abschluss bilden.[229]

---

[228] Das für den Lettner der Brüdernkirche vor der Reformation geschaffene Bildnis war nicht mehr zeitgerecht und kam nach der Reformation auf Umwegen ins städtische Museum in Braunschweig.

[229] Das „**Hobellied**" ist ein Wiener Couplet aus dem Alt-Wiener Zaubermärchen „Der Verschwender" von Ferdinand Raimund aus dem Jahr 1834, das sich als Wienerlied und Volksweise etabliert hat und viel von den Braunschweiger Pfadfindern gesungen wurde.

Da streiten sich die Leut' herum
oft um den Wert des Glücks;
der Eine heißt den Andern dumm,
am End' weiß keiner nix.

Da ist der allerärmste Mann
dem Andern viel zu reich,
das Schicksal setzt den Hobel an
und hobelt alle gleich.

Die Jugend will halt stets mit G'walt
in allem glücklich sein;
doch wird man nur ein bisserl alt,
dann find't man sich schon drein.

Oft zankt mein Weib mit mir, oh Graus,
das bringt mich nicht in Wut.
Da klopf' ich meinen Hobel aus und denk':
Du brummst mir gut!

Zeigt sich der Tod einst mit Verlaub
und zupft mich: „Brüderl, kumm!",
da stell' ich mich am Anfang taub und
schau mich gar nicht um.

Doch sagt er: „Lieber Valentin,
mach' keine Umständ', geh!",
dann leg' ich meinen Hobel hin
und sag' der Welt ade.

… Angefangen hat es mit dem Spruch, es war einmal …

Ja, Geschichte und Geschichten, manchmal wie im Märchen. Viele gute Menschen haben mich begleitet, haben mir und uns als Familie die Treue gehalten und wie schon gesagt, in guten wie in schlechten Zeiten. Dank gilt es zu sagen, allen und zuletzt auch dem Pascha und Manfred, die diese Arbeit angeregt, begleitet und auch mit korrigiert haben. So ist abschließend zu sagen

… Und wenn er nicht gestorben ist, so lebt er noch heute …